刘宋皇族与刘宋学术研究

孙淑娟 著

Liusong Huangzu Yu
Liusong Xueshu Yanjiu

人民出版社

责任编辑：赵圣涛
封面设计：胡欣欣

图书在版编目（CIP）数据

刘宋皇族与刘宋学术研究／孙淑娟 著 . — 北京：人民出版社，2024.3
ISBN 978 – 7 – 01 – 026226 – 0

I. ①刘⋯　II. ①孙⋯　III. ①学术思想 – 思想史 – 研究 – 中国 – 宋代　IV. ① B244.05

中国国家版本馆 CIP 数据核字（2023）第 252959 号

刘宋皇族与刘宋学术研究
LIUSONG HUANGZU YU LIUSONG XUESHU YANJIU

孙淑娟　著

人民出版社 出版发行
（100706　北京市东城区隆福寺街 99 号）

中煤（北京）印务有限公司印刷　新华书店经销

2024 年 3 月第 1 版　2024 年 3 月北京第 1 次印刷
开本：710 毫米 × 1000 毫米 1/16　印张：22
字数：320 千字

ISBN 978 – 7 – 01 – 026226 – 0　定价：99.00 元

邮购地址 100706　北京市东城区隆福寺街 99 号
人民东方图书销售中心　电话（010）65250042　65289539

目　录

序

汉魏晋南北朝各个王朝的学术文化政策，以及皇族中人与学术文化活动的某些关联，皆不同程度地对彼时学术发展起到推动作用，这应该说是一个较为引人注目的现象。

汉朝在行政中的某些宽松政策，对学术文化的发展起到较明显的推动效应。某些皇族人物，如西汉淮南王刘安、武帝刘彻，皆对彼时学术的繁荣产生过重要影响；其他如吴王刘濞、梁孝王刘武所延揽的文人学士，也留下一些享誉古今的名篇佳制。

汉魏鼎革之际，作为新兴统治者中人物的"三曹"父子，更以其旺盛的创作活力和杰出的创作水平而彪炳千古，其对我国文学发展的影响非常深远。西晋皇族司马氏对于文事，既不擅长也不感兴趣，故刘勰有"不文"之评。但好在司马晋并未像嬴秦那样采取"焚书坑儒"之类极端手段摧毁学术，而给晋代学术活动提供了一个相对自由的发展空间。两晋社会思想多元化发展的宽松土壤，致使史学、子学、文学、艺术学诸领域皆呈现活跃局面。南朝宋齐梁陈之思想文化，承接魏晋，总体上呈现活跃状态，在文学、史学、艺术、宗教等学术领域皆有不俗表现。

南朝四代，刘宋王朝开端，其统治时间也相对较长。刘宋开国之主刘裕本以武功卓著而创立帝业，但也不排斥学术文化，他以及嗣位者对学术文化，基本上秉持较为开明、宽容的态度。其时学术呈现兴盛势头，为南朝学术文化的繁荣奠定一些基础。南朝文学第一个繁荣阶段，就发生在宋文帝元嘉时期，涌现谢灵运、颜延年、鲍照等文坛大家，尤其是谢、鲍，分别为我国古代山水诗、边塞诗在题材内容与艺术表现上开疆拓宇，贡献良多。其他刘宋时期的学术亮点，譬如范晔的史论，裴松之的史注，盛弘之的地记，以及刘宋皇族中人物刘义庆的志人小说，皆堪称别开生面的杰作，在各自领域具有重要的学术价值和开拓意义。

当今学术界对于汉魏六朝皇族与学术文化发展之关联的研究，主要关注点在某些相关人物的探讨方面。汉代的情况，涉及较多的有淮南王刘安的子书著述、武帝刘彻对西汉学术文化风气的推动。汉魏之际的情况，"三曹"素为研究热点。南朝时期的情况，较多关注刘宋临川王刘义庆与志人小说之编撰；关于齐梁皇族萧氏与学术文化的探讨，较多关注的有萧齐竟陵王萧子良与文人集团，萧齐皇族后裔萧子显之史学情况，而更多予以关注的是萧梁武帝萧衍、昭明太子萧统、简文帝萧纲、元帝萧绎在文学、儒学、佛学等方面的表现。

关于刘宋皇族与刘宋学术文化的关系，古人或有一些零星的评说，涉及宋武帝、文帝、明帝等，如刘勰《文心雕龙·时序》云："自宋武爱文，文帝彬雅，秉文之德；孝武多才，英采云构……尔其缙绅之林，云蔚而飙起。"沈约《宋书》、萧子显《南齐书》、李延寿《南史》等也有类似的零星评语。但相对而言，学术界关于刘宋皇族与刘宋学术文化的系统探讨尚较薄弱，尤其缺乏全面系统的专题论著。

有鉴于此，孙淑娟君的博士学位论文选题定为《刘宋皇族与刘宋学术研究》，期望对刘宋皇族与彼时学术文化的关联进行全面系统的论述。经历四年的勤奋钻研，2017年春夏之交，她完成博士学位论文的撰写，并获得外审专家与答辩委员的较高评价，顺利通过答辩。之后数年，淑娟抽出一些时间对论文予以润色修订，内容得到进一步完善，近期将交付出版社出版发行。淑娟嘱我写序，兹略言两点感想。

一是论述视野开阔、全面系统。著者在对有关文献资料进行认真梳理、了然于心的基础上，从刘宋皇族由武力强宗向文化世家转变的轨迹入手，然后依次论述其在复兴经史，倡导佛教，推行礼乐教化，重视文学创作等方面的各种政策举措和实践表现，从而较全面地呈现了刘宋皇族与刘宋学术之关联的方方面面。从刘宋皇族与学术的宏观审视，到各个具体皇族成员在学术方面的表现，凡与学术有关的史料，皆予以涉及，既有整体的挖掘，又有具体的梳理，视野相当开阔，触类旁通，达到深度与广度的有机兼顾。

二是分析切实、细致。如关于刘宋皇族与文士交往中产生的双向互动作用，以往的研究尚缺乏详细论述，本书著者指出，刘宋皇族积极延揽文人学士，举办学术雅集，某些寒士获得仕进机会，逐渐成为南朝学术发展的宝贵人才资源；在此过程中，刘宋皇族的文化修养得以不断提升，涌现文帝刘义隆、孝武帝刘骏、明帝刘彧、临川王刘义庆、江夏王刘义恭、南平王刘铄等富有文才的皇室子弟。关于刘宋皇族与史学之关联，著者的论析颇为细致，史部的多种类型，皆有所涉及，既突出宋文帝刘义隆诏令裴松之注《三国志》对于南朝史学发展的重要意义，也梳理了刘宋皇族对杂传、地记（含征行记）等著述之兴盛的推动作用。对于刘宋皇族的佛教政策，书中予以切实概括，指出其基本策略是既倡导又管制，并从六个方面具体分析其倡导佛教的原因，及其管制佛教的一些具体措施。再如关于刘宋皇族对乐府诗发展之推动，著者指出，刘裕北伐，携乐伎南归，充实朝廷乐府；文帝、孝武帝、明帝对朝廷乐府关注有加，明帝还亲自作郊祀歌辞；孝武帝、明帝将民间俗乐杂舞引入庙堂，朝廷雅乐呈现"俗化"色彩；刘宋皇族参与吴声西曲的创制。如此论述，避免了片面立论，远离了随意空谈。综上，本书较全面、系统地呈现了刘宋皇族与刘宋学术文化发展的内在关联，是一项严谨切实、具有重要开拓意义的研究成果。

淑娟君在高校任教多年，兼参与管理工作，还要养育子女，付出良多，压力很大。但她性格坚韧，自强不息，并未因此减轻对于我国古代优秀传统文化的钟爱和研究热情，在学业上勇于开拓，不断进步。勤学当得福报，钻研总有收获，淑娟的大作将要付梓，可喜可贺！兹略述读后感受，并衷心祝愿淑娟在学业上取得更丰硕的成果。

王 琳 写于癸卯年腊月

绪　论

　　南朝学术文化的繁荣与南朝皇族存有密切的关系，学界多以齐梁萧氏为重，对刘宋皇族的整体研究则相对较为薄弱。然而，刘宋皇族从东晋门阀士族手中夺取政权，重新恢复皇权政治格局开辟了南朝第一个朝代，建立了南朝历史上持续时间最长、疆域版图最大的一个朝代，这本身就为学术及文学的发展提供了新的时代环境。文变染乎世情，兴废系乎时序。刘宋学术与文学的发展，能够变革东晋玄言弥漫的文化风气，开启南朝学术文化的新风气，成为中古文化发展的重要转折之处，与时代环境紧密相关。就刘宋学术及文学的发展来说，刘宋皇族亦具有不容忽视的作用。刘宋皇族上台执政后，复兴经史之学，倡导佛教发展，重视文学创作，采取了诸多发展学术与文学的举措。此外，刘宋皇族大力延揽文人志士，多次举办文学雅集，既重用士族文人，又求贤于野，打破了门阀政治格局下以门第为限的仕进格局，改变了文人的政治命运，也带来了文学创作的丰富与发展。若无刘宋皇族在文化方面的开风气之先，很难讲是否会有齐梁文化的大发展。就自身的文化修养来讲，刘宋皇族出身于北府兵武力集团，在 60 年内不可能从整体上实现彻底性的改变，然而刘宋皇族文化修养的提升是不容忽视的事实，并且出现了像文帝刘义隆、孝武帝刘骏、明帝刘彧、临川王刘义庆、江夏王刘义恭及南平王刘铄等极富才能的皇室子弟，在一定程度上体现了由武力强宗向文化世家转变的轨迹。齐梁皇族同样出身于武力集团，最终能够实现向文化世家的转变，与刘宋皇族的影响当有不可分割的关系。由此，探讨刘宋皇族与刘宋学术的发展，是中古学术文化研究的应有之义，刘宋皇族理应受到进一步的关注。

文学并不是孤立存在的，是与社会的诸种学术有机联系在一起的。同样，皇族对社会文化发展之影响，也往往是全面的，而非仅限于文学之一端。本书力图系统探究刘宋皇族在学术文化上的作用与影响，以期全面呈现刘宋皇族与刘宋学术发展的内在关联及其背后的原因，故而采取文史哲结合的方法，虽然以文学为主，但经学、史学、玄学及佛学亦涵盖在内，范围比较广泛，写作亦较有难度。本书主要由绪论和七个章节组成。

第一章　介绍刘宋皇族的由来、发展及灭亡的过程与原因。就刘宋皇族的由来讲，刘裕廓清东晋内外战乱的疆场功勋特别是北伐后秦的胜利成果是刘宋皇族得以建立的主要筹码。而刘裕过人的军事才能、严明的纪律作风及对形势的准确判断，则是其能够取得疆场功勋的重要保证。时事造就英雄，刘裕称帝离不开客观形势的推演。刘裕寓居京口的流民身份，为刘裕称帝提供了"地利"与"人和"的便利条件，而东晋末年的多次起义与叛乱，也已经严重动摇了门阀政治的根基。孙恩、卢循领导的大规模农民起义，打击了门阀士族的力量，桓玄篡晋建楚，打破了门阀政治的格局，分化了皇室与士族之间的力量，而皇权的衰弱与门阀士族的昏聩无能则为刘裕的崛起提供了重要的机会。自刘裕 420 年称帝起至 479 年萧道成代宋建齐，刘宋皇族历时 60 载，共计 4 代，成员大致 200 人，8 位帝王（刘劭即伪位，不计在内）先后登基，直系皇子 66 人（刘劭 4 子，不计在内），但无一人寿考令终，大多死于皇族内部的自相残杀。刘宋皇族的灭亡，从一定程度上来说，是自取灭亡。皇族内部的骨肉相图是刘宋走向灭绝的重要原因。自魏以来，篡权相仍，虽皇族，但无弑君之先例，而刘裕则首开南朝弑君先河，这便为刘宋皇族的自相残杀和被他族所杀埋下了祸根。另外，刘宋皇族实行宗王出镇制度，壮大了地方宗王的势力，这对中央帝王产生了一定的威胁，并且造成了帝位继承的失序。大致来讲，刘宋的帝王基本是由嫡长子和宗王交替产生的。而这也正是引发刘宋皇族骨肉相图不绝于时的关键原因。

第二章　分析刘宋皇族文化修养对于刘宋政权建立的影响以及刘宋皇

族文化修养的发展概况。文化修养是东晋品鉴人物的重要标准，刘裕"本无术学""行为粗鄙"的文化形象很难得到文化士人的支持与认可，对刘宋政权的建立造成了一定的障碍。为改善文化形象，刘裕附庸风雅，刻意模仿文化名士的言谈举止，对文化名士多加延揽，并且制造符瑞以神化个人的身份。刘宋建立后，刘宋皇族的文化修养得到了一定的发展，在一定程度上表现出了士族化的倾向。但一个家族的文化修养不可能在 60 年内得到彻底改变，刘宋皇族还保留诸多低级士族的文化风尚，才能凡鄙者甚众，宫廷生活多有俚俗化而文学创作亦多有世俗化，皇室内部乱象丛生。刘宋皇族家门并无深厚的文化底蕴和传统，后天教育又有诸多缺失，学得了士族名士表面的放情肆志和不拘礼法的放达，但却看不到士族名士深入骨髓的儒家精神和家族代代相传的严格家教，由此，变得荒诞不经、粗俗不堪，也失去了士族名士高远的情致与意境。

第三章 论述刘宋皇族与刘宋经史复兴及玄学退化的关系。南朝经学，以梁代为盛，刘宋经学式微的观点比较深入人心，然则仔细推敲，便可发现不妥之处。东晋皇权旁落、玄风大盛，经学极度衰退，梁代历时仅五十六年，若无前朝对经学的提倡与积累，经学无从独标于世。刘宋建朝，对经学大有"拨乱反正"之功。刘宋皇族兴建国子学，资助经师私家授学，恢复经学在取士方面的地位，延揽经学之士，并且注重皇子的经学教育，对南朝经学的复兴产生了重要的影响。刘宋皇族开创了南朝皇族重经之先河，为南朝经学的发展培养了经学人才，促进了经学类书籍及作品的繁荣，并且使得京师建康成为南朝经学的中心。史学与经学的发展往往紧密相关。刘宋皇族延揽史学人才，完善修史机构，设置秘书监、秘书丞、秘书郎、秘书佐郎及著作令史等官职专掌修史，多次下令命人撰修史书，皇族成员也多有人表现出了对史学的浓厚兴趣。刘宋皇族对史学的倡导，是促进刘宋史书典籍丰富发展的重要动力。就玄学的发展来说，刘宋皇族亦多有欣赏，但玄学不可避免地走向了衰退。究其原因，玄学是与门阀政治极为相称的一种文化体系，而非维护皇权政治的文化工具，玄学清望不再是统治者选拔人才的重要依据，经史之学的发展冲击了玄学的存在。刘裕代晋建宋，再次彰显了玄学的消极之处，也使得玄学失去了存在的政治根基。经史之学复兴与玄学退化，刘宋皇族具有重要影响。

第四章　分析刘宋皇族与刘宋佛教兴盛之间的关系。佛教发展至南朝大放异彩，刘宋首开其繁荣之路。前废帝曾对佛教加以排斥，但时间较短，并未产生较大影响。倡导与管制是刘宋皇族对待佛教的主要策略。考之刘宋皇族倡导佛教的原因，大致有六：制造符瑞，神化晋宋禅代；利用佛教，维护帝位合法性；运用佛教，推行教化；僧人多学识渊博；佛教颇显神通；时代奉佛氛围之影响。刘宋皇族既通过礼敬高僧、设置斋戒、以僧为师友、建造佛寺与佛像等方法倡导佛教的发展，又通过限制佛寺与佛像的建造、沙汰沙门、掌控度僧权及令沙门致敬王者等手段管制佛教。刘宋皇族对佛教的倡导，吸引了大批僧人南渡，促进了中西方佛教的交流，同时也推动了刘宋译经事业的繁荣发展。另外，在刘宋皇族对佛教崇尚之下，弊端之滋生也在所难免，沙门队伍日益庞杂，多有高僧不遵清规戒律并参与政治谋逆，佛寺与佛像的建造也竞相奢华，以致劳民伤财。刘宋皇族在倡导之余，对佛教也多有管制。

第五章　分析刘宋皇族有关朝廷礼乐活动的建设及对吴声西曲的创制。治国齐家，礼仪之用尚矣。刘宋建朝，朝政礼仪除沿袭旧制外，还随事而立，既有帝王亲自下诏议礼，也有宗王亲自参与议礼，士人重经、议经、议礼之风甚为盛行，并且由此产生了诸多议礼的文章。东晋皇权衰微，朝廷乐府活动也比较消沉。刘宋建朝，朝廷乐府得到了发展与完善，同时也出现了"俗化"的色彩。武帝北伐后秦，携乐伎南归，丰富了朝廷乐府的格局，文帝在此基础上逐步完善，孝武帝、明帝对朝廷乐府关注有加，明帝还亲自作郊祀歌辞。孝武帝、明帝在发展乐府的同时，也渐渐将民间的俗乐杂舞带到了庙堂之上，朝廷雅乐逐渐展现出了"俗化"的色彩。与此倾向相一致，刘宋皇族多有人参与吴声西曲的创制，宋少帝刘义符、孝武帝刘骏、临川王刘义庆、竟陵王刘诞及南平王刘铄皆有相关的作品流传。雅与俗是相对的，大致经过皇室贵族及文人士大夫的创作，俗歌俚曲便逐渐会转化为雅文学的一种。刘宋皇族创制俗乐民歌，推动了文人士大夫对吴声西曲的关注与创作。

第六章　探讨刘宋皇族与刘宋文学发展的关系。风动于上而波震于下，除却文学内部的发展规律，来自统治者的力量是影响文学变革与发展的重要因素。晋宋之交，刘裕将文化与兵力参用，广泛延揽文士参与北伐后秦，并在作战中多次举办文学雅集，改变了刘宋皇族与文人的关系，也引发了文士士风与文风的双重变化。元嘉年间，文帝四学并建，识重文学之士，文学创作渐至繁荣，完成了变革后的新建，同时也取得了为后世瞩目的文学成就。刘宋后期，在孝武帝、明帝的倡导下，文学创作以文采相尚，改变了元嘉文学的发展方向，出现了新的风貌，为开启南朝文学的新篇章做好了准备。除了帝王以外，刘宋宗王身边也集聚了一些文学之士，进行了大量的文学活动，特别是以刘义庆为中心的文学集团，对文学的发展产生了深远的影响。

第七章　分析刘宋皇族自身的文学创作。诏令之文，为刘宋皇族文章创作的大宗。诏书直接体现帝王的个人意图与治理国家的策略，在思想内容方面具有丰富的价值。刘宋帝王发布的有关崇尚节约、招揽贤才、兴教劝学的诏令数量较多，对当时文化的影响也较为突出。书牍文既可反映一个人内心的真情实感，又可显现出一个人的文采气度。武帝文化修养不高，现存书牍文极有可能出自文臣之手。文帝即位，既为刘宋一朝之帝王，又为刘宋皇族之一家之主。文帝写给皇室子弟的书信，充分体现了这一身份特征，既有对国家事务的安排，对诸位兄弟委以重任，又多具训诫之意，充分体现了其为国为家的良苦用心，《诫江夏王义恭书》是这方面书信的典型代表，读来令人动容。孝武帝的书牍文，主要是回答大臣的奏请或者安排相关事宜，内容较为简单，但从中亦可看出政风的改变。明帝大肆残杀手足，但在残杀后却作书与皇室子弟表达对手足之情的珍视。明帝的书牍文多为粉饰个人行为的文化工具。宗王的书牍文，主要是有关政治事务的安排与内部自相残杀时的声讨。刘宋皇族仅限孝武帝刘骏、江夏王刘义恭及临川王刘义庆存有辞赋。孝武帝悼亡赋情真意切，刘义庆咏物小赋，托物喻人，多寄托个人的生命情怀；刘义恭赋则颂圣之味浓重。刘宋皇族的诗歌创作以文帝、孝武帝及南平王刘铄最具代表性，文帝诗绝似魏调，孝武帝诗雕采织文，情才繁密，刘铄诗颇臻古意。刘宋皇族自身文学风貌的形成，离不开时代文风的影响，但另一方面，他们的文学风貌又会引领社会文风的改变与发展。

第一章　刘宋皇族的由来、发展及灭亡

皇族是以帝王为中心形成的家族，是中国宗族制社会中特殊的一个家族。刘宋皇族是因刘裕称帝形成的皇族。高祖刘裕，为刘宋的开国皇帝，祖籍彭城县绥舆里（今江苏徐州），晋哀帝兴宁元年（363）出生于晋陵郡丹徒县京口里（今江苏镇江），家门比较贫贱，史载"家贫"，曾以卖履为业。刘裕出身于行伍，奋起于寒微，在廓清东晋内外战乱中逐步从门阀士族手中夺取了朝政大权，结束了门阀政治，开创了南朝第一个王朝，重新恢复了皇权政治。自公元 420 年刘裕称帝开始，至公元 479 年萧道成建齐结束，刘宋皇族历时 60 载，有 8 位帝王（刘劭即伪位，不计在内）先后登基，共计 4 代，大致有成员 200 余人，但大多不得善终，死于骨肉相图者甚众。

第一节　刘宋皇族的由来

一、刘宋皇族的家世

刘裕的身世，关系到战争与王朝的性质，一直为学界所关注。《宋书·武帝纪》记载：

> 高祖武皇帝讳裕，字德舆，小名寄奴，彭城县绥舆里人，汉高帝弟楚元王交之后也。交生红懿侯富，富生宗正辟强，辟强生阳城缪侯

德，德生阳城节侯安民，安民生阳城釐侯庆忌，庆忌生阳城肃侯岑，岑生宗正平，平生东武城令某，某生东莱太守景，景生明经洽，洽生博士弘，弘生琅邪都尉悝，悝生魏定襄太守某，某生邪城令亮，亮生晋北平太守膺，膺生相国掾熙，熙生开封令旭孙，旭孙生混，始过江，居晋陵郡丹徒县之京口里，官至武原令。混生东安太守靖，靖生郡功曹翘，是为皇考。①

刘裕为"汉高帝弟楚元王交之后也"，《南史》也称其为"汉楚元王交之二十一世孙也"②，然而，自"刘交"到"刘裕"年代久远，世系庞杂，无从考证。曾祖父刘混渡江以后的家族历史大致可考，一直寓居京口，家中并无人任显要官职。曾祖父刘混任武原令，祖父刘靖任东安太守，父亲刘翘任郡功曹，这都是地方上的一些不起眼的小官，基本不需要朝廷的任职安排。至刘裕，史载"初为孙无终司马"，为军队执掌武事的官职，亦不算贵显，史书对其家门的描述大多具有"贫贱"的色彩。《宋书·武帝纪》云：

> 初，高祖家贫，尝负刁逵社钱三万，经时无以还。逵执录甚严，王谧造逵见之，密以钱代还，由是得释。高祖名微位薄，盛流皆不与相知，惟谧交焉。

又，《宋书·徐湛之传》记载：

> 初，高祖微时，贫陋过甚，尝自往新洲伐荻，有纳布衫袄等衣，皆敬皇后手自作。③

---

① （梁）沈约：《宋书》，中华书局 1974 年版，第 1 页。
② （唐）李延寿：《南史》，中华书局 1975 年版，第 2 页。
③ （梁）沈约：《宋书》，中华书局 1974 年版，第 1844 页。

　　另《魏书》还曾记载刘裕"仅识文字，以卖履为业"。负刁逮钱而被执、伐获新州以及以卖履为业，为学界广泛采信，并且由此形成了对刘裕的诸多诟病，认为他身出贫贱之家，文化修养低下，不应居尊位、称帝王。有关刘裕家门贫贱的记载，史书中还有很多，当为刘裕家门的真实写照。

　　根据史书对刘裕"家贫"状况的记载，有观点认为刘裕为"楚元王交之后"的记载不足取信，是史家对刘裕称帝的粉饰与身份的美化。清人王鸣盛在《十七史商榷》中便曾表示"未必可信"，认为："刘、萧、陈三帝世系皆当日史官缘饰，沈约、萧子显、姚思廉一概因仍不改，所以刘则从刘交起，萧则从萧何起，陈则从陈寔起，历历铺叙，三家如出一手。"① 赵翼则在《廿二史劄记》中称："江左诸帝，乃皆出自素族"，由王鸣盛、赵翼判断，刘裕不仅不具有皇室血脉，反而出身甚为"寒贱"，是当时的"素族"或者说是"寒族"。然而，家贫与否并非当时判断门第出身的主要依据。渡江以后，即便是高门望族，也都曾有过生活的艰难，如高门琅琊王氏之王韶之便也曾"三日绝粮"。相较之下，陈寅恪先生与祝总斌先生对刘裕身世的考证，则更为可取。陈寅恪先生根据刘裕曾祖刘混南渡后流布的地域来确定当时的身份，认为晋陵京口一带为北来次等士族所占有②，判断刘裕为"次等士族"。祝总斌先生依据刘裕可考的三代世系及婚姻关系判断刘裕绝非庶族，应该是"低级士族"③，得出了与陈寅恪先生相似的结论，较为符合刘裕家世的情况。

　　刘裕是否为"楚元王交之后"已很难辨别，但其出身于"低级士族"之列，大致是可信的。除了这一层家族延续的身份以外，刘裕还有一个特殊历史条件下的身份，便是寓居京口的流民，这一身份特征与刘裕日后的崛起存有密切的关系。曾祖父刘混渡江后一直居于京口，属于"流民集团"，这一集团对当时的东晋政局具有至关重要的影响力。陈寅恪先

---

① （清）王鸣盛：《十七史商榷》，黄曙辉点校，上海书店出版社 2005 年版，第 424 页。

② 万绳楠整理：《陈寅恪魏晋南北朝史讲演录》，贵州人民出版社 2007 年版，第 107 页。

③ 祝总斌：《刘裕门第考》，《北京大学学报》1982 年第 3 期。

生曾指出"皇权、士族、流民三大集团兴衰主宰东晋一朝"①，田余庆先生也认为"东晋一朝，皇帝垂拱，士族当权，流民出力，门阀政治才能维持"②。晋室渡江以后，军事力量严重衰弱，无兵可用是朝廷面临的重大难题，而征发流民则是解决这一问题的主要渠道。晋元帝太兴四年曾下诏："其免中州良人遭难为扬州诸郡僮客者，以备征役"③，《晋书·孔坦传》也曾记载"时使坦募江淮流人为军"④。北人流布到南方后变成了充实东晋军队的主要力量。刘裕所属的京口流民集团，是江左北人的武力集团，更是左右东晋政局变革的重要力量。郗鉴经营京口流民集团多年，并且凭借这一力量平定了王敦的叛乱，高平郗氏由此跻身于高门士族之列。谢玄在郗鉴的基础上组建了"北府兵"，取得了淝水之战的胜利，谢氏家族由此位高权重。此后，刘牢之掌控北府兵，镇压各方动乱，是东晋朝廷颇为倚重的军事力量，具有无限的前途，但刘牢之缺乏对政治形势的判断与把握，几易其主，最终被桓玄所骗，兵败自杀。刘牢之死后，刘裕假意投靠桓玄，暗地则在京口布置经营，重组北府兵，其将领大多为低级士族，至此北府兵成为由低级士族所掌控的军队。凭借北府兵的力量，刘裕诛灭桓玄，镇压了东晋内部的多起动乱，并且取得了对外作战的多次胜利，最终开启了代晋建宋的历史进程。

与刘裕共同起事之人，也大多围绕在京口附近，家世身份也基本与刘裕相似，是家门比较贫贱的低级武官。据《宋书》记载，檀凭之、孟昶、刘穆之以及何靖等皆"世居京口"，刘毅、刘粹则"家在京口"。京口，是刘裕成就大业的发源之地。刘裕在诏书中曾言：

> 吾倡大义，首自本州，克复皇祚，遂建勋烈。外夷勍敌，内清奸

① 万绳楠整理：《陈寅恪魏晋南北朝史讲演录》，贵州人民出版社2007年版，第156页。
② 田余庆：《东晋门阀政治》，北京大学出版社2012年版，第333页。
③ （唐）房玄龄等：《晋书》，中华书局1974年版，第154页。
④ （唐）房玄龄等：《晋书》，中华书局1974年版，第2057页。

完，皆邦人州党竭诚尽力之效也。情若风霜，义贯金石。①

此外，刘裕还在遗诏中对京口作出安排："京口要地，去都邑密迩，自非宗室近戚，不得居之"②，由此亦可见京口的特殊价值与作用。

寓居京口的流民身份，为刘裕称帝提供了"地利"与"人和"的便利条件，但也设置了一定的障碍与困难。门阀政治格局中，高门士族以门第与文化修养作为区别清浊的标准。刘裕门第不高，又起身于武力集团，文化修养也较为低下，史称"轻狡无行""仅识文字""言义尤浅"等，很难得到门阀士族的支持与认同，这对刘裕代晋建宋事业的发展具有深刻的影响。沈约在《宋书》中曾论及刘裕的禅代：

> 帝王受命，自非以功静乱，以德济民，则其道莫由也。自三代以来，醇风稍薄，成功济务，尊出权道，虽复负扆南面，比号轩、牺，莫不自谢王风，率由霸德。高祖崛起布衣，非藉民誉，义无曹公英杰之响，又阙晋氏辅魏之基，一旦驱乌合，不崇朝而制国命，功虽有余，而德未足也。是故王谧以内惧流奔，王绥以外侮成衅，若非树奇功于难立，震大威于四海，则不能承配天之业，一异同之心。③

简言之，面对称帝，刘裕"功虽有余"，但"德未足"，只有通过疆场建立四海震服的奇功伟业，方能令东晋朝野推服，实现禅代。这也是刘裕在对内平定各种异己势力后，依然需要发动北伐战争才能实现称帝的重要原因。只有通过北伐的胜利、故土的收复，刘裕才能够承配天业。此外，刘裕与高门士族之间的嫌隙，也使得刘裕需要通过发动对外战争来平息内部的矛盾，争取人心的统一。

---

① （梁）沈约：《宋书》，中华书局1974年版，第36页。
② （梁）沈约：《宋书》，中华书局1974年版，第2019页。
③ （梁）沈约：《宋书》，中华书局1974年版，第1385—1386页。

二、刘宋皇族的建立

420 年，刘裕定都建康（今江苏南京），正式称帝，由低级士族转变为天潢贵胄，刘宋皇族由是诞生。刘宋王朝能够得以建立，既与刘裕个人的主观才能有密切的关系，同时也离不开当时客观历史形势的推演。

（一）客观形势的促成

东晋末年，社会矛盾不断激化，各地暴乱不断，门阀政治已经无法解决所面临的内忧外患，也无从适应当时的历史形势。时代造就英雄，东晋末年的社会环境为刘裕的崛起提供了必要的基础与条件。刘裕出身于行伍，"义无曹公英杰之响"，"又阙晋氏辅魏之基"，能够称帝的主要途径便是"以功静乱"，这在太平盛世中很难实现，只有在动荡不安的形势中才有机会实现。此外，推翻门阀政治也并非刘裕一己之力所能完成，东晋末年的多次起义与叛乱，已经严重动摇了门阀政治的根基。田余庆先生曾经指出，各种矛盾在局势的演化中都起了自己应起的作用[1]，东晋末年各种矛盾的爆发都在促使门阀政治的破产。

首先，孙恩、卢循领导的大规模农民起义，对东晋皇室与门阀士族造成了沉重的打击，动摇了门阀政治的根基，在一定程度上为刘裕代晋自立开辟了前进的道路。晋安帝隆安三年（399），孙恩率领农民起义，先后三次从海上登陆，攻破会稽郡（今浙江绍兴），占领浙江、江苏一带 8 个郡县。孙恩兵败自杀后，卢循继续率领余众起义，趁刘裕北伐南燕之际，卢循在徐道覆劝说下乘虚而出，"破江、豫二镇，战士十余万，舟车百里不绝"[2]，曾一度逼近建康，造成了严重的威胁。孙恩、卢循相继率领的农民起义，长达 12 年之久，从根本上破坏了门阀政治的

---

① 田余庆：《东晋门阀政治》，北京大学出版社 2012 年版，第 310 页。
② （梁）沈约：《宋书》，中华书局 1974 年版，第 19 页。

社会基础。虽然刘裕与孙恩、卢循立场不同，最终以捍卫晋室的名义镇
压了他们的起义，并且孙恩、卢循都因与刘裕作战失败而自杀，但从家
世身份上来说，三人都属于低级士族阶级，他们的作战有一个共同的社
会作用，那就是打击了门阀士族，削弱了门阀政治。诚如田余庆先生所
论，孙恩与刘裕都是"门阀政治的'掘墓人'"，并且孙恩是刘裕的先行
者①。客观上来讲，孙恩、卢循领导的起义为刘裕代晋自立扫清了许多
来自门阀士族的障碍，而刘裕又通过对他们的平定进一步获得了晋室的
倚重，提高了自身的社会地位与威望。由此，刘裕从孙恩、卢循的起义
中获取了双重收益。

　　其次，门阀政治大致是"皇室与士族共天下"的格局，皇权与士族之
间存在着相互的制约与平衡。桓玄"挟天子以令诸侯"，篡晋建楚，打破
了门阀政治的格局，分化了皇室与士族之间的力量，为刘裕的崛起提供了
重要的机遇。元兴元年（402），骠骑将军司马元显西伐桓玄，而桓玄也
趁机率荆楚大军东下，刘牢之不战而降，桓玄攻克建康，杀司马元显，独
揽朝政大权。元兴二年（403）十二月，桓玄篡晋建楚，迁天子于寻阳。
桓玄身出高门，是门阀士族的典型代表，其称帝是门阀政治格局中士族权
力发展至顶峰的重要表现，但同时又破坏了门阀士族的整体利益。就门阀
士族而言，他们真正想要的依然是皇权与士族共天下的格局，但桓玄打破
了门阀政治的格局，从根本上来说，其实是走上了恢复皇权的道路，只不
过此时的皇权姓"桓"而已。由此，桓玄称帝分化了门阀士族的力量，也
瓦解了门阀政治的根基。对于低级士族而言，反对桓玄称帝，兴复晋室，

_____

① 田余庆：《东晋门阀政治》，北京大学出版社 2012 年版，第 309 页。田余庆先生深入
　分析了孙恩起义对刘裕的影响："孙恩毕竟是首先对东晋门阀政治表示决裂的人。他
　的起兵不能不对刘裕以后的行事产生直接的影响。孙恩起兵摧毁了门阀士族在三吴统
　治的盘根错节的基础，扫荡了一些最具影响的侨姓士族，所以刘裕以后的活动，包括
　'造宋'在内，没有遇到来自三吴的侨姓门阀士族的很大反抗。因此，孙恩和刘裕二
　人，就其客观作用说来，都是门阀政治的'掘墓人'，孙恩还是刘裕的先行者。"

则成了共同的作战目标，为刘裕提供了凝聚各阶层战斗力的重要机会。据沈约《宋书》记载，与刘裕共同举事之人，像"刘毅、何无忌、魏咏之、檀怃之、孟昶、诸葛长民"，他们都是"志在兴复，情非造宋"，之所以能够被刘裕所用，就是因为桓玄提供了正当的作战理由和共同的作战目标。此外，桓玄攻入建康以后，流放司马道子，杀害司马元显，铲除了东晋权倾一朝的宗室力量，客观上为刘裕执掌东晋政权扫清了一定的障碍。桓玄夺取刘牢之的兵权后，对北府兵原来的将领也多有杀戮，像孙无终等人皆被桓玄除掉，这虽然损耗了北府兵的战斗力，但却对刘裕建构在北府兵中的领导地位、重新经营京口的武装组织大有帮助。如果孙无终、刘牢之并没有因桓玄之乱而丧命，刘裕很难在北府兵中占据统帅之位，也就很难建立日后的功业了。

第三，皇权的衰弱与门阀士族的昏聩无能，也促成了刘裕政权的获得。东晋皇权旁落，是不争的历史事实。皇帝无法选择士族，但士族却可以左右皇帝，以至于出现了历史上别具一格的门阀政治格局，皇帝垂拱而门阀执政。田余庆先生也曾称这是一种变态的皇权政治形态。在这一格局中，司马氏皇权很难维持长久的生存，当士族的力量发展到一定程度，必然会危及皇权，桓玄篡晋便是一充分证明。因此，刘裕代晋没有受到皇室的很大阻碍，《宋书·武帝纪》载晋恭帝禅位时言："桓玄之时，天命已改，重为刘公所延，将二十载，今日之事，本所甘心。"①《晋书·恭帝纪》也载晋恭帝逊位时表现："帝（晋恭帝）欣然谓左右曰：'晋氏久已失之，今复何恨。'"②以晋恭帝为首的司马氏皇族，认为皇权早已经名存实亡，运数走到尽头，让出皇权理所当然。因此，晋恭帝禅位时有欣然解脱之意，不仅对刘裕毫无怨言而且心存感激，心甘情愿地让出皇位。

与皇室不同，门阀士族并不甘心退出政治舞台，但他们的昏聩无能迫

---

① （梁）沈约：《宋书》，中华书局 1974 年版，第 46 页。
② （唐）房玄龄等：《晋书》，中华书局 1974 年版，第 269 页。

使他们不得不让出朝政大权。门阀政治格局之下，士族可以"平流进取，坐至公卿"，在此特权的保障下，大量的士族沉醉于玄学风流，既不关心政事，又不屑于武事。干宝在《晋纪·总论》中曾经对士族的执政之风作过描述："学者以庄老为宗而黜六经，读者以虚薄为辩而贱名检，行身者以放浊为通而狭节信，进仕者以苟得为贵而鄙居正，当官者以望空为高而笑勤恪。"①在这种环境的腐蚀下，门阀士族的能力日益削弱，对内既无法缓解社会矛盾，也无法镇压各地暴乱，面对孙恩、卢循领导的农民起义束手无策，而面对桓玄的篡晋则俯首称臣，丧失了作为社会中流砥柱应该具备的能力和作用。对外不仅无法再次取得像淝水之战那样的胜利，甚至连自保都难以应对。《晋书·恭帝纪》曾记载：

（隆安二年八月）丙子，宁朔将军邓启方及慕容德将慕容法战于管城，王师败绩。②

（隆安三年）六月戊子，以琅邪王德文为司徒。慕容德陷青州，害龙骧将军辟闾浑。③

（隆安三年）冬十月，姚兴陷洛阳，执河南太守辛恭靖。④

后秦、南燕多次来犯，但门阀士族接连败退，难以解除边患。刘裕崛起后，则在对外作战中颇树佳绩，不仅有效防止了边患，并且收复了大片失地，《宋书·武帝纪》云：

初，伪燕王鲜卑慕容德僭号于青州，德死，兄子超袭位，前后数为边患。五年二月，大掠淮北，执阳平太守刘千载、济南太守赵元，

---

① （清）严可均：《全上古三代秦汉三国六朝文》，中华书局1958年版，第2192页。
② （唐）房玄龄等：《晋书》，中华书局1974年版，第250页。
③ （唐）房玄龄等：《晋书》，中华书局1974年版，第251页。
④ （唐）房玄龄等：《晋书》，中华书局1974年版，第252页。

驱略千余家。三月,公抗表北讨,以丹阳尹孟昶监中军留府事。①

通过刘裕的这次"抗表北讨",齐地悉平,慕容超被生擒而斩于建康。门阀士族的没落与低级士族的日渐强大形成了鲜明的对比。门阀士族不得不假权于刘裕来解决东晋的内忧外患,最终则不得已让出了政治的中心地位。门阀士族的没落与无能,成就了刘裕的禅晋自立。

要之,从一定程度上来说,门阀政治破产而皇权政治复兴,是东晋末年各种社会矛盾与历史形势相互推演的必然结果。刘裕顺历史潮流而动,在解决东晋内忧外患的过程中从门阀士族手中夺取了政权,最终得以禅晋自立。

(二) 主观才能的发挥

就个人的主观才能来讲,过人的军事才能和对社会形势的敏锐把握,是刘裕能够建立疆场功勋、成就帝业的重要因素。

第一,在具体的作战过程中,刘裕智勇双全,既能够披坚执锐、为士卒先,又能够运筹帷幄,在用兵布局方面谋略超常。刘裕初为孙无终司马,后为刘牢之参军,在与孙恩的作战中,充分显示出了勇猛无畏的特点,《宋书·武帝纪》记载:

> 牢之命高祖与数十人觇贼远近。会遇贼至,众数千人,高祖便进与战,所将人多死,而战意方厉,手奋长刀,所杀伤甚众。②

刘裕带领数十人,和敌方数千人作战,毫不畏惧,并且战意浓厚,杀伤敌方甚众。在战守句章城时,"句章城既卑小,战士不盈数百人。高祖

---

① (梁) 沈约:《宋书》,中华书局 1974 年版,第 46 页。
② (梁) 沈约:《宋书》,中华书局 1974 年版,第 2 页。

常被坚执锐，为士卒先，每战辄摧锋陷阵，贼乃退还浃口"①。在孙恩北出海盐时，刘裕筑城于海盐进行追击，城内兵力甚弱，当敌人率兵来攻城时，"高祖乃选敢死之士数百人，咸脱甲胄，执短兵，并鼓噪而出"②，敌人因"震惧"而四处逃窜。刘裕在战争中被追到无路可退的时候，也依然不改英勇，"令左右脱取死人衣"，并且"因呼更战，气色甚猛"，毫不畏惧。刘裕这种"敢为士卒先"的英勇精神，对其率领的将士形成了极大的鼓舞，众将士战场上"以一当百"，英勇无敌。在与孙恩的作战中，三战皆大获，俘馘万数。由此，刘裕得以为"建武将军""下邳太守"，逐步奠定了其在东晋疆场上的地位。

除了勇猛以外，刘裕在作战中还表现得足智多谋，经常凭借智取巧夺而赢得战争的胜利。在覆舟之战中，桓玄"使桓谦屯东陵口，卜范之屯覆舟山西"，刘裕的军队则"进至覆舟山东"，占据有利地形，"时东北风急，因命纵火，烟焰张天，鼓噪之音震京邑。谦等诸军，一时土崩"③，刘裕因时、因地制宜，趁东北风之机以火攻取得了战争的胜利。在与卢循作战的用兵布局中，刘裕的智谋表现得更为突出。卢循趁刘裕北讨南燕之际起兵，刘裕一度比较被动。刘毅抗表南征，刘裕认为敌人锋芒锐利，不可轻举妄动，但刘毅不听，最终战败于桑落洲，使得形势更为严峻，孟昶因为恐惧仰药而死。但刘裕则凭借其过人的胆略与筹谋最终反败为胜。卢循镇守广州，不以海道为防，众人也认为"海道艰远，必至为难"，派兵过去也是"分撤见力，二三非要"，但刘裕不从众人之见，命令季高："大军十二月之交，必破妖虏。卿今时当至广州，倾其巢窟，令贼奔走之日，无所归投"④，最终季高"受命而行，如期克捷"。卢循失利后"方治兵旅舟舰，设诸攻备"，刘裕则"上步骑于西岸"，当卢循的舰队因风水之势而

① （梁）沈约:《宋书》，中华书局 1974 年版，第 2 页。
② （梁）沈约:《宋书》，中华书局 1974 年版，第 2 页。
③ （梁）沈约:《宋书》，中华书局 1974 年版，第 9 页。
④ （梁）沈约:《宋书》，中华书局 1974 年版，第 22 页。

进入西岸时,"上军先备火具,乃投火焚之。烟焰张天,贼众大败",刘裕运筹帷幄,先派季高倾其巢穴,将卢循军队逼进西岸,然后在西岸安排步兵准备火具,用火攻对卢循的舰队形成了致命的打击。最初,众人对于刘裕分遣步军莫不疑怪,等到火烧敌方战舰,众人才对刘裕的谋略心悦诚服。刘裕在用兵布局的策略方面远胜常人,出其不意而又攻其不备,在别人意料不到之处扭转战争的局面,取得战争的胜利。

第二,纪律严明是刘裕作战和执政的重要特点,在东晋末年独树一帜,产生了有效的社会影响。《宋书·武帝纪》云:"于时东伐诸帅,御军无律,士卒暴掠,甚为百姓所苦。唯高祖法令明整,所至莫不亲赖焉。"①在镇压孙恩起义的作战中,刘牢之的其他部队军纪败坏,为百姓所苦,唯独刘裕军纪严明,得到百姓的亲赖。刘裕对军中破坏军纪之人严惩不贷。在与卢循的作战中,赤特"弃余众,单舸济淮",刘裕以其违背处分而斩之。魏顺之派谢宝讨伐袁兴国,但在谢宝遭到袭击时却"不救而退",刘裕大怒而后斩之。魏顺之为魏咏之弟弟,而魏咏之是与刘裕共同起事的重要功臣,但刘裕并没有念及功臣之情,对魏顺之依然毫不留情。刘裕严明的军纪对将士形成了巨大震慑,在战争中不敢不用命,从而保障了军队坚强的战斗力。

在具体的执政过程中,刘裕也坚持了纪律严明的作风。东晋末年门阀士族执掌大权,崇尚玄学而不思政务,百司松弛,朝政混乱,刘裕执政后朝风颇有改善。《宋书·武帝纪》记载:

> 先是,朝廷承晋氏乱政,百司纵弛,桓玄虽欲厘整,而众莫从之。高祖以身范物,先以威禁内外,百官皆肃然奉职。二三日间,风俗顿改。②

---

① (梁)沈约:《宋书》,中华书局1974年版,第2页。
② (梁)沈约:《宋书》,中华书局1974年版,第9页。

刘裕重整朝纲，对门阀士族形成了一定的打击。又，《宋书·武帝纪》云：

> 光禄勋丁承之、左卫将军褚粲、游击将军司马秀役使官人，为御史中丞王祯之所纠察，谢笺言辞怨怼。承之造司宜藏。高祖与大将军笺，白："粲等备位大臣，所怀必尽，执宪不允，自应据理陈诉，而横兴怨怼，归咎有司，宜加裁当，以清风轨。"并免官。[1]

刘裕执法严明，依法论处褚粲、司马秀之罪并免除其官职，对东晋混乱的朝政来说是一种极大的冲击，颇具清风正轨之效。又，《宋书·武帝纪》云：

> 晋自中兴以来，治纲大弛，权门并兼，强弱相凌，百姓流离，不得保其产业。桓玄颇欲厘改，竟不能行。公既作辅，大示轨则，豪强肃然，远近知禁。至是，会稽余姚虞亮复藏匿亡命千余人，公诛亮，免会稽内史司马休之。[2]

刘裕整顿朝纲，大示严明的规则，对门阀士族形成了一定的震慑，在一定程度上伸张了皇权，是门阀政治向皇权政治过渡的重要一环。

第三，在复杂的内外环境中，能够进行正确的判断。东晋末年，晋安帝昏庸无能，社会颇为混乱，低级士族代表孙恩、卢循相继领导的农民起义颇具规模，皇室代表司马道子父子日渐崛起，而门阀士族代表桓玄也羽翼丰满、野心勃勃，三种势力争权夺利，都对东晋末年的政治形势形成了深刻的影响。除了内部矛盾，后秦、南燕不断来犯，南北对峙

---

① （梁）沈约：《宋书》，中华书局 1974 年版，第 10 页。
② （梁）沈约：《宋书》，中华书局 1974 年版，第 27 页。

也存在严重的边防忧患。在这危机重重的环境下，刘裕对错综复杂的社会形势具有明确的把握，不管是在对外的作战中还是在内部的政争中都能够作出正确的判断。依在北府兵的地位来讲，刘裕为刘牢之参军，刘牢之似乎更有可能成就大事。由于门阀士族军事能力的衰弱，刘牢之早在王恭军府时便已掌握了对北府兵的统率，但刘牢之带领北府兵几易其主，对前进的方向并没有形成明确的认识。在王恭与司马道子对抗时，由于个人恩怨，刘牢之背叛王恭投降司马道子，而在司马道子讨伐桓玄时，又倒戈向桓玄，在被桓玄剥夺军权后又叛走广陵，最后走投无路自缢而死。在刘牢之的带领下，北府兵并没有发挥应有的历史作用，正如田余庆先生所论："这些伧荒武将并不理解自己能起的作用和自己的历史使命，不具备使自己的军队完全脱离门阀士族附庸地位的意识。他们没有一定的方向，始终只是在百年门阀政治造成的迷宫里跌跌撞撞。"① 相较于刘牢之，刘裕对形势的判断要清醒得多。桓玄率众东下时，刘裕"请击之"，刘牢之不许，并且向桓玄请和，刘裕与何无忌固谏而不从。刘牢之被桓玄剥夺军权后，刘牢之想要刘裕和他一起叛走广陵，刘裕不肯与其同行，《宋书》本纪载刘裕言：

> 将军以劲卒数万，望风降服。彼新得志，威震天下。三军人情，都已去矣，广陵岂可得至邪！裕当反复还京口耳。②

除此以外，刘裕还对当时的出路作出了明智的选择：

> 镇北去必不免，卿可随我还京口。桓玄必能守节北面，我当与卿事之。不然，与卿图之。今方是玄矫情任算之日，必将用我辈也。③

---

① 田余庆：《东晋门阀政治》，北京大学出版社 2012 年版，第 310 页。
② （梁）沈约：《宋书》，中华书局 1974 年版，第 4 页。
③ （梁）沈约：《宋书》，中华书局 1974 年版，第 4 页。

历史证明，一切皆如刘裕所料，刘牢之无路可走，自缢而死，而刘裕则通过对京口北府兵的重新经营，得以诛灭桓玄。在历史紧要关头，刘裕对形势的判断和对未来的把握远胜刘牢之。刘裕并没有在宗室和士族之间摇摆不定，而是有了自己的方向，以匡扶晋室为己任，借以登上权力的高峰。对形势有明确的判断，能够选择正确的道路，是刘裕能够全身避害、成就帝业的重要原因。

在对外作战中，刘裕也能够对敌我的形势作出透彻的分析。元兴四年，刘裕抗表北讨南燕，当时议者皆认为，慕容超会坚守广固，刘粟清野，刘裕讨伐"非唯难以有功，将不能自反"。但刘裕排除众人之见，对当时的形势别具独到的见解：

> 我揣之熟矣。鲜卑贪，不及远计，进利克获，退惜粟苗。谓我孤军远入，不能持久，不过进据临朐，退守广固。我一得入岘，则人无退心，驱必死之众，向怀贰之虏，何忧不克！彼不能清野固守，为诸君保之。[1]

最终，刘裕成功入岘，大败南燕。在对南燕的围攻过程中，后秦姚兴派使者告诉刘裕，东晋如果不退兵，后秦将会增援南燕，刘裕毫不在意，反而答复使者："我定燕之后，息甲三年，当平关、洛。今能自送，便可速来！"[2] 刘穆之颇具经略才具，认为如果激怒后秦，刘裕难以同时对付南燕和后秦，甚为刘裕的答复而担忧，但刘裕却告诉刘穆之："此是兵机，非卿所解。"刘裕大小事务决断，多找刘穆之商讨，而对于军事的揣度则当机立断，可见刘裕在军事方面的自信与笃定。事实亦如其所料，后秦只是虚张声势，并没有援救南燕。

---

① （梁）沈约：《宋书》，中华书局 1974 年版，第 15 页。

② （梁）沈约：《宋书》，中华书局 1974 年版，第 17 页。

刘裕在内外的战争中显示出了过人的军事才华，在历史的紧要关头也因为明辨形势而能够做出正确的选择，并且由此得以保全自己。桓玄篡权，杀害了孙无终，但却留下了刘裕，主要还是因为刘裕过人的才华和表现。刘裕在刘牢之大势已去的情况下，并没有采取与桓玄对抗的行动，而是假意投靠，伺机而动。有人也曾经提醒桓玄："刘裕龙行虎步，视瞻不凡，恐不为人下，宜蚤为其所。"①桓玄回答："我方欲平荡中原，非刘裕莫可付以大事。关陇平定，然后当别议之耳。"②桓玄并非不想铲除潜在的威胁，但又认为非刘裕不可以托付大事，想利用刘裕的军事才华助其平定中原、成就大事。结果事与愿违，桓玄重用刘裕是自掘坟墓，但却由此成就了刘裕。元兴二年十二月，桓玄篡晋建楚，元兴三年二月刘裕便举义旗讨伐桓玄，最终大败桓玄并将其父子斩首，刘裕自此以匡扶晋室之功在朝廷中举足轻重，逐渐取代门阀士族执掌政权。诛灭桓玄后，刘裕镇压了卢循、徐道覆领导的大规模农民起义，又在战争中相继大败北府兵内部集团的刘毅及宗室代表司马休之，东晋内部可以与其抗衡的异己势力几乎被铲除殆尽，但刘裕却没有立即称帝。究其根源，刘裕出身低微、文化修养低下，虽然战功显赫、无人能及，但就其内部的功勋来讲，尚不能得到社会各阶层特别是门阀士族的支持与拥护，诚如沈约所论"功虽有余，而德未足也"，刘裕如果要"承配天之业，一异同之心"，还必须要"树奇功于难立，震大威于四海"。除了内部的战争外，刘裕还大举发动了对南燕和后秦的讨伐。田余庆先生对刘裕北伐也做过深入的分析："刘裕在逐桓玄、灭卢循，兴复东晋以后，为了造宋，还必须建立起对北敌的疆场功勋，求取信于朝野，并于其中物色可以随同'造宋'的人物，才可以逐步完成晋宋禅代的准备。"③发动对外战争，建立对外的疆场功勋，对刘裕称帝来讲不可或缺。这也决定了刘裕称帝的基本策略大致是通过"攘外"来实现

---

① （梁）沈约：《宋书》，中华书局 1974 年版，第 5 页。
② （梁）沈约：《宋书》，中华书局 1974 年版，第 5 页。
③ 田余庆：《东晋门阀政治》，北京大学出版社 1996 年版，第 300 页。

"安内"，利用对外作战的成就，来化解内部的矛盾，进而争取各阶层的拥护。义熙五年（409）春三月，刘裕抗表北讨南燕，义熙六年春二月大克南燕，生擒慕容超斩于建康，齐地悉平，收复了青州、兖州大片领土，确保了江淮地区的安定与发展。义熙十二年（416），趁后秦内乱，刘裕又奉琅琊王北伐，攻克洛阳，修复晋帝五陵，又大破长安，生擒姚泓，收其彝器，收复关中领土。刘裕取得了晋室渡江后无人可比的北伐成就，确保了南北方对峙的形成，并且使得刘宋成为南朝历史上疆域最大的朝代，当时十分天下，而刘宋有其四。王夫之曾云："汉之后，唐之前，惟宋氏犹可以为中国主耳。"①

对外作战的成就，是刘裕能够称帝的重要砝码，特别是在北伐后秦以后，刘裕禅晋建宋已经势不可挡，很多士族也参与到了"造宋"的事业中。但我们也应该看到，刘裕通过"攘外"来实现"安内"的称帝策略，其实也影响了对北伐成果的坚守。当内部出现动荡时，刘裕只能放弃对外的作战而镇守内部。北伐后秦的过程中，刘穆之因病去世，除此人外，刘裕在东晋朝廷内部再没有堪用之心腹，只得仓皇东归，防止变故，由此造成了关中领土得而复失，最终为赫连勃勃所得。钱穆先生认为东晋一朝，"北伐"与"内变"紧密相关，刘裕北伐不能固守胜利果实的原因就在于："盖裕粗人，不为名士所归，裕之北伐，在廷之臣，无有为裕腹心者。裕所以不能从容据长安以经营北方者亦在是。"②刘裕在东晋朝廷内部缺少足够的支持者，从而使得对外的战争不可能取得彻底的胜利。

刘宋皇族的形成既带有时代的客观性，也有赖于刘裕疆场功勋的建立。由于家世的贫贱与文化修养的低下，刘裕既铲除了内部的异己势力，又建立了对外作战的疆场功勋，由此成功实现了代晋建宋的历史变革，并且使得刘宋成为南朝历史上版图最大的朝代。自魏开始，篡之相仍，刘宋

---

① （清）王夫之：《读通鉴论》，中华书局 1975 年版，第 478 页。

② 钱穆：《国史大纲》，商务印书馆 1996 年版，第 246 页。

的建立，与魏、晋的建立一脉相承，王夫之曾对三个朝代的建立有独到的见解："魏、晋皆不义而得者也，不义而得之，不义者又起而夺之，情相若、理相报也。虽然，曹氏有国，虽非一统天下，而亦汔可小康矣。芳与髦，中主也，皆可席业以安。而司马氏生其攘心以迫夺之，视晋之桓玄内篡、卢循中起、鲜卑羌虏攘臂相加，而安帝以行尸视肉离天下之心，则固不偞矣。宋乃以功力服人而移其宗社，非司马氏之徒。论者升晋于正统，黜宋于分争，将无崇势而抑道乎？"王夫之认为，司马氏篡魏是"幸人弱而掇拾之也"，而刘宋代晋则是"以功力服人而移其宗社"，刘宋篡晋远胜晋之篡魏。此外，王夫之对刘裕为代晋建宋所建立的对外功勋有非常高的评价：

> 宋武兴，东灭慕容超，西灭姚泓，拓跋嗣、赫连勃勃敛迹而穴处。自刘渊称乱以来，祖逖、庾翼、桓温、谢安经营百年而无能及此乎此者，二萧、陈氏无尺土之展，而浸以削亡。然则永嘉以降，仅延中国生人之气者，惟刘氏耳……汉以后，唐以前，惟宋氏犹可以为中国主也。①

王夫之认为，自永嘉南渡以来，唯刘裕可延续中原之生气，方为中国之主。裴子野对刘裕评价也较高，《宋略·总序》云：

> 宋高祖武皇帝以盖代雄才，起匹夫而并六合，克国得隽，寄迹多於魏武，功施天下，盛德厚於晋宣，怀荒伐叛之劳，而夷边荡险之力。□□百胜，可得而论者矣。政足行阵之间，却孙恩蚁聚之众，一朝奋臂，扫桓玄盘石之宗，方轨长驱，则三齐无坚垒，迴戈内赴，则五岭靡馀妖，命孙季高於巨海之上，而番禺席卷，擢朱龄石於百

---

① （清）王夫之：《读通鉴论》，中华书局 1975 年版，第 479 页。

夫之下，而庸蜀来王，羌胡畏威，交为表里，董率虎旅，以事中原，石门巨野之隘，指麾开辟，关头霸上之□，曾莫藩篱，虏其酋豪，迁其重宝，登未央而洒洒，过长陵而下拜，盛矣哉，宋高祖武皇帝以盖代雄才，起匹夫而并六合，克国得隽，寄迹多於魏武，功施天下，盛德厚於晋宣，怀荒伐叛之劳，而夷边荡险之力。□□百胜，可得而论者矣。有脱文。政足行阵之间，（有脱文。）却孙恩蚁聚之众，一朝奋臂，扫桓玄盘石之宗，方轨长驱，则三齐无坚垒，迴戈内赴，则五岭靡馀妖，命孙季高於巨海之上，而番禺席卷，摧朱龄石於百夫之下，而庸蜀来王，羌胡畏威，交为表里，董率虎旅，以事中原，石门巨野之隘，指麾开辟，关头霸上之□，曾莫藩篱，虏其酋豪，迁其重宝，登未央而洒洒，过长陵而下拜，盛矣哉，悠悠百年，未之有也。①

裴子野称刘裕是"盖代雄才"，起自匹夫而可以并六合，在内外战乱中，功勋显赫，"悠悠百年，未之有也"。自魏而后，朝代的更迭篡夺相仍，刘裕对内平定战乱，对外建立功勋，从而成功实现代晋，皇权政治取代门阀政治重新成为历史的主流，刘宋皇族也成为南朝历史上开国的第一个皇族。

第二节　刘宋皇族的发展

刘宋皇族自 420 年刘裕称帝开始，至 479 年萧道成建齐结束，历时60 载，有 8 位帝王（刘劭即伪位，不计在内）先后登基，共计 4 代，直系皇子 66 人（刘劭 4 子，不计在内），几乎全部死于手足之自相残杀。

---

① （清）严可均：《全上古三代秦汉三国六朝文》，中华书局 1958 年版，第 3262 页。

一、刘宋皇族的成员

刘宋皇族的第一代，为刘裕兄弟 3 人，刘裕为长，其次为中弟长沙景王刘道怜，少弟临川烈武王刘道规。刘裕有 7 子（如表 1-1 所列），中弟刘道怜有 6 子：义欣、义庆、义融、义宗、义宾、义綦，少弟刘道规无子，刘宋皇族第二代共计 13 人。刘宋皇族由此 13 人开始枝繁叶茂，文帝有 19 子，刘义宣有 16 子，江夏王刘义恭有子 16 人，刘义欣有子 10 余人，刘宋第三代子孙颇为昌盛，不再一一列举。以此为基础，刘宋皇族第四代人口众多，赵翼记载刘裕有"六七十曾孙"。孝武帝有子 28 人，有 7 人早夭，其他皇子多被前废帝和明帝所害，被杀时平均年龄不到 10 岁。明帝刘彧有 12 子，但《宋书》记载"负螟之庆，事非己出"，明帝之子极有可能不是明帝的亲生骨肉，大多年幼之时便被萧道成以谋反之名赐死。从刘宋皇族的人口数量来看，第四代成员数目最大，但大多 10 岁左右便沦为政治斗争的牺牲者。根据《宋书》各帝王本纪记载，刘宋帝系及年号胪列如下：

表 1-1　刘宋帝系表①

帝王	出身	年号	在位时间	子嗣
武帝刘裕	郡功曹刘翘长子	永初	三年：公元 420—422 年	七子：刘义符、刘义真、刘义隆、刘义康、刘义恭、刘义宣、刘义季
少帝刘义符	刘裕长子	景平	二年：公元 423—424 年	未见子嗣记载
宋文帝刘义隆	刘裕第三子	元嘉	三十年：公元 424—453 年	十九子：刘劭、刘濬、刘骏、刘铄、刘绍、刘诞、刘宏、刘祎、刘昶、刘浑、刘彧、刘休仁、刘休祐、刘休茂、刘休业、刘休倩、刘夷父、刘休范、刘休若

① 表格内容参见《宋书》各帝王本纪记载。

续表

帝王	出身	年号	在位时间	子嗣
刘劭（即伪位，自立为帝）	刘义隆长子	太初		四子：伟之、迪之、彬之、其一未有名
孝武帝刘骏	刘义隆第三子	孝建、大明	十一年：公元454—464年	二十八子：刘子业、刘子尚、刘子勋、刘子绥、刘子深、刘子房、刘子顼、刘子鸾、刘子仁、刘子凤、刘子真、刘子玄、刘子元、刘子羽、刘子衡、刘子盆、刘子况、刘子产、刘子云、刘子文、刘子兴、刘子师、刘子霄、刘子雍、刘子趋、刘子期、刘子嗣、刘子悦
前废帝刘子业	刘骏长子	永光、景和	二年：公元464—465年	未见子嗣记载
明帝刘彧	刘义隆第十一子	泰始、泰豫	八年：公元465—472年	十二子：刘昱、刘法良、刘準、无名，早夭、刘智井、刘燮、刘友、刘跻、刘赞、刘翙、刘嵩、刘禧
后废帝刘昱	刘彧长子	元徽	五年：公元473—477年	未见子嗣记载
宋顺帝刘準	刘彧第三子	昇明	三年：公元477—479年	未见子嗣记载

根据《宋书》加以统计，刘宋皇族大致200人，但大多没有善终，特别是帝系中的皇子无一人寿考令终。

二、刘宋帝位的交替

刘宋皇族子孙繁多，其成员的素质、能力及才干极不均衡。就帝王来讲，既有励精图治、勤政爱民的明主，也有穷凶极恶、荒淫无耻的荒主。

就宗王来讲，有的才华过人、建树显著，而有的则才能庸弊、毫无作为。刘宋皇族的第一代开创者，皆以军事武功服人。刘裕，"诛内清外，功格区宇"，对内镇压了各种暴乱，取得了社会环境的稳定，对外则通过北伐南燕、后秦，收复领土，在一定时期内确保了南北的对峙。长沙景王刘道怜和临川烈武王刘道规在军事中都对刘裕有所辅助，特别是烈武王刘道规可谓功不可没，《宋书》评价为："烈武王览群才，扬盛策，一举磔勍寇，非曰天时，抑亦人谋也。降年不永，遂不得与大业始终，惜矣哉！"① 此外，值得一提的是，除却军事才干，刘裕在政治方面也多有开拓。刘裕上台后以身范物、严肃法纪，大刀阔斧实行土断，加强皇权的统治，同时减轻下层人民的税负，消除了严苛的刑法。在刘裕的管理下，刘宋在战乱后休养生息，逐步恢复了生产发展。

刘宋皇族的第二代中共有帝王两人。刘裕去世后，长子刘义符即位，是为宋少帝。刘义符"穷凶极悖""居处所为多过失"，在位不到两年，便被权臣徐羡之、傅亮、谢晦等人废杀，由此迎来刘宋的第三位君王宋文帝。文帝刘义隆为刘裕第三子，"天授和敏之姿，自禀君人之德"，正位南面后"纲维备举，条禁明密，罚有恆科，爵无滥品。故能内清外晏，四海谧如也"。② 文帝继承并且发展了刘裕的治国方略，在刘裕治国的基础上又兴办"四学"、亲政爱民、劝课农桑，并且大力选举贤才，在位30年间，社会日益繁荣，刘宋国力达到鼎盛，史称"元嘉之治"，堪称南朝的典范。就宗王来讲，江夏王刘义恭、彭城王刘义康及临川王刘义庆皆为才能之士，皆对文帝尽以辅助之责。特别是彭城王刘义康，《宋书》本传记载："太祖有虚劳疾，寝顿积年，每意有所想，便觉心中痛裂，属纩者相系。义康医药，尽心卫奉，汤药饮食，非口所尝不进；或连夕不寐，弥日不解衣；内外众事，皆专决施行。"③ 刘义康在对文帝生活的照顾和政事

① （梁）沈约：《宋书》，中华书局1974年版，第1483页。
② （梁）沈约：《宋书》，中华书局1974年版，第103页。
③ （梁）沈约：《宋书》，中华书局1974年版，第1790页。

的处理上均有突出贡献，但因其"朝野辐凑，势倾天下"，又"素无术学，暗于大体"，最终被文帝猜忌而赐死。

刘裕与刘义隆，为刘宋不可多得有为之君，经过刘宋皇族前两代人的努力，刘宋在前 34 年国力逐步提升，经济文化得到极大发展，由此刘宋得以成为南朝历史中版图最大、持续时间最长的朝代。自 453 年到 479 年，在刘宋后 27 年的时间里，更换帝王 6 次。帝位的每次更换都会引发皇族内部大规模的自相残杀，皇族内讧不断，战事不息，社会渐趋动荡混乱，由武帝、文帝开创的刘宋盛世逐渐趋于败落，刘宋皇族也逐渐支离破碎，特别是文帝诸子与孝武帝诸子的争夺之战，使得刘宋皇族遭受了根本性的毁灭。刘宋皇族的第三代成员不乏才俊，虽然出现了弑父自立的元凶、次凶，但孝武帝刘骏、明帝刘彧为勤政之君，宗王刘宏则堪称皇族表率。但可惜的是，刘宋皇族的第三代成员虽然羽翼已丰，但多沦为政治斗争的牺牲品，要么因起兵谋反而被杀，要么因帝王的猜忌与嫉恨而直接被加害。至刘宋皇族的第四代，刘宋气数渐尽，前废帝与后废帝残暴不堪，为丧国亡家之主，宗王子弟中也顽劣之徒甚众，并且大多年幼而被杀害，遇害年龄多在 10 岁左右。

刘劭为文帝长子，本被立为太子，但因巫蛊事泄，与次凶刘濬弑父即伪位，可谓穷凶极恶，《宋书》对此评价："甚矣哉，宋氏之家难也。自赫胥以降，立号皇王，统天南面，未闻斯祸。"[1]元凶、次凶弑杀亲生父亲的行为，在历史上闻所未闻。元凶即伪位不到三个月，便被孝武帝刘骏率众推翻。孝武帝刘骏为文帝第三子，亦是一位勤政之帝。刘宋一朝，孝武帝颁发诏书最多、听讼次数也最为繁多，《宋书》称其有"周公之才之美"，但他以藩王身份即位，执政后对镇边的宗王多有猜忌，为个人之权位，不惜对镇边的各位宗王骨肉相残。另外，频繁听讼也使得刑法渐趋严苛。孝武帝在朝，人民的赋税和徭役渐趋繁重，人民苦不堪言而其自身的个人生

---

[1] （梁）沈约：《宋书》，中华书局 1974 年版，第 2440 页。

活却穷奢极欲、荒淫无度，史称"尽民命以自养"。因此，孝武帝虽然对刘宋政治体制与经济体制做出过多方面的深化改革，不再对外发动北伐而开始进行商务交流，但对于社会发展并无明显改善，刘宋由此开始呈现中衰之势。

孝武帝驾崩，前废帝刘子业即位，"少禀凶毒，不仁不孝"，嗜杀成性，既"纵戮上宰，殄害辅臣"，又对宗室密戚多加羞辱、任意残杀，以至于当时"内外百司，不保首领"，《宋书》评价为："废帝之事行著于篇。若夫武王数殷纣之衅，不能挂其万一；霍光书昌邑之过，未足举其毫厘。假以中才之君，有一于此，足以覆社残宗，污宫潴庙，况总斯恶以萃一人之体乎！其得亡，亦为幸矣。"[1] 前废帝集万恶于一身，较之以往的商纣、昌邑王刘贺等暴君荒主，有过之而无不及，最终自取灭亡，在位不到两年，被内侍寿寂之杀死。明帝刘彧以叔父的身份趁机登位，由此引发了孝武帝诸子与文帝诸子对皇位的争夺之战，皇室内部的自相残杀更加严重。明帝多番讨伐皇室宗亲，在位 8 年，整个社会"军旅不息，荒弊积久，府藏空竭。内外百官，并日料禄俸"[2]，明帝执政的一个重要方面就是残杀同胞以固权，孝武帝 12 位皇子皆死于其手，后期则因皇子年幼，对辅佐其登基的 4 位弟兄也颇多猜忌而加以杀害。明帝一朝，孝武帝子嗣无一人存世，文帝诸子也仅有两人存活，刘昶投奔北魏，刘休范则因才能庸劣得以保全，至此刘宋皇族势力遭到根本性的毁灭，历史记载为"既而本根无庇，幼主孤立，神器以势弱倾移，灵命随乐推回改"[3]，直接促成了他族对刘宋皇族的取代。明帝驾崩，后废帝刘昱登基时年仅 10 岁，甚为顽劣，"天性好杀，以此为欢"，对其周围的人任意杀戮，与前废帝一样，同是"丧国亡家之主"。齐王萧道成辅政，顺天人之心，四海归属，不久便控制朝政大权。萧道成"潜图废立"，与直阁将军王敬则密谋，王敬则又结

---

① （梁）沈约：《宋书》，中华书局 1974 年版，第 148 页。

② （梁）沈约：《宋书》，中华书局 1974 年版，第 170 页。

③ （梁）沈约：《宋书》，中华书局 1974 年版，第 171 页。

交后废帝近臣以图之，最终谋成，后废帝被近臣杨玉夫、杨万年斩首。萧道成乘机而起，立顺帝刘準为傀儡皇帝，两年后逼迫顺帝退位。萧道成执政期间共残害刘宋皇族 40 余人，最终代宋建齐，刘宋结束。

第三节　刘宋皇族的灭亡

刘宋皇族虽然最终因被萧氏所代而灭亡，但内部的骨肉相图才是其走向灭绝的真正原因。萧道成曾经在临终前告诫萧氏子孙："宋氏若不骨肉相图，他族岂得乘其衰弊，汝深戒之。"[①] 由此可见，如果刘宋皇族不是内讧不止，萧道成不可能取而代之。刘宋皇族的自相残杀，一方面直接粗暴地造成了刘宋皇族成员的死亡；另一方面则是消耗了皇族内部的力量，使得外族可以乘虚而入。从一定意义上来说，刘宋皇族的灭亡是自取灭亡。

一、刘宋皇族骨肉相图的经过

赵翼《廿二史劄记》"宋子孙屠戮之惨"条写道："宋武九子[②]，四十余孙，六七十曾孙，死于非命者，十之七八，且无一有后于世者。当其勃焉兴也，子孙繁衍，为帝为王，荣贵富盛，极一世之福；及其败也，如风之卷箨，一扫而空之，横尸喋血，斩艾无噍类，欲求为匹夫之传家保世而不可得。"[③] 汪中《宋书宗室世系表序》统计刘宋皇族约129人，被杀者121人，其中属于自相残杀的是80人。罗振玉《补宋书宗室世系表》在前人的基础上对刘宋皇族的成员又作了进一步的梳理，清人汪中的材料又有所

---

① （梁）萧子显：《南齐书》，中华书局1972年版，第624页。
② 根据《宋书》记载，武帝刘裕应有七子，"九子"之说应存讹误。另，《廿二史劄记》在此条记录的开始，亦写道"宋武帝七子"，见于中华书局1984年版，第240页。
③ （清）赵翼著，王树民校证：《廿二史劄记校证》，中华书局1984年版，第241页。

补充，统计刘宋皇族共计 158 人，被杀者共计 114 人，自相残杀者 100 余人。根据《宋书》各本传的记载，刘宋皇族近 200 人，帝系中的皇子 66人，无一人寿考令终，大多死于自相残杀。彼此猜忌、骨肉相图，是刘宋皇族走向灭亡的主要原因。

自武帝刘裕开始，皇族内部便存有猜忌的种子。刘裕执政后，为加强皇族对权力的控制，派遣皇室成员出守方镇，对荆、扬之地尤为重视，直接派遣自己的儿子镇守，并不假手于其他宗王。《宋书·长沙景王道怜传》载：

> 卢陵王义真为扬州刺史，太后谓上曰："道怜汝布衣兄弟，故宜为扬州。"上曰："寄奴于道怜岂有所惜。扬州根本所寄，事务至多，非道怜所了。"太后曰："道怜年出五十，岂当不如汝十岁儿邪？"上曰："车士虽为刺史，事无大小，悉由寄奴。道怜年长，不亲其事，于听望不足。"太后乃无言。车士，义真小字也。①

王谧去世后，扬州刺史的人选与当时政局紧密关联。刘裕派遣自己10 岁的儿子镇守，但不派遣自己 50 岁的兄弟赴任，虽然受到太后的质疑，却依然固执己见。刘裕此举虽然与刘道怜"素无才能"有关，但更重要的是为了集权于一身，由此便可见其对宗室的猜忌与提防。

刘宋皇族骨肉相残的风气，自文帝刘义隆开始有所端倪。沈约在《宋书·五行志》中也表示，刘宋骨肉相害之风气，从元嘉十七年，文帝废大将军彭城王义康便已经开始了。今人吕思勉先生也认为："宋世宗戚之祸，实始于义康之谋夺宗，而发于元凶之弑逆。"②文帝刘义隆为武帝第三子，在武帝长子少帝与二子卢陵王刘义真被废杀后，由荆州刺史转入奉皇统。《宋书·傅亮传》记载："既而问义真及少帝薨废本末，悲号呜咽，侍侧者莫能

---

① （梁）沈约：《宋书》，中华书局 1974 年版，第 1463 页。
② 吕思勉：《两晋南北朝史》，北京理工大学出版社 2016 年版，第 386 页。

仰视。"①文帝刘义隆听闻兄长被废杀的始末，悲号恸哭，极重兄弟之情。文帝即位后为控制门阀士族的权力，加强皇族对朝政的控制，对彭城王刘义康十分重用，以致刘义康出现了"朝野辐凑，势倾天下"的局面，并由此产生了不轨之图，"（元嘉）二十二年，太子詹事范晔等谋反，事逮义康"。元嘉二十四年刘义真被废为庶人，二十八年文帝恐"异志者或奉义康为乱"，遣中书舍人严龙赍药赐死，义康不肯服药，乃以被掩杀之。刘义康的谋权篡位及文帝对刘义康的诛杀，在刘宋皇族内部种下了猜忌与残杀的种子，宋文帝个人没能幸免，并且在宋文帝去世后的 26 年中愈演愈烈。诚如周一良先生所论："宋文帝以后，孝武、明帝皆猜忌异常，宗室多遭诛杀。"②

刘劭为文帝长子，因巫蛊之事泄密，面临被文帝废杀的危险，心生异谋，带人弑君杀父，并且大开杀戒，连为其报信的潘淑妃也没放过，对宗室人员也大肆残害。残杀的皇族人员主要有：文帝 1 人，彭城王义康 4 子，江夏王义恭 12 子及长沙王道怜孙子 5 人，共计 22 人。

> 《宋书·武二王·彭城王义康》载：（义康）六子：允、肱、珣、昭、方、昙辩。允初封泉陵县侯，食邑七百户。昭、方并早夭。允等留安成，元凶得志，遣杀之。③
>
> 《宋书·二凶·元凶劭》载：长沙王瑾、瑾弟楷、临川王烨、桂阳侯觊、新谕侯球，并以宿恨下狱死。④

此外，刘劭对于曲意逢迎的江夏王刘义恭的子嗣也没有放过，《宋书》本传记载，刘劭"遣始兴王濬就西省杀义恭十二子"，义恭在刘劭临死前还曾因此事加以诘问："我背逆归顺，有何大罪，顿杀我家十二儿？"刘劭

---

① （梁）沈约：《宋书》，中华书局 1974 年版，第 1337 页。
② 周一良：《魏晋南北朝史札记》，中华书局 2015 年版，第 166 页。
③ （梁）沈约：《宋书》，中华书局 1974 年版，第 1797 页。
④ （梁）沈约：《宋书》，中华书局 1974 年版，第 2428 页。

自己竟然也承认枉杀义恭诸子："杀诸弟，此事负阿父。"① 刘劭虽然在临刑前感叹"不图宗室一至于此"，在其面前杀其4子时，他则说"此何有哉"，感叹宗室的凋零，但却不动容于自己亲生孩子的被杀，可见皇族成员的悲哀之处，权位至上而血脉亲情淡漠。

孝武帝刘骏率众推翻元凶后即位，杀害的皇族成员有：刘劭、次凶刘濬及其子女7人，刘义宣及16子，南平王刘铄、竟陵王刘诞、武昌王刘浑及海陵王刘休茂，其中嫡亲兄弟6人，堂亲兄弟16人，叔父1人，子侄7人，共计30人。史书相关记载：

> 《宋书·元凶传》载：劭、濬及劭四子伟之、迪之、彬之、其一未有名；濬三子长文、长仁、长道，并枭首大航，暴尸于市。②
>
> 《宋书·南郡王义宣传》载：义宣子慆、恺、恢、憬、惔、矣、惇、愔、伯实、业、悉达、法导、僧喜、慧正、慧知、明弥庱、妙觉、宝明凡十八人；恺、恢、惔、惇并于江宁墓所赐死，憬、悉达早卒，余并与义宣俱为硃修之所杀。③
>
> 《宋书·南平穆王铄》载：铄素不推事世祖，又为元凶所任，上乃以药内食中毒杀之，时年二十三。④
>
> 《宋书·孝武帝纪》载：（大明三年）秋七月己巳，克广陵城，斩诞。悉诛城内男丁，以女口为军赏；是日解严。辛未，大赦天下。⑤
>
> 《宋书·武昌王浑传》载：逼令自杀，即葬襄阳，时年十七。⑥
>
> 《宋书·孝武帝纪》载：（大明五年）丙午，雍州刺史海陵王休茂

---

① （梁）沈约：《宋书》，中华书局1974年版，第2438页。
② （梁）沈约：《宋书》，中华书局1974年版，第2439页。
③ （梁）沈约：《宋书》，中华书局1974年版，第1807页。
④ （梁）沈约：《宋书》，中华书局1974年版，第1858页。
⑤ （梁）沈约：《宋书》，中华书局1974年版，第123页。
⑥ （梁）沈约：《宋书》，中华书局1974年版，第2043页。

杀司马庾深之，举兵反，义成太守薛继考讨斩之。①

除却刘劭、次凶刘濬以外，孝武帝所杀皇族多为镇边的宗王。刘宋自武帝以来，以宗王镇守地方，由此宗室藩王也掌握了一定的势力可以与朝廷相抗衡。孝武帝以藩王起兵，即位后则对镇边的宗王多加猜忌而至诛杀，多派遣自己的子嗣占据各种方镇，但其儿子大多年幼，实际权力掌握在了辅助的大臣手中。由此，孝武帝改变了刘宋自武帝以来所形成的方镇格局，降低了刘宋皇室在方镇中的势力，虽然在一定程度上巩固了朝廷中央的皇权，但却促进了异姓力量在方镇中的崛起，萧道成能够代宋建齐与此有直接的关系。

前废帝残杀的皇族成员：始平王刘子鸾及其弟妹、江夏王刘义恭及其4子、南平王刘铄3子，至此武帝诸子已被残杀至尽。相关记载如下：

《宋书·始平孝敬王子鸾传》载：帝素疾子鸾有宠，既诛群公，乃遣使赐死，时年十岁。子鸾临死，谓左右曰："愿身不复生王家。"同生弟妹并死，仍葬京口。②

《宋书·南海哀王子师传》载：南海哀王子师，字孝友，孝武帝第二十二子也。大明七年，年四岁，封南海王，食邑二千户。未拜，景和元年，为前废帝所害，时年六岁。③

《宋书·江夏文献王义恭传》载：永光元年八月，废帝率羽林兵于第害之，并其四子，时年五十三。断析义恭支体，分裂肠胃，挑取眼精，以蜜渍之，以为鬼目精。④

《宋书·南平穆王铄》载：前废帝景和末，召铄妃江氏入宫，使

---

① （梁）沈约：《宋书》，中华书局1974年版，第127页。
② （梁）沈约：《宋书》，中华书局1974年版，第2065页。
③ （梁）沈约：《宋书》，中华书局1974年版，第2069页。
④ （梁）沈约：《宋书》，中华书局1974年版，第1651页。

左右于前逼迫之，江氏不受命。谓曰："若不从，当杀汝三子。"江氏犹不肯。于是遣使于第杀敬猷、敬渊、敬先，鞭江氏一百。①

前废帝残暴不堪，所杀皇族成员皆无正当理由。刘子鸾为孝武帝宠妃宣贵妃所生，甚得孝武帝宠爱，《宋书》本传载："子鸾爱冠诸子，凡为上所盼遇者，莫不入子鸾之府、国。及为南徐州，又割吴郡以属之。"②前废帝妒忌其所受之宠爱，上台后便遣使赐死，被害时年仅10岁，临死前发出凄凉感叹："愿身不复生王家。"此语亦道出了刘宋皇族颇多枉死人员的心声。刘铄3子之死，更属无妄之灾，只因刘铄妃不从前废帝侮辱，前废帝便杀其3子，实在是残暴无道、逆天行事，而残杀江夏王刘义恭手段之惨烈，历史少有。

此外，前废帝因为猜忌，对诸位叔父横加羞辱、任意鞭挞，"遇若婢仆，鞭捶陵曳，无复尊卑"③。《宋书·始安王休仁传》加载较为翔实：

时废帝狂悖无道，诛害群公，忌惮诸父，并囚之殿内，殴捶凌曳，无复人理。休仁及太宗、山阳王休祐，形体并肥壮，帝乃以竹笼盛而称之，以太宗尤肥，号为"猪王"，号休仁为"杀王"，休祐为"贼王"。以三王年长，尤所畏惮，故常录以自近，不离左右。东海王祎凡劣，号为"驴王"，桂阳王休范、巴陵王休若年少，故并得从容。尝以木槽盛饭，内诸杂食，搅令和合，掘地为坑阱，实之以泥水，裸太宗内坑中，和槽食置前，令太宗以口就槽中食，用之为欢笑。欲害太宗及休仁、休祐前后以十数，休仁多计数，每以笑调佞谀悦之，故得推迁。④

---

① （梁）沈约：《宋书》，中华书局1974年版，第1858页。
② （梁）沈约：《宋书》，中华书局1974年版，第2063页。
③ （梁）沈约：《宋书》，中华书局1974年版，第146页。
④ （梁）沈约：《宋书》，中华书局1974年版，第1871—1872页。

前废帝给各位叔父加以侮辱性的外号，并且让当时的湘东王刘彧像猪一样吃食，以达到取乐的目的。虽然前废帝与诸位叔父存有政治上的相互争斗，但他如此对待诸位叔父的手段荒唐至极，不仅尊长之义尽失，并且极具侮辱色彩，难怪宗王会密谋反叛。前废帝的暴虐无道，是其招来杀身之祸的主要原因，对当时湘东王刘彧的残害，直接造成了皇位的更替。

前废帝殒后，明帝刘彧以叔父的身份即皇帝位，由此引发了文帝之子与孝武帝之子对皇位的争夺大战。文帝之子多占据朝廷宰辅之位，辅助刘彧执掌朝政，而孝武帝诸子则多在方镇起兵谋反，明帝对诸位子侄大肆残杀，《南史·后废帝纪》载"孝武帝二十八子，明帝杀其十六"，其中"子趋、子期、子悦未封"，便已被明帝所杀。此外，据《宋书·明帝纪》载：

司徒扬州刺史豫章王子尚、山阴公主并赐死。①

晋安王子勋、安陆王子绥、临海王子顼、邵陵王子元并赐死；同党皆伏诛。②

十月乙卯，永嘉王子仁、始安王子真、淮南王子孟、南平王子产、庐陵王子舆、松滋侯子房并赐死。③

除了杀害孝武帝诸子外，明帝刘彧晚年因皇子年幼，对其诸位兄弟也多有猜忌，杀害了曾经辅助其登基的4位兄弟。

《宋书·庐江王祎传》载：乃遣大鸿胪持节，兼宗正为副奉诏责祎，逼令自杀，时年三十五，即葬宣城。④

《宋书·桂阳王休范传》载：晋平王休祐以狠戾致祸，建安王休

① （梁）沈约：《宋书》，中华书局1974年版，第152页。
② （梁）沈约：《宋书》，中华书局1974年版，第158页。
③ （梁）沈约：《宋书》，中华书局1974年版，第158页。
④ （梁）沈约：《宋书》，中华书局1974年版，第2042页。

仁以权逼不见容, 巴陵王休若素得人情, 又以此见害。唯休范谨涩无才能, 不为物情所向, 故得自保; 而常怀忧惧, 恒虑祸及。①

至明帝朝, 文帝 19 子中除却晋熙王刘昶奔魏、桂阳王刘休范因无才而得以保全外, 其他人等已无存世者, 而孝武帝 28 子也所剩无几。

明帝以叔父的身份登基, 引发宗室夺位大战, 文帝诸子与孝武帝诸子遭受灭顶之灾, 死丧殆尽, 而明帝子嗣大多年幼, 不堪重任, "宋氏之业, 自此衰矣"。至此, 刘宋皇族的势力已经严重衰弱, 为他族所代成为必趋之势。诚如沈约在《宋书·明帝纪》中所论: "太宗因易隙之情, 据已行之典, 剪落洪枝, 愿不待虑。既而本根无庇, 幼主孤立, 神器以势弱倾移, 灵命随乐推回改。斯盖履霜有渐, 坚冰自至, 所从来远也。"②

后废帝时期, 刘宋皇族依然是内讧不止, 桂阳王刘休范据江州叛乱, 建平王刘景素则据京口起兵造反, 最终都被权臣萧道成所灭。据此平判之功, 萧道成 "督五州军事", 掌握了刘宋各个要害之地的军政大权。萧道成执政, 残杀刘宋皇族 40 余人, 最终代宋建齐, 刘宋皇族灭亡。

二、刘宋皇族骨肉相图的原因

(一) 自魏以来, 篡权相仍, 但无弑君之先例, 刘裕首开南朝弑君先河, 同时也为刘宋皇族的自相残杀和被他族所杀埋下了祸根。晋恭帝在禅位于刘裕时, 大有欣然解脱之意, 并无反抗挣扎之举, 但刘裕仍旧于称帝后第二年派人将其残害。此后, 在南朝政权的更迭中帝王总免不了被弑的命运, 刘宋皇族自身也不可避免。宋人王应麟认为: "宋之篡晋, 瑜年而

① (梁) 沈约:《宋书》, 中华书局 1974 年版, 第 2046 页。
② (梁) 沈约:《宋书》, 中华书局 1974 年版, 第 171 页。

弑零陵（晋帝），不知天道报施，还自及也。齐梁以后，皆袭其迹，自刘裕始。"王夫之做出了相类的评价："宋可以有天下者也，而其为神人所愤怒者，恶莫烈于弑君。篡之相仍，自曹氏而已然，宋因之耳。弑则自宋倡之。其后相习，而受夺之主必死于兵与鸩"①，此外，王夫之还认为："躬行弑而欲子孙之得免于弑，躬行弑而欲其臣之弗弑，其可得乎？徐羡之、傅亮、谢晦之刃，已拟其子之胆而俟时以逞耳。萧道成继起而殄刘氏之血胤，又何怪乎？"②王应麟与王夫之持相似观点，刘宋皇族的自相残杀、被权臣所杀，均属、因果循环。刘裕首启弑杀先河，同时也预示了刘宋皇族自相残杀和被杀的命运。王应麟、王夫之的观点虽然有些许唯心色彩，但刘裕作为刘宋皇族的开创者，其子孙后代受其影响，模仿其言行举止，则是情理之中。

（二）宗王出镇，加强了刘宋皇族对天下的掌控，同时也增强了地方藩王的势力，导致地方多有力量与中央朝廷抗衡，由此不断引发地方和中央之间的骨肉相图。门阀政治格局下，士族控制边镇，中央皇权旁落。为抵制士族的权力，刘裕掌权后，加强皇族统治，分封皇室成员镇守各地，不再假手于他族。像京口所在地徐州，直接关系建康安危，一直为皇族控制。刘裕遗诏："京口要地，去都邑密迩。自非宗室近戚，不得据之。"③荆州、扬州等地，大部分时间也都控制在刘宋皇族成员的手中，《宋书·南郡王刘义宣传》云："高祖以荆州上流形胜，地广兵强，遗诏诸子次第居之。"④刘宋宗王出镇，弱化了门阀士族的控制力量，加强了皇族对天下的掌控，在一定程度上又恢复了西汉以来皇室家天下的传统，同时也拉开了家人之间的争夺大战。诚如周一良先生所论："义隆中期以后，刘家天下之统治逐渐牢固，封建王朝之君臣名分趋于稳定，于是猜疑矛头转向宗室诸

---

① （清）王夫之：《读通鉴论》，中华书局1975年版，第478页。
② （清）王夫之：《读通鉴论》，中华书局1975年版，第479页。
③ （梁）沈约：《宋书》，中华书局1974年版，第2019页。
④ （梁）沈约：《宋书》，中华书局1974年版，第1798页。

王。亦由宗室诸王迨此时皆已成长，多担负方镇之任。"①自文帝刘义隆后，刘宋江山基本稳定，对权力的争夺转变成了自己家中的骨肉相残。

此外，宗王镇守地方，在军事、经济等方面的势力极大增强，足以形成对朝廷中央的威胁。文帝刘义隆、孝武帝刘骏及明帝刘彧，均以藩王身份回京即位，亦可见地方势力的强悍。南郡王刘义宣举兵叛乱，"有荆、江、兖、豫四州之力"，威震天下，朝野为之大惧，孝武帝差一点便"奉乘舆法物，以迎义宣"。除却刘劭，刘宋皇朝的其他叛乱皆来自地方，像竟陵王刘诞、庐陵王刘祎及桂阳王刘休范等皆是据地方而反。地方藩王势力的强大，引发帝王的猜忌，同时也助长了藩王的野心，由此便造成了地方与中央的不断争战，皇室内部便骨肉厮杀不断。

（三）皇位继承失序，是引发刘宋皇族自相残杀的主要原因。为避免皇位继承而引发争斗，皇位继承大都采取嫡长子的继承制度，如有特殊情况，则偶尔会实行兄终弟及的继承方法。就刘宋帝王的继承来看，存在明显失序的情况。根据《宋书》各本纪记载，试将其继承情况胪列如下：

表1-2　刘宋帝位继承表

帝王	继承情况
少帝刘义符	嫡长子继承
文帝刘义隆	兄终弟及
刘劭	被立为太子，本应采取嫡长子继承的方法
孝武帝刘骏	推翻刘劭而立，属于兄终弟及
前废帝刘子业	嫡长子继承
明帝刘彧	叔父继承
后废帝刘昱	嫡长子继承
顺帝刘凖	兄终弟及

---

① 周一良：《魏晋南北朝史札记》，中华书局2015年版，第201页。

　　刘宋皇位的继承并无固定的模式，嫡长子虽为继承的第一人选，但宗王亦有极大的可能性。吕思勉先生曾经指出："凡置君如弈棋之世，往往君臣上下，彼此相猜。因相猜而相图，则君位不固弥甚。而其相猜亦弥甚。迭相为因，而争夺相杀之祸，不绝于时矣。刘宋之所以败，正坐此也。"① 刘宋的帝王基本是由嫡长子和宗王交替产生的。因为皇位的无秩序性，帝王登基后对宗王严加猜忌并且横加残害，而镇守边地的宗王要么为自保而起兵反抗，要么为夺皇位而率军谋反。由此，每一次帝位的更换，都会引发皇族内部大规模的自相残杀。

---

① 吕思勉：《两晋南北朝史》，北京理工大学出版社 2016 年版，第 398 页。

第二章　刘宋皇族的文化修养

　　文化修养是东晋品鉴人物的重要标准，刘裕"本无术学""行为粗鄙"的文化形象很难得到文化士人的支持与认可，对刘宋政权的建立造成了一定的障碍。刘毅武功不竞，但对刘裕不相推服的一大原因就是刘裕文化修养低下。为改善文化形象，刘裕附庸风雅，刻意模仿文化名士的言谈举止，对文化名士多加延揽，并且制造符瑞以神化个人的身份。刘宋建立后，刘宋皇族的文化修养得到了一定的发展，热爱文艺者逐渐增多，文集也十分繁盛，与士族名士多有交往，并且对士族所崇尚的文化艺术活动也颇为崇尚，在一定程度上表现出了士族化的倾向。但一个家族的文化修养不可能在60年内得到彻底改变，刘宋皇族同时还保留诸多低级士族的文化风尚，才能凡鄙者甚众，宫廷生活多有俚俗化而文学创作多有世俗化，皇室内部乱象丛生。刘宋皇族家门并无深厚的文化底蕴和传统，后天教育又有诸多缺失，学得了士族名士表面的放情肆志和不拘礼法的放达，但却看不到士族名士深入骨髓的儒家精神和家族代代相传的严格家教，由此，变得荒诞不经、粗俗不堪，也失去了士族名士高远的情致与意境。

第一节　文化修养对于刘宋建立的影响

　　禅晋建宋，并不仅仅意味着刘氏与司马氏在皇权姓氏上的更替，更重要的是意味着出身低下的武力集团要从在文化上占据一流的门阀士族手中夺取对皇权的掌控。而文化修养是东晋品鉴人物的重要标准。从这层意义上来讲，文化对于刘裕的"造宋"事业意义非同寻常。刘裕出身于北府兵武力集团，文化修养较低，史载其"仅识文字""不经涉学""本无术学""言义尤浅"，较之当时高门士族文化修养相去甚远。改善个人的文化形象以取得文化士人的认可与支持，是刘裕"造宋"必须解决的问题。

一、刘裕"本无术学"的表现

孙楷第先生曾指出："说京洛话，写得好字，做得好诗，能谈义，这四样是士大夫的装饰品。"①而刘裕在这四个方面均不擅长，有时表现甚为拙劣。

首先，从"说京洛话"方面来看。自周王朝迁都洛邑（今河南洛阳）后，洛邑话便一直是中国雅言的基础。《论语·述而》载："子所雅言，《诗》《书》、执礼，皆雅言也。"孔子讲《诗经》《尚书》及执礼的时候，都要用当时的雅言。雅言是中国文化的重要象征，同时也是个人文化风貌的重要表现。晋朝承接前朝，以"洛语"为雅言，迁都建康后，虽然受到了当地语言的影响，但大部分文化士族依然是雅言阶级，都讲京洛话。陈寅恪先生在《东晋南朝之吴语》中曾考证，东晋及南朝的文化士族以京都洛阳话为准，而社会的其他阶层则各操本地的方言。由此，雅言与方言，是评价一个人文化修养的重要尺度。《宋书·庐悦王诞谢景仁袁湛褚叔度传》载：

> 高祖虽累叶江南，楚言未变，雅道风流，无闻焉尔。凡此诸子，并前代名家，莫不望尘请职，负羁先路，将由庶民之道邪。②

---

① 孙楷第：《沧州后集》，中华书局 1985 年版，第 296 页。

② （梁）沈约：《宋书》，中华书局 1974 年版，第 1506 页。

刘裕"楚言未变"是其"雅道风流，无闻焉尔"之重要表现。投靠其麾下的名家士族被沈约指责为"望尘请职，负羁先路，将由庸民之道邪"。至梁代，沈约还作如此评价，更可见当时社会名流对刘裕文化修养的介怀和鄙视。

其次，从"写得好字"方面来看。书法水平，是文化士族甚为看重的一种文化造诣。琅琊王氏便以书法而显名于名门士族之中。而刘裕的书法甚为拙劣，《宋书·刘穆之传》载：

> 高祖举止施为，穆之皆下节度。高祖书素拙，穆之曰："此虽小事，然宣彼四远，愿公小复留意。"高祖既不能厝意，又禀分有在。穆之乃曰："便纵笔为大字，一字径尺，无嫌。大既足有所包，且其势亦美。"高祖从之，一纸不过六七字便满。①

刘裕书法水平甚为拙劣，以至于需要心腹刘穆之为其献计加以掩盖，刘裕听从刘穆之计策，纵笔写大字，在一张纸上不过写六七个字而已。借气势以掩盖缺陷。刘穆之为刘裕心腹，对刘裕各种举止行为加以节度，以改善刘裕的文化形象，以至刘穆之去世后，刘裕感叹："穆之死，人轻易我。"由此亦可见，刘裕对自身文化修养低下之认知。

第三，从"做得好诗"方面来看。作诗，是文化士族一种基本的文化修养，谢氏尤为擅长。据现在可考的文献来看，刘裕似乎并不具备作诗的才华。《南史·谢晦传》记载：

> 晦美风姿，善言笑，眉目分明，鬓发如墨。涉猎文义，博赡多通，时人以方杨德祖，微将不及。晦闻犹以为恨。帝深加爱赏，从征关、洛，内外要任悉委之。帝于彭城大会，命纸笔赋诗，晦恐帝

---

① （梁）沈约：《宋书》，中华书局 1974 年版，第 1305 页。

有失，起谏帝，即代作曰："先荡临淄秽，却清河洛尘，华阳有逸骥，桃林无伏轮。"于是群臣并作。①

又，《太平御览》卷五九一对此事亦有记载：

《宋书》曰："高祖过彭城，置酒，命纸笔为诗曰：'先荡临淄秽，却清河洛尘，华阳有逸骥，桃林无伏轮。'于是群才并作也。"②

诗歌歌颂了刘裕征战四方、廓清内外的赫赫战功，以及刘裕召集贤才济济于一堂的盛况。关于作诗之人，《太平御览》年代久远，记载应有误。就两人的文学修养来判断，刘裕并无作诗之才能，各种史书也并无其作诗之记载。而谢晦身出作诗世家，"涉猎文义，博赡多通"，极有可能作此诗歌。逯钦立先生的《先秦汉魏晋南北朝诗》亦将此诗归入谢晦名下。谢晦深受刘裕喜爱，在北伐的过程中，刘裕"内外要任悉委任之"。作为刘裕之重臣，恐刘裕在众人之前作诗有失，故而代其作诗。由此可知，刘裕并不具备"做得好诗"的才华。

第四，从谈义方面来看。东晋渡江以后，玄风弥漫，门阀士族更以玄学风流著称于世。刘裕执政后，"颇慕风流"，有心效仿门阀士族加以清谈，但却无法领悟其中精深奥妙的玄理。《宋书·郑鲜之传》载：

高祖少事戎旅，不经涉学，及为宰相，颇慕风流，时或言论，人皆依违之，不敢难也。鲜之难必切至，未尝宽假，要须高祖辞穷理屈，然后置之。高祖或有时惭恚，变色动容，既而谓人曰："我本无术学，言义尤浅。比时言论，诸贤多见宽容，唯郑不尔，独能尽人之

① （唐）李延寿：《南史》，中华书局1975年版，第522页。
② （宋）李昉：《太平御览》，中华书局1960年版，第2659页。

意，甚以此感之。"①

刘裕行伍出身，没有深厚的玄学修养，虽然执政后效仿文化名流而进行清谈，但言义较浅，难与士族相抗衡，屡屡被郑鲜之诘难至理屈词穷。

此外，刘裕对文化士族所崇尚的文化技艺也不甚了解。文化士族对音乐一般比较精通和热爱，有的士族还颇为痴迷，但刘裕并不解声。《南史·武帝本纪》载：

> 上清简寡欲，严整有法度，未尝视珠玉舆马之饰，后庭无纨绮丝竹之音。初，朝廷未备音乐，长史殷仲文以为言，帝曰："日不暇给，且所不解。"仲文曰："屡听自然解之。"帝曰："政以解则好之，故不习耳。"②

刘裕对士族所崇尚的音乐并不感兴趣，对于殷仲文提出来的"备音乐"的建议，也不予采纳。刘裕对音乐的态度与文化士族对音乐的热衷明显不同。

要之，刘裕门第较低，又起自行伍，其文化修养与当时文化名流相去甚远，无法相提并论。

二、刘裕文化修养对"造宋"的影响

门阀政治格局之下，文化修养是文化士族标榜门第、品鉴人物的重要标准，也是影响人心走向的重要因素。桓玄篡晋建楚，"晋氏四方牧守及在朝大臣，尽心伏事，臣主之分定矣"，门阀士族能够推服桓玄，其一重要的原因就是桓玄身出名门，具有文化士族所认可的名士气息。与此相

---

① （梁）沈约：《宋书》，中华书局 1974 年版，第 1696 页。
② （唐）李延寿：《南史》，中华书局 1975 年版，第 28 页。

反，刘裕召集北府兵与桓玄抗衡，"倡大义以复皇祚"，在朝中却"众无一旅""名微位薄，盛流皆不与相知"，只能是"奋臂草莱之中"，率领低级士族以举大事。刘穆之为刘裕之心腹，通晓朝野异同，而对刘裕的举止行为多加节度，帮其掩饰文化粗鄙的形象，便也充分说明了执政者个人文化风貌的重要性。消灭桓玄后，刘裕权重当时，但文化士族宁愿选择投靠文化修养较高而地位略低的亚相刘毅，也不愿投靠文化修养较差而地位较高的刘裕。《宋书·武帝本纪》载：

> 毅与公俱举大义，兴复晋室，自谓京城、广陵，功业足以相抗。虽权事推公，而心不服也。毅既有雄才大志，厚自矜许，朝士素望者多归之。①

刘毅与刘裕同样出自北府兵武力集团，但刘毅善书法，通史书，能作诗，颇涉文雅，与士族文人的文化趣味相投，取得了众多文化士人的支持。又，《宋书·张邵传》载："刘毅为亚相，爱才好士，当世莫不辐凑"，《宋书·郑鲜之传》云"外甥刘毅，权重当时，朝野莫不归附"。由此，刘毅虽然军功逊于刘裕，但内心却并不推服刘裕。《南史·胡藩传》云：

> 夫豁达大度，功高天下，连百万之众，允天人之望，毅固以此服公。至于涉猎记传，一咏一谈，自许以雄豪，加以夸伐，搢绅白面之士，辐凑而归，此毅不肯为公下也。②

刘毅自恃文化修养较高，不肯为刘裕之下，并且有意在众人面前显示自己的文化优势，《晋书·刘毅传》载：

---

① （梁）沈约：《宋书》，中华书局 1974 年版，第 28 页。
② （唐）李延寿：《南史》，中华书局 1975 年版，第 487 页。

> 初，裕征卢循，凯归，帝大宴于西池，有诏赋诗。毅诗云："六国多雄士，正始出风流。"自知武功不竞，故示文雅有余也。①

刘毅在与卢循作战的过程中，大败于桑落，自知在军功方面难以与刘裕相抗衡，故意在宴会中作诗以彰显自己的文雅。由此可知，文化修养同军功一样，亦是一种有效的资源，可以用来炫耀，也可以用来影响人心的走向，获取士人的支持。刘毅正是凭借其与士族相投的文化精神，与士族文人深相凭结，形成了堪与刘裕相抗衡的政治势力，才敢于和刘裕争权夺位。虽然刘毅在军事上始终不敌刘裕，最终兵败自杀，但两人的争夺之战却凸显了刘裕因个人文化修养较低而对成就大业所带来的障碍。伴随刘裕执政地位的确立，虽然门阀士族的政治权势不复从前，但在社会文化层面上却依然具有较高的声望和深远的影响。诚如王伊同先生所论："贵游子弟，早岁登朝，习练典章，晓谙故事，有不可及者。"② 士族子弟身出名门，通晓朝政礼仪，富有执政经验，对于新政权的建构具有低下级士族无法取代的作用。为改善与文化士族的关系，取得文化士族的认可与支持，刘裕虽然建立了文化士族难以企及的疆场功勋，但在文化上却"唯士族马首是瞻"，对士族的文化深表认可与欣赏，并且刻意模仿。诚如田余庆先生所论："次等士族刘裕总揽了政治、军事权力之后，还必须附庸风雅，周旋于按照传统本是被门阀士族长期垄断的文化领域之中。"③

三、刘裕改善文化形象的举措

首先，如前文所述，刘裕的文化修养与文化士族的雅道风流格格不入，但刘裕多方加以修正，并且刻意模仿文化士族的言谈举止。刘裕书

---

① （唐）房玄龄等：《晋书》，中华书局 1974 年版，第 2210 页。
② 王伊同：《五朝门第》，金陵大学中国文化研究所 1943 年印行，第 50 页。
③ 田余庆：《东晋门阀政治》，北京大学出版社 1996 年版，第 311 页。

法拙劣，但却听从刘穆之的计策，通过写大字而加以掩饰，作诗水平不高，但依然效仿文化士族组织文人进行文学雅集。此外，虽然自己不经涉学，对玄学不够精通，但在执政后却颇好清谈，被文化名士诘难也并不放弃。这都充分说明，刘裕对个人的文化形象甚为在意，尽力向士族学习以修正个人粗鄙的文化形象。另外，刘裕对士族所推重的人物，多加召见并且表示欣赏。张敷，为张邵之子，在文化名流中甚有名价，刘裕得知其美，便召而见之，并且称赞其为"真千里驹也"，屡加接引。谢混风华为江左第一，谢晦"博赡多通，时人以方杨德祖"，两人都出现在刘裕眼前时，刘裕称赞"一时顿有两玉人耳"。刘裕对自己家族人员的称赞，也深受士族文化的影响。刘义庆"为性简素，寡嗜欲，爱好文义，文词虽不多，然足为宗室之表"①，甚为刘裕所知，刘裕经常称赞刘义庆为："此吾家丰城也。"②刘宋皇族出自行伍，刘裕却称文化水平较高的刘义庆为家族的寄托，可见其对文化的看重，深受当时文化士族的影响。

其次，在行军作战及国家治理中，刘裕"以身范物，先以威禁内外"，纪律甚为严明，但在文化方面却对士族通率不羁的行为十分包容，甚至是"雅相重"。刘裕晚年好清谈，郑鲜之多加诘难，"未尝宽假"，直到刘裕"辞穷理屈"，才肯作罢。刘裕"或有时惭恶，变色动容"，但对郑鲜之依然赏爱有加。有些文化士人通率任心、不拘小节，就算在朝政场合也不加节制，刘裕不仅能够接受，并且颇为欣赏。《宋书·范泰传》载：

> 高祖还彭城，与共登城，泰有足疾，特命乘舆。泰好酒，不拘小节，通率任心，虽在公坐，不异私室，高祖甚赏爱之。③

范泰在朝廷公众场合坐姿如在私室，任心而为，不拘小节，刘裕"甚赏爱

---

① （梁）沈约：《宋书》，中华书局 1974 年版，第 1477 页。
② （梁）沈约：《宋书》，中华书局 1974 年版，第 1475 页。
③ （梁）沈约：《宋书》，中华书局 1974 年版，第 1616 页。

之",与其一起登城,并且因其足疾还特命他乘舆。对于名士一些不为世俗所理解的习性,刘裕也能做到包容。《宋书·谢景仁传》载:

> 景仁性矜严整洁,居宇静丽,每唾,转唾左右人衣;事毕,即听一日浣濯。每欲唾,左右争来受。高祖雅相重,申以婚姻,庐陵王义真妃,景仁女也。[1]

谢景仁唾人之习性,一般人难以接受,但刘裕则对其十分欣赏,申以婚配,在谢景仁去世殡葬之日,刘裕还"亲临,哭之甚恸"。

除了对在政治上投靠自己的文化名士表示欣赏之外,刘裕对在政治立场上不甚推崇自己的文化名士,也多能够宽容。《南史·谢澹传》载:

> 宋武帝将受禅,有司议使侍中刘叡进玺,帝曰:"此选当须人望。"乃使澹摄。澹尝侍帝宴,酣饮大言无所屈,郑鲜之欲按之,帝以为澹方外士,不宜规矩绳之;然意不说,不以任寄。后复侍饮,醉谓帝曰:"陛下用群臣,但须委屈顺者乃见贵,汲黯之徒无用也。"帝大笑。[2]

谢澹在帝宴中"大言无所屈",就连士族名士郑鲜之都看不下去了,但刘裕却依然以其为方外士人,不加责罚。谢澹后来饮醉,又直言嘲讽刘裕的用人策略,刘裕也只是大笑而已。刘裕不会重用如谢澹般不羁的士族,但却依然要加以引进,主要就是出于文化层面的考虑。有时,刘裕甚至会赞扬在政治上站在敌对立场的文化名士,《晋书·谢安传》载:

---

[1] （梁）沈约:《宋书》,中华书局1974年版,第1494页。
[2] （唐）李延寿:《南史》,中华书局1975年版,第527页。

及宋受禅，谢晦谓刘裕曰："陛下应天受命，登坛日恨不得谢益寿奉玺绂。"裕亦叹曰："吾甚恨之，使后生不得见其风流！"益寿，混小字也。①

谢混因党附刘毅而被处死，但刘裕登基之时却遗憾不能使谢混奉玺绂，后生不得见其风流，刘裕在文化上对谢混深加赞叹，并没有因为政治上的原因而改变。仅就文化层面的问题而言，刘裕对文化士族极为宽容，很少加以责罚。

第三，制造符瑞，神化晋宋之王权更替。人类经常以自然气象的变化作为依据来窥测天意，借此来决定重大的社会中国历代皇权交替，虽然事实真相不尽相同，但表面之说辞大多都与天命有关。正如司马迁所论："自古受命而王，王者之兴，何尝不以卜筮决于天命哉！"至汉朝，虽然人类社会已经取得了长足的发展，但天人感应、君权神授等观点依然深入人心，对魏晋南北朝社会的发展也颇具影响。自魏以来，篡权相仍，朝代更迭频繁，统治者经常以天命之安排作为借口来掩饰篡权的真相，并且借此取得民众的支持。考之中古史籍，多有关于统治者的符瑞之说，这一现象也多为后世治史者所关注。唐代史家刘知幾在《史通》中便曾对中古史学的这一现象做出过批评，认为各种祥瑞之说，是为了"发挥盛德，幽赞明王"，往往"德弥少而瑞弥多，政逾劣而祥逾盛"，祥瑞之说欺上瞒下，并不符合历史事实，史官加以记载就变成了"真伪莫分，是非无别"。但对于当时的王权更替来说，符瑞之说不可或缺，对于出身不高、文化修养较低的刘宋皇族来说更是如此。揆之史传，刘裕在称帝之前，多有符瑞之兆，《资治通鉴》的《宋纪》便曾指出宋武帝"微时多符瑞"，王永平先生也曾撰文《略论宋武帝刘裕"微时多符瑞"及其原因》专门对这一问题加以探讨。诸种符瑞之说，神化了刘裕的身份，

---

① （唐）房玄龄等：《晋书》，中华书局 1974 年版，第 2079 页。

对刘裕称帝发挥了重要的作用。据《宋书·符瑞志》载，刘裕出生时"有神光照室"，并且还有"甘露降于墓树"。又，刘裕少时诞节嗜酒，曾经饮于盎侧，醉卧地，而《宋书·符瑞志》载曾有五彩蛟龙出现其身侧，暗指刘裕之帝王身份。《南史·宋高祖武皇帝纪》记载的传说，则直接表明了刘裕王者的身份：

> （刘裕）伐荻新洲，见大蛇长数丈，射之，伤。明日复至洲，里闻有杵臼声，往觇之，见童子数人皆青衣，于榛中捣药。问其故，答曰："我王为刘寄奴所射，合散傅之。"帝曰："王神何不杀之？"答曰："刘寄奴王者不死，不可杀。"帝叱之，皆散，仍收药而反。[1]

这种带有神话色彩的传说，很明显是一种附会，是对刘裕的一种神化。另外，《南史·孔靖传》还记载，刘裕过孔季恭宅时，有神人对孔季恭讲"天子在门"。这种种符瑞之说，极有可能是为刘裕称帝而兴造，意图指明刘裕乃为上天安排的真龙天子，掩饰刘裕门第之低下与文化修养的缺失，进而取得士人对刘宋政权的认可与支持。

要之，作为刘宋皇族的开创者，刘裕文化修养较为低下，与当时的文化士族相去甚远，在一定程度上阻碍了刘裕的"造宋"事业。为了弥补文化修养的缺失，取得文化士族的认可与支持，刘裕一方面对文化士族的文化风习深加欣赏，自己也在一定程度上习得了一些名士的文化气息，改善了自己粗鄙的文化形象；另一方面则是制造大量的符瑞之说，来神化个人的身份地位。刘裕在文化方面的举措，有效改善了刘宋皇族的文化形象，同时也开启了刘宋皇族热爱文艺、提倡文学的文化风气，为刘宋皇族文化修养的提升，奠定了良好的基础。

---

[1] （唐）李延寿：《南史》，中华书局 1975 年版，第 2 页。

第二节　刘宋皇族文化修养的提高

一、刘宋皇族文化修养提高的表现

提升文化修养，加强国家文化建设，是历代有为统治者都颇为重视的问题，刘宋皇族亦不例外。刘裕建朝后，伴随社会地位的提高，刘宋皇族的文化修养得到了极大的提升，呈现出了明显的士族化倾向。试将《隋书·经籍志》中记载刘宋皇族成员文集及文化修养情况胪列如表 2-1 所示：

表 2-1　刘宋皇族成员文化修养表

刘宋皇族成员	文化修养	文集（依据《隋书·经籍志》记载）
武帝刘裕	《宋书·武帝本纪》：楚音未变，雅道风流无闻言而	《宋武帝集》12 卷，梁 20 卷，录 1 卷
临川烈武王刘道规	《宋书·临川烈武王刘道规传》载：少倜傥有大志，高祖奇之，与谋诛桓玄	《临川王道规集》4 卷，录 1 卷，亡
文帝刘义隆	《宋书·文帝本纪》：博涉经史，善隶书	《宋文帝集》7 卷，梁 10 卷，亡
孝武帝刘骏	《南史·孝武帝本纪》：少机颖，神明爽发，读书七行俱下，才藻甚美，雄决爱武，长于骑射。《资治通鉴》：机警勇决，学问博洽，文章华敏；省读书奏，能七行俱下	《宋孝武帝集》25 卷，梁 31 卷，录 1 卷
前废帝刘子业	《宋书·前废帝本纪》：帝少好讲书，颇识古事，自造《世祖诔》及杂篇章，往往有辞采（大明）四年，讲《孝经》于崇正殿	《宋废帝景和集》10 卷，录 1 卷

续表

刘宋皇族成员	文化修养	文集（依据《隋书·经籍志》记载）
明帝刘彧	《宋书·明帝本纪》：好读书，爱文义，在藩时，撰《江左以来文章志》，又续卫瓘所注《论语》二卷，行于世	《明帝集》33卷，亡 《赋集》40卷，宋明帝撰 《诗集》40卷，宋明帝撰
江夏文献王刘义恭	《宋书·江夏文献王刘义恭传》：涉猎文义，而骄奢不节。	《江夏王义恭集》11卷，梁15卷，录1卷；《江夏王集别本》15卷
衡阳文王刘义季	《宋书·衡阳文王刘义季传》：幼而夷简，无鄙近之累	《衡阳王义季集》10卷，录1卷，亡
长沙王刘义欣	《宋书·长沙景王刘道怜传》：义欣纲维补缉，随宜经理，劫盗所经，立讨诛之制。境内畏服，道不拾遗，城府库藏，并皆完实，遂为盛藩强镇	《长沙王道怜集》10卷①
新渝惠侯刘义宗	《宋书·新渝惠侯刘义宗传》：爱士乐施，兼好文籍，世以此称之	《新渝惠侯义宗集》12卷；梁又有《赋集》50卷，宋新渝惠侯撰
临川王刘义庆	《宋书·临川王刘义庆传》：为性简素，寡嗜欲，爱好文义，文词虽不多，然足为宗室之表	《江左名士传》1卷；《宣验记》13卷；《幽明录》20卷；《世说新语》8卷；《宋临川王义庆集》8卷；《集林》181卷，梁200卷
南平穆王刘铄	《南史·南平穆王铄传》：铄少好学，有文才，未弱冠，拟古三十余首，时人以为亚逊陆机	《南平王铄集》5卷
建平宣简王刘宏	《宋书·建平宣简王宏传》：少而闲素，笃好文籍。太祖宠爱殊常，为立第于鸡笼山，尽山水之美	《建平王休度集》10卷

---

① 《隋书·经籍志》虽然载有"《长沙王道怜集》十卷"，但校勘记载：疑"道怜"是"义欣"之误。刘道怜"素无才能"并且"多诸鄙拙"，但其子刘义欣颇有才干，镇守寿阳期间"境内畏服，道不拾遗，城府库藏，并皆完实，遂为盛藩强镇。"另据严可均《全宋文》记载，刘义欣有《陈江淮事宜》《上言申季历治绩》《檄司兖二州》三篇文章传世，而刘道规并无文学作品传世。据此，《长沙王道怜集》10卷，应是《长沙王义欣集》10卷。

刘宋皇族成员	文化修养	文集（依据《隋书·经籍志》记载）
竟陵王刘诞		《竟陵王诞集》20 卷
建平王刘景素	《宋书·建平宣简王宏传》：好文章书籍，招集才义之士，倾身礼接，以收名誉。由是朝野翕然，莫不属意焉	《宋建平王景素集》10 卷

刘宋皇族成员共有别集 240 余卷，总集 300 余卷，其文化修养提高的痕迹清晰可见。刘裕弟兄 3 人为刘宋皇族的第一代，擅长于军事活动而文化修养不高，其中尤以长沙王刘道怜为低，"言音甚楚"并且"多诸鄙拙"，《隋书·经籍志》记载的文集 10 卷，应是其子刘义欣的作品，其本人并无文集传世。武帝刘裕，"楚音未变"，虽然执政后文化修养得到了一定的提升，但依然不具备门阀士族崇尚的"雅道风流"，其文集 12 卷，多为文臣之作。较之两位兄长，虽然《宋书》并无临川王刘道规文化修养的明确记载，但其似为兄弟 3 人中文化水平较高之人，沈约对其评价："览群才，扬盛策，一举磔勍寇，非曰天时，抑亦人谋也。降年不永，遂不得与大业始终，惜矣哉！"[1]《南史·临川烈武王刘道规传》又载其："善于刑政，士庶畏而爱之。"[2] 由史书记载加以判断，刘道规是刘裕成就大业的重要助手，并非才能鄙拙之人，但其文集 4 卷都已亡佚，文化方面的建树无迹可寻。发展至第二代，刘宋皇族则多有成员在文化方面颇有造诣，取得了重要的文学成就。考之史传，刘宋皇族文化修养的提高主要体现在以下四个方面：

1.刘裕不经涉学、仅识文字，不具备"雅道风流"，与文化士族格格不入，但其子孙中出现了颇多好读书、爱文艺的成员，呈现出了名士化的气质风度，家族的整体文化风貌明显得到改善。表中所列有文集的皇室成

---

① （梁）沈约：《宋书》，中华书局 1974 年版，第 1483 页。

② （唐）李延寿：《南史》，中华书局 1975 年版，第 357 页。

员多为文化修养较高之人，史书中已有明确记载。除此以外，刘宋皇族中还有一些成员虽然没有文集流传于世，但也热爱文艺，文化修养较高，像少帝刘义符"有旅力，善骑射，解音律"，庐陵孝献王刘义真"聪明爱文义，而轻动无德业"，刘劭"好读史传"，次凶刘濬"少好文籍"。刘宋皇族文化修养提高的痕迹清晰可见。另外，皇室成员的外在形象也多有名士风度，文帝刘义隆"天授和敏之姿"，孝武帝刘骏"少机颖，神明爽发"，明帝刘彧"少而和令，风姿端雅"；宗王中也多有人具备名士气息，刘义恭"俯仰承接，皆有容仪"，刘义季"幼而夷简，无鄙近之累"，刘铄"少好学，有文才"，刘宏"少而闲素"，刘濬"姿质端妍""人才既美"，这些外在的风貌神态与士族名士甚为相似，是刘宋皇族摆脱粗鄙形象、跻身文化名流的重要表现。

2. 文集繁盛。武帝刘裕虽然文化水平不高，但致力于文化形象的改善，有文集 12 卷，刘道规亦存文集 4 卷。以此为开端，刘宋皇族后世成员的文集数量愈加繁多。孝武帝刘骏有文集 31 卷，明帝刘彧有文集 33 卷，刘义庆有文集 50 卷，刘义恭文集 30 卷。此外，有的皇族成员还组织编辑各类文学总集，刘义庆编辑《集林》200 卷，刘义宗编《赋集》50 卷，而明帝刘彧编有《赋集》《诗集》各 40 卷，由此便可见刘宋皇族对文学的关注与热情。刘裕文集以诏、策、书、表等公文为主，文学色彩并不浓厚。刘宋皇族后来的创作则多有文学色彩。文帝刘义隆给诸位兄弟刘义恭、刘义康及刘义季等人的书信情真意切，孝武帝也多有真情流露的作品问世，大明中撰国史，孝武帝亲自为刘义恭作传[①]，宠妃宣贵妃去世，悲不自胜、痛爱不已，拟汉武帝《李夫人赋》作赋以寄哀悼。明帝刘彧的文学著作更为引人注目，专门作《江左以来文章志》，并且又续卫瓘所注的《论语》二卷，带有明显的文人色彩。此外，诗歌也是衡量家族文化风貌的一项重要标准，刘裕、刘道规两人虽有文集但却没有诗歌问世，后来的成员则有

---

① （梁）沈约：《宋书》，中华书局 1974 年版，第 1651 页。

5 人存诗，并且仅刘铄一人便有诗歌 30 余首。由此皆可看出刘宋皇族文化修养的提升。

　　3. 与名士文人的交往逐渐兴盛，与"盛流皆不与相知"的情况截然不同。刘裕执政之初，"盛流皆不与相知""众无一旅"，与文化士族之间存在严重的隔阂，投靠其麾下的士族文人被评价为"望尘请职，负羁先路，将由庶民之道邪"，可见当时文化士族的倾向。刘裕建宋后，这一情况明显改变，虽然与当时的政治权势脱不了干系，但文化修养是彼时士族文人品鉴人物的标准，在其中也发挥了重要的作用。伴随文化修养的提高，刘宋皇族身边多有才学之士，有的还形成了颇具规模的文人集团。《宋书·明帝纪》载："才学之士，多蒙引进，参侍文籍，应对左右。于华林园芳堂讲《周易》，常自临听。"① 明帝刘彧身边多有文人应对左右，并且还经常举行讲经等文学活动。当时最为著名的皇室文学集团当属以临川王刘义庆为中心所形成的文学集团，《宋书·长沙景王刘道怜传》载："（刘义庆）招聚文学之士，近远必至。太尉袁淑，文冠当时；义庆在江州，请为卫军咨议参军。其余吴郡陆展、东海何长瑜、鲍照等，并为辞章之美，引为佐史国臣。"② 袁淑、鲍照、何长瑜等颇多身负盛名的文人都投靠至刘义庆门下，并且进行了大量文学创作活动，刘义庆借此成为刘宋皇室中文学成果最为丰硕的成员。除却编辑总集《集林》200 卷外，刘义庆还有《世说新语》《宣验记》《幽明录》《宋临川王义庆集》行于世，成果数量甚为可观。此外，建平王刘景素也多有文人属意，《宋书·建平宣简王宏传》载："景素好文章书籍，招集才义之士，倾身礼接，以收名誉。由是朝野翕然，莫不属意焉。"③ 还有一些皇室成员，虽然没有形成一定的文人集团，但是与文人交往十分密切。刘宏"礼贤接士，明晓政事"④，刘义真"与陈郡谢灵

① （梁）沈约：《宋书》，中华书局 1974 年版，第 170 页。

② （梁）沈约：《宋书》，中华书局 1974 年版，第 1477 页。

③ （梁）沈约：《宋书》，中华书局 1974 年版，第 1861 页。

④ （梁）沈约：《宋书》，中华书局 1974 年版，第 1859 页。

运、琅邪颜延之、慧琳道人并周旋异常"①,次凶刘濬"少好文籍,姿质端妍","建平王宏、侍中王僧绰、中书侍郎蔡兴宗并以文义往复"②。除了与士族名士交往以外,刘宋皇族与当时的隐逸名士也甚有来往。戴颙、宗炳被朝廷屡次征召而不起,但衡阳王刘义季却与他们私交甚好。《宋书·隐逸·戴颙传》载:"衡阳王义季镇京口,长史张邵与颙姻通,迎来止黄鹄山。山北有竹林精舍,林涧甚美。颙憩于此涧,义季亟从之游,颙服其野服,不改常度。为义季鼓琴,并新声变曲,其三调《游弦》《广陵》《止息》之流,皆与世异。"③戴颙与刘义季同游,不改野服,并且为其鼓琴作新声变曲,可知两人交情匪浅。又,宗炳,"妙善琴书,精于玄理",《宋书·隐逸·宗炳传》载:"衡阳王义季在荆州,亲至炳室,与之欢宴,命为咨议参军,不起。"④刘义季亲自到宗炳家中,与其欢宴,亦可知两人感情之笃厚。文化修养的高低,是影响士族文人交往的重要因素。刘宋建朝后,皇族与文人名士的交往蔚成风气,充分说明了刘宋皇族文化修养的提升。

4.对士族文人所崇尚的技艺,表现出浓厚的兴趣。刘宋皇族虽然占据了社会的统治地位,但门阀士族仍然是社会文化的表率,代表着文化潮流的方向。刘裕个人便为改善自己的文化形象而对士族文人的文化风气表示认可,并且"暮年好清谈",对文化士族多有效仿。因此,刘宋皇族在提升文化修养的过程中,也多以士族名士作为学习的对象,出现了明显的名士化倾向,对门阀士族所崇尚的一些高雅的艺术活动如音乐、书法、围棋等也表现出了浓厚的兴趣。文帝刘义隆便对音乐比较热衷。《宋书·范晔传》载:

(范晔)善弹琵琶,能为新声。上欲闻之,屡讽以微旨,晔伪若不晓,终不肯为上弹。上尝宴饮欢适,谓晔曰:"我欲歌,卿可弹。"

---

① (梁)沈约:《宋书》,中华书局1974年版,第1635页。
② (梁)沈约:《宋书》,中华书局1974年版,第2436页。
③ (梁)沈约:《宋书》,中华书局1974年版,第2277页。
④ (梁)沈约:《宋书》,中华书局1974年版,第2279页。

晔乃奉旨。上歌既毕，晔亦止弦。①

文帝屡讽范晔为其弹奏新声，求之而不得，于是为其唱歌以相配。又，《宋书·隐逸·戴颙传》载：

> 太祖每欲见之，尝谓黄门侍郎张敷曰："吾东巡之日，当晏戴公山也。"以其好音，长给正声伎一部。颙合《何尝》《白鹄》二声，以为一调，号为清旷。②

戴颙不改个人隐逸的风度，刘宋皇室屡次征召皆不就，但其所制新声却颇得皇室成员的青睐，文帝刘义隆与衡阳王刘义季皆对戴颙赏爱有加，并未因其个人对官职的拒绝而受影响。文帝刘义隆东巡之时极欲与戴颙见面，并且仅因其好声，便提供戴颙"正声伎一部"。文帝此举极似士族名流的文化气度。此外，刘宋宗王多出镇地方，对地方的吴声、西曲也多有提倡，刘义庆、刘诞及刘铄等多有乐府诗歌传世。刘宋皇族的音乐修养较之刘裕的"不解声"已经得到了明显提高。

刘裕书法拙劣，通过写大字而加以掩饰，其第三子刘义隆则"善隶书"，并且达到了较高的水平，入南朝梁人庾肩吾《书品》，唐人张怀瓘《书断》称其"隶书入妙，行、草入能"，可见其书法造诣之深厚。据唐人窦臮《述书赋》载，刘宋善书法者25人，刘宋皇族有6人，除却文帝外，还有孝武帝刘骏、明帝刘彧、南平王刘铄及海陵王刘休茂等皆善书法。另外，刘宋皇族对东晋二王的书法作品也多有编集保存。《法书要录》载：

> 二王之书，当世见贵，献之尝与简文帝十纸，题最后云："下官

---

① （梁）沈约：《宋书》，中华书局1974年版，第1820页。
② （梁）沈约：《宋书》，中华书局1974年版，第2277页。

此书甚合作，顾聊存之。"此书为桓玄所宝，玄爱重二王，不能释手，乃选缣素及纸书正行之尤美者，各为一帙，常置左右。及南奔，虽甚狼狈，犹以自随。将败，并投于江。晋代装书，真、草浑杂，背纸皱起。范晔装治，微为小胜。宋孝武又使徐爱治护十纸为一卷，明帝科简旧秘，并遣使三吴鸠集散逸，诏虞和、巢尚之、徐希秀、孙奉伯等更加编次，咸以二丈为度。二王缣素书珊瑚轴二帙二十四卷，纸书金轴二帙二十四卷，又纸书玳瑁轴五帙五十卷，并金题玉躞织成带。又扇书二卷，又纸书飞白章草二帙十五卷，并旃檀轴。又纸书戏字一帙十二卷，并书之冠冕也。自此以下，别有三品书□凡五十二帙，五百二十卷，并旃檀轴。其新购获者为六帙一百二十卷，既经丧乱，多所遗失。①

孝武帝刘骏和明帝刘彧对于书籍的装订和王羲之、王献之书法作品的保存有独到的贡献。

刘裕举事之初，好樗蒲等下层人民热衷的技艺，对围棋这样高雅的活动不甚精通，但后代则多有精通棋艺之人。据《南史·羊玄保传》载，文帝刘义隆"好弈""好与玄保棋"。明帝也颇好围棋，《南齐书·王谌传》云："明帝好围棋，置围棋州邑，以建安王休仁为围棋都大中正。"明帝不仅个人喜好棋艺，还设立了专门的围棋机构，命建安王刘休仁主管。

要之，刘裕建宋后，刘宋皇族的文化修养得到了极大的发展，热爱文艺者逐渐增多，文集也逐渐繁盛，与士族名士多有交往，并且对士族所崇尚的文化艺术活动也颇为崇尚，在一定程度上表现出了士族化的倾向。

---

① （唐）张彦远：《法书要录》第四卷，辽宁教育出版社1998年版。

二、刘宋皇族文化修养提高的原因

1.政治权势的获得，是刘宋皇族提高文化修养的重要条件。晋室渡江后维系百余年，据《隋书·经籍志》记载，皇族文集共计 31 卷：

> 晋明帝集五卷，录一卷；
>
> 简文帝集五卷，录一卷；
>
> 孝武帝集二卷，录一卷；
>
> 彭城司马纮集二卷；
>
> 谯烈王司马无忌集九卷，录一卷，亡；
>
> 会稽王司马道子集八卷，梁九卷。

与此相较，刘宋历时较短，仅 60 年，但刘宋皇族文集共计 240 余卷。另有总集 300 余卷。晋宋皇族的文集数量何以会出现如此明显的差别？这与皇权的地位密切相关。晋室渡江后，在门阀政治格局下，士族执政而皇权旁落，而士族多以文化显名，社会文化的权力基本掌控在士族的手中，皇族几乎失去了对文化的掌控能力，也很少举行文学活动，因此文集数量甚少。刘宋则不然，刘裕从门阀士族手中夺取了政权，重新伸张皇权，又重新恢复了皇权政治的主流，皇族在社会上占据绝对的统治地位。由此，刘宋皇族虽然没有深厚的文化传统，但在建朝后可以进行大幅度的提升，并且招揽文士进行文学创作，故此文学成果甚为丰厚。

就刘宋皇族自身文化修养的发展来说，也与政治权势的发展密切相关，大致呈抛物线状态发展。第一代成员主要凭借武力取定天下，文化修养比较低下，在语音等各方面都保存有低级士族的文化特征。发展至第二代、第三代成员执政期间，朝政大权基本控制在刘宋皇室手中，社会基本稳定，特别是文帝时期，社会出现了极度繁荣的局面，皇室成员的文化修养明显得到提高，文集繁多，并且文化水平较高之人甚众。在刘宋皇族的第四代成员中，除却前废帝有文集 10 卷外，宗王中仅刘景素一人有文集 10 卷，其他人等不见文集传世，这与后废帝时期皇权旁落、萧道成把持朝政有密切的关系。皇室成员大多年幼便被残害，年龄稍长者欲求自保而不可得，无暇顾及文化的造诣。

2. 皇族内部对文化修养的重视。刘宋皇族以行伍起身，但总揽大权后则对文化修养的培养颇为重视。刘裕于北伐后秦之际便延请隐逸名士为世子讲经，借以提高皇族子弟的文化修养为日后的执政做准备。《宋书·隐逸·周续之传》载："高祖之北讨，世子居守，迎续之馆于安乐寺，延入讲礼，月余，复还山。"[1] 以此为开端，文帝刘义隆使雷次宗"为皇太子诸王讲《丧服》经"[2]，并且继承了自晋以来太子亲自讲经释奠的礼仪传统，《宋书·礼志一》载："元嘉二十二年，太子释奠，采晋故事，官有其注。祭毕，太祖亲临学宴会，太子以下悉豫。"[3] 文帝亲自参加学宴会，并且太子以下的皇室子弟全部到场。孝武帝刘骏对太子文化修养的培养也甚为看重，前废帝刘子业于大明四年便"讲《孝经》于崇正殿"。另外，孝武帝还曾就太子书迹不谨之事严厉责难，《宋书·前废帝本纪》载："帝幼而狷急，在东宫每为世祖所责。世祖西巡，子业启参承起居，书迹不谨，上诘让之。子业启事陈谢，上又答曰：'书不长进，此是一条耳。闻汝素都懈怠，狷戾日甚，何以顽固乃尔邪！'"[4] 因书写之事，孝武帝严加诘让，对太子在文化方面的要求甚为严格。由此可知，刘宋历代帝王对后世子弟特别是太子的文化教育甚为重视，力图提高皇族成员文化修养以担负治国安邦的责任。

刘宋皇族内部对有文化修养的宗室成员十分看重。刘义庆以文学成就而著称，甚为刘裕所知，被刘裕称为"吾家丰城"。视之为皇族的寄托，

---

① （梁）沈约：《宋书》，中华书局 1974 年版，第 2280 页。
② （梁）沈约：《宋书》，中华书局 1974 年版，第 2294 页。
③ （梁）沈约：《宋书》，中华书局 1974 年版，第 367—368 页。
④ （梁）沈约：《宋书》，中华书局 1974 年版，第 147 页。

文帝刘义隆也以刘义庆为"宗室令美",对其有荆州刺史之授,并且与之书信往来,"常加意斟酌"。刘宋皇族还多有成员因文化修养较高而被赏识。刘道怜子刘义宗"幼为高祖所爱",史载其"爱士乐施,兼好文籍,世以此称之"。[①] 建平宣简王刘宏,"少而闲素,笃好文籍。太祖宠爱殊常,为立第于鸡笼山,尽山水之美。"[②] 据《宋书·王僧绰传》载,在文帝因巫蛊之事而废太子之际,颇欲立建平王刘宏。[③] 此外,刘宏也甚为孝武帝所看重,在大明二年去世,孝武帝"痛悼甚至,每朔望辄出临灵,自为墓志铭并序"。[④] 江夏王刘义恭涉猎文义,为高祖刘裕宠子,位居上相,在大明之世,也是"亲典冠朝",孝武帝亲自为其作传,立太子后,东宫文案,也先经其目[⑤]。始安王刘休仁,则与明帝刘彧感情甚笃,与其热爱文籍有密切关系,《宋书》本传载:"休仁年与太宗邻亚,俱好文籍,素相爱友。"[⑥]

反之,才能凡鄙的皇室成员则多被轻视。刘义宣为文帝刘义隆之嫡亲兄弟,但"生而舌短,涩于言论",文帝便因其"人才素短,不堪居上流"而不予荆州之授,反而授予刘道怜之子刘义庆。同为刘道怜之子,营道县侯刘义綦则凡鄙无识知,经常被始兴王刘濬等人戏弄。《宋书·宗室·长沙景王刘道怜传》载:

> 濬尝谓义綦曰:"陆士衡诗云:'营道无烈心。'其何意苦阿父如此?"义綦曰:"下官初不识,何忽见苦。"其庸塞可笑类若此。[⑦]

刘义綦不通诗文,故而为刘濬等人以陆士衡诗句而取乐。与此相类,桂阳

---

① (梁)沈约:《宋书》,中华书局 1974 年版,第 1468 页。
② (梁)沈约:《宋书》,中华书局 1974 年版,第 1858 页。
③ (梁)沈约:《宋书》,中华书局 1974 年版,第 1851 页。
④ (梁)沈约:《宋书》,中华书局 1974 年版,第 1860 页。
⑤ (梁)沈约:《宋书》,中华书局 1974 年版,第 1646 页。
⑥ (梁)沈约:《宋书》,中华书局 1974 年版,第 1873 页。
⑦ (梁)沈约:《宋书》,中华书局 1974 年版,第 1462 页。

王刘休范也因"素凡讷，少知解"而不为"诸兄所齿遇"①。明帝刘彧还曾当众揭露其短，《宋书》本传载：

> 太宗常指左右人谓王景文曰："休范人才不及此，以我弟故，生便富贵。释氏愿生王家，良有以也。"②

太宗刘彧当面指出，刘休范以其才华不应处于王侯之列，其地位的获得只因其身份而已。另外，在太祖19子中，庐江王刘祎"尤凡劣"，同样也为"诸兄弟蚩鄙之"③，太宗刘彧曾下诏建安王刘休仁曰："人既不比数西方公，汝便为诸王之长。"④刘祎当时住西州，西方公指的便是刘祎。刘祎为文帝第八子，而刘休仁为文帝第十二子，但刘彧称休仁为"诸王之长"，由此可知众兄弟对庐江王刘祎的轻视。

　　3.皇族内部的骨肉相图，是促使刘宋皇族热爱文艺的重要原因。刘宋皇族虽然人口众多，但十有七八不得善终，大多死于皇族内部的自相残杀。为避免帝王猜忌、保全性命，有的皇室成员便从对政事武功的关注转移到文艺中。刘义庆便是因避免猜忌而专注于文学的典型。前文已引史书记载，刘义庆少善骑射，但是后来则是因为"世路艰难"，才不复跨马，转而招聚文士，专注于文化之事。刘义庆为一代宗王，幼为高祖所知，被视为皇族的支柱，文帝对其也甚为看重，授予荆州刺史之职，个人并无不得志之说。其生活的时代大致为元嘉时期，在文帝的治理下，社会"内清外晏，四海谧如"，为刘宋鼎盛之时，刘义庆何以会"世路艰难，不复跨马"呢？结合刘宋皇族的实际情况，此处的"世路艰难"当指皇室内部的生存之道。刘义庆应为谨小慎微并极其明哲保身之人，《宋

---

① （梁）沈约：《宋书》，中华书局1974年版，第2046页。
② （梁）沈约：《宋书》，中华书局1974年版，第2046页。
③ （梁）沈约：《宋书》，中华书局1974年版，第2038页。
④ （梁）沈约：《宋书》，中华书局1974年版，第2039页。

书·临川烈武王道规传》载："六年，加尚书左仆射。八年，太白星犯右执法，义庆惧有灾祸，乞求外镇。"①虽然文帝刘义隆下诏加以宽慰，但刘义庆"固求解仆射"，文帝乃许之。刘义庆借天象而执意外调，极有可能是避免进入政治中心而受到文帝的猜忌。文帝刘义隆登基后，为巩固自己的统治，权臣徐羡之、傅亮、谢晦皆被其铲除，就连帮助其消灭谢晦的檀道济也没放过。刘义康本来深受文帝信赖，但在元嘉十七年因受刘湛等人的牵连，被调出朝廷中心而出镇豫章，最终被废为庶人而被赐死。文帝刘义隆虽为一代有为之君，但为巩固对皇位的控制，对周遭的权臣和宗王也深怀猜忌与提防之心。同侍一君，同样的身份，刘义庆即有可能通过刘义康的经历而联想到自己。《旧唐书·音乐志》曾记载："元嘉十七年，徙彭城王义康于豫章，义庆时为江州，至镇，相见而哭。为帝所怪，征还宅（'宅'字可能为'京'字之误），大惧。"②刘义庆因与刘义康相对大哭而被文帝所怪，内心"大惧"，可知刘义庆对当时所处环境的担忧和惧怕，"世路艰难"当指皇室内部的事君之道。由此可知，文帝的猜忌，是刘义庆不复跨马而寄情于文化活动的重要原因。此外，衡阳王刘义季也主要生活在文帝时期，《宋书》本传载："义季素嗜酒，自彭城王义康废后，遂为长夜之饮，略少醒日。"③刘义康被废，对衡阳王刘义季是一个沉重的打击。刘义季有文集10卷，并且与当时朝廷征召不就的隐逸名士戴颙、宗炳等人来往密切，其文学成就的取得也极有可能与避祸的心理有所关联。

除却用寄情文艺来避祸外，刘宋皇族还有成员通过文学创作来力表忠诚以避免无妄之灾。江夏王刘义恭，有文集30卷，其文学创作的丰厚与孝武帝刘骏的猜忌有密切关系。《宋书》本传载："时世祖严暴，义恭虑不见容，乃卑辞曲意，尽礼祗奉，且便辩善附会，俯仰承接，皆有容仪。每

① （梁）沈约：《宋书》，中华书局1974年版，第1476页。
② （后晋）刘昫：《旧唐书》，中华书局1975年版，第690页。
③ （梁）沈约：《宋书》，中华书局1974年版，第1654页。

65

有符瑞，辄献上赋颂，陈咏美德。"① 刘义恭是想通过文学创作来化解帝王的猜忌，虽然与刘义庆、刘义季等人不甚相似，但都与皇族内部的猜忌紧密相关。而文化修养的缺失，则可能在不知不觉间为自己招来杀身之祸。刘义康的被废便是如此。刘义康本来与文帝感情甚笃，但由于其"素无术学，暗于大体，自谓兄弟至亲，不复存君臣形迹，率心径行，曾无猜防"②，而与文帝渐生嫌隙。被调离都城时，刘义康曾问释慧琳："弟子有还理不？"释慧琳的回答便是："恨公不读数百卷书。"③ 很明显，刘义康如果饱读诗书，通晓君臣相处之礼，自可免祸。但可惜的是，刘义康在被废为庶人后，才明白这一道理。《宋书》本传载："义康在安成读书，见淮南厉王长事，废书叹曰：'前代乃有此，我得罪为宜也。'"④ 刘义康通过古人的事迹而明白了自己所犯的错误，如能博通史传，则可以防患于未然。门阀政治格局下，君臣之义尽失，无现成之路可循，刘宋皇族只有博览文籍，提高文化修养，才能更好地明了君臣相处之道及皇室中的生存之道。要之，刘宋皇族内部彼此猜忌、骨肉相图的风气，是促使皇族成员提高文化修养、寄情于文学创作的重要原因。

第三节　刘宋皇族之低级士族的文化风尚

刘宋建朝后，刘宋皇族的文化修养有了明显的改善，呈现了名士化的倾向，但文化修养与家门的文化传统紧密相关，彻底的改变需要一个日积月累、潜移默化的长期过程，并不会像政治地位的获取那样简单直接地发生改变。在一定程度上，刘宋皇族依然具有低级士族的文化风尚。

---

① （梁）沈约：《宋书》，中华书局 1974 年版，第 1650 页。
② （梁）沈约：《宋书》，中华书局 1974 年版，第 1790 页。
③ （梁）沈约：《宋书》，中华书局 1974 年版，第 1792 页。
④ （梁）沈约：《宋书》，中华书局 1974 年版，第 1796 页。

一、刘宋皇族低级士族文化风尚的表现

刘宋皇族家门不高又起自行伍，缺乏深厚的文化根基和传统，上台后依然存有不学无术、行为粗鄙的文化现象，没有完全摆脱低级士族的文化风尚，大致来讲，主要表现在四个方面。

（一）才能凡鄙者甚众。刘宋皇族人口众多，虽然出现了像临川王刘义庆、江夏王刘义恭、孝武帝刘骏及明帝刘彧等成果丰硕的才学之士，但也多有才能凡鄙之人。刘裕文化修养的低下前文已有表述，除此以外，刘宋皇族还有不少文化修养较差的成员。

1.刘道怜，刘裕中弟。《宋书》本传载："道怜素无才能，言音甚楚，举止施为，多诸鄙拙。"①前文已述，据孙楷第先生考证，"讲京洛话"是士大夫文化风流的一大标志，"楚音未变"被沈约视为"雅道风流，无闻焉尔"的重要表现。刘道怜较之刘裕更加严重，语音"甚楚"，举止行为也比较粗鄙，并且"贪纵过甚，畜聚财货，常若不足，去镇之日，府库为之空虚"，毫无上层贵族的文化气息，以至于刘裕宁愿派遣10岁的小儿刘义真出任扬州刺史，也不委任年过五十的中弟。

2.刘义康，刘裕四子。刘义康"少而聪察，及居方任，职事修理"，颇具政治才干，在宋文帝刘义隆登基后颇受重用，但在文化方面则"素无术学，暗于大体"。《南史》本传载："义康素无术学，待文义者甚薄。袁淑尝诣义康，义康问其年，答曰：'邓仲华拜衮之岁。'义康曰：'身不识也。'淑又曰：'陆机入洛之年。'义康曰：'身不读书，君无为作才语见向。'其浅陋若此。"②刘义康不通文化术学，因此不解文人饱含文学雅趣的语言，对待文义者也不甚亲厚。

3.刘义宣，刘裕六子。《宋书》本传载其："生而舌短，涩于言论。"③

---

① （梁）沈约：《宋书》，中华书局1974年版，第1462页。

② （唐）李延寿：《南史》，中华书局1975年版，第367页。

③ （梁）沈约：《宋书》，中华书局1974年版，第1798页。

刘义宣舌头较之一般人较短，受此先天性条件限制，不善言论，同时在才华方面也不甚突出。又，据《宋书》本传记载，"高祖以荆州上流形胜，地广兵强，遗诏诸子次第居之"，刘义庆之后应为刘义宣居之，文帝则因"义宣人才素短，不堪居上流"，而令刘义季代之。

4. 刘义綦，刘道怜之子。《宋书·宗室·长沙景王刘道规传》载："凡鄙无识知，每为始兴王浚兄弟所戏弄。浚尝谓义綦曰：'陆士衡诗云："营道无烈心。"'其何意苦阿父如此？义綦曰：'下官初不识，何忽见苦。'其庸塞可笑类若此。"[1]刘义綦不懂陆机诗歌，故而为人取笑戏弄，其凡鄙无识可见一斑。

5. 刘韫，刘义欣之子。《宋书·宗室·长沙景王刘道规传》载："韫人才凡鄙，以有宣城之勋，特为太宗所宠。在湘州及雍州，使善画者图其出行卤簿羽仪，常自披玩。尝以此图示征西将军蔡兴宗，兴宗戏之，阳若不解画者，指韫形像问曰：'此何人而在舆上？'韫曰：'此正是我。'其庸鄙如此。"[2]刘韫常披自己的卤簿羽仪图出行，遭人戏弄而不知，庸鄙可笑。

6. 刘述，刘义欣之子。《南史·宋宗室及诸王列传》载："韫弟述字彦思，亦甚庸劣。从子俣疾危笃，父彦节母萧对之泣，述尝候之，便命左右取酒肉令俣进之，皆莫知其意。或问焉，答曰：'礼云，有疾饮酒食肉。'述又尝新有缌惨，或诣之，问其母安否。述曰：'惟有愁惛。'次访其子，对曰：'所谓父子聚麀。'盖谓麀为忧也。"[3]刘述不通经史，却要卖弄学问，故而笑料百出。将《礼记》中"有疾则饮食酒肉"，理解为生病了就要吃酒肉。"聚麀"一词，本指禽兽无礼，父子共用一个母兽，但刘述父子则用在自己身上来指代忧愁，着实庸劣之极。

7. 刘袭，刘义融之子。《宋书·宗室列传》载："袭亦庸鄙，在郢州，

---

[1] （梁）沈约：《宋书》，中华书局1974年版，第1470页。

[2] （梁）沈约：《宋书》，中华书局1974年版，第1466页。

[3] （唐）李延寿：《南史》，中华书局1975年版，第355页。

暑月露裈上听事，纲纪正伏阁，怪之，访问，乃知是袭。"①刘袭因天气炎热竟然露着裈衣去参与政事，丝毫不注意自己的形象，粗鄙不堪。

8.刘遐，刘义宗之子。《宋书·宗室列传》载："遐人才甚凡，自讳名，常对宾客曰：'孝武无道，枉我杀母。'其顽騃若此。"②刘遐与其嫡母之养女私通，屡次被嫡母禁止，后来其嫡母暴死，口鼻流血，怀疑为刘遐所杀，因此孝武帝"徙之始安郡"。但刘遐却恬不知耻，经常对宾客抱怨此事，甚是愚傻可恨。

此外，文帝刘义隆诸子中也有才能甚为拙劣之人，桂阳王刘休范"谨涩无才能，不为物情所向"，晋平王刘休祐"素无才能，强梁自用"，庐江王刘祎"尤凡劣，诸兄弟蚩鄙之"。通过对以上人物的考察可知，刘宋皇族中还有诸多文化修养较为低下的子弟，《宋书·宗室列传》中称"宗室虽多，才能甚寡"，盖谓此也。

（二）帝王宫廷生活的俚俗化与粗鄙化。刘宋皇族对民间技艺甚为热衷，宫廷生活经常带有俚俗化的色彩，在个别帝王身上还出现了颇为粗鄙的倾向。刘裕出身低级士族，登基后其个人的生活习惯也颇具平民化的倾向，《宋书·武帝本纪》载："性尤简易，常著连齿木履，好出神虎门逍遥，左右从者不过十余人。时徐羡之住西州，尝思羡之，便步出西掖门；羽仪络绎追随，已出西明门矣。诸子旦问起居，入閤，脱公服，止著裙帽，如家人之礼。"③刘裕喜欢出神虎门逍遥，并且随意造访自己喜欢的大臣，诸子对其起居问候时也"止著裙帽，如家人之礼"，并无皇室贵族的繁文缛节，犹如一般的平民家庭。此外，刘裕个人颇好樗蒲，《资治通鉴》曾载刘裕："仅识文字，以卖履为业，好樗蒲，为乡闾所贱。"《宋书·郑鲜之传》还记载了其与刘毅樗蒲的过程：

---

① （梁）沈约：《宋书》，中华书局1974年版，第1467页。

② （梁）沈约：《宋书》，中华书局1974年版，第1469页。

③ （梁）沈约：《宋书》，中华书局1974年版，第60页。

> 刘毅当镇江陵，高祖会于江宁，朝士毕集。毅素好摴蒲，于是会戏。高祖与毅敛局，各得其半，积钱隐人，毅呼高祖并之。先掷得雉，高祖甚不说，良久乃答之。四坐倾瞩，既掷，五子尽黑，毅意色大恶，谓高祖曰："知公不以大坐席与人！"①

在朝士毕集的场合，刘毅与刘裕用摴蒲之戏来暗自较量，并且引发在场人员的注意，"四坐倾瞩"。摴蒲本为一种博戏，但在刘裕等执政者的带领下，这种类似赌博的技艺也登上了大雅之堂。

刘宋后来的帝王也多有对摴蒲的热衷者。《南史·颜延之传》载：

> 孝武尝与师伯摴蒲，帝掷得雉，大悦，谓必胜。师伯后得卢，帝失色，师伯遽敛子曰："几作卢。"尔日，师伯一输百万。仍迁吏部尚书、右军将军。上不欲威权在下，前后领选者唯奉行文书，师伯专情独断，奏无不可。②

孝武帝刘骏亦喜摴蒲，颜师伯能够得以升迁要职并在朝中专情独断与其能够在摴蒲之戏中深得孝武帝心思有密切的关系。明帝时期，摴蒲更为流行。《南史·李安人传》载：

> 明帝大会新亭楼，劳诸军主。摴蒲官赌，安人五掷皆卢。帝大惊，目安人曰："卿面方如田，封侯相也。"③

明帝刘彧宴会诸将领，而进行"摴蒲官赌"，摴蒲在朝廷中已甚具规模，而李安人则因在摴蒲中五掷皆得卢而被明帝看重。由此可知，孝武帝与明

---

① （梁）沈约：《宋书》，中华书局1974年版，第1696页。
② （唐）李延寿：《南史》，中华书局1975年版，第886页。
③ （唐）李延寿：《南史》，中华书局1975年版，第1147页。

帝对樗蒲之戏都甚为热衷并且十分看重，经常以此作为任用人才的依据。樗蒲本来是民间流传的一种赌博技艺，但在刘宋时期朝廷却经常举办这样的活动，并且与官员个人的政治命运紧密相关，其重要的原因就是刘宋统治者对樗蒲的热爱和提倡。

除了热衷民间技艺外，刘宋有的帝王还以模仿俚俗的生活而取乐。如少帝刘义符，在徐羡之、傅亮、谢晦等权臣谋划其被废事件时，少帝正在华林园自得其乐。《宋书·少帝本纪》载："时帝于华林园为列肆，亲自酤卖。又开渎聚土，以象破冈埭，与左右引船唱呼，以为欢乐。"[①]少帝刘义符在华林园亲自开设商铺卖酒，并且还开凿河流与左右引船唱呼。少帝以模仿这种民间的生活而为乐，其俚俗化的程度可见一斑。皇太后在《废少帝为荣阳令》中批评少帝"居帝王之位，好皂隶之役；处万乘之尊，悦厮养之事"，良有以也。然而，刘宋帝王并没有因为少帝的被废杀而放弃对鄙俗生活的热爱，依然深受俚俗生活的影响。华林园本来是皇室用来宴请宾客或者是听讼的地方，少帝用来列肆卖酒，前废帝则用来射鬼。《宋书·前废帝本纪》载：

> 先是，帝好游华林园竹林堂，使妇人裸身相逐，有一妇人不从命，斩之。经少时，夜梦游后堂，有一女子骂曰："帝悖虐不道，明年不及熟矣。"帝怒，于宫中求得似所梦者一人戮之。其夕复梦所戮女骂曰："汝枉杀我，已诉上帝。"至是，巫觋云："此堂有鬼"。帝与山阴公主及六宫彩女数百人随群巫捕鬼，屏除侍卫，帝亲自射之。[②]

前废帝不仅荒淫无耻、残忍暴虐，并且粗鄙无知，相信鬼神之说，而

---

① （梁）沈约：《宋书》，中华书局1974年版，第66页。
② （梁）沈约：《宋书》，中华书局1974年版，第146页。

71

亲自射鬼，深受民间迷信气息的影响。至后废帝时期，刘宋帝王鄙俗化的倾向愈演愈烈。后废帝自五六岁开始便不爱学习专爱民间杂耍技艺，《宋书·后废帝本纪》载："初，昱在东宫，年五六岁时，始就书学，而惰业好嬉戏，主师不能禁。好缘漆账竿，去地丈余，如此者半食久，乃下。"[①]后废帝不喜书学，而对"缘漆账竿"这样的活动乐此不疲，每次都需经过"半食久"才下来。及其即位后，则好出游行，达到了"无日不出"的地步，并且每次出去都是"夕去晨反，晨出暮归"，衣着也甚为随便，"常著小袴褶，未尝服衣冠"，毫无帝王应具备的尊严。此外，后废帝还"于耀灵殿上养驴数十头，所自乘马，养于御床侧"，在宫殿中养驴，在自己的御床旁养马，就算是较之民间的下层百姓，后废帝此举的粗鄙程度也是有过之而无不及。后废帝对鄙事甚有天分，一看就会，精通诸多鄙事。《宋书·后废帝本纪》载："凡诸鄙事，过目则能，锻炼金银，裁衣作帽，莫不精绝。未尝吹篪，执管便韵，天性好杀，以此为欢，一日无事，辄惨惨不乐。"[②]后废帝不通术学而通鄙事，对于锻金造银、裁制衣帽及吹篪奏韵等鄙事，无师自通、过目不忘，作为一代帝王，其粗鄙化的形象历史少有。

（三）不遵礼法，乱象丛生。自周公制礼作乐以来，统治阶层经常用礼乐文化作为治国理家的重要手段。东晋皇权旁落，门阀士族执政，礼仪规范在为政方面较为缺失，但在门第的维护方面依然发挥着重要的作用。余英时、钱穆先生都看到了这一现象。刘宋皇族出自北府兵武力集团，文化修养也较为低下，史称刘裕"轻狡无行""少时诞节嗜酒"。取得执政地位后，刘宋皇族虽然对儒教多有倡导，但大多是针对社会的统治，在个人生活方面则颇受任诞之风的影响，较少礼乐文化的规范与约束，经常用至高无上的权力来追逐个人荒淫无耻的生活，以至于出现了颇多有悖礼法的现象，成为历史上"乱象丛生"的一个皇族。王鸣盛在《十七史商榷》中

---

① （梁）沈约：《宋书》，中华书局 1974 年版，第 188 页。

② （梁）沈约：《宋书》，中华书局 1974 年版，第 189 页。

指出，《宋书》应该立《公主传》，用刘宋公主古今少有的丑陋行径警诫后世。赵翼《廿二史劄记》专列两条论述刘宋皇族违背礼法的现象，"宋齐多荒主"条称："古来荒乱之君，何代蔑有，然未有如江左宋、齐两朝之多者"①，王永平先生曾撰写《刘宋皇族之"本无学术"及其行为粗鄙化之表现》②和《论刘宋公主之淫恣及其对政治之干预》③两篇文章，对刘宋皇族的乱象多有揭示。大致来讲，刘宋前34年，武帝与文帝励精图治，为一代之明君，个人生活也较为清明严整，较少荒唐之事发生。但在刘宋的后26年间，刘宋朝政日益混乱，皇族内部不尊礼数、男女荒乱的现象时有发生，多为后世指斥。

1. 丧祭之礼缺失。三年之丧，为天下之通丧，为回馈父母的生养之恩，在父母去世后都要进行守丧，这是中国古代久远的礼法制度。居丧期间不能食肉饮酒，也不可娶妻作乐，从而表达对死者的哀悼之情，借以明确家族中的长幼之伦及统治中的君臣之义，在维护古代社会的统治秩序方面具有重要的作用。但刘宋皇族在这方面却多有违背。少帝刘义符毫无礼法之念，《宋书·少帝纪》记载：

> 大行在殡，宇内哀惶，幸灾肆于悖词，喜容表于在戚。至乃征召乐府，鸠集伶官，优倡管弦，靡不备奏，珍羞甘膳，有加平日。采择媵御，产子就宫，觍然无怍，丑声四达。及懿后崩背，重加天罚，亲与左右执绋歌呼，推排梓宫，抃掌笑谑，殿省备闻。④

父亲武帝刘裕去世，少帝刘义符在居丧期间不仅毫无哀戚之色，反而面带喜

---

① （清）赵翼著，王树民校证：《廿二史劄记校证》，中华书局1984年版，第231页。

② 王永平：《刘宋皇族之"本无学术"及其行为粗鄙化之表现》，《扬州大学学报》（人文社会科学版）2008年第1期。

③ 王永平：《论刘宋公主之淫恣及其对政治之干预》，《江海学刊》2009年第3期。

④ （梁）沈约：《宋书》，中华书局1974年版，第65页。

色，并且在宫中大肆征召乐府加以演奏，"优倡管弘，靡不备奏"，而在饮食方面也毫无节制，"珍羞甘膳，有加平日"，全然不顾居丧之礼。懿后去世，众人哀戚追悼，刘义符却"抃掌笑谑"。无独有偶，庐陵王刘义真也在其父亲刘裕去世后，对守丧之礼多有忽视。因有国哀，刘义真出行"所乘舫单素，不及母孙修仪所承者"，便让左右侍从人员"剔母函道"而施与自己所乘之舫，从而达到胜出的目的。此外，居丧期间，刘义真也不废酒肉，《宋书·刘湛传》云："义真时居高祖忧，使账下备膳，湛禁之，义真乃使左右索鱼肉珍馐，于斋内别立厨帐。"① 庐陵王刘义真不顾刘湛的反对，执意要在居丧期间饱享口腹，既不能用礼法自我约束，也无从做到以礼待人。

前废帝刘子业"詈辱祖考，以为戏谑"，其侮辱先祖的行径骇人听闻。刘子业生性暴躁，多为孝武帝所训斥，至孝武帝去世，刘子业践阼，"悖然无哀容"，孝武帝"梓宫在殡"，前废帝则"喜容觍然""欢恣滋甚"，丝毫不见哀悼之情。此后，更是大逆不道，要挖掘父亲坟墓以泄私愤，《南史·宋前废帝纪》载：

> 帝自以为昔在东宫，不为孝武所爱，及即位，将掘景宁陵，太史言于帝不利而止。乃纵粪于陵，肆骂孝武帝为齇奴，又遣发殷贵嫔墓，忿其为孝武所宠。②

前废帝刘子业想要自掘其父之坟墓，被太史制止，挖掘自己父亲的坟墓不得便纵粪在父亲陵墓，并且又掘发了殷贵嫔的坟墓，只因其生前为其父亲所宠爱。前废帝不遵循丧祭之礼，逆天而行，既无为子之道，也无为君之德，着实为祸国害家之主。

2. 孝悌之义沦丧。在政治权势的驱逐下，刘宋皇族骨肉相图，并无孝

① （梁）沈约：《宋书》，中华书局 1974 年版，第 1816 页。
② （唐）李延寿：《南史》，中华书局 1975 年版，第 69 页。

悌可言，尚有一丝可解，但在没有政治利益的危害下，皇室成员对于生养自己的后妃也可以痛下杀手，更可知其孝悌之义的沦丧。刘劭犯上作乱，弑父刘义隆后，又使人杀潘淑妃。潘淑妃，为刘濬亲生母亲，对刘濬疼爱有加，但当刘劭告诉刘濬"潘淑妃遂为乱兵所害"时，刘濬却说："此是下情，由来所愿。"① 对自己疼爱有加的母亲被害，刘濬竟有得偿夙愿之意，甚为悖逆。前废帝则在母亲病危之时，因害怕有鬼而不肯前去探视。《宋书·前废帝本纪》载："初太后疾笃，遣呼帝。帝曰：'病人间多鬼，可畏，那可往。'太后怒，语侍者：'将刀来，破我腹，那得生如此宁馨儿'！"② 前废帝对自己生命垂危的母亲竟如此冷漠，太后想自破腹，看看是如何生得这不肖的"宁馨儿"。此外，刘宋皇族中还有人亲自毒害太后。《南史·后妃列传》曾载昭路太后的死因："初，明帝少失所生，为太后所摄养，抚爱甚笃。及即位，供奉礼仪，不异旧日。有司奏宜别居外宫，诏欲亲奉晨昏，尽欢闺禁，不如所奏。及闻义嘉难作，太后心幸之，延上饮酒，置毒以进。侍者引上衣，上寤，起以其卮上寿。是日太后崩，秘之，丧事如礼。"③ 照此记载，路太后极有可能是被明帝毒害的。虽然路太后先生害人之心，有自取其咎之嫌，但明帝丝毫不念及路太后的养育之恩，直接加以毒害，亦可知其残酷无情及其对孝悌之义的漠视。有其父，然后有其子，较之明帝，后废帝更为恶劣，只因不喜管教便心生害人之意。《宋书·后妃·明恭王皇后传》载："废帝失德，太后每加勖譬，始者犹见顺从，后狂愆转甚，渐不悦。元徽五年五月五日，太后赐帝玉柄毛扇，帝嫌其毛柄不华，因此欲加鸩害，已令太医煮药，左右人止之曰：'若行此事，官便应作孝子，岂复得出入狡狯。'帝曰：'汝语大有理。'乃止。"④ 后废帝日渐不悦于太后的教训，又对太后所赐之物不甚满意，便想要毒杀太后，最后仅仅是怕毁了自己的

---

① （梁）沈约：《宋书》，中华书局1974年版，第1438页。
② （梁）沈约：《宋书》，中华书局1974年版，第147页。
③ （唐）李延寿：《南史》，中华书局1975年版，第322页。
④ （梁）沈约：《宋书》，中华书局1974年版，第1295页。

名声而作罢，心中并无孝道伦理之观念。

3.乱伦现象严重。自三代以来，历史中皆有皇族因女色而丑名远播。为维系家族健康正常的发展，中国的历史文化中自古便有对乱伦的禁忌。简而言之，主要有两个方面，一则是族内同姓不婚，即一个家族内部同姓的男女不得结婚或者发生两性关系；二则是族内异姓婚姻禁忌，即家族中的男子不得与庶母、兄弟妻子及子侄媳等女性人员发生两性关系。位极人主，帝王家族为确保江山的稳定及家族的绵延，应该在乱伦方面多有禁忌，而刘宋皇族对此则较少禁忌，多有乱伦之事。

孝武帝刘骏淫乱无度，毫无伦理观念。《资治通鉴》云："上（孝武帝）闺门无礼，不择亲疏、尊卑，流闻民间，无所不至。"首先，孝武帝与其生母路太后关系甚为隐晦。《宋书·文帝路淑媛》记载："上于闺房之内，礼敬甚寡，有所御幸，或留止太后房内，故民间喧然，咸有丑声。宫掖事秘，莫能辨也。"①宫廷秘事后人难以获知真相，但孝武帝本人荒淫不堪，留宿于生母路太后的房内，难免让人心生猜疑。《魏书》的记载则更为直白："骏淫乱无度，蒸其母路氏，秽污之声，布于瓶越。"《魏书》直接毫无遮掩地认定刘骏"蒸其母"，与其生母存有污秽之关系。此外，孝武帝还与叔父刘义宣"诸女淫乱"。《宋书·南郡王义宣传》记载："世祖闺庭无礼，与义宣诸女淫乱，义宣因此发怒，密治舟甲，克孝建元年秋冬举兵。"②孝武帝因其淫乱而引发刘义宣举兵叛乱，但孝武帝不知悔改反思，平定刘义宣后，又将其女儿加封为淑仪，宠冠后宫。《南史·后妃传》载："殷淑仪，南郡王义宣女也。丽色巧笑。义宣败后，帝密取之，宠冠后宫。假姓殷氏，左右宣泄者多死，故当时莫知所出。"③文帝为武帝第三子，刘义宣为武帝第六子，刘义宣与文帝刘义隆为嫡兄弟，孝武帝为文帝第三子，与义宣诸女为堂兄堂妹的关系，为避免世人耻笑，孝武帝将义宣女改名为殷氏。

---

① （梁）沈约：《宋书》，中华书局1974年版，第1286页。

② （梁）沈约：《宋书》，中华书局1974年版，第1800页。

③ （唐）李延寿：《南史》，中华书局1975年版，第323页。

孝武帝"子蒸其母"，其儿子前废帝刘子业则纳其姑母为贵嫔。据《宋书·后妃·前废帝何皇后传》记载，何皇后的兄长何迈，尚文帝第十女新蔡公主，但前废帝后来则"纳公主于后宫，伪言薨殒，杀一婢送出迈第嫔葬行丧礼"①，又《宋书·前废帝》载："以宫人谢贵嫔为夫人，加虎贲羽赞戟，鸾辂龙旗，出警入跸，实新蔡公主也。"②此事在《南史·前废帝纪》中也有记载。前废帝将其姑母纳入后宫，改姓谢氏，并且杀婢女代其假死。

宗王中也存有乱伦私通之现象。始兴王刘濬与海盐公主为嫡兄妹，但却经常私通。《宋书·赵伦之子伯符传》载：

> 子倩，尚文帝第四女海盐公主。初，始兴王濬以潘妃之宠，故得出入后宫，遂与公主私通。及适倩，倩入宫而怒，肆詈搏击，引绝帐带。事上闻，有诏离婚，杀主所生蒋美人，伯符惭惧发病卒。③

海盐公主为文帝第四女，始兴王刘濬为文帝第二子，但两人却不顾人伦道德，经常私通。另外，刘道怜之孙刘遐，则与嫡母殷氏的养女私通，《南史·宋宗室及诸王列传上》载："遐坐通嫡母殷氏养女云敷，殷每禁之。及殷亡，口血出，众疑遐行毒害。"④

刘宋公主中亦有放荡淫恣之人，孝武帝女山阴公主之乱伦无耻，历史少有。《宋书·前废帝》载：

> 山阴公主淫恣过度，谓帝曰："妾与陛下，虽男女有殊，俱托体先帝。陛下六宫万数，而妾唯驸马一人。事不均平，一何至此！"帝

---

① （梁）沈约：《宋书》，中华书局1974年版，第1293—1294页。
② （梁）沈约：《宋书》，中华书局1974年版，第145页。
③ （梁）沈约：《宋书》，中华书局1974年版，第1390页。
④ （唐）李延寿：《南史》，中华书局1975年版，第355页。

乃为主置面首左右三十人。①

山阴公主在淫恣方面追求与前废帝平等，前废帝对此建议欣然采纳，置面首三十人服侍公主，这在历史中已经是前所未闻了，但山阴公主依然不肯满足，对见到的美男子还要强行索要："主以吏部郎褚渊貌美，就帝请以自侍，帝许之。渊侍主十日，备见逼迫，誓死不回，遂得免。"②褚渊为宋文帝女南郡献公主的驸马，按理应为山阴公主之姑父，但山阴公主却垂涎其美色，强逼其乱伦，这般的丑陋行径，自古少有。

除却族内的乱伦，前废帝和明帝还在宫中公开举行荒淫的表演，毫无廉耻可言。《南史·宋前废帝纪》载："帝好游华林园竹林堂，使妇人裸身相逐，有一妇人不从命，斩之。"③前废帝让妇人在华林园裸身相逐，对不从命的妇人直接以斩之论处。明帝也举行过相类的表演。《宋书·后妃·明恭王皇后传》载："上常宫内大集，而裸妇人观之，以为欢笑。"④明帝与前废帝一样，都以观赏裸妇人为乐，公然宣淫秽于天下，甚为无耻。

（四）文学创作带有世俗化的倾向。诗赋创作，较能代表个人的文化修养，陈郡谢氏便因作诗水平较高而闻名于门阀士族之间。同样，刘宋皇族文化修养提高的一大表现就是著述逐渐丰富，诗赋创作也逐渐增多。但观刘宋皇族诗赋之创作，依然可以看到低级士族的文化风尚，与高门士族不同。

1.高门士族往往整个家族整体呈现出较高的诗赋创作水平，刘宋皇族中存有诗赋者并不多。根据逯钦立《先秦汉魏晋南北朝诗》统计，刘宋皇族只有文帝、孝武帝、刘义恭、刘义庆及刘铄五人存有诗歌，并且仅孝武

① （梁）沈约：《宋书》，中华书局 1974 年版，第 147—148 页。
② （梁）沈约：《宋书》，中华书局 1974 年版，第 148 页。
③ （唐）李延寿：《南史》，中华书局 1975 年版，第 70 页。
④ （梁）沈约：《宋书》，中华书局 1974 年版，第 1295 页。

帝与南平王刘铄存诗较多，其他人数量较少。另外，根据严可均《全宋文》统计，刘宋皇族仅孝武帝、江夏王刘义恭及临川王刘义庆三人存赋，孝武帝 2 篇、刘义庆 3 篇、刘义恭 4 篇。从刘宋皇族创作诗赋的人数与创作的数量，可知刘宋皇族文化修养尚有待于全面地提高。

2.从诗歌创作的题材，可知刘宋皇族不同于高门士族的文化倾向。高门士族以谈玄论道为文化风流的标志，诗歌创作多玄风弥漫，玄言诗甚为昌盛。就现存的刘宋皇族的诗歌来看，无一首为玄言诗作，虽然帝王在对国家的文化建设中表现出了对玄学的重视与欣赏，但在诗歌创作方面并没有体现。反之，刘宋皇族创作最多的是对乐府、民歌的模拟之作。孝武帝存诗 26 首，拟乐府者 11 首，并且多写男女情爱，多具民歌气息。根据《宋书》记载，刘铄"拟古三十余首，时人以为亚迹陆机"，可知刘铄较富才学，应有诗歌 30 余首，但现已经不见全貌首，仅存《三妇艳诗》《白纻曲》《拟行行重行行诗》《拟明月何皎皎诗》《拟孟冬寒气至诗》《拟青青河边草诗》《代收泪就长路诗》《过历山湛长史草堂诗》《七夕咏牛女诗》《歌诗》，多模拟乐府与《古诗十九首》，内容也多以描写思妇与游子间缠绵悱恻的情感为主。

要之，刘宋皇族存有诗赋之作，可视为皇室文化修养逐渐提升的依据。然则，根据具体的创作题材、数量及体裁，亦可知刘宋皇族依然存有低级士族的文化风尚。

二、刘宋皇族存有低级士族文化风尚的原因

刘宋皇族贵为皇室后，在很多方面依然展现出了低级士族的文化风尚，这与其出身门第紧密相关，文化修养不可能在 60 年内得到彻底改变。除此以外，教育的缺失、名士风度的影响及文化修养在皇族发展中的地位等皆是刘宋皇族文化修养无法得到彻底改观的重要原因。

（一）教育的缺失

历代有为之统治者，无不重视皇子的教育，自古以来便设有皇室成员受教育的机构与体制，刘宋亦然。沈约《宋书·百官志》对太子及皇子设置的教育官职都有所记载：

> 太子太傅，一人。丞，一人。太子少傅，一人。丞，一人。①
> 晋武帝初置师、友、文学各一人。师即傅也，景帝讳师，改为傅。宋世复改曰师。其文学，前汉已置也。友者，因文王、仲尼四友之名也。②

就官职的设置来看，刘宋对太子及皇子的教育体制基本沿袭晋制，并无太大出入。然则，沈约《宋书》在宋人书写的基础上完成，对皇室教育所收到的成效并未做评论，仅凭教育的官职，无法推断教育的真实情况。考之其他史传，裴子野在《宋略》中曾借少帝刘义符之事议论过刘宋皇子的教育问题，《宋略》原书已经散佚，裴子野的议论主要见于《建康实录》与《资治通鉴》。据《建康实录》载，裴子野的见解如下：

> 裴子野曰：昔汉武为卫武太子置博望园，延异能之士，而长安阙下，竟有流血之衅。高祖宠树营阳，恣其嗜欲，群小竞进，亦有金昌之祸。苟不纳于义方，必异世而同失。古者人君养子，能言而师授之辞，能行而傅相之礼。其衣服饮食，则保节其身，三师并辅其志进退俯仰，如值绝准，骄奢淫佚，无自入矣。故以仪型四海，君临万国，奕世休嘉，不陨令问。宋失教诲，则异于斯，居中则任仆妾，处外则

---

① （梁）沈约：《宋书》，中华书局1974年版，第1252页。
② （梁）沈约：《宋书》，中华书局1974年版，第1253页。

近趋走。太子、皇子，有师、傅二职者，皆台隶也。制其行止，授其礼法，则导达臧否，罔克由之。言不及于礼义，识无近于今古，谨敕者能训之以啬陋，愚戆者又诱之以凶愍。兴置太子太傅，而无师、保，其他职掌，率由旧章。诸王无相，置师一人，多耆大夫领之。王临州，则长史行宣教令。又师、傅之流，甚有专恣，独擅威权。由是而言，君子勿用，老成硕德，多见严疏。是以本枝虽茂而端茎实寡。嗣君幼主，世淫奸回，虽恶物丑类，天然习则生常，其来远矣。……降及太宗，举天下而弃之，亦昵比之为力，宋以此终焉。呜呼！有国有家，其鉴之矣！①

由裴子野的论述来看，较之古人对太子及皇子的教育，刘宋皇族并没有吸纳古人之义方，反而存有诸多的缺失。从太子、皇子的师傅地位来看，按照古制，应是地位极高的官职，但在刘宋则不然，"居中则任仆妾，处外则近趋走。太子、皇子，有师傅二职者，皆台隶也"。师傅二职，沦为了地位低下的奴隶，并不能够担负其教育的职责，虽然能够对皇子的言行加以制约，但是"言不及于礼义，识无近于今古，谨敕者能训之以啬陋，愚戆者又诱之以凶愍"，无法辅助太子及皇子成长为德才兼备之人。另外，从太子及皇子师傅的人选来看，司马光《资治通鉴》据裴子野议论又有所补充，"虽有师傅，多以耆艾大夫为之；虽有友及文学，多以膏粱年少为之；具位而已，亦弟与游"。师傅者多年迈，则侍读者则多看出身，皇子的教育不可避免地存有缺失。由此，刘宋虽然沿袭了前朝的皇族教育官职，但并没有发挥教育的真正作用，导致刘宋皇族"本枝虽茂而端茎实寡"。

另一方面，刘宋皇族的家学也存有诸多问题。宗王大多年幼便出镇地方，甚少有接受父母亲自教诲的机会，太子居东宫，应该深受家庭教育的影响。但就刘宋的太子来看，帝王大多所寄非人，父子之间往往能够形成

---

① （唐）许嵩撰，张忱石点校：《建康实录》，中华书局1986年版，第395—396页。

鲜明的对比。武帝刘裕之于少帝刘义符，文帝刘义隆之于刘劭，孝武帝之于前废帝刘子业，明帝之于后废帝刘昱，皆是如此。有为之君后面都有一位不争气的太子。家庭教育的缺失，是导致这一现象出现的重要原因。首先，武帝与文帝对子女特别是太子比较溺爱，导致太子及部分皇室子弟骄纵妄为。李延寿在《南史·宋本纪上》中曾论："武皇将涉知命，弱嗣方育，顾有慈颜，前无严训。少帝体易染之质，禀可下之姿，外物莫犯其心，所欲必从其志，崄纵非学而能，危亡不期而集，其至颠沛，非不幸也。"[①]武帝晚年方得长子刘义符，对其溺爱有加，"前无严训"，并且放纵其任意妄为，"外物莫犯其心，所欲必从其志"。刘裕对刘义符的纵容，导致刘义符"穷凶极悖"，最终被废杀。赵翼《廿二史劄记》中"宋世闺门无礼"条也曾对刘裕的家教做出过类似的批评："宋武起自乡豪，以诈力得天下，其于家庭之教，固未暇及也，是以宫闱之乱，无复伦理。"[②]文帝刘义隆为刘宋在位时间最长的一位君王，但《宋书》称其"经国之义虽弘，而隆家之道不足"，对子女的放纵溺爱，导致其被亲生儿子所弑。文帝即位后生劭，《宋书·元凶传》云："自前代以来，未有人君即位后皇后生太子，唯殷帝乙既践阼，正妃生纣，至是又有劭焉。体元居正，上甚喜说。"[③]文帝因刘劭在自己即位后降生，认为"体元居正"，十分高兴，在刘劭6岁时便被拜为皇太子，在其居东宫之时，"意之所欲，上必从之。东宫置兵，与羽林等"[④]。文帝满足刘劭所有欲望，为东宫所置的军队与羽林军一样多，这为刘劭进宫弑父篡位埋下了严重的隐患。在刘宋这场历史少有的家难中，次子刘濬也是重要的帮凶。刘濬为文帝宠妃潘淑妃所生，文帝对其"甚留心"，屡加诘让其过失，但却不严加管束。据《宋书·赵伦之子伯符传》载，刘濬与文帝第四女海盐公主私通，文帝知道后，只是

① （唐）李延寿：《南史》，中华书局1975年版，第31页。
② （清）赵翼著，王树民校证：《廿二史劄记校证》，中华书局1984年版，第238页。
③ （梁）沈约：《宋书》，中华书局1974年版，第2423页。
④ （梁）沈约：《宋书》，中华书局1974年版，第2423页。

杀了海盐公主的生母蒋美人，对自己的子女却无严惩，无形中也助长了皇室子女勾结私通的污秽风气。其次，言传身教是家学的重要一端，父慈方能子孝，兄友方能弟恭，前废帝与后废帝暴虐不堪，与孝武帝和明帝本人的立身不正脱不了关系。前废帝纳其姑母新蔡公主为妃，其违背人伦的行径与孝武帝"子烝其母"如出一辙，很难说前废帝没有受其父亲的影响。孝武帝残杀皇室骨肉30余人，其子前废帝"詈辱祖考，以为戏谑"，对皇族成员毫无礼法观念。明帝以叔父身份即位，残杀孝武帝18子，晚年又因猜忌对辅助自己的4位兄弟也痛下杀手，其子后废帝"天性好杀，以此为欢，一日无事，辄惨惨不乐"，实秉其父嗜杀之风。

（二）名士风度的影响。文化士族为中州一流文化的代表，在社会文化方面有深远的影响力。《晋书·谢安传》曾载："（谢安）及登台辅，期丧不废乐。王坦之书喻之，不从，衣冠效之，遂以成俗。"[①]谢安因对音乐的痴迷，在丧期间也不废乐，与传统的丧祭之礼甚相违背，王坦之虽贵为名士却也劝过谢安，但谢安一直坚持自己的做法，最终成俗。由此可见，士族名士对当时文化之影响。士族名士不拘礼节、放达任诞之风在社会中具有深远的影响。刘宋皇族出身行伍，在文化方面常以士族作为提升文化修养的表率和榜样，刘义庆还专门组织人员撰写《世说新语》以记录名士之风。刘宋皇族对礼法的莫不在乎应深受士族名士放达任诞之风的影响。钱穆先生在论述南朝皇室的荒诞行径时也曾说过："此等皆荒诞，疑非人情。然赋与一种可以穷情极意的环境，又习闻到一些一切不在乎的理论而不加以一种相当的教育，其趋势自可至此。"[②]钱先生见解深刻，刘宋地位的提高、名士风度的影响及教育的缺失，最终使得刘宋皇族乱象丛生、荒主不断，而名士风度的影响发挥了最为直接的作用。刘宋皇族缺乏深厚的文化底蕴和传统，看到了士族名士崇尚玄学的风流和不拘礼法的放达，但

---

①　（唐）房玄龄等：《晋书》，中华书局1974年版，第2075页。

②　钱穆：《国史大纲》，商务印书馆1996年版，第271页。

却看不到士族名士深入骨髓的儒家精神和家族代代相传的严格家教。由此，刘宋皇族学得了士族名士表面的放情肆志，但却没有任何的规范和协调，也失去了高远的情致与意境。只能变得荒诞不经、粗俗不堪。诚如钱穆先生所言："他们只是稍微熏陶到一些名士派放情肆志的风尚，而没有浸沉到名士们的家教与门风，又没有领略得名士们所研讨的玄言与远致。在他们前面的路子，只有放情胡闹。由名士为之则为雪夜访友，无知识，无修养，则变为达旦捕鼠。由名士为之则为排门看竹，无知识，无修养，则变为往寺庙偷狗吃。"①要之，刘宋皇族不尊礼法、行为粗鄙等文化现象是在士族名士风度的影响下形成的，只得其行而失其神，本来是高雅文化的代表，却变成了文化修养粗俗不堪的表现。

（三）文化修养在皇族发展中的地位。刘宋皇族重视家门文化修养的培养，文化修养较高者，多能受到皇族成员的赞誉，反之，文化修养较为拙劣之人则多受歧视。然则，文化修养不能对皇族成员的地位产生根本性的影响，文化事业的发展也始终不是皇族成员所关注的根本要务。刘裕文化修养难以与文化士族相提并论，但依然从门阀士族手中夺取了政权。同样，刘宋皇族成员的地位也不会因个人的文化修养而发生根本性的改变。前废帝刘子业，幼而狷急、学业懈怠，被孝武帝屡次诘让，但依然是太子。后废帝刘昱，自小便惰业好嬉戏，年长后则喜怒乖节，明帝刘彧"辄敕昱所生，严加捶训"，但却也一直没有动摇刘昱的太子之位。宗王亦是如此，桂阳王刘休范凡讷少知，明帝曾云："休范人才不及此，以我弟故，生便富贵。"明帝此语道出了皇族成员的命运，就算文化修养不够，也依然是王侯将相。彭城王刘义康素无学术但颇具政治才干，一度为文帝最为倚仗之人，刘义宣"生而舌短，涩于言论"，但在举兵造反之时可以集合荆州、江州、兖州、豫州四州之力，威震天下。文化修养经常是皇族成员附庸风雅、装点门面的一种工具，很多皇室成员虽然有较高的文化才能，

---

① 钱穆：《国史大纲》，商务印书馆 1996 年版，第 271 页。

但品性却比较低下，刘义真"聪明爱文义，而轻动无德业"，刘义恭"涉猎文义，而骄奢不节"，像这样"才性分离"的情况在刘宋皇族中屡见不鲜，前废帝更为显著。前废帝为太子时，曾经于崇正殿讲《孝经》，"自造《世祖诔》及杂篇章，往往有辞采"，但在孝武帝去世后，前废帝"恬然无哀容"，并且想要亲自挖掘孝武帝坟墓以泄生前之恨，行为品性与文学创作甚相背离。

第三章　刘宋皇族与刘宋经史之学的
复兴及玄学的退化

　　南朝经学，以梁代为盛，刘宋经学式微的观点比较深入人心，然则仔细推敲，便可发现不妥之处。东晋皇权旁落、玄风大盛，经学极度衰退，梁代历时仅 56 年，若无前朝对经学的提倡与积累，经学无从独标于世。刘宋建朝，对经学大有"拨乱反正"之功。刘宋皇族兴建国子学，资助经师私家授学，恢复经学在取士方面的地位，延揽经学之士，并且注重皇子的经学教育，对南朝经学的复兴产生了重要的影响。刘宋皇族开创了南朝皇族重经之先河，为南朝经学的发展培养了经学人才，促进了经学类书籍及作品的繁荣，并且使得京师建康成为南朝经学的中心。史学与经学的发展往往紧密相关。刘宋皇族延揽史学人才，完善修史机构，设置秘书监、秘书丞、秘书郎、秘书佐郎及著作令史等官职专掌修史，多次下令命人撰修史书，皇族成员中也多有人表现出了对史学的浓厚兴趣。刘宋皇族对史学的倡导，是促进刘宋史书典籍丰富发展的重要动力。就玄学的发展来说，刘宋皇族亦多有欣赏，但玄学不可避免地走向了衰退。究其原因，玄学是与门阀政治极为相称的一种文化体系，而非维护皇权政治的文化工具，玄学清望不再是统治者选拔人才的重要依据，经史之学的发展冲击了玄学的存在。刘裕代晋建宋，再次彰显了玄学的消极之处，也动摇了玄学存在的政治根基。本章主要论述刘宋皇族与经学、史学及玄学的关系。

第一节 刘宋皇族与经学的复兴

自周公制礼作乐以来，经学礼教便在维护封建统治秩序方面发挥着重要的作用。至汉武帝时期，"罢黜百家，独尊儒术"，儒家经学被视为封建王朝独尊之术，盛极一时。伴随汉王朝的倒塌，经学的地位也渐趋衰退，大不如前。晋室渡江，士人大多崇玄而贱经，学者对此多有论述，沈约《宋书·臧焘徐广傅隆传》曾云："自黄初至于晋末，百余年中，儒教尽矣。"①东晋一朝，皇权旁落，经学之不兴更甚于前代。门阀士族掌控朝政，也代表了文化的发展潮流，士人多沉醉于玄言之风而无暇顾及经学。至刘宋兴建，武帝刘裕从门阀士族手中夺取了政权，改变了门阀政治的格局，重新恢复了皇权政治的发展潮流。刘裕出身于北府兵武力集团，较之门阀士族，玄学修养甚为浅陋，而最终得以实现问鼎之志，这一过程本身再次凸显出了玄学的弊端。由此，伴随门阀士族地位的衰弱，玄学的地位也逐渐下降。同时，经学礼教也成为统治者伸张皇权的统治工具。刘宋皇族从玄风弥漫的环境里"拨乱反正"，崇经重儒，复兴经学教育，延揽经学之士，加强朝典仪礼建设，再度恢复了经学在朝政方面的地位，促进了经学的发展。然则，经学的兴盛大致与王朝的兴盛同步。至刘宋孝武帝朝，皇族内部乱象丛生，骨肉相图严重，刘宋王朝逐渐衰弱，虽然对经学的发展多有提倡，但经学也不可挽回地转入颓势。直至梁代，经学方得大盛。刘宋皇族作为开辟南朝的第一个朝代，于晋宋之际再度恢复经学的正统地位并加以提倡，对整个南朝经学的发展来说功不可没。

---

① （梁）沈约：《宋书》，中华书局 1974 年版，第 1553 页。

一、刘宋皇族加强经学建设的举措

南朝经学，以梁代最为兴盛，《宋书》《南齐书》皆无儒林之传，至《梁书》始有《儒林传》。《南史》在写作《儒林传》时基本沿袭了《梁书》的观点，对梁代之前的经学多有贬低之意，《南史·儒林传序》中对前朝经学描绘如下：

> 江左革创，日不暇给，以迄于宋齐。国学时或开置，而劝课未博，建之不及十年，盖取文具，废之多历世祀，其弃也忽诸。乡里莫或开馆，公卿罕通经术。朝廷大儒，独学而弗肯养众；后生孤陋，拥经而无所讲习。三德六艺，其废久矣。①

李延寿这一说法基本全盘沿袭《梁书》，并无补充，《梁书》《南史》皆认为，自东晋渡江以后，国学有名无实，公卿大夫罕通经术，讲经之风也荡然无存，经学衰微已久。由此，这一观点深入人心，几成对刘宋经学评价之定论。然则，南朝经学由东晋发展而来，众所周知，东晋皇权旁落、玄风大盛，经学极度衰微，梁代历时仅 56 年，若无前朝对经学的提倡与积累，梁代经学何以会独标于世？揆之史传，刘宋建朝，对经学大有"拨乱反正"之功。刘裕代晋建宋，从门阀士族手中夺取了政权，重新恢复了皇权的统治地位，同时也开始大倡经学为皇权服务。刘宋经学，从玄风弥漫的环境中发展而来，较之南朝其他朝代实为艰难得多。作为开创南朝的第一代皇族，刘宋皇族对经学的恢复与提倡，实开南朝帝王弘儒崇教之先河。若无刘宋皇族的开创之力，很难有梁武帝的经学之盛。《宋书》虽无《儒林传》，但在《臧焘徐广傅隆传论》中也基本论述了自汉至宋的经学发展概况：

---

① （唐）李延寿：《南史》，中华书局 1975 年版，第 1729 页。

史臣曰：选贤于野，则治身业弘；求士于朝，则饰智风起。《六经》奥远，方轨之正路；百家浅末，捷至之偏道。汉世登士，闾党为先，崇本务学，不尚浮诡，然后可以俯拾青组，顾蔑籯金。于是人厉从师之志，家竞专门之术，艺重当时，所居一旦成市，黉舍暂启，著录或至万人。是故仕以学成，身由义立。自魏氏膺命，主爱雕虫，家弃章句，人重异术。又选贤进士，不本乡闾，铨衡之寄，任归台阁。以一人之耳目，究山川之险情，贤否臆断，万不值一。由是仕凭借誉，学非为己，崇诡遇之巧速，鄙税驾之迟难，士自此委笥植《经》，各从所务，早往晏退，以取世资。庠序黉校之士，传经聚徒之业，自黄初至于晋末，百余年中，儒教尽矣。高祖受命，议创国学，宫车早晏，道未及行。迄于元嘉，甫获克就，雅风盛烈，未及曩时，而济济焉，颇有前王之遗典。天子鸾旗警跸，清道而临学馆，储后冕旒黼黻，北面而礼先师，后生所不尝闻，黄发未之前睹，亦一代之盛也。臧焘、徐广、傅隆、裴松之、何承天、雷次宗，并服膺圣哲，不为雅俗推移，立名于世，宜矣。颍川庾蔚之、雁门周野王、汝南周王子、河内向琰、会稽贺道养，皆托志经书，见称于后学。蔚之略解《礼记》，并注贺循《丧服》，行于世云。①

简言之，经学在汉代最为鼎盛，魏晋百余年则儒教不兴，刘宋建朝，帝王复又大倡经学，武帝议创国学，但尚未实现便去世了。至宋文帝元嘉时期，经学出现了"一代之盛"，见称于后学。刘宋皇族对经学的重视与提倡，大致来讲主要体现在以下四个方面。

（一）恢复发展经学教育机构

刘裕出自行伍，但在义旗初建不久，便欲重新弘扬儒教，在与臧焘

---

① （梁）沈约：《宋书》，中华书局 1974 年版，第 1552—1553 页。

的书中称:"今经师不远,而赴业无闻,非唯志学者鲜,或是劝诱未至邪。想复弘之。"①刘裕认为统治者对士人学经劝诱鼓励不够,造成了京口之地经学的废弛衰退,故而写信给臧焘,想要再次弘扬经学之风。刘宋建朝后,刘裕于永初三年(422)便曾下诏复建国学,诏书云:

> 古之建国,教学为先,弘风训世,莫尚于此;发蒙启滞,咸必由之。故爰自盛王,迄于近代,莫不敦崇学艺,修建庠序。自昔多故,戎马在郊,旌旗卷舒,日不暇给。遂令学校荒废,讲诵蔑闻,军旅日陈,俎豆藏器,训诱之风,将坠于地。后生大惧于墙面,故老窃叹于子衿。此《国风》所以永思,《小雅》所以怀古。今王略远届,华域载清,仰风之士,日月以冀。便宜博延胄子,陶奖童蒙,选备儒官,弘振国学。主者考详旧典,以时施行。②

刘裕于诏书中着力强调"敦崇学艺,修建庠序"的重要性,想要重振国学而弘风训世,但可惜的是刘裕愿望尚未得到实现,便于当年去世,正如沈约所论"宫车早晏,道未及行"。

刘裕对庠序之学的重视,为刘宋统治者加强教育机构的建设作出了良好的表率。文帝刘义隆即位后,"四学并建",而儒学为四学之首,据《宋书·隐逸·雷次宗传》记载,文帝刘义隆于元嘉十五年首先延请雷次宗领儒学,然后才逐渐设立玄学、史学、文学三学。继"四学并建"后,元嘉十九年(442)正月乙巳,文帝继承父亲刘裕"大启庠序"之宏愿,以圣者远教为教化的根本,尊崇教学之贵,下《劝学诏》兴建国子学,强调"广训胄子,实维时务",接着同年十二月又下《崇孔圣诏》,命人对孔子之墓供给洒扫,并且种植松柏600株,再次提高了经学在社会中的地

① (梁)沈约:《宋书》,中华书局1974年版,第1544页。
② (梁)沈约:《宋书》,中华书局1974年版,第58页。

位。元嘉二十三年九月，文帝曾经亲自策问国子学诸生，因诸生之成绩可嘉，文帝十月便下发了《嘉奖师儒诏》，云："痒序兴立累载，胄子肄业有成。近亲策试，睹济济之美，缅想洙、泗，永怀在昔。诸生答问，多可采览。教授之官，并宜沾赉。"①国子学在文帝朝历时7年，取得了明显的成效。沈约称之为"一代之盛"，雅风浓郁，颇有前王遗典。裴子野在《宋略·总论》中对文帝也做出过很高的评价，认为文帝"蕴籍义文，思弘儒府"，既建庠序于国都，又将"四学阐乎家巷"，由此，士子则敦悦于《诗》《书》，淋浴于礼义，"淑慎规矩，斐然向方"。②

元嘉二十七年，国子学因军旅之事而废，刘宋经学较之前期有所衰退。孝武帝在太子释奠太学之礼时已无国子生可用。《宋书·礼志一》载："孝武时，以太学在水南县远，有司议依升平元年，于中堂权立行太学。于时无复国子生，有司奏：'应须二学生百二十人。太学生取见人六十，国子生权铨大臣子孙六十人，事讫罢。'"③另，据《宋书·周朗传》载，周朗曾上书孝武帝称当时"今教衰已久，民不知则，又随以刑逐之"，并且历陈为教之道，但因其书有忤旨之意，终不获用。然则，孝武帝也并非不想振兴经学之道。据《宋书·孝武帝本纪》载，孝建元年十月，孝武帝曾下《建仲尼庙诏》，为孔子"开建庙制，同诸侯之礼"，倡导儒家之圣义教化。大明五年（461），孝武帝又下诏兴学，云："来岁可修葺庠序，旌延国胄。"④可惜其事未成。大明六年八月乙亥，孝武帝置清台令，据《建康实录》载，孝武帝设置这一官职的原因是："武帝永初迄于元嘉，多为经史之学，自大明之代，好为辞赋，故置此官，考其清浊。"⑤由此可知，孝武帝时期儒学之衰，已成事实，并且已经渗透至文学。孝武帝刘骏

---

① （梁）沈约：《宋书》，中华书局1974年版，第94页。

② （清）严可均：《全上古三代秦汉三国六朝文》，中华书局1958年版，第2192页。

③ （梁）沈约：《宋书》，中华书局1974年版，第367页。

④ （梁）沈约：《宋书》，中华书局1974年版，第128页。

⑤ （唐）许嵩撰，张忱石点校：《建康实录》，中华书局1986年版，第484页。

针对当时的状况，依然想要扭转世风，复振武帝、文帝时期的经学之风，故而在大明五年前后下诏兴学。

明帝刘彧对教育机构的设置也甚为热衷，泰始六年九月戊寅，明帝"立总明观，征学士以充之。置东观祭酒"①。据《南史·明帝本纪》，总明观本设儒学、道学、文学、史学及阴阳学五科，但因无人可领阴阳学，故而废止，仅设四科，每科置学士 10 人。明帝之总明观实为文帝四学之延续。

（二）资助经师私家授学

除了设立官方的教育机构以外，刘宋帝王还资助经师私家授学。据《宋书·隐逸·周续之传》载，武帝刘裕登基后，征召周续之，为其在东郭外开馆并且招集生徒，直至周续之风痹严重，不复堪讲。在周续之开馆期间，刘裕还"乘舆降幸，并见诸生"，并且命颜延之以《礼记》中之"傲不可长"、"与我九龄"及"射于矍圃"三义与周续之辨析。文帝刘义隆也曾资助雷次宗开馆设教。据《宋书·隐逸·雷次宗传》载，元嘉十五年，文帝刘义隆征召雷次宗至京师，为其在鸡笼山开馆，聚徒教授，招收门徒百余人。文帝亲临儒学馆，对雷次宗"资给甚厚"，甚为关注。雷次宗还复庐山之际，"公卿以下，并设祖道"，可见其礼遇之厚。沈道虔讲学也曾受过文帝资助，《宋书·隐逸·沈道虔传》载："乡里年少，相率受学。道虔常无食，无以立学徒。"沈道虔因为生活困顿，无法立学，文帝得知此事后，"遣使存问，赐钱三万，米二百斛"，沈道虔晚年，文帝又"敕郡县令，随时资给"②。另，元嘉十九年十二月下《崇孔圣诏》，明确提出兴建地方学府，诏书云："阙里往经寇乱，校残毁，并下鲁郡修复学舍，采召生徒。"武帝、文帝对私学的资助，推动了私学的发展，既有经师收

---

① （梁）沈约：《宋书》，中华书局 1974 年版，第 167 页。
② （梁）沈约：《宋书》，中华书局 1974 年版，第 2291—2292 页。

徒讲学，也有官员崇修学校。义熙年间，刘裕初掌朝政，欲弘振经学，孔季恭为会稽内史时便曾"修饰学校，督课诵习"。武帝永初年间，杜慧度为辅国将军，崇修学校。文帝元嘉二十二年，受当时经学建设的影响，沈亮为南阳太守，也开置庠序，训授生徒。刘宋统治者对经学教育机构的恢复，也推动了地方学府的发展，并且取得了一定的成效。吕思勉先生在《两晋南北朝史》中曾称："其时于私家之能讲学者，位置生徒，隆其礼貌，加以资助，则其效或转在官学之上也。"[1]

治化之根本在于正人伦，而人伦之正则在于设庠序。弘化正俗，存乎礼教，辅性成善，必资于庠序之学。唯有设立庠序之教方可明五教、通德化。自黄初以至于晋末，虽然庠序之立废屡有发生，但世尚庄、老，莫肯用心儒训，庠序之立大多有其名而无其实，设其教而无其功，学成者盖寡。如东晋太元十年（385）立国子学，而学生则因风放火，烧毁房屋百余间。由此可知，当时风纪之败坏，实难立学兴教。刘宋立学，对经学的发展实属"拨乱反正"，虽不足10年，但在元嘉年间颇见成效，较之东晋的崇玄贱经，有了根本性的改观。刘宋帝王之立学及其对私家讲学的资助，提高了经学在社会中的地位，同时也为后世经学之才的培养奠定了良好基础。

（三）恢复经学在取士方面的地位与作用

东晋门阀政治格局之下，士族子弟大多以门第占据高位，经学策试制度沦为虚设。刘宋建朝后，重新恢复了经学策试制度，提高了经学在人才选拔方面的地位与作用。据《宋书·武帝纪》载，刘裕执政不久，便对"诸州郡所遣秀才、孝廉，多非其人"这一问题有所关注，故而上表天子"申明旧制，依旧策试"。刘裕建宋后曾经亲自策试秀才与孝廉，所答称旨者，可以直接获得官职。《宋书·武帝纪》载："（永初二年）二月己

---

[1] 吕思勉：《两晋南北朝史》，北京理工大学出版社 2016 年版，第 1320 页。

丑，车驾幸延贤堂策试诸州郡秀才、孝廉。扬州秀才顾练、豫州秀才殷朗
所对称旨，并以为著作佐郎。"①刘裕亲自去延贤堂策试秀才与孝廉，秀才
顾练、殷朗因回答称刘裕之旨，被提拔为著作佐郎。文帝刘义隆沿袭了刘
裕的策试制度，据《宋书·文帝纪》载，国子学建成后，元嘉二十三年九
月，文帝曾驾幸国子学，策试诸生，约 59 人，并且十月便对策试的诸生
及教授之官给予了奖励。

孝武帝时期虽然国学已废，但孝武帝依然重视经学之策试。《建康
实录·宋孝武帝》载，孝建三年（456）二月，孝武帝曾"策孝秀于中
堂"②，又，大明六年（462）正月，孝武帝"策秀士、孝子于中堂，扬州
秀士顾法秀对制问曰：'源清即流深，神胜则形全。躬化易于上风，体训
甚于草偃。'上览之，疾其谅也，投策于地"③。孝武帝不满意顾法秀的策
答，因而"投策于地"，虽然与武帝、文帝时的提拔、奖励相反，但从另
一方面也体现了刘宋统治者对策试诸生的关注。明帝刘彧时期，策试制度
有了进一步的完善，据《南史·谢灵运传》载，谢灵运之孙谢超宗，泰
始三年，为尚书殿中郎，当时"都令史骆宰议策秀孝格，五问并得为上，
四三为中，二为下，一不第。超宗议不同，诏从宰议"④。可知，策试的传
统依然进行，并且制度有了进一步的明确与完善。

晋室渡江后，士人凭门第进取，学养以玄谈来品鉴，经学策试几近废
置，刘宋皇族从门阀士族手中夺取了政权，重新开始皇权政治，经学策试
制度也再度得到恢复与提倡。阎步克先生在《察举制度变迁史稿》中曾经
指出，南朝以策试为乐，而对于南朝这一现象的出现，刘宋皇族具有重要
的开创之功。

除了恢复经学策试以外，在人才奖赏和选拔的其他方面，刘宋皇族

---

① （梁）沈约：《宋书》，中华书局 1974 年版，第 56 页。
② （唐）许嵩撰，张忱石点校：《建康实录》，中华书局 1986 年版，第 476 页。
③ （唐）许嵩撰，张忱石点校：《建康实录》，中华书局 1986 年版，第 483 页。
④ （唐）李延寿：《南史》，中华书局 1975 年版，第 542 页。

也甚为重视士人的经学修养。刘裕称帝后，于永初元年（420）七月下发《封功臣诏》，诏书云："实赖将帅竭心，文武尽效，宁内拓外，迄用有成。"① 将士的"竭心""尽效"，正是儒家所提倡的"忠"这一士人人格的提倡。文帝元嘉十二年下《求贤诏》，云："夫举尔所知，宣尼之笃训，贡士任官，先代之成准。便可宣敕内外，各有荐举。"② 可见，孔子之笃训是文帝求贤取士的重要依据。另，前废帝、明帝及后废帝下达的有关寻求贤才的诏书中都有对儒家人格的强调：

前废帝《求才诏》：其有孝性忠节，幽居遁栖，信诚义行，廉正表俗，文敏博识，干事治民，务加旌举，随才引擢。③

明帝《求贤才诏》：若乃林泽贞栖，丘园耿洁，博洽古今，敦崇孝让，四方在任，可明书搜扬，具即以闻，随就褒立。④

后废帝《广荐举诏》：其有孝友闻族，义让光闾，或匿名屠钓，隐身耕牧，足以整厉浇风，扶益淳化者，凡厥一善，咸无遗逸。虚轮仁帛，俟闻嘉荐。⑤

考察以上诏书可知，刘宋帝王在人才的提拔方面对"忠""孝"等儒家的人格品行甚为重视，在诏书中多有强调。

另外，刘宋帝王所倚重之臣也多有经史修养。刘穆之，堪为刘裕最得力之助手，史载"少好《书》《传》，博览多通"。傅亮，为刘裕之顾命大臣，刘裕表策文诰多出其手，史载其"博涉经史"。经学修养在人才选拔、官职升迁方面发挥着越来越重要的作用。

---

① （清）严可均：《全上古三代秦汉三国六朝文》，中华书局 1958 年版，第 2443 页。
② （清）严可均：《全上古三代秦汉三国六朝文》，中华书局 1958 年版，第 2455 页。
③ （清）严可均：《全上古三代秦汉三国六朝文》，中华书局 1958 年版，第 2477 页。
④ （清）严可均：《全上古三代秦汉三国六朝文》，中华书局 1958 年版，第 2480 页。
⑤ （清）严可均：《全上古三代秦汉三国六朝文》，中华书局 1958 年版，第 2491 页。

要之，刘宋皇族从东晋依靠门第与玄谈而取士的制度中恢复了经学在取士方面的地位与作用，对于经学的发展具有重要意义。

（四）延揽经学之士

焦桂美《南北朝经学史》曾经指出，东晋经学的衰退，使得后世经师盖寡，刘宋影响较大之经师主要有周续之、雷次宗和关康之，三人皆隐居不仕。刘宋皇族对这3人皆延揽有加，除却上文提到资助经师私人授业外，还延请他们为诸皇子讲经，甚为礼遇优容。

周续之，受业于范宁，精通《五经》与《纬候》，名冠儒林，隐居不仕，与刘遗民、陶渊明并称"浔阳三隐"。武帝刘裕执政后，对周续之竭力延揽，除却为其开馆外，武帝北伐后秦之际，世子居守，刘裕迎周续之馆于安乐寺，为诸生延入讲礼，月余复得还山。刘裕北伐归来，再次遣使迎之，并且礼赐甚厚，刘裕多次在朝臣前称赞周续之："心无偏吝，真高士也。"[1]《宋书·武帝本纪》与《宋书·隐逸·周续之传》皆有记载。

> 雷次宗笃志好学，尤明《三礼》与《毛诗》，主要生活在文帝时期。文帝为雷次宗在鸡笼山开馆，久之，雷次宗方还庐山。元嘉二十五年，文帝下诏给雷次宗官职，诏书称雷次宗"笃尚希古，经行明修，自绝招命，守志隐约"，因此加以升引，由给事中升至为散骑侍郎。不久，文帝又召雷次宗到京师，为其在钟山西岩下筑室，并且延请其为皇太子诸王讲《丧服经》。雷次宗隐逸不仕，不入公门，文帝便特许他从华林东门而入延贤堂就业。[2]文帝对雷次宗的优容礼遇非同一般，其崇儒重经之心诚难可贵。雷次宗于元嘉二十五年病逝，江夏王刘义恭获知后称"甚可痛念"，并且再次赞颂雷次宗"其幽栖

---

① （梁）沈约：《宋书》，中华书局 1974 年版，第 2281 页。

② （梁）沈约：《宋书》，中华书局 1974 年版，第 2294 页。

穷薮，自宾圣朝，克己复礼，始终若一"。①

较之周续之和雷次宗，关康之年龄较小，其受刘宋皇室礼遇之情况似不及周续之与雷次宗，但其与萧道成交往甚密，培养的弟子也大都显名于齐，对齐朝经学之发展甚有影响。《南史·隐逸·关康之传》载："弟子以业传受，尤善左氏春秋。"②可知，关康之亦为刘宋授业之经师，是否受过皇室资助已不得而知，但刘宋帝王与宗王皆对其有过延揽。元嘉年间，文帝"闻康之有学义，除武昌国中军将军，蠲除租税"，江夏王刘义恭、广陵王刘诞在经过南徐州时也曾辟其为从事、西曹，然则皆不就。孝武帝时儒学转衰，陆子真曾向孝武帝推荐关康之，但不获重视。泰始年间，明帝刘彧又将其与平原明僧绍俱征为通直郎，关康之又辞以疾。

另外，戴颙亦为隐居名士，具有较高之经学修养，注《礼记·中庸》篇，刘宋帝王也多次加以征召。刘裕命其为太尉行参军、琅琊王司马属，并不就，宋国初建，又征为散骑侍郎；元嘉二年，文帝征为国子博士，东宫初建，又征太子中庶子；元嘉十五年，又征散骑常侍，戴颙皆不就。戴颙虽然隐居不仕，但刘宋帝王一直加以征召延揽。

除却对隐逸不仕的经师多加延揽外，刘宋皇族对在朝的通经之人亦甚为重视，多给予高官厚禄。

臧焘，少好学，善《三礼》，贫约自立，操行为乡里所称。刘裕义旗初建，便征其为太学博士，后又参高祖中军军事，入补尚书度支郎，改掌祠部，并且袭封高陵亭侯。刘裕镇守京口，曾写信与臧焘，表达想要弘振儒学的愿望。臧焘于刘宋建朝后，甚为贵显，永初三年，致仕，又授其光禄大夫，加金章紫绶。后宋少帝追赠其左光禄大夫，加散骑常侍。③

傅隆，家贫有学行，博学多通，特精《三礼》。元嘉十四年，文帝

① （清）严可均：《全上古三代秦汉三国六朝文》，中华书局1958年版，第2502页。

② （唐）李延寿：《南史》，中华书局1975年版，第1871页。

③ 参见《宋书·臧焘传》。

"新撰《礼论》，付隆使下意"，傅隆上表呈见五十二事，元嘉十五年，致仕，拜光禄大夫。①

范泰，为著名经学家范宁之子，博览篇籍，好为文章，个人也具有较高之经学修养。刘裕义旗建，以范泰为国子博士，永初三年，议建国学，又以范泰领国子祭酒。武帝去世后，少帝刘义符即位，多诸愆失，范泰上书极谏，少帝虽然不采纳，但却也不加遣。元嘉年间，文帝对其也是恩礼有加，以其足疾特命乘舆参加宴会，累陈时事，也优容之。②

刘宋宗王，对经学之士亦甚为看重。前文中已经提到，江夏王刘义恭对雷次宗的去世甚为痛惜，关康之则曾经先后被刘义恭和广陵王刘诞征辟。另外，彭城王刘义康对经学之术也非常欣赏。据《宋书·王淮之传》载，王淮之"兼明《礼传》，赡于文辞"，究识旧仪，问无不对，刘义康曾经感叹："何须高论玄虚，正得如王淮之两三人，天下便治矣。"③无须对玄学高谈阔论，只要多得几位像王淮之一样精通经学之人，天下便可大治，这虽是对王淮之的夸奖，但据此亦可看出，刘义康在治国理念中的偏儒倾向。

通过以上考察可以获知，刘宋建朝后，刘宋皇族对经学之士多有延揽，并且甚为礼遇优容。

（五）注重皇子的经学教育

北伐后秦是刘裕代晋建宋的最后准备，在此期间刘裕便延请周续之为诸子讲经，月余方止。在东晋玄风弥漫文化氛围中，刘裕延请经师为皇族讲经，充分表明了其对皇子教育的经学化倾向。

宋文帝刘义隆深受其父影响，即位后除却延请经师雷次宗为皇子及诸王讲《丧服经》外，还重新恢复了太子释奠国学之礼。正始年间，魏齐王

---

① 参见《宋书·傅隆传》。

② 参见《宋书·范泰传》。

③ （梁）沈约：《宋书》，中华书局 1974 年版，第 1624 页。

讲经，使太常行释奠之礼，自己并不躬亲。晋以来，晋惠帝、明帝为太子时及愍怀太子讲经后都亲自释奠于太学，后来成、穆、孝武三位帝王也亲自释奠。由于皇权旁落，玄风弥盛，释奠时断时续，自东晋孝武帝后不再有帝王及太子释奠的记载，极有可能已经废止。元嘉二十二年（445）宋文帝恢复了太子释奠国子学之礼。《宋书·礼志一》载："太子释奠，采晋故事，官有其注。祭毕，太祖亲临学宴会，太子以下悉豫。"①元嘉二十年（443），国子学建成，时隔两年，文帝便"采晋故事"，使太子刘劭躬行释奠，自己也亲临学宴会，太子以下全部到场，规模较为宏大。又，《宋书·何承天传》载："皇太子讲《孝经》，承天与中庶子颜延之同为执经。"②可知，皇太子刘劭当时所讲的极有可能为《孝经》，而执经之人为当时学养丰厚的何承天和颜延之。

孝武帝时，国学已经废止，但太子释奠太学之传统，依然延续。《宋书·礼志一》载："释奠礼毕，会百官六品以上。"③又，据《宋书·前废帝本纪》载，前废帝刘子业为太子时，于大明四年曾在崇正殿讲《孝经》。两条材料相互印证，可知孝武帝时期依然保持太子讲经释奠之传统。

明帝刘彧具有较高的经学修养，据《宋书·明帝本纪》载，明帝曾经续编卫瓘所注《论语》2卷，即位后，文人侍从应对左右，经常亲至华林园听讲《周易》。据《南史·儒林·伏曼容传》载，明帝热衷《周易》，自己也曾在清暑殿召集群臣亲自讲解《周易》，由伏曼容为其执经。另外，《宋书·后废帝本纪》载："太宗诸子在孕，皆以《周易》筮之，即以所得之卦为小字，故帝字慧震，其余皇子亦如此。"④明帝为诸皇子取名也都依据《周易》，可见其对《周易》的痴迷与提倡。明帝时期依然保有太子讲经之传统，《籍志》记载《孝经》的相关著作时有"宋大明中《东宫

---

① （梁）沈约：《宋书》，中华书局1974年版，第367—368页。
② （梁）沈约：《宋书》，中华书局1974年版，第1705页。
③ （梁）沈约：《宋书》，中华书局1974年版，第367页。
④ （唐）李延寿：《南史》，中华书局1975年版，第85页。

讲》一卷"，可知，太子依然有讲《孝经》之传统。另外，明帝对太子的学习也较为重视，后废帝刘昱惰业好嬉戏并且喜怒无常，明帝对其"严加捶训"。

在对经学教育的提倡下，刘宋皇族成员的经学修养有了明显的提升，文帝"博涉经史"，明帝精通《周易》并续编卫瓘所注之《论语》2卷，刘劭、前废帝刘子业都曾聚众讲解过《孝经》。上文已经提到，宗王中也多有通经之人，经常依据经学而对国家政事或朝政礼仪的建设提出建议与发表议论。临川王刘义庆《黄初妻赵罪议》，依据《周礼》而论同时又兼顾儒家之孝道，对刑狱事件加以裁决。江夏王刘义恭依《礼记》《谷梁传》《公羊传》提出《章太后毁庙议》，建平王刘宏则有《驳丘迈之闰月周忌议》《庙乐议》《天子为皇后父服议》《参议副车正数》，对《周礼》《礼记》《孝经》《尚书》等著作多有参照，同样建安王刘休仁也有依据经学著述而作的《礼敬太子生母议》与《参议皇太子车服》。由以上著作可知宗王对经学知识的熟悉与掌握。

二、刘宋皇族对南朝经学发展的影响

（一）开创南朝皇族重经之先河。南朝历经宋、齐、梁、陈，四代皇族大都出身比较低微，以武力夺取政权，建构的也都是皇权政治，具有极大的连续性和相似性。作为开辟南朝第一个朝代的皇族，刘宋皇族对经学的提倡为南朝后世之帝王做出了表率，对南朝经学的发展具有重要的影响。刘裕执政之初，弘振经学，议建国学，采取经学策试制度，东晋之乱政朝纲得以有效整顿，尊主卑臣之义重新得到弘扬。经学之重振与刘裕政权的建设紧密相关。文帝刘义隆继承其父刘裕之遗风，重视经学之建设，四学并建，"江左风俗，于斯为美"，出现了元嘉盛世。至孝武帝刘骏时期，经学衰退，而刘宋王朝亦渐趋转入衰世。刘宋皇族对经学的倡导与建设，对南朝皇权政治的发展具有一定的启发意义。齐朝开国皇帝萧道成生于元嘉四年（427），对刘宋经学之发展应深有体会，其个人也深受经学之风的影响。据《南史·儒林·关康之传》载，关康之善《左氏春秋》，萧道成送本与关康之，关康之亲手点定，又作《礼论》10卷，萧道成对此爱不释手，下诏将其入玄宫。[①]萧道成受刘宋经学之影响，而梁朝帝王同样会受齐朝帝王之影响。宋文帝刘义隆重视皇子经学教育，恢复太子讲经释奠之礼，刘劭、前废帝刘子业、后废帝刘昱为太子时都曾讲过《孝经》，至梁代，皇族成员依然对《孝经》热衷有加。据《隋书·经籍志》载，梁武帝撰有《孝经义疏》18卷，又有皇太子讲《孝经义》3卷，天监八年皇太子讲《孝经义》1卷，梁简文《孝经义疏》5卷，萧子显《孝经义疏》1卷。自刘宋太子读《孝经》以来，代代相续，至梁代《孝经》的发展已经十分兴盛。刘宋皇族对南朝经学之发展亦由此可见一斑。

（二）为南朝经学的发展培养了人才。经学之士的培养，并非朝夕可成，南朝四代，大多历时不长，经学队伍的培养更需代代相续。东晋经学衰退，导致刘宋经学之士较少并且大都隐居不仕，为刘宋经学的发展带来了一定的困难。刘宋帝王为加强经学建设，兴建国学，又资助经师私人教学，使得经学教育再度兴盛。此举非但利于刘宋经学的发展，同时为南朝经学的进一步繁荣培养了人才，壮大了南朝的经学队伍。揆之史传，齐梁经师多有人出生于刘宋时期，应该深受刘宋倡经之风的影响，并且有的在刘宋时期已经学有所成。据焦桂美《南北朝经学史》考察，萧齐的经师主要有：刘瓛、沈麟士、吴苞、徐伯珍、伏曼容、何佟之6人，无一例外，这6人都出生于刘宋时期，并且在刘宋已有求学经历。试将相关经师的情况胪列如下：

刘瓛：出生于宋元嘉十一年（434），史载"少笃学，博通《五经》"，而其少年时代自当是在刘宋。按照年龄推算，其在经学的求

---

① （唐）李延寿：《南史》，中华书局1975年版，第1871页。

学经历应是在刘宋完成的。

沈麟士：出生于东晋元熙元年（419），历经整个刘宋，少时家贫如洗，以织帘为生，但好学不倦，苦于无书，特至京城，阅读经、史、子、集四部。

吴苞：善《三礼》及《老》、《庄》，刘宋泰始年间，过江聚徒教学。

徐伯珍：出生于义熙十年（414），少时便前往叔父徐璠之处就学，苦读十年，精通经史，兼明道术。

伏曼容：出生于永初二年（421），自幼刻苦读书，在刘宋便亦有经学生命。泰始年间，明帝刘彧召集群臣讲《周易》，便令伏曼容执经。

何佟之：出生于宋元嘉二十六年（449），自幼好学《三礼》，手不释卷，所读过的《礼》论三百篇，甚至都能背出。

除了以上经师外，王俭亦是一位对齐代经学具有深远影响的经学家，马宗霍先生的《中国经学史》中曾称齐朝宏奖儒学的权力，在野归之于刘瓛而在朝则归之于王俭。齐永明三年（485），王俭领国子祭酒，又领太子少傅。另外，萧齐还曾于王俭宅开学士馆，用总明观四部书充之，其经学地位可想而知。然则，王俭出生于宋元嘉二十九年（452），自幼好学，在刘宋已经学有所成，曾仿照《七略》写成《七志》，又撰定《元徽四部书目》，还曾参与朝廷议礼等活动。可知，刘宋经学之氛围对其有深刻的影响。还有像严植之，历经宋、齐、梁三朝，至梁代依然具有较高的经学地位。严植之出生于宋大明元年（457），师从沈麟士，可知其少年时代的求学依然是在刘宋完成的。

由对以上经师的生平经历考察可知，齐朝影响较大的经师（有的生活至梁代），基本都出生于刘宋，并且自幼好学，其少年时代的求学经历大多是在刘宋完成的，刘宋皇族对经学教育的复兴，对齐梁经学人才的培养影响甚深。

（三）促进了经学类书籍及作品的繁荣。根据《隋书·经籍志》的记载，将刘宋有关的经学书籍目录胪列如下：

周易类

《周易系辞》2卷梁太中大夫宋褰注。又有宋东阳太守卞伯玉注《系辞》2卷，亡。

梁有《周易疑通》5卷，宋中散大夫何諲之撰；

《周易集注系辞》2卷梁有宋太中大夫徐爰注《系辞》2卷，亡。

《周易义》1卷宋陈令范歆撰。

《周易义疏》19卷宋明帝集群臣讲。梁又有《国子讲易》议6卷；《宋明帝集群臣讲易义疏》20卷；

尚书类

《集释尚书》11卷宋给事中姜道盛注

诗经类

梁有《毛诗背隐义》2卷，宋中散大夫徐广撰；《毛诗引辨》1卷，宋奉朝请孙畅之撰；《毛诗释》1卷，宋金紫光禄大夫何偃撰；

《毛诗序义》2卷宋通直郎雷次宗撰。梁有《毛诗义》1卷，雷次宗撰；《毛诗序注》1卷，宋交州刺史阮珍之撰；《毛诗序义》7卷，孙畅之撰。

《业诗》20卷宋奉朝请业遵注。

礼经类

《集注丧服经传》1卷宋太中大夫裴松之撰

《略注丧服经传》1卷雷次宗注。斋

《集注丧服经传》2卷宋丞相谘议参军蔡超注。梁又有《丧服经传》1卷，宋徵士刘道拔注，亡。

《礼记音》2卷宋中散大夫徐爰撰。

《义疏》3卷，宋豫章郡丞雷肃之撰，亡。

《礼记中庸传》2 卷宋散骑常侍戴颙撰。

《礼论》300 卷宋御史中丞何承天撰。

《礼论条牒》10 卷宋太尉参军任预撰。

《礼论帖》3 卷任预撰。梁 4 卷。

《礼论钞》20 卷庾蔚之撰。

《礼论答问》8 卷宋中散大夫徐广撰。

《礼论答问》13 卷徐广撰。

《礼答问》2 卷徐广撰，残缺。梁 11 卷。主

《礼答问》6 卷庾蔚之撰。

《答问杂仪》2 卷任预撰

《递降义》3 卷，宋特进颜延之撰；《递降义》1 卷，田僧绍撰；《分明士制》3 卷，何承天撰；《释疑》2 卷，郭鸿撰；《答问》4 卷，徐广撰；

乐经类

春官乐部 5 卷梁有宋元嘉正声伎录 1 卷，张解撰，亡。

春秋经

《春秋左氏区别》30 卷尚书功论郎何始真撰。

宋有《三家经》2 卷，亡

孝经类

宋何承天、费沈，注《孝经》1 卷；

《孝经》1 卷释慧琳注。梁有晋穆帝时《晋孝经》1 卷，武帝时《送总明馆孝经讲》、《议》各 1 卷，宋大明中《东宫讲》，齐永明三年《东宫讲》，齐永明中《诸王讲》及贺玚讲、议《孝经义疏》各 1 卷，齐临沂令李玉之为始兴王讲《孝经义疏》2 卷，亡。

论语类

《集注论语》6 卷晋 8 卷，晋太保卫瓘注。梁有《论语补阙》2 卷，宋明帝补卫瓘阙，亡。

《论语》7 卷卢氏注。梁有晋国子博士梁觊、益州刺史袁乔、尹

毅、司徒左长史张凭及阳惠明、宋新安太守孔澄之、齐员外郎虞遐及
许容、曹思文注，释僧智略解，梁太史叔明集解，陶弘景集注《论
语》各 10 卷；又《论语音》2 卷，徐邈等撰。亡。

《论语别义》10 卷范曷撰。梁有《论语疏》8 卷，宋司空法曹张
略等撰；《新书对张论》10 卷，虞喜撰。

谶纬类：无

书字类

《要字苑》1 卷宋豫章太守谢康乐撰。梁有《常用字训》1 卷，殷
仲堪撰；《要用字对误》4 卷，梁轻车参军邹诞生撰，亡。

《异字同音》1 卷梁有《释字同音》3 卷，宋散骑常侍吉文甫撰。

《证俗音字略》6 卷梁有《诘幼》2 卷，颜延之撰；《广诘幼》1 卷，
宋给事中荀楷撰。亡。

由胪列的书籍目录可知，刘宋经学书籍较之东晋已有了明显的增多，这与
刘宋统治者加强经学发展具有不可分割的关系。

1. 刘宋皇族对经学之士的优容礼遇及资助，推动了经学之士对经学书
籍的编写与创作。刘宋经学书籍的编写者，大部分为朝廷官员，朝廷的征
召及其在刘宋所担任的相关官职，为他们进行书籍的编写创造了便利条
件。如记室与著作郎之职，与书籍编纂的关系最为密切，刘宋统治者多
选经史学修养深厚之人担任，像徐广、何承天及徐爰都曾担任过著作郎
一职，三人的经学成就也相对比较突出。例如徐广，有《毛诗背隐义》2
卷、《礼论答问》8 卷、《礼答问》2 卷及《礼论答问》13 卷，成果极为丰
富。如若没有朝廷的帮助，徐广恐怕很难有如此多的经学成果。徐广深得
武帝青睐，刘裕曾使徐广撰车服仪注，后又除领记室，后来又一直使其担
任著作郎一职，记室与著作郎的经历都对徐广进行书籍的编写具有极大的
帮助。宋台初建，武帝征召其为中散大夫，徐广欲归终桑梓，不就，武帝
许之，又对其"赠赐甚厚"。若无武帝对徐广的礼遇，很难说是否会有徐

广编写注释各类经书的成就。何承天与徐爰亦是如此。雷次宗一直高隐不就，没有担任过朝廷的任何官职，但宋文帝对其礼遇有加，多次给予资助，并且曾经将其召至京师，其经学书籍的完成亦应与朝廷所提供的优厚条件脱不了关系。要之，在统治者的倡导之下，经学之士重经、议经，对经学旧典多有研究和探讨，书籍的编写与注释日渐兴盛。

2. 刘宋皇族重视并支持经学书籍的编纂。刘宋初建，武帝命傅亮与何承天共撰朝仪，蔡廓亦参与其中，新朝之礼仪得以确立。文帝时期，多依旧典对朝政礼仪加以修复完善，恢复了东晋停止的天子亲耕之礼，对封禅之礼也有意恢复，并且命人就此考察旧典、再撰朝仪。文帝对相关礼论文章的书写也多有促进。元嘉三年，文帝遣使巡行四方，对礼论文书亦有所强调。《班宣诏书》云：“礼俗得失，一依周典。每个为书，还具条奏”，明确强调巡守官员以书具奏中对“礼”的重视。裴松之随事为牒而奉二十四条，甚得奉使之议，在文中明确说明是根据文帝“礼俗得失，一依周典”而作。又，元嘉十四年，新撰《礼论》300卷完成，文帝亲自将其授予傅隆询问意见，傅隆依据礼学旧典上呈五十二事，新礼得以完善补充。另外，文帝对文人编纂的经学书籍亦较为重视与推崇。徐广《答礼问》百余条成书后，《宋书》记载“用于今世”，联系徐广之生平经历，可知其书籍亦得到了统治者的肯定与赏识，否则无法行于世。元嘉十一年，营道侯刘义綦行冠礼，文帝诏书云：“何祯冠仪约制及王堪私撰《冠仪》，亦皆家人之可遵用者也。”① 对何祯与王堪编纂的冠礼书籍甚为推崇，以至在王侯的冠礼中亦可应用。伴随刘宋皇族经学修养的提高，皇族成员也亲自撰写相关的礼论文章，如前文所述，宗王中刘义恭、刘宏及刘休仁都有相关的礼论文章。作为帝王，明帝刘彧的成绩较为突出。补卫瓘《集注论语》之阙而有《论语补阙》2卷，又有宋明帝集群臣讲《周易义疏》19卷及《宋明帝集群臣讲易义疏》20卷。明帝亲自撰写《论语补阙》，

① （清）严可均：《全上古三代秦汉三国六朝文》，中华书局1958年版，第2455页。

又因召集群臣讲《周易》而有《周易》类经书 39 卷。就刘宋经学的数目来看，礼经类最多，《周易》类位居第二，其书籍编纂之兴盛，与明帝刘彧对《周易》的热衷脱不了关系。据《宋书·明帝本纪》载，明帝大量引进才学之士，参侍文籍，应对其左右，其个人还经常去华林园含芳堂听讲《周易》。由此可知，明帝不仅引进文化人才，还命文士讲解《周易》，无疑，这对《周易》类书籍的编纂与传播有推动的作用。

（四）由于帝王的提倡，京师建康成为南朝经学的中心。东晋玄风弥漫，经学之士大多高隐不仕，而京师建康则因门阀士族的掌控，多崇尚玄言之学，而经学氛围浓厚之地大多为经师的所在之地。如豫章，东晋时期范宁曾担任过豫章太守，与儒士范宣共同倡导经学，促进了豫章之地经学的发展，后来周续之又曾拜范宁为师，雷次宗又生长于此地，豫章成为经学氛围浓郁之地。刘宋皇族上台执政，复兴经学教育，在京师兴建国学，又召经学之士来建康讲学、教学，像周续之、雷次宗都曾经被召至建康，立学观，收徒讲学。另外，朝廷重视朝典仪礼建设，频繁举行议礼活动，这都促进了建康经学文化的发展。刘宋王朝建立，伴随皇权的伸张，建康再度成为政治权力之中心，对文化的影响也与日俱增，再加上刘宋帝王的提倡，最终使得建康成为一时经学之中心。自刘宋皇族开创，南朝四代一直延续这一格局，建康成为整个南朝时期经学文化的代表。

第二节　刘宋皇族与史学的恢复

经史之学融为一体，难以切割，两者发展往往也紧密相关。经学思想依托史书而存在，而修史工作本身又经常以经学思想为指导。刘宋皇族对经学的提倡，对史学的发展无疑具有一定的推动作用。刘宋一朝，治史成果比较丰硕，就治史人才来说，名家辈出，何承天、徐广、裴松之、范晔、檀道鸾、王韶之、何法盛、裴景仁、刘义庆等人无不为后世史家所关注，就史学成果来说，佳作繁富，范晔《后汉书》、裴松之《三国志注》、谢灵运《四部目录》、王俭《七志》等诞生于刘宋时期。刘宋史学著作皆对中国史学发展产生了重要的影响。另外，刘宋史学门类比较齐全，结构体系也相对完整，在汉唐史学的发展中承上启下，功不可没。《隋书·经籍志》中史部著作共计 13 类，刘宋有 12 类，仅没有刑法类。刘宋史学，承接魏晋的史学成果，又为齐梁史学的发展奠定了基础，在魏晋南北朝史学的发展过程中具有不容忽视的地位与作用。而刘宋史学成就的取得与刘宋皇族具有密切的关系。起居注主要是记录帝王的生活，根据《隋书·经籍志》的记载，在各朝代的起居注中，刘宋起居注时间段最为全面，数量也极为丰富。《隋书·经籍志》中起居注类作品共有 44 部 1189 卷，刘宋一朝便有 12 部 501 卷，从数量上来说占了近一半的分量。如果没有刘宋统治者对编纂工作的重视与支持，刘宋史学很难取得这样的成就。

一、刘宋皇族加强史学发展的表现

（一）完善修史机构。秉笔直书，应为史家之优良传统，但却很难被统治者接受，多有史官因真实揭露统治者过失而遭惩戒甚至是诛杀。在某一些特殊时期，统治者不仅要求史官"为尊者讳"，甚至还要求史书的歌颂与粉饰。由此，史官制度与修史机构得以产生与发展。司马迁《史记》秉笔直书，揭露了诸多汉朝帝王的过失，曾被统治者称为"谤书"。以《史记》为戒，汉代统治者开始强化对史学的控制。至东汉时期，朝廷开始设置相关的修史机构并组织史官进行史书的编纂，并对史书编写的内容严加控制。班固《汉书》便是在朝廷倡导下产生的，较之《史记》，《汉书》明显减少了对统治者过失的揭露，而大大增强了讴歌与赞颂。三国鼎立，东吴设置了左国史、右国史、太史令及东观令等修史官职，曹魏则设有著作郎之官职。修史之风因天下三分而显得更为活跃，史书之编纂多为自己的政权服务，强调自身政权的正统地位。两晋延续曹魏的史官制度，依然设置相应的修史机构与官职，隶属秘书省，但体制较为简单，不够完善。据《宋书·百官志下》记载，"晋武帝以秘书并中书，省监，谓丞为中书秘书丞。惠帝复置著作郎一人，佐郎八人，掌国史。"①中书省与秘书省合并，省秘书监、秘书丞也身兼两职，并非专门为修史服务，直到晋惠帝时期才增加著作郎一人。东晋渡江之初，曾经无暇顾及史学发展，《晋书·干宝传》明确记载"中兴草创，未置史官"，后来在王导的提议下，官方修史传统方得以恢复。较之两晋，刘宋的修史机构与史官设置要完善得多。根据《宋书·百官志》载，刘宋设置秘书监一人总领修史工作，设秘书丞一人，又设秘书郎四人专掌国史，秘书佐郎八人专掌国史。另外，还设有著作令史，人数不清。著作令史为官阶比较低下的史官，有的朝代经常忽略不计。著作令史不见于东晋，齐代也并无此史官之设置。刘宋则明确设有这一官职，据《宋书·律历志》记载，元嘉二十年，文帝曾命著作令史吴癸依洪法，制新术，令太史施用之②。可知，刘宋设有著作令史，吴癸便是其中一员，文帝还亲自下诏命其制作新术。要之，刘宋史官之设置不管是从人数上还是从分工上看，较之两晋都已经有了明显改善。

（二）提高"史学"的独立地位，设置专门的史学教育机构。两汉独尊儒术，经学发达，史学依附于经学。班固《汉书·艺文志》依刘歆《七略》而成，分为集略、六艺略、诸子略、诗赋略、兵书略、术数略及方技略，史学类的著作大多列于六艺略中《春秋经》的后面。史学并无独立之地位，也没有专门的教育机构。至魏晋时期，伴随对修史工作的发展，史学地位逐渐趋于独立。根据《隋书·经籍志》记载，魏晋时期在统计书籍时已经开始注意将史传类的作品单独归为一类。魏时秘书郎郑默始制《中经》，晋秘书监荀勖又依《中经》著《中经新簿》，都是分为四部来总览全书，其中丙部主要有史记、旧事、皇览簿及杂事，收集的主要是历史类

---

① （梁）沈约：《宋书》，中华书局 1974 年版，第 1246 页。

② （梁）沈约：《宋书》，中华书局 1974 年版，第 286 页。

著作。东晋依然如此，并无大的进展，著作郎李充在整理书籍时沿用西晋荀勖《中经新簿》的分类方法，分为甲、乙、丙、丁四个部类。从魏晋史学的发展来看，史学著作开始逐渐作为单独的一个类别而存在。但其独立的地位仍然没有得以最终明确。值得注意的是，石勒在北方建立的伪赵政权对史学地位的提高，具有重要贡献。据《晋书·石勒传下》记载，石勒建立政权后，倡导文化发展，曾经分设经学祭酒、律学祭酒及史学祭酒。史学与经学、律学并列，专门设祭酒一职，由任播、崔濬担任，这是史学开始独立的重要体现。然而，石勒政权存在的时间比较短，后期的十六国及北朝很少见"史学祭酒"一职，东晋政权亦没有类似的官职设置。"史学祭酒"在史学发展中的作用并没有得到充分的发挥。

史学之独立地位，在刘宋得到进一步明确，这与刘宋帝王具有密切的关系。元嘉十五年（438），当时国子学未建，文帝刘义隆为促进文化发展，分别立儒学、玄学、史学及文学，凡四学并建。文帝命何承天立史学，还设有史学生，山谦之便是其中重要一员。史学之独立地位再次得到明确。泰始六年（470），明帝刘彧立总明观，分设儒学、道学、文学、史学及阴阳学五部学，每一部都征召学士充之。史学在五部学科中的位置有所变化，但依然作为独立的学科而设置教育机构。刘宋历时仅60年，但是刘宋帝王在不到30年的时间里两次设置"史学"专门的教育机构，这对史学地位的独立及发展具有重要价值。

（三）延揽史学人才。义熙年间，刘裕执政之初，便对精通史学之士甚为看重。刘穆之，爱好《史》《传》，博览多通，为刘裕最得力之心腹，刘裕对其无话不谈。刘裕表策文诰多出自傅亮，而傅亮亦是"博涉经史"。同时刘裕对谢晦"赏爱有加，群僚莫及"，而谢晦也是"涉猎文义，朗赡多通"，多具学养。另外，刘湛博涉史传，谙前世旧典，刘裕对其赏遇甚厚。除了对有经史修养的人较为看重外，为促进修史工作的发展，刘宋建朝后，还多次延请史学之士担任史官。刘宋皇族延揽史学人才的情况，大致胪列如下：

徐广，家世好学，至广尤精，百家数术，无不研览，在经史方面皆有较深造诣，文化成果也较为丰硕。刘裕对其甚为看重。义熙初年，刘裕执政之初，除镇军咨议参军，领记室，封乐成县五等侯，又转员外散骑常侍，领著作郎。义熙十二年，徐广完成《晋纪》，迁为秘书监，总领史书编写。建朝后，永初元年刘裕又下诏称其"学优行谨，历位恭肃，可中散大夫"。徐广上表请求归终桑梓，刘裕许之并且赠赐甚厚。①

裴松之，博览坟籍，立身简素，年 8 岁，便学通《论语》《毛诗》。刘裕北伐后秦之际，以松之为州主簿，转治中从事史。攻克洛阳后，又升其为世子洗马，称其为"廊庙之才，不宜久尸边务"，后除零陵内史，征为国子博士。元嘉年间，裴松之也深受文帝礼遇，曾为文帝之巡守大师督查湘州，甚得奉使之美，元嘉十四年致仕，拜中散大夫，寻领国子博士，后又进太中大夫，博士如故。历仕武帝、文帝时期，裴松之皆为国子博士，并且多次得到帝王的称赞，可见刘宋统治者对其学识才华的欣赏。②

何承天，母亲为徐广之姊，聪明博学，何承天自幼便接受训议，儒史百家，莫不该览。刘宋初建，召之为尚书祠部郎，并与傅亮共撰朝仪。后来，何承天追随谢晦，文帝讨伐谢晦时，何承天自诣归罪，因此，并没有获罪，反而逐渐得到文帝重用。元嘉十六年，何承天除著作佐郎，撰国史，后寻转太子率更令，著作如故。文帝四学并建，以何承天立史学，元嘉十九年，文帝立国子学，又以何承天领国子博士。另，何承天与文帝私交也甚笃。何承天好弈棋，文帝赐以局子；何承天能弹筝，文帝又赐予银装筝一面。③

王韶之，好史籍，博涉多闻，有《晋纪》10 卷。曾私撰《晋安帝阳秋》，善叙事，辞论可观，为后代佳史，除著作佐郎。义熙年间，迁黄门侍郎，领著作郎，西省如故。刘宋建朝，加骁骑将军、本郡中正，黄门如

---

① （梁）沈约：《宋书》，中华书局 1974 年版，第 1549 页。

② 参见《宋书·裴松之传》。

③ 参见《宋书·何承天传》。

故，西省职解，复掌宋书。①

徐爰，颇涉书传，尤悉朝仪，是刘宋时期《宋书》的最终撰写者。据《宋书·恩悻·徐爰传》记载，徐爰深受刘宋几代帝王的任遇。义熙年间，徐爰为琅琊王大司马府中典军，参与北伐后秦，微密有意理，为高祖所知。少帝在东宫，入侍左右。文帝即位，又见亲任，太祖每出军行师，常悬授兵略。至孝武帝即位，"军府造次，不晓朝章。爰素谙其事，既至，莫不喜说，以兼太常丞，撰立仪注"②。前废帝凶暴无道，殿省旧人，多见罪黜，而唯有徐爰巧于将迎，始终无迕。明帝在藩时，徐爰对其礼敬甚寡，但明帝即位后，虽然对徐爰有所削封，但后来又除太中大夫，著作并如故。徐爰能够得刘宋多位帝王的恩宠，虽然与其"便僻善事人，能得人主微旨"有密切的关系，但其史学才华亦发挥了重要的作用。

考察以上以史学成就而著称的人物生平，可获知刘宋帝王对史学人才的赏识与重用。值得注意的是，就个人来讲，经史修养往往密不可分，史学家与经学家有可能集一人之身。徐广、何承天、裴松之及徐爰等人，虽然主要以史学成就而闻名，担任官职也大多为史官，但也有丰富的经学成果，在经学方面也都有精深的造诣。这也是他们能够得到统治者重视的另外一个原因。以经学思想为指导进行修史工作，为尊者讳，为皇权服务，是史学之士能够得到统治者重用的基本条件。倡导史学发展往往促进经学的发展，而对经学的发展往往也能带来史学的繁荣。武帝刘裕在策试秀才的过程中，便提拔顾练、殷朗为著作佐郎。另外，刘宋延揽的经学之士中，亦有人精通史学，如雷次宗，便撰有史学著作《豫章记》，周续之也曾注嵇康之《圣贤高士传赞》。

除却延揽史学人才担任专门的史官，刘宋皇族还命其他较有学养的官员兼领史官，壮大了刘宋修史队伍。考之史传，除却上文提到的史学之才

---

① 参见《宋书·王韶之传》。

② （梁）沈约：《宋书》，中华书局1974年版，第2307页。

外，刘宋统治者还多延揽士人担任或者兼领著作郎及著作佐郎。著作郎官六品，专职修史，著作佐郎官七品，为著作郎的助手，负责收集、整理材料等事宜，刘宋担任过这两种史学之官的人数明显比前朝增多。试将相关人员的情况胪列如表 3-1 所示：

表 3-1　刘宋部分史官表

人员	时间	官职
顾练	武帝永初二年	武帝策试秀才，所答称旨，以为著作佐郎。（见《宋书·武帝本纪》）
殷朗	武帝永初二年	武帝策试秀才，所答称旨，以为著作佐郎。（见《宋书·武帝本纪》）
褚湛之	武帝时期	尚高祖第七女始安哀公主，拜驸马都尉、著作郎。（见《宋书·褚叔度传》）
王秀之	武帝时期	秀之幼时，裕爱其风采。起家著作佐郎，太子舍人。（见《南齐书·王秀之传》）
苟伯子	武帝时期	著作郎徐广重其才学，举伯子及王韶之并为佐郎，助撰晋史及著桓玄等传，迁尚书祠部郎
徐聿之	文帝时期	著作郎（见《南齐书·徐孝嗣传》）
褚渊	文帝时期	尚文帝女南郡献公主，拜驸马都尉，除著作佐郎
萧惠基	文帝时期	解褐著作佐郎，征北行参军，尚书水部，左民郎。（见《南齐书·萧惠基传》）
何求	文帝元嘉末年	解褐著作郎。（见《南齐书·何求传》）
袁颛	文帝时期	补始兴王刘濬后军行参军，著作佐郎。（见《宋书·袁颛传》）
徐孝嗣	孝武帝时期	尚康乐公主，拜驸马都尉，除著作郎。（见《南齐书·徐孝嗣传》）
顾愿	孝武帝时期	愿好学，有文辞于世。大明中，举秀才，对策称旨，擢为著作佐郎，太子舍人

考察史传，以上诸人均在刘宋时期担任过史官。刘宋史官人数明显比前朝增多，并且史官大多为帝王亲自任命。顾练、殷朗及顾愿因在帝王策

试的过程中回答称帝王之旨而得以任史官，褚湛之、徐孝嗣则以驸马身份任史官，其他诸人也大多得到过帝王之礼遇。由此可见刘宋帝王对史官之关注。

（四）命人撰修史书。除却完善修史机构外，刘宋皇族还亲自任命史学之士撰写史书以丰富刘宋的史学成果。试将相关事例胪列如下：

1.车服仪注的编纂

义熙初，武帝除徐广镇军咨议参军，领记室，使徐广撰车服仪注。

元嘉二十年，太祖将亲耕，以天子亲耕之礼久废，使何承天撰定仪注。史学生山谦之已私鸠集，因以奏闻，文帝又下诏命人斟酌众条，造定图注。

文帝在位时间长久，有意恢复封禅之礼，遣使履行泰山旧道，诏当时的史学士山谦之草封禅仪注。

宋孝武大明三年，使尚书左丞荀万秋造五路。

2.前代史的编纂

义熙二年，武帝敕徐广撰写晋之国史，义熙十二年，徐广《晋纪》完成，凡46卷，表上之，迁为秘书监。

王韶之私撰《晋安帝阳秋》，为时人所称赞，除著作佐郎，使续后事，讫义熙九年。

文帝诏谢灵运为秘书监，因有晋一代，自始至终，没有一家之史，文帝于是令灵运撰《晋书》，粗立条流，书竟不就。

《宋书·自序》云："常以晋氏一代，竟无全书，年二十许，便有撰述之意。泰始初，征西将军蔡兴宗为启明帝，有敕赐许，自此迄今，年逾二十，所撰之书，凡120卷。条流虽举，而采掇未周。"[1]泰始初年，蔡兴宗以《晋书》之事曾经启奏明帝，明帝"有敕赐许"，对《晋书》也曾加以编纂，至沈约时，《晋书》已有120卷。

---

① （梁）沈约：《宋书》，中华书局1974年版，第2466页。

文帝使裴松之注陈寿《三国志》，裴松之鸠集传记，增广异闻，书成奏上后，文帝称其："此为不朽矣！"

3. 当代史的编纂

《宋书·王韶之传》载，刘宋建立后，王韶之西省职解，武帝使王韶之掌宋书。

根据《宋书·萧思话传》记载，萧思话好书史，涉猎书传，元嘉年间，文帝平汉中，曾经"思话上平定汉中本末，下之史官"，文帝对当朝历史事件之记载甚为关注。

由沈约《宋书·自序》之记录可知《宋书》在刘宋时期的成书经历："宋故著作郎何承天始撰《宋书》，草立纪传，止于武帝功臣，篇牍未广。其所撰志，唯《天文》《律历》，自此外，悉委奉朝请山谦之。谦之，孝建初，又被诏撰述，寻值病亡，仍使南台侍御史苏宝生续造诸传，元嘉名臣，皆其所撰。宝生被诛，大明中，又命著作郎徐爰踵成前作。爰因何、苏所述，勒为一史，起自义熙之初，讫于大明之末。至于臧质、鲁爽、王僧达诸传，又皆孝武所造。"[1] 又，《宋书·律历志上》明确记载"元嘉中，东海何承天受诏纂《宋书》，其志十五篇，以续马彪《汉志》"。[2] 何承天、山谦之、苏宝生及徐爰都曾受诏编纂《宋书》，孝武帝还亲自参与撰写，可知刘宋帝王对当代史编纂的重视。

《宋书·何承天传》记载，元嘉十六年，何承天除著作佐郎，撰国史；又，《宋书·裴松之传》记载，裴松之曾"续何承天国史"，根据聂崇岐《补宋书艺文志》考证，裴松之有《国史要览》20卷，应为其续写之成果。根据两人之身份及撰写国史的相关情况来加以推测，亦应是受诏而作。

4. 对书籍目录的整理

元嘉八年，文帝诏谢灵运为秘书监，使秘书阁整理图书典籍，造《四

---

① （梁）沈约：《宋书》，中华书局1974年版，第2467页。

② （梁）沈约：《宋书》，中华书局1974年版，第205页。

部目录》，根据经史子集四部加以编次，大凡 64582 卷。丘渊之与殷淳亦曾经参与秘书阁书籍的整理，丘渊之著有《晋义熙来新集目录》3 卷，殷淳著有《四部书目》40 卷。

据《宋书·后废帝本纪》载，元徽年间亦有书籍的整理，秘书丞王俭曾表上所撰《七志》30 卷。另外，据《南齐书·王俭传》载，王俭专心笃学，手不释卷，尚阳羡公主，拜驸马都尉，解褐秘书郎，太子舍人，超迁秘书丞。曾经上表求校坟籍，后依《七略》撰《七志》40 卷，表辞甚典，又撰定《元徽四部书目》。

（五）刘宋皇族自身多对史学表示出浓厚的兴趣。武帝刘裕具有出色的军事才能，在东晋末年的内外战争中建立了无人能及的疆场功勋，但文化素养比较低下，并无执政之经验，在"造宋"的过程中对历史的经验多有重视。北伐后秦是刘裕代晋建宋的最后准备，在这一过程中，刘裕对历史表现出了浓厚的兴趣。义熙十三年，军次留城，途径张良旧庙，刘裕命人整修张良庙，以"怀古之情，存不刊之烈"，并且还为此聚集文学雅士于一堂进行赋诗明志。刘裕在对张良的缅怀中，同时也在加强自身对人才的搜求。另外，据《南史·郑鲜之传》记载，入咸阳，刘裕遍视未央宫、阿房宫等地，凄怆动容，问郑鲜之秦、汉之得丧。郑鲜之以贾谊《过秦论》而对。接着刘裕又以秦始皇所任非人这一问题询问郑鲜之。可知刘裕对秦汉治国之经验与教训的关注。行至渭滨，受姜子牙之典故影响，刘裕又因人才问题生发感叹"此地宁复有吕望邪？"，郑鲜之以叶公好龙、燕昭市骨、明公盱食待士来作答，宽慰刘裕，只要对有志之士诚加延揽，不患海内无人。刘裕称善久之。刘裕本无学养，但却在历史故地，与士族名士探讨历史中的各种问题，并且由此反思现实中的执政及人才等问题。建朝之初，刘裕注重从历史中总结执政的成败得失，开创了刘宋皇族重史之风。

在刘裕重史风气的影响下，刘宋帝王大多对史书传记较为关注，有的还直接进行史书的撰写。孝武帝刘骏，好为文章，据《宋书·江夏王义恭传》载，大明时期撰写国史，孝武帝亲自为刘义恭作传。又，据《宋书·建平宣简王宏传》载，大明二年，建平王刘宏去世，孝武帝痛悼甚至，自为其撰写墓志铭并序。另外，《宋书·自序》中沈约曾称"至于臧质、鲁爽、王僧达诸传，又皆孝武所造"。可知，孝武帝不仅亲自为宗王撰写传记也墓志铭，还为诸大臣撰写史传，开创了南朝帝王亲自撰史的先河。另外，孝武帝还为江夏王刘义恭之子与大臣颜峻之子取名，效仿古人之名，《宋书·颜峻传》云："先是，峻未有子，而大司马江夏王义恭诸子为元凶所杀，至是并各产男，上自为制名，名义恭子为伯禽，以比鲁公伯禽，周公旦之子也；名峻子为辟强，以比汉侍中张良之子。"[1] 由此更可知孝武帝对历史的熟悉和喜爱。明帝刘彧，喜好读书，热爱文艺，做藩王时，曾撰写《江左以来文章志》，进行史志目录的编写。

刘宋宗王中亦有人进行史书的编写。江夏王刘义恭曾撰写《要记》5卷，自前汉以至晋太元中，有通史之意味，上表朝廷，诏付秘阁。临川王刘义庆，其才华足为刘宋皇室之表率，自幼便被刘裕称为"吾家之丰城"。在刘宋皇族中其史学成果也最为丰硕，对中国史学的发展具有突出贡献。元嘉年间，刘义庆因感世路艰难，专注于文化，广招远近文化之士集聚门下，为从事文化典籍的编纂提供了良好的条件。据《宋书·宗室·临川烈武王道规传》载，刘义庆"撰《徐州先贤传》10卷，奏上之。又拟班固《典引》为《典叙》，以述皇代之美"。[2] 另外，据《南史·宋宗室及诸王列传》载，刘义庆还有《世说》10卷、《集林》200卷，并行于世。[3] 除此以外，《隋书·经籍志》史部记载刘义庆撰写的著作还有《江左名士传》1卷、《宣验记》13卷、《幽明录》20卷。成果之浩繁，为古今少有。虽然《世说新语》《幽明录》《宣验记》后世多以小说视之，但其自身亦存在不容否认的史料价值，并且其成果本身也显示出了杂传与小说之间的过渡与关联。另外，刘宋皇族中还有一些成员，虽然没有亲自撰史的经历，但

---

① （梁）沈约：《宋书》，中华书局1974年版，第1960页。

② （梁）沈约：《宋书》，中华书局1974年版，第1477页。

③ （唐）李延寿：《南史》，中华书局1975年版，第359页。

对史书比较感兴趣，具有一定的史学修养。像文帝刘义隆"博涉经史"，长子刘劭大逆不道、热爱弓马，但对历史著作却较为欣赏，史载"好读史传"；次子次凶刘濬"少好文籍，姿质端妍"，侍读巢尚之因伴其读书而得以"涉猎文书"，可知刘濬所读之书亦多为文史。另外，前废帝刘子业不仁不孝，但同样也是"少好讲书，颇识古事"。

要之，刘宋建立后，刘宋皇族之史学修养已经得到了普遍提高，其对史学建设的重视与参与，无疑是对刘宋史学的极大推动。

二、刘宋皇族加强史学发展的原因

"左史记言、右史记事"之修史传统由来久矣，历代统治者，大都重视史书之修撰，考其原因，大致有三：第一，古代天子拥有至高无上的权力，很容易为所欲为，史官的"秉笔直书"可以有效防止帝王的"为所欲为"，从而维护王朝的长期发展。另一方面，史官之记录也可以歌颂美化统治者的言行举止，使之吐言为经，蹈武为法，成为不朽之典范。"秉笔直书"为史家公认的优良传统，约束帝王言行也应是设置史官的重要目的，然则很难为统治者所接受。像司马迁《史记》，虽然饮誉后世，但因揭露了很多汉代皇帝的缺陷，在当时曾被帝王称为"谤书"。因此，大多史官在修史的过程中依然会为尊者讳，为美化统治者服务。在封建王朝的发展中，后世统治者大多看重与利用的是史书歌颂粉饰的功能，但对史书的直接揭露则会加以限制。第二，前事不忘，后事之师，修订史书可以明前朝之成败得失，为统治者提供一定的执政经验与教训。像刘邦，汉朝初建，不事《诗》《书》，对儒家教义也不感兴趣，曾经溲溺儒冠之中，但却命陆贾撰文论述"秦所以失天下，吾所以得之者何，及古成败之国"。无古不成今，观今宜览古，自古至今皆是如此。第三，王朝有更替，政权有兴废。统治者可以通过史书之修撰维护所建政权的正统性与合法性。自魏以来，递禅相继，统治者更需要用史书粉饰政权的更替，维护自身所建的政权。这也是魏晋南北朝时期史学能够繁荣发展的重要原因。诚如周一良先生在《魏晋南北朝史学与王朝禅代》中所指出，魏晋南北朝史书中，所谓的正统问题与皇朝禅代紧密相关。① 较之前朝，刘宋统治者更需要加强对史学的控制。

（一）刘宋皇族用史书来提高家世身份。刘裕出身于低级士族，史载曾以卖履为业，好樗蒲，轻狡无行，屡遭乡闾轻贱。在这样的身份背景下，刘裕依靠武力取定天下，需要用史书来掩饰或者是提高自己的身份，以取得世人对刘宋政权的认可与支持。沈约《宋书》在宋人何承天、徐爰等人的基础上完成，对宋人的旧史成果多有保留，从中不难看出对刘宋统治者的美化。刘裕侨居京口多年，家世可考者约为四代，而《宋书·武帝本纪》则将刘裕身份追溯至"汉高帝弟楚元王交之后"，很明显是对刘裕身份的一种粉饰。后来治史者大多持同样观点，认为从楚元王至刘裕这一代，多不可靠，不足取信。王鸣盛《十七史商榷》则明确指出，这是史家对帝王身份的一种拔高。

（二）刘宋帝王要用史书来粉饰政权的兴建。虽然自魏以来政权更迭相继，却并无弑君之先例。刘裕在政权更迭过程中实开弑君之先河，这更需要史书的掩饰。这一点从对晋宋王朝时间的断限中可明显看出。《宋书·徐爰传》明确记载，史官曾就刘宋之时间做出过讨论，最后大多数赞同徐爰的建议，将刘宋王朝的时间定为晋义熙元年。徐爰称刘裕对东晋之功德"巍巍荡荡，赫赫明明"，自义熙元年便执掌朝政但对于政权之建立则一直是谦让有加，"恭服勤于三分，让德迈于不嗣"。很明显，徐爰对晋宋王朝变迁之史的修订，凸显了刘裕的疆场功勋与谦让之德，而遮掩了刘裕篡权与弑君的历史事实。

（三）从前朝的成败得失中吸取执政经验。刘宋代晋而建，开辟了南朝第一个王朝，从门阀政治的格局中伸张皇权，在权力分配、人才任用等

① 周一良：《魏晋南北朝史学与王朝禅代》，《北京大学学报》（哲学社会科学版）1987年第2期。

方面改变了东晋的制度与方法，很多方面并无现成之模式可循，而刘宋皇族出身于北府兵武力集团，缺乏足够的执政经验，需要以历史旧路为指导，从中明确执政的成败得失。北伐后秦，是刘裕代晋建宋的最后准备。据《南史·郑鲜之传》记载，刘裕率军入咸阳后，遍视未央宫、阿房宫等地，凄怆动容，问郑鲜之秦、汉之得丧。郑鲜之以贾谊《过秦论》而对。接着刘裕又以秦始皇所任非人这一问题询问郑鲜之。由此不难获知，刘裕在建构新政权的准备过程中，对秦汉治国之路的关注。

（四）南北对峙，刘宋统治者利用史书之修撰阐释并维护政权的正统地位。晋室渡江后，南方政权偏安一隅，中原沦丧，北方政权常自诩为汉室之正统。如匈奴族刘渊称帝，便自称"汉王"，国号为"汉"。同时，北方统治者也多想通过史书之编纂来表明自己正统的身份，像《魏书》便称南朝政权为"岛夷"。争夺政权的正统地位，是南北方执政者共同关注的问题。刘裕北伐后秦，便"欲以义声怀远"，以修复晋室帝陵、收复故土为旗号。刘裕虽然军功显赫，但北伐后秦之战果得而复失，并没有从根本上收复中原，刘宋兴建后依然需要用史书来明确政权的正统地位。这一点从《宋书》称北魏政权为"索虏"便可见一斑。对政权正统地位的标榜，是推动南北朝史书发展的重要动力。正如牛润珍先生之高见，正统之争，为南北史学提出了新的命题，同时也对史学的活跃起了助推作用。[①]

（五）刘宋一朝，帝位大抵在藩王与太子之间轮流获得，自孝武帝开始，每一次帝王的更替都会伴有残酷的骨肉相图，而刘宋皇族在后期也产生了颇多的乱象丑闻。刘宋帝王需要通过史书的编纂来为维护帝位获得的合法性，掩饰对手足的残害及皇族内部的乱象。《宋书》之编订在孝武帝时期被重新提起与此有密切的关系。另外，《隋书·经籍志》史部中起居注类共有 44 部 1189 卷，但刘宋一朝便有 12 部 501 卷，并且时间段非常全面。结合刘宋皇族的实际情况，起居注若是秉笔直书则断不可能如此繁

---

① 牛润珍：《汉至唐初史官制度的演变》，河北教育出版社 1999 年版，第 144 页。

荣。由此可判断，起居注中应多有对帝王的称颂与美化。

（六）刘宋统治者为加强对士人的控制，用史书为各类当世者作传，并且多以家族的形式出现。根据沈约的记载，《宋书》之旧本主要是在文帝时期与孝武帝时期完成的。文帝时期的编纂，强调"武帝之功臣"与"元嘉名臣"。而至孝武帝时期，孝武帝则亲自为臧质、鲁爽及王僧达作传，3 人都曾拥立孝武帝登基，但臧质、鲁爽后来因参与刘义宣叛乱而被诛杀，王僧达则因狂妄自大而被赐死。何以如此？文帝时期，社会稳定，国力强盛，文帝力图北伐，通过对有功于兴邦建国之士的铭记，可以更好地鼓舞士人为刘宋效力。然则至孝武帝时期，刘宋转衰，地方藩王叛乱不断，孝武帝亲自为谋反之乱臣作传，主要是为了"以示惩戒"，防止士人叛乱。

三、刘宋皇族对史学发展的影响

（一）南朝四代政权具有极大的相似性，篡权相仍，同时又面对北方政权的威胁。刘宋统治者既通过编纂史书来粉饰政权的获得，同时也通过史书提高了家门地位，维护了刘宋政权的正统地位，使得刘宋成为南朝四代中历时最长、版图最大的时期，统治者对史学的提倡起到了一定的成效，这对南朝后来之帝王来说具有一定的借鉴价值。刘宋皇族提高史学地位，完善修史机构，延揽史学人才，设置专门的史学教育机构并且征士以充之，这一系列促进史学发展的举动为南朝后来之皇族做出了表率，具有诸多可以相承或者是模仿之处。另外，刘宋皇族多次命人修撰史书，由此而产生的史学成果，对齐梁史学的进一步发展具有重要影响。沈约在《宋书·自序》中便曾表明其编纂《宋书》深受宋人影响，以何承天之本为底本同时又对徐爰之本多有参照，故而能够在一年时间内完成百卷《宋书》。另外，阮孝绪之《七录》亦不可能不受王俭《七志》之影响。刘宋皇族对刘宋史学的重视与支持，为齐梁史学的发展奠定了良好的基础。

（二）促进了刘宋史学书籍的繁荣发展。《隋书·经籍志》记载史书共有 13 类，而刘宋有 12 类，仅缺刑法类，史学门类已经比较齐全，结构体系也相对完整。从数量上来说，较之东晋，刘宋史学书籍亦有极大的发展，这与刘宋皇族的提倡具有密切的关系。

1. 刘宋皇族亲自参与史书编纂，提高了史学在社会中的地位。揆之史传，大致有以下史学作品来自刘宋皇族：

> 刘义庆《徐州先贤传赞》10 卷
>
> 刘义庆《江左名士传》1 卷
>
> 刘义庆《宣验记》30 卷
>
> 刘义庆《幽明录》20 卷
>
> 刘义庆《典叙》卷数不明
>
> 明帝刘彧《晋江左文章志》3 卷
>
> 刘义恭《要记》5 卷①

此外，孝武帝还曾参与《宋书》之编纂，为臧质、鲁爽、王僧达作传。刘宋皇族亲自参与史书的编纂，充分表明了其对史学的态度，然而刘宋皇室子孙繁多，仅刘义庆一人著述较为丰富，从一个侧面反映出刘宋皇族整体之史学修养尚需一定的提高。

2. 刘宋皇族多次命人撰写史书，直接促进了史学成果的丰硕。试将在刘宋帝王授意下所修撰的史书胪列如下：

> 裴松之《三国志注》65 卷
>
> 谢灵运《晋书》
>
> 何承天《宋书》卷数不详
>
> 苏宝生《宋书》卷数不详

---

① 参见《隋书·经籍志》。

山谦之《宋书》卷数不详

徐爰《宋书》65 卷

裴松之《国史要览》

徐广《晋纪》45 卷

徐广《车服杂注》1 卷

谢灵运《四部目录》卷数不详

殷淳《四部书目》40 卷

丘渊之《义熙以来新集书目》3 卷

王俭《元徽元年四部书目录》4 卷

王俭《七志》30 卷①

以上成果皆在刘宋帝王的授意下编写。刘宋帝王的直接任命，对史书的编纂亦起到了积极的作用。另外，统治者对史书编纂工作的重视也激发了士人修史的热情，如殷景仁，根据《宋书·殷景仁传》记载，殷景仁对国典朝仪和旧章记注，悉加撰录，因此识者便知其有当世之志，最后殷景仁也的确受到了统治者的任遇。这对于刘宋士人的修史具有极大鼓励作用。

3. 刘宋皇族完善修史机构，注重修史职能，促进了刘宋起居注类作品的繁荣。起居注主要记载帝王的生活，若无统治者的重视与支持，很难获得发展。试将刘宋起居注类的作品胪列如下：

《晋起居注》322 卷，宋北徐州主簿刘道会撰。

《宋永初起居注》10 卷。

《宋景平起居注》3 卷。

《宋元嘉起居注》60 卷。

---

① 参见《隋书·经籍志》。

《宋孝建起居注》12 卷。

《宋大明起居注》梁 34 卷。

《景和起居注》4 卷。

《明帝在蕃注》3 卷。

《宋泰始起居注》23 卷。

《宋泰豫起居注》4 卷

《宋元徽起居注》20 卷。

《昇明起居注》6 卷。①

刘宋之起居注时间段也最为全面,并无任何断层,数量上也极为丰富,共有 12 部,501 卷。《隋书·经籍志》记载起居注类作品共计 44 部,1189 卷,而刘宋一朝从数量上来说占了近一半的分量,可知刘宋史学在汉唐史学发展中的地位。这与刘宋皇族对修史的提倡有不可分割的关系。

4. 行军北伐与宗王出镇促进了地志类著作的丰富。刘宋地志类著作成果比较突出,根据《二十五史艺文经籍志考补萃编》统计,刘宋地志类著作 28 种,齐有 14 种,梁有 17 种,而陈则缺少地志类著述。另外,据邱敏先生《六朝史学》对六朝各类地理书存目的考辑,其中两晋有 44 种,刘宋有 46 种,齐有 16 种,萧梁有 17 种,陈有 7 种。相较之下,刘宋地志类史书明显要丰富得多。刘宋为南朝疆域版图最大的朝代,这在地志类著述中亦可见一斑。刘宋地志类著述的丰富与刘宋统治者的北伐及宗王的出镇有密切的关系。根据《隋书·经籍志》记载,试将刘宋地志类著作胪列如下:

《述征记》2 卷,郭缘生撰。

《西征记》2 卷,戴延之撰。

---

① 参见聂崇岐:《补宋书艺文志》。

《吴兴记》3卷，山谦之撰。

《京口记》2卷，宋太常卿刘损撰。

《南徐州记》2卷，山谦之撰。

《随王入沔记》6卷，宋侍中沈怀文撰。

《荆州记》3卷，宋临川王侍郎盛弘之撰。

《豫章记》1卷，雷次宗撰。

《游名山志》1卷，谢灵运撰。

《游行外国传》1卷，沙门释智猛撰。

《居名山志》1卷，谢灵运撰。

《西征记》1卷，戴祚撰。

《元嘉六年地记》3卷

《十三州志》10卷，阚骃撰。①

此外，聂崇岐先生《补宋书艺文志》根据清章宗源《隋书·经籍志考证》加以补充，刘宋地志类著述还有：

《东阳记》1卷，郑缉之撰。

《续述征记》，郭缘生撰。

《述征记》，裴松之撰。

《西征记》，裴松之撰。

《庐山记略》1卷，释慧远撰。

《庐山记》，张野撰。

《益州记》，任预撰。

《沙州记》，段国撰。

《丹阳记》，山谦之撰。

---

① 参见《隋书·经籍志》。

《南康记》，王韶之撰。

《神境记》，王韶之撰。

《永嘉记》，郑缉之撰。

《寿阳记》，王元模撰。

《北征记》，裴松之撰。

《从征记》，伍缉之撰。①

考察以上著述目录可知，"征记"类作品在刘宋时期十分兴盛，出现了大量的作品，这类著述在前朝并不多见，齐梁书籍中也比较少见这一类著作。有学者考察，伍缉之的《从征记》是征记类作品中最早的代表作。"征记"类著述，不同于对某一地方的记录，而是记载沿途所见之自然风光、山川地理、历史文化及风土人情，对于后世有重要的文献价值。郦道元《水经注》之书写便多处征引"征记"类著述的内容。"征记"类作品何以会在刘宋时期蓬勃发展？考其原因，帝王之北伐特别是武帝刘裕对南燕及姚秦的北伐，是催生这一类著述的重要诱因。对于伍缉之《从征记》，鲍远航《南朝宋伍缉之〈从征记〉考论》明确指出，此著述为伍缉之根据跟随刘裕北伐南燕时的见闻而撰成。②郭缘生《述征记》2卷，另外还有《续述征记》，卷数不明。郭缘生《宋书》无传，《隋书·经籍志》记载"《武昌先贤志》二卷，宋天门太守郭缘生撰"，可知郭缘生为刘宋之天门太守，并且曾经跟随刘裕北伐后秦。《水经注·河水》曾引郭缘生《述征记》，其中写道："汉末之乱，魏武征韩遂、马超，连兵此地。今际河之西有曹公垒，道东原上云李典营。义熙十三年，王师曾据此垒。"义熙十三年，刘裕在北伐后秦的过程中，此处"王师"应谓刘裕率领之军队。《水经注·渭水下》引《北征记》，还曾描写"定城去潼关三十里，夹道

---

① 聂崇岐：《补宋书艺文志》，清华大学出版社 2012 年版，第 26—27 页。

② 鲍远航：《南朝宋伍缉之〈从征记〉考论》，《泰山学院学报》2014 年第 2 期。

各一城",这也与义熙十三年刘裕北伐后秦时,檀道济攻破潼关,秦将姚绍退守定城之事相吻合。另外,《述征记》还多处写到洛阳城内的各处景观,亦应是在刘裕收复洛阳后的见闻。戴祚,字延之,《隋书·经籍志》有"《西征记》二卷,戴延之撰",又有"《西征记》一卷,戴祚撰",后来新旧《唐书》则都记载为戴祚。揆之史传对《西征记》的引用,可知戴祚与戴延之为同一人。而《西征记》则为《从刘武王西征记》。《水经注·洛水注》引用此著述称为"戴延之《从刘武王西征记》",聂崇岐先生《补宋书艺文志》则称"《宋武北征记》,戴氏撰"。可知此书为跟随刘裕北伐后秦而作。另,《水经注·洛水注》也曾描写到义熙年间,武帝西征姚秦,命参军戴延之与府舍人虞道元穷览洛水,查找水军可到之处。要之,刘裕之伐南燕、姚秦,拓展了刘宋之版图,同时也增长了跟随人员的见识,由此产生了诸多"征记"类的著述,为后世留下了宝贵的文献资料。

宗王出镇对于地志类著述的产生也有一定的作用。为防止门阀政治的格局再度发生,刘裕加强皇室对政权的掌控,建朝后派遣宗王镇守地方。而宗王出镇时,大多都会有文化之士相从,对方志类著述的创作有一定的促进之效。《隋书·经籍志》记载"《荆州记》三卷,宋临川王侍郎盛弘之撰",此著述为盛弘之跟随刘义庆镇守荆州时所作。荆州为刘宋政权根本所系,刘裕遗诏曾明确规定非宗室人员不得镇守,元嘉年间,本应派遣刘义宣镇守,但文帝因刘义宣素无才能,不堪担当此任,故而授予刘义庆。元嘉九年,刘义庆任荆州刺史,盛弘之作为侍郎跟随,根据《初学记》辑佚,《荆州记》有文:"城西百余步,有栖霞楼,宋临川康王置。"可知其创作之大致状况。清人曹元忠考此著述时间为元嘉十四年,亦与刘义庆任荆州刺史时间吻合。另外,《隋书·经籍志》还有"《随王入沔记》六卷,宋侍中沈怀文撰",很明显与随王刘诞之出镇有密切关系。根据《宋书·沈怀文传》记载,沈怀文善为文章,随王出镇襄阳,沈怀文任其后军主簿,由此而撰写《随王入沔记》。

要之，刘宋时期地志类著述的丰富，与刘裕能征善战、扩建版图有密切的关系，而宗王出镇也促进了地方著述的发展。

（三）促进了史书风格的转变。胡宝国先生《汉唐间史学的发展》曾经指出，从两汉直到东晋，史学领域中出现了崇尚简略的风气，然而至南朝，则风气大变，崇尚简约不一定是优点而文辞繁复也不一定是缺点，像两晋推崇简约那样的话在南朝的史书中几乎找不到。受玄学发展的影响，东晋史学领域亦崇尚简约，立意忘言，刘宋立朝，则修史风气转变。除了与玄学的消退有所关系外，与统治者对史书的评价标准亦有不可分割的关系。文帝曾命裴松之注陈寿《三国志》，其重要原因就是文帝觉得《三国志》过于简略，唐代刘知己在《史通》中也曾指出，文帝以《三国志》伤于简略，才命裴松之博采众书加以补正。裴松之"鸠集传记，增广异闻"而成注，在《上三国志表》中称"绩事以众色成文，蜜蜂以兼采为味"，后世史家刘知己、陈振孙都批评裴松之注过于"繁芜"。其注之风格可见一斑。文帝刘义隆看了裴松之注甚为欣赏，赞誉为："此为不朽矣！"由此可知，文帝对修史繁富风格的偏好。楚王好细腰，宫中多饿死，帝王的偏好，往往能引发社会风气的转变。刘宋修史风气的转变，与宋文帝刘义隆对修史繁富风格的提倡应有不可分割的关系。刘义庆诸种著作的撰述与此风气当有密切的关系。《隋书·经籍志》将刘义庆《宣验记》《幽明录》列入史部杂传类，但后世学者多视之为小说，《世说新语》别列为子部小说家类，但后世又多参考其史学价值，大多认为《世说新语》可补正史之不足，对人物的著述更为丰富生动。刘义庆撰述之风气，与文帝刘义隆的喜好恰好相一致，应该不仅仅是巧合。文帝博涉经史，具有丰富的史学修养，刘宋史学的繁富风格的发展影响了其评价的标准，而他对史学繁富风格的赞赏又助长了这一风气的发展。由此，南朝一脉相承，出现了与东晋不同的史学风格。

第三节　刘宋皇族与玄学的弱化

刘裕凭借武力从门阀士族手中夺取政权，重新伸张皇权政治，宣布了门阀政治的破产，在很大程度上打击了门阀士族的政治特权。然则在文化方面，刘宋皇族很难与以文化修养而著称的门阀士族相提并论，执政后依然对士族所崇尚的玄学风流表示出了一定的崇尚，诚如田余庆先生所论，要"周旋于按照传统本是被门阀士族长期垄断的文化领域之中"。刘裕本不懂谈玄，及为宰相则颇慕风流，经常发表玄谈言论，并且对士族名士的风流气度也深表欣赏，如对谢混、谢晦、殷景仁及张敷等人，刘裕均有称赞。文帝即位，推行文治，玄学依然为"四学"之重要一端，其个人之文化修养较之父辈已经有了明显的提升，对玄学风流之欣赏也更进一步。如羊欣为当时玄学名士，史载"素好黄老，常手自书章，有病不服药，饮符水而已"[1]，但羊欣不堪拜伏，所以"辞不朝觐"，高祖、太祖"并恨不识之"。可知，武帝、文帝两位帝王对玄学风流气度的欣赏。文帝因羊玄保善弈棋、颇具名士风度而对其识重，并为其二子赐名咸与粲，意谓"欲令卿二子有林下正始余风"。与之同时，刘义庆还招集门人根据魏晋名士之风流逸事编著成《世说新语》一书，言语间不乏欣赏之情。据此可知，元嘉年间刘宋皇室对玄学文化的崇尚。及至明帝，根据《南齐书·周颙传》记载，明帝"颇好玄理"，周颙因有辞义而得厚遇。

要之，刘宋皇族对玄学风流依然有所倡导，对玄学名士也较为赏识。然而，比之东晋，刘宋一朝的玄学却明显走向了弱化。考之《晋书》与《宋书》之名士传记，刘宋时期尚玄之名士数量已经明显减少，谈玄论道仅为部分士人之文化风尚，不再是主导整个名士群体的文化风尚。而善玄谈者，也不仅仅只具备玄学之一门修养，对经史及佛学文化也都有所

---

[1]　（梁）沈约：《宋书》，中华书局 1974 年版，第 1661 页。

涉猎。如何偃，《宋书》本传载其"素好谈玄，注《庄子·消摇篇》传于世"，但同时在《宋书·礼志》中也有其依据《礼记》而进行议礼的记载。文帝立"四学"，何尚之领玄学，但何尚之对佛教亦较为精通，还曾与慧琳等人一起辩难。从谈玄论道的命题来说，也并无新的发明，多抽前人旧绪。《文心雕龙·论说》曾对这一问题有过记载："逮江左群谈，惟玄是务；虽有日新，而多抽前绪矣。"①刘宋议礼频繁，朝堂之上多有关于仪礼的讨论，同时佛教在刘宋之发展也多有辩难，文人名士往往围绕某一问题各抒己见，帝王也多加过问，辩论往往激烈而深刻，对当时思想文化的发展产生了重要的影响。相较之下，则更可知玄学在当时的旁落与弱化。此外，从文学创作来说，玄风已经明显消退。沈约、刘勰及钟嵘等人都曾论述过晋宋文学变革这一现象，其重要一点就是东晋文学玄风弥漫，而刘宋文学则玄风告退，出现了新的文学风貌。刘宋皇室虽然从门阀士族手中夺取了政权，但对士族所崇尚的玄学文化并没有多加控制，反而是有一定的提倡，但刘宋玄学却不可挽回地走向了弱化。查其缘由，刘宋统治者则是推动玄学走向弱化的重要力量。为什么会发生这种现象？刘宋皇族明明对玄学有所提倡，为什么还会带来玄学的弱化呢？本节略加陈述。

1. 玄学是与门阀政治极为相称的一种文化体系，而经史之学则是维护皇权政治的文化工具。刘宋建朝，重新恢复了皇权政治，门阀政治破产，玄学风流失去了现实的政治基础。东晋政权主要依靠门阀士族才得以渡江延续，由此建构了皇帝垂拱而士族执政的门阀政治格局，士族对皇权不需要臣服，反而有一种明显的优越感。在此政治格局下，门阀士族出处同归，既可以"平流进取，坐至公卿"，凭借门第与特权在朝中担任要职，又可以醉心玄谈，不问事务，可以实现名教与自然的合一。士大夫的玄学风流在一定程度上维系了门阀政治的格局，同时也要以门阀政治为现实的

---

① 刘勰著，詹锳义证：《文心雕龙义证》，上海古籍出版社1989年版，第692页。

基础。刘裕凭借军功而取天下，其政治地位的确立主要依靠的是拥有武力的淮北流民集团，他所要建构的是"皇帝独尊"的皇权政治，要将"尊主卑臣之义"重新"定于马棰之间"，文化士族不再是朝政的掌控者，君臣之间也不复是往昔君弱臣强的关系。历经文帝，刘宋皇权不断得到加强，至孝武帝、明帝时期已经是"主威独运，官置百司，权不外假"，皇权已经颇为集中。自汉武帝"罢黜百家，独尊儒术"以来，经学便一直是维护皇权的重要文化工具，而玄学则与皇权政治颇不相称。因此，在刘宋皇权逐渐加强的过程中，经史之学的复兴成为必然的趋势，而玄学则会逐渐趋于弱化。

2. 玄学清望不再是刘宋帝王选拔人才的重要依据，士族名士改变了以往旷达玄虚的从政之风。相较于门第与玄学清望，刘宋皇族在选拔人才方面更看重的是才干与忠心。徐羡之"起布衣，又无术学"，却为刘裕之心腹，主要是因为其"直以志力局度，一旦居廊庙，朝野推服，咸谓有宰臣之望"。最初在朝士多劝谏刘裕北伐时，唯有徐羡之认为刘裕对此"寝食不忘，意量乖殊"，朝士不可轻豫，深谙刘裕心意。在刘穆之去世后，徐羡之接替了刘穆之的要害位置："为吏部尚书、建威将军、丹阳尹，总知留任，甲仗二十人出入。"[1] 在士族文人中，刘裕对谢晦"深加爱赏，群僚莫及"，其原因也是在于谢晦的才干与忠心。《宋书》本传记载："（晦）于车中一鉴讯牒，催促便下。相府多事，狱繁殷积，晦随问酬辩，曾无违谬"，并且能够舍命劝谏刘裕："天下可无晦，不可无公，晦死何有！"[2] 谢晦是士族文人中难得的政治人才，对刘裕的忠心亦非一般士族可比，是刘裕顾命大臣中唯一的门阀士族子弟。得到重用的其他士族名士，亦大多具有才干与能力，王弘"博练治体，留心庶事，斟酌时宜，每存优允"，王昙首"沈毅有气度，宰相才也"，袁湛"莅政和理，为吏民所称"。与此

---

① （梁）沈约：《宋书》，中华书局 1974 年版，第 1330 页。

② （梁）沈约：《宋书》，中华书局 1974 年版，第 1347 页。

相左，仅具有门第与玄学清望的士族文人，则难以得到重用。如范泰，刘裕对其"甚赏爱之"，但因为他"拙于为治"，依然是"不得在政事之官"；谢灵运"文章之美，江左莫逮"，自认为才能"宜参权要"，但其性格偏激，屡遭大臣弹劾，朝廷对其也只是以文义处之。在此用人体制下，士族名士逐渐从门阀政治的格局中走了出来，放下了门第的优越感，改变了"居官无官官之事，处事无事事之心"旷达风流的政治姿态，开始以新的姿态在权力舞台上角逐。赵翼曾论述南朝重用寒人的原因："其时高门大族，门户已成，令仆三司，可安流平进，不屑竭智尽心，以邀恩宠，且风流相尚，罕以物务关怀。人遂不能藉以集事，于是不得不用寒人。"[①]赵翼此论，虽然意在阐释寒人得到重用的原因，但同时也说明了文化士族所面临的问题。文化士族只有放下门第的优越感，"竭智尽心，以邀恩宠"，对皇权表示臣服与柔顺，方可得到重用。文化士族对此亦有清晰的认识，谢澹便曾趁醉对刘裕说过："陛下用群臣，但须委屈顺者乃见贵，汲黯之徒无用也。"[②]由此，旷达玄虚不再是士族名士的从政方式，玄学清谈也不再是主宰士族名士生活的重要组成部分。

　　3. 刘宋皇族倡导经史之学与佛教，在一定程度上也冲击了玄学。经史之学与玄学多有格格不入之处，经史之学与玄学的发展大致呈此强彼弱之关系。刘宋对经史之学的倡导，在一定程度上抑制了玄学的发展。此外，刘宋皇族对佛教的崇尚，促进了玄佛之合流，而这也是造成玄学弱化的重要因素。根据《高僧传》记载，多有高僧精通庄老之学，像释慧远"尤善庄老"，释慧琳"善诸经及庄老"，释昙度"善三藏及《春秋》《庄》《老》《易》"，精通玄学之高僧尚有许多，不胜枚举。佛门僧徒为求得佛教在中国的发展空间，熟知当时兴盛的玄学，在传播佛教的过程中也自然会将佛学与玄学相结合。与此同时，士族名士对佛学亦甚为崇信，像何尚之、谢

----

① （清）赵翼著，王树民校证：《廿二史劄记校证》，中华书局1984年版，第154页。

② （唐）李延寿：《南史》，中华书局1975年版，第527页。

灵运、范泰、张敷及王恭等皆与佛教有较深之渊源。士族名士身具玄佛之修养，佛理的参悟与玄义的理解自然会发生冲突与融合。不管是冲突还是融合，都是促成玄佛合流的重要方式。要之，经史之学的兴盛冲击了玄学，而佛教的兴盛带来了玄佛合流，也在一定程度上削弱了玄学的影响力。

4.刘裕代晋建宋，再次显示了玄学的消极之处。晋室渡江，当时便有士大夫发出了玄学误国的言论。王衍临死感叹："呜呼！吾曹虽不如古人，向若不祖尚浮虚，戮力以匡天下，犹可不至今日！"[①]而桓温北伐，也曾经将中原沉沦归罪于"王夷甫诸人"，认为是他们的玄学清谈致使神州陆沉。然则至东晋偏安局势已定，士大夫苟安一隅，便又再次沉醉于玄学清谈，不以世事为务，而士大夫之才能也日趋低下。东晋末年，士大夫既不能阻止桓玄称帝，也不能平定孙恩、卢循等人领导的大规模农民起义，面对北方政权的侵占也并无还击之能力。在东晋末年的内忧外患之中，门阀士族束手无策，而刘裕出身低下，却依靠北府兵武力集团廓清内外，在内外战争中建立了士大夫难以企及的疆场功勋，最终得以称帝。这一过程本身再次证明了玄学的消极之处，无益于治国理政。刘宋皇族对佛教的提倡，大致是将其视为个人的一种文化修养，而并非社会教化之策略。明帝时期，玄学出现了一定的反弹，再度呈现兴盛之貌，但没有阻挡玄学消退之势。

---

① （唐）房玄龄等：《晋书》，中华书局 1974 年版，第 1238 页。

第四章　刘宋皇族与刘宋佛教的兴盛

佛教发展至南朝大放异彩，刘宋首开其繁荣之路。前废帝曾对佛教加以排斥，但时间较短并未产生较大影响。倡导与管制是刘宋皇族对待佛教的主要策略。考之刘宋皇族倡导佛教的原因，大致有六：制造符瑞，神化晋宋禅代；利用佛教，维护帝位合法性；运用佛教，推行教化；僧人多学识渊博；佛教颇显神通；时代奉佛氛围之影响。刘宋皇族既通过礼敬高僧、设置斋戒、以僧为师友、建造佛寺与佛像等方法倡导佛教的发展，又通过限制佛寺与佛像的建造、沙汰沙门、掌控度僧权及令沙门致敬王者等手段管制佛教。刘宋皇族对佛教的倡导，吸引了大批僧人南渡，促进了中西方佛教的交流，同时也推动了刘宋译经事业的繁荣发展。另外，在刘宋皇族对佛教崇尚之下，弊端之滋生也在所难免，沙门队伍日益庞杂，多有高僧不遵清规戒律并参与政治谋逆，佛寺与佛像的建造也竞相奢华，以致劳民伤财，出现了多种弊端。

第一节　刘宋皇族的倡佛与斥佛

刘宋作为开辟南朝的第一个朝代，历时 60 载，对南朝佛教的发展具有不容忽视的作用。根据汤用彤先生《汉魏晋南北朝佛教史》统计，刘宋一朝译经人数约有 22 人，译经约有 465 部，共计 717 卷，较之魏晋及后来的齐梁陈时期，数量最为繁多。扬道弘法莫先于帝王，宗教与政治存在密不可分的关系。政治上的提倡，往往是宗教能够获得充分发展的决定性因素，而宗教方面的支持也是政治能够顺利发展的重要保障。反之亦然，若无统治者之倡导与支持，刘宋佛教之发展断然不会如此繁荣。倡佛是刘宋皇族的主流，前废帝时期曾经出现过短暂的斥佛倾向，但影响并不明显。

一、刘宋皇族倡佛的表现

（一）延揽高僧，多加礼敬

揆之史传，刘宋皇族对佛教高僧甚为礼敬，待之亲厚，并且通过多种渠道加以延揽。根据《高僧传》记载，有众多高僧得到刘宋皇族之礼遇。

1.释智严，西凉州人，弱冠便已出家，以精勤著名，后至关中传法。义熙十三年（417）。宋武帝刘裕攻克长安后克捷旋旆，经过智严的山东精舍，因始兴公王恢之启奏，宋武帝延请智严精舍的三位高僧还都，高僧不肯行，便"屡请恳至"，最终智严随宋武帝还都住始兴寺。[①]

2.释慧严，姓范，豫州人。慧严16岁出家，博晓诗书又精炼佛理。曾经至长安从罗什受学，后还建康至东安寺。武帝刘裕对其素所知重，义熙十二年（416），刘裕北伐长安，邀请慧严同行，慧严以出家之人不能参与战争为由而加以推辞，但武帝苦苦相邀，最终同行。文帝即位，对慧严"情好尤密"，更为识重。

3.释慧远，本姓贾氏，雁门娄烦人也，博综六经，尤善庄老，性度弘博，风鉴朗拔。慧远与卢循父亲曾经同为书生，见到卢循欢然道旧，交之深厚。刘裕对此并不介怀，反而称慧远："远公世表之人，必无彼此。"乃遣使赍书致敬，并遗钱米。

4.释慧观，姓崔，清河人，罗什亡后，南适荆州，司马休之待之甚相敬重。武帝南伐司马休之，至江陵与慧观相遇，倾心待接，依然若旧。因

---

① 参见《高僧传·释智严传》。（梁）释慧皎撰，汤用彤校注，汤一玄整理：《高僧传》，中华书局1992年版。

敕与文帝游，俄而还京止道场寺。

5.释僧导，京兆人，10岁出家从师受业，至18岁博读转多，气干雄勇而神机秀发，形止方雅，举动无忤。姚兴对其十分看重，"钦其德业，友而爱焉，入寺相造，乃同辇还宫。"刘裕攻克长安，素闻导之盛名，因此与之相见。谓导曰："相望久矣，何其流滞殊俗？"僧导回答："明公荡一九有鸣銮河洛，此时相见不亦善乎？"[①]后因刘穆之之死，刘裕仓促东归，留儿子桂阳公刘义真镇守关中，曾经将儿子托付僧导多加顾怀。孝武帝升位，对其更是礼遇有加，遣使征请至京师中兴寺，并且銮舆降跸，躬出候迎。

6.佛驮跋陀罗，又名觉贤，本姓释氏，迦维罗卫人，甘露饭王之苗裔，少以禅律驰名，博学群经并且多所通达。刘裕南讨刘毅的过程中与之相见，甚为崇敬，资供备至，后来又请俱归安，止道场寺。

7.释法恭，姓关，雍州人，诵经30余万言，每夜讽咏辄有殊香异气。宋武帝、文帝、明帝及衡阳文王义季等，并崇其德素。

8.求那跋摩，本刹利种，累世为王治在罽宾国，年14便机见俊达，深有远度。仁爱泛博，崇德务善，相邻之国闻其风誉，皆遣使邀请。元嘉元年九月，建康名德沙门慧观慧聪等面启文帝，求迎请跋摩。帝便敕交州刺史令泛舶延致观等，又遣沙门法长道冲道俊等往彼祈请，并致书于跋摩及阇婆王婆多加等，必希顾临宋境流行道教。跋摩至南海，文帝复敕州郡令资发下京，后又重敕观等，复更敦请。元嘉八年正月跋摩达于建邺。文帝又相引见，劳问殷勤，并且欲从受菩萨戒，但因虏寇侵强而未及咨禀。[②]

9.畺良耶舍，西域人，元嘉之初，远冒沙河，萃于京邑，太祖文皇深加叹异。

10.求那跋陀罗，又名功德贤，中天竺人，博通三藏。为人慈和恭恪，

---

① （梁）释慧皎撰，汤用彤校注，汤一玄整理：《高僧传》，中华书局1992年版，第281页。

② （梁）释慧皎撰，汤用彤校注，汤一玄整理：《高僧传》，中华书局1992年版，第105—109页。

事师尽礼。宋太祖遣信迎接，既至京都，又敕名僧慧严慧观于新亭郊劳。求那跋陀罗神情朗彻，莫不虔仰。文帝虽因译交言而欣若倾盖，后又对其延请并深加崇敬。大将军彭城王义康和南谯王义宣，并师事焉，对其崇信有加。谯王刘义宣镇守荆州，邀请跋陀与之同行，止于辛寺。孝建初年，谯王阴谋逆节，跋陀颜容忧惨，对刘义宣谏争恳切。孝武帝刘骏讨伐刘义宣，下令军中对跋陀善加料理，后又加以引见，顾问委曲，曰："企望日久，今始相遇。"跋陀曰："既染衅戾，分当灰粉。今得接见，重荷生造。"孝武帝又敕问其谁为贼，跋陀答曰："出家之人不预戎事。"后来发现跋陀在荆十载，与谯王书疏并无片言及军事者，孝武帝明其纯谨益加礼遇。至宋明帝之世，对其礼供弥隆，明帝深加痛惜，慰赗甚厚。①

11. 释慧琳，道渊弟子，本姓刘，秦郡人，善诸经及庄老。排谐好语笑，长于制作，有集 10 卷。慧琳以才学为太祖所赏爱，每召见，常升独榻，颜延之曾经加以讥讽，文帝为之变色。②

12. 释僧弼，本吴人，性度虚简，仪止方直，罗什弟子，大化江表，河西王沮渠蒙逊远挹风名，遣使通，嚫遗相续。僧弼后下都止彭城寺，文帝对其甚为器重，经常延请进行讲说。③

13. 释僧镜，姓焦，本陇西人，后迁居吴地，至孝过人，母丧服毕后出家，停止京师，大阐经论。宋世祖籍其风素，敕出京师止定林下寺。④

14. 释昙度，善三藏及春秋庄老易，宋世祖、太宗并加钦赏。及少帝乖礼，昙度亦行藏得所，举动无忤。

---

① 参见（梁）释慧皎撰，汤用彤校注，汤一玄整理：《高僧传》，中华书局 1992 年版，第 130—133 页。

② 《高僧传》记载为世祖，根据《宋书·颜延之传》的记载及释慧琳生活的时间，可知应该为文帝时期。

③ 参见（梁）释慧皎撰，汤用彤校注，汤一玄整理：《高僧传》，中华书局 1992 年版，第 268 页。

④ 参见（梁）释慧皎撰，汤用彤校注，汤一玄整理：《高僧传》，中华书局 1992 年版，第 293 页。

15. 释昙斌，姓苏，南阳人，10 岁出家，"融冶百家，陶贯诸部"，始住江陵新寺，孝建初年，孝武帝敕王玄谟资发出京师，止新安寺。宋建平王刘景素亦咨其戒范。

16. 释道猷，吴人，通晓顿悟之义，宋文帝问慧观："顿悟之义，谁复习之？"慧观答云："生公弟子道猷。"文帝立即敕临川郡发遣出京，道猷既至京师。文帝即延入宫内，大集义僧令猷申述顿悟。道猷既能积思参玄，又能宗源有本，文帝抚机称快。后孝武升位，对道猷尤相叹重，敕住新安寺并且为镇寺法主。

17. 释法瑶，姓杨，河东人，元嘉中过江，居于武康，大明六年孝武帝敕吴兴郡致礼上京，与道猷同止新安寺。

18. 释法瑗，姓辛，陇西人，后东适建邺，依道场寺慧观为师。笃志大乘傍寻数论，对外典坟素也颇加披览。宋文帝访觅能够继承述生公顿悟之义的高僧，于是敕法瑗下都，从而使顿悟之旨重申于宋代，后又敕法瑗为南平穆王铄五戒师。及孝武帝即位，又敕其为西阳王子尚友。至明帝时期，造湘宫寺新成，大开讲肆，妙选英僧，又敕请瑗充当法主，明帝降跸法筵，公卿会座，一时之盛观者荣之。

19. 释慧基，姓偶，吴国钱塘人，祇洹寺慧义之弟子，宋文帝敕其于祇洹寺设会度其出家，舆驾亲幸，公卿必集。慧基学兼昏晓，解洞群经，曾经遍历三吴，讲宣经教，学徒至者千有余人。明帝即位，曾遣使迎请，称疾不行，元徽中复被征诏，敕为僧主掌任十城。

20. 释慧览，姓成，酒泉人，从达摩比丘咨受禅要，深通菩萨戒，文帝请其下都，止钟山定林寺。后孝武帝起中兴寺。复敕令慧览移住。

21. 释慧璩，丹阳人，读览经论，涉猎书史，众技多闲而尤善唱导。宋太祖文皇帝、车骑臧质，对其提携友善，雅相崇爱。谯王刘义宣镇守荆州，邀请慧璩同行，谯王谋反，曾于梁山设会。至刘义宣兵败，慧璩重回京师，孝武帝设斋会，慧璩担任唱导，孝武帝问璩曰："今日之集何如梁山？"璩曰："天道助顺，况复为逆。"孝武帝悦之，明旦别嚫一万，后又敕其为京邑都维那。①

22.释弘充，凉州人。少有志力，通庄老，解经律。大明末过江，初止多宝寺。明帝践祚，起湘宫寺，请充为纲领。于是移居焉。

23.释道盛，姓朱，沛国人，幼而出家务学，善涅槃维摩兼通周易，始住湘州。宋明帝承风，敕令下京，止彭城寺。

24.释昙智，姓王，建康人。出家止东安寺，性风流，善举止。能谈庄老，经论书史多所综涉。宋孝武、萧思话、王僧虔等深加识重。

25.释慧隆，姓成，阳平人，少而居贫。学无师友卓然自悟，年二十三方出家。此后，10 余年中凝心佛法，贯通众典。宋明帝请于湘宫开讲成实，负帙问道 800 余人，其后王侯贵胜屡招讲说。

26.释僧覆，未详何人。少孤为下人所养。7 岁出家为昙亮弟子。学通诸经，蔬食持咒，诵大品法华。宋明帝深加器重。敕为彭城寺主。率众有功。

27.释超进，本姓颛顼氏，大小诸经，并加综采，太始年间，被明帝征召出都。

28.释智林，高昌人，幼而崇理好学，负帙长安，宋明之初，敕在所资给，发遣下京，止灵基寺。

考察以上诸位高僧的情况可知，刘宋帝王与高僧交往甚密，礼遇有加并且多所延揽。概而言之，大致有三个方面的特点：首先，利用战争延揽高僧，这主要体现在武帝时期。武帝时期，征伐不断，刘裕经常利用战争之机，延揽各地高僧。在东晋内部的战争中，刘裕南讨司马休之，对慧观倾心接待；征讨刘毅，则延请佛驮跋陀罗俱归京师，止道场寺。长安曾因罗什的存在而高僧云集，刘裕北伐后秦对高僧的延揽更为着力，苦邀慧严同行，攻克长安后又延请智严入宋，对僧导赞叹有加，仓皇东归之时又将儿子刘义真托付于僧导顾怀。其次，遣使迎请外国高僧来宋，这主要体现

---

① （梁）释慧皎撰，汤用彤校注，汤一玄整理：《高僧传》，中华书局 1992 年版，第 512 页。

在文帝时期。文帝时期，社会稳定，国力强盛，刘宋佛教至此最为可观，与使佛之国交往也比较密切，文帝利用外交多番邀请外国高僧来宋讲经。求那跋摩累世为王治在罽宾国，元嘉元年，文帝派人延请来宋，对其路上行程十分关注，及至建康又相引见，劳问殷勤。求那跋陀罗本为天竺人，经文帝遣信迎接方至建康，文帝对其崇敬有加。置良耶舍本为西域人，元嘉之初来宋，太祖文皇深加叹异。第三，刘宋帝王经常将负有盛名的高僧延请至京师或者入住皇室所建造的寺庙，这一点较为普遍，刘宋历代帝王都有此相关的举动。释道猷，被文帝延请至京师，孝武帝即位又敕其为新安寺镇寺法主。又释法瑗，文帝敕其下都，明帝又敕其为湘宫寺法主。另外，像释慧览、释慧璩、释道盛、释慧隆、释僧覆、释超进等都曾受到过刘宋帝王的延请。另外，颇为值得一提的是，刘宋帝王对高僧的延揽，大多不会受到政治的影响。慧远与卢循交好、慧观曾为司马休之看重、僧导曾深得姚兴赏识，但刘裕并不以此而降罪于诸高僧，相反依然是礼遇有加、赏赐丰厚。孝武帝亦是如此，求那跋陀罗与慧璩都曾追随谯王刘义宣，至刘义宣谋反失败，孝武帝依然诚挚延请。孝武帝后因闲谈，问求那跋陀罗："念承相不？"求那跋陀罗回答："受供十年，何可忘德？今从陛下乞愿，愿为丞相三年烧香。"孝武帝凄然惨容，义而许焉。孝武帝对求那跋陀罗为刘义宣烧香三年的举动不加反对，反而大有认同与支持之意，亦可知其对求那跋陀罗之态度。

在帝王对佛教的倡导之下，刘宋宗王也多有人赏识高僧，与之往来密切。根据《高僧传》记载，兹举与高僧关系较密的宗王代表如下：

1. 谯王刘义宣。刘义宣镇守荆州，邀请求那跋陀罗与慧璩与之同行，僧徹去世后，刘义宣为其亲造坟圹。

2. 彭城王刘义康。刘义康曾从僧徹受戒，筵请设斋，穷自下馔。僧伽跋摩，天竺人，少而弃俗，清峻有戒德。宋彭城王义康崇其戒范，广设斋供。释慧睿，冀州人，少出家，执节清峻，刘义康请以为师，再三乃许。

3. 江夏王刘义恭。释昙颖，精勤化导，励节弥坚，宋太宰江夏王义恭最所知重。又释弘充，少有志力，通庄老、解经律，宋太宰江夏文献王义恭雅重之。

4.建平王刘景素。释僧隐，备穷经律，禅慧之风被于荆楚，受到过多位宗王的赏识，山阳王刘休祐与长史张岱，并咨禀戒法，后刺史巴陵王休若与建平王景素，皆税驾禅房屈膝恭礼。432年，刘景素还曾咨释昙斌戒范。

5.临川王刘义庆。宋淮南中寺有释昙冏者，为宋临川康王义庆所重。又，释道儒，姓石，少怀清信，慕乐出家。临川王刘义庆镇南兖时与之相遇，赞成厥志，为其启度出家。

除却以上宗王，豫章王刘子尚、孝敬王刘子鸾、建平宣简王刘宏、南平穆王刘铄、衡阳王刘义季、临川王刘道规、竟陵王刘诞等也都曾与佛道中人交往，对佛法较为崇信。

（二）供养僧尼甚为丰厚

汤用彤先生在《汉魏两晋南北朝佛教史》中曾说道："宋高祖雄才大略，以布衣位至天子，虽闻与僧人交游，然以戎衣定天下，未尝奖挹佛法。"① 汤用彤先生判断基本准确，武帝在位3年，刘宋从战乱中恢复，尚未来得及大力弘扬佛法，但在与僧人的交往中却都提供了一定的资助。武帝追讨卢循，对慧远遣使赍书致敬，并遗钱米。又南讨刘毅时，武帝在江陵与佛耶践陀罗相见，资供备至。以此为发端，刘宋后来之统治者对佛教的资供更为丰厚，至元嘉年间，各地寺院经济实力已经甚为雄厚。据《资治通鉴》载，元嘉二十七年（450），文帝大举伐魏，军用不足，曾经向僧尼筹钱，扬州、南徐州、兖州、江州富民家赀满50万，僧尼满20万，朝廷并四分借一，事息即还。另外，《宋书·王僧达传》还曾载"吴郭西台寺多富沙门"，王僧达遣主簿顾率门义劫寺内沙门竺法瑶，曾经得钱数百万。寺院之经济状况可见一斑。这与刘宋统治者对佛教的资助密不可

① 汤用彤：《汉魏两晋南北朝佛教史》，武汉大学出版社2008年版，第281页。

分。试将宋文帝以来对佛教高僧的资助胪列如表4-1：

表4-1 ^①

帝王	资助对象	资助表现
文帝刘义隆	释慧严	慧严于元嘉二十年卒于东安寺，文帝下诏可给钱五万，布五十匹
文帝刘义隆	求那跋摩	跋摩至京师，文帝乃敕住祇洹寺，供给隆厚
孝武帝刘骏	释慧通	孝武皇帝厚加宠秩
孝武帝刘骏	求那跋陀罗	大明六年，跋陀祈雨成功，孝武帝敕见慰劳，嚫施相续
明帝刘彧	释僧瑾	时湘东践祚，是为明帝。仍敕瑾使为天下僧主，给法伎一部，亲信二十人，月给钱三万。冬夏四时赐并车舆吏力，凡诸外镇皆敕与
明帝刘彧	求那跋陀罗	至太宗之世，礼供弥隆。太始四年去世，太宗深加痛惜，慰赙甚厚
明帝刘彧	释道猛	宋太宗为湘东王时，深相崇荐。及登祚倍加礼接，赐钱三十万以供资待。后敕猛于寺开讲成实，明帝称善，下诏可月给钱三万，令吏四人，白簿吏二十人，车及步舆各一乘

　　除却对表格中所列高僧厚加资给外，根据《比丘尼传》载，刘宋帝王对比丘尼也多有赏赐。如僧念，经常获得文帝与孝武帝之资给，又，宝贤，文帝对其甚为礼遇，孝武帝则"月给钱一万"，至明帝时期"赏接弥崇"。净贤尼，也深受刘宋帝王赏接，明帝对其更是"资给弥重"。要之，刘宋统治者对僧尼提供了极大的经济资助，使得寺庙经济实力日益壮大。这促进了佛教的发展，但同时也滋生了僧尼队伍的众多弊端。

（三）兴建佛寺

　　南朝佛寺兴盛，历来为世人所感叹。根据释法琳《辩正论》统计，东

---

① 表格内容参见《高僧传》各高僧本传。

晋历经 104 年，有佛寺 1768 所，刘宋经过 60 年的发展，有佛寺 1913 所，从数量上的增多可知刘宋佛寺兴建之貌。其中多有刘宋皇族亲自建设的佛寺。刘宋皇族对佛寺的建设与资助是推动佛寺增多的重要原因。汤用彤先生曾经指出，南朝帝王所建佛寺甚多，但因当时记载亡佚而后世又多附会，甚为难考。① 自晋室渡江后，帝王便多有建寺之举，晋简文帝、孝武帝及安帝等都有过建造佛教寺塔之举。刘宋建朝，力倡佛教，依然延续了帝王建寺这一作风。本文仅依据《六朝佛寺志》、《辩正论·十代奉佛篇》、《佛祖统纪·云法通塞志》及《建康实录》的相关记载，对刘宋皇室所建之佛寺加以胪列，以彰显刘宋皇族倡佛之功。

1. 台头寺。宋《太平寰宇记·十五卷》载："宋武北征至彭城，遣长史王虞等立第舍于项羽戏马台，作阁桥渡池。重九日，公引宾佐登此台，会将佐百僚，赋诗以观志……宋于台上置寺。"② 义熙十二年（416），刘裕率军北伐姚秦，以彭城为重要的军事指挥基地，留三子刘义隆镇守，义熙十三年攻克长安又重回彭城，在戏马台宴集群僚，后又在戏马台上置以佛寺。台头寺后改名为宋王寺，武帝伐秦后被封为宋王，更可知其与武帝之关系。

2. 灵根寺与法王寺。唐代释法琳《辩正论·十代奉佛篇》记载："（宋高祖武皇帝）造灵根、法王二寺，供招贤圣遍学千僧也。"为弘扬佛法，武帝建法王寺与灵根寺。又根据《高僧传·宋京师灵根寺释僧瑾传》记载，僧瑾为孝武帝、明帝所重，所获资助甚丰，"瑾性不蓄金，皆充福业，起灵根、灵基二寺，以为禅慧栖止。"③ 两书所载灵基寺之建造并不一致，其各种缘由已无从得知。然而，就算灵基寺确为僧瑾所造，这也离不开刘宋帝王对僧瑾的丰厚赏赐。

3. 报恩寺与阿育王寺。据《佛祖统纪》载："（元嘉）二年，（宋文帝）

---

① 汤用彤：《汉魏两晋南北朝佛教史》，武汉大学出版社 2008 年版，第 281 页。

② （宋）乐史撰，王文楚等校：《太平寰宇记·十五卷》，中华书局 2007 年版，第 1298 页。

③ （梁）释慧皎撰，汤用彤校注，汤一玄整理：《高僧传》，中华书局 1992 年版，第 294 页。

诏于京师为高祖建报恩寺。敕沙门道祐,往鄮县修阿育王寺。"①元嘉二年(425),文帝为纪念武帝刘裕建报恩寺,后改名能仁寺,又令沙门道祐于鄮县建阿育王寺。

4. 天竺寺。根据《南朝佛寺志》记载,求那跋陀罗本为中天竺人,文帝遣使迎接来宋,最初居于祇洹寺,后为其在丹阳郡建天竺寺以居之。

5. 禅云寺。《辩正论》载:"(宋太祖文皇帝)造禅云寺,常供养千僧。"可知,文帝造禅云寺,规模宏大,可供养僧侣上千人。

6. 新安寺。《宋书·蛮夷传》载:"世祖宠姬殷贵妃薨,为之立寺,贵妃子子鸾封新安王,故以新安为寺号。"②殷贵妃,即为殷淑仪,生前深受孝武帝宠爱,去世后孝武帝痛心不已,模仿汉武帝《李夫人赋》作赋加以哀悼,追加贵妃,班亚皇后,又为其建寺,以其子封号"新安王"命名。《南齐书·张融传》也载有此事,孝武帝建成新安寺后,"僚佐多槚钱帛,融独槚百钱",孝武帝因张融所施钱帛甚少而不满,出其为封溪令。

7. 中兴寺。《宋书·蛮夷传》曾载明帝之言,称"(孝武帝)先帝建中兴及新安诸寺",《高僧传》云"孝武起中兴寺"。考其原委,中兴寺实为孝武帝改治新亭寺而成。《高僧传·竺法义传》详细记载了这一过程,竺法义去世后,"(晋孝武帝)帝以钱十万买新亭岗为墓,起塔三级,义弟子昙爽,于墓所立寺,因名新亭精舍。后宋孝武南下伐凶,銮旆至止,式宫此寺。及登禅复幸禅堂,因为开拓,改曰中兴。"③大明四年,又改"中兴寺"为"天安寺"。

8. 药王寺。根据《高僧传·释慧益传》载,释慧益精勤苦行,誓欲烧身成法,大明七年四月八日,于钟山之南置镬办油,准备焚烧,孝武帝多次劝阻而未果,谓慧益烧身处为"药王寺",以拟本事。《佛祖统纪》称

---

① (宋)志磐著,释道法注:《佛祖统纪校注》,上海古籍出版社2012年版,第578页。

② (梁)沈约:《宋书》,中华书局1974年版,第2387页。

③ (梁)释慧皎撰,汤用彤校注,汤一玄整理:《高僧传》,中华书局1992年版,第172页。

"(孝武帝)诏于焚身处建药王寺",《六朝佛寺志》称"帝于所荼毗之处起药王寺,"均指此事。

9.兴皇寺。《高僧传·释道猛传》载:"泰始之初,帝创寺于建阳门外。敕猛为纲领,帝曰:'夫人能弘道,道藉人弘。今得法师,非直道益苍生,亦有光于世望,可目寺为兴皇。'由是成号。"[①]泰始初年,明帝刘彧修建佛寺,由道猛担任纲领,取名"兴皇",意为用佛法来振兴宋世,有着明显的政治色彩。

10.湘宫寺。《南史·虞愿传》载:"帝以故宅起湘宫寺,费极奢侈。以孝武庄严刹七层,帝欲起十层,不可立,分为两刹,各五层。新安太守巢尚之罢郡还见帝,曰:'卿至湘宫寺未?我起此寺是大功德。'愿在侧曰:'陛下起此寺,皆是百姓卖儿贴妇钱,佛若有知,当悲哭哀湣。罪高佛图,有何功德!'"[②]又,《高僧传·释弘充传》载"明帝践祚,起湘宫寺",《高僧传·释法瑶传》亦云:"明帝造湘宫寺。"明帝曾为湘东王,即位后在故居建湘宫寺,并且造势雄伟,想要超过孝武帝七层之庄严刹,求十层而不得,最终分立五层,极尽奢华。如此造寺,本为功德之举,却耗费无数,增添了人民的负担,故而为虞愿所讽谏。

11.栖玄寺。《高僧传·释僧远传》载:"宋建平王景素谓栖玄寺是先王经始,既等是人外欲请远居之,殷勤再三,遂不下山。"[③]刘景素为刘宏之子,刘宏为文帝七子,泵被封为"建平宣简王",可知栖玄寺为刘宏所建。

12.禅林寺。根据《比丘尼传·禅林寺净秀尼传》记载,静秀尼戒行精修,大明七年南昌公主与黄修仪为之施地建精舍,泰始三年,明帝加以

① (梁)释慧皎撰,汤用彤校注,汤一玄整理:《高僧传》,中华书局1992年版,第296页。

② (唐)李延寿:《南史》,中华书局1975年版,第1710页。

③ (梁)释慧皎撰,汤用彤校注,汤一玄整理:《高僧传》,中华书局1992年版,第317页。

整修，取名禅林。《建康实录》许嵩注云："此惠日寺，是宋之禅林寺，王修仪为尼净秀立精舍，新蔡公主为佛殿。泰始三年，明帝助修，号曰禅林。"[1] 可知，禅林寺的建造与刘宋南昌公主、新蔡公主及明帝存有密切的关系。

13. 延寿寺。《建康实录·太祖文皇帝》载："置延寿寺，西北去县八十里"，许嵩引《寺记》注云："元嘉二年，义阳王昶母谢太妃造，隋末废，上元三年置，又名延熙寺。"[2] 刘昶为文帝九子，元嘉二十二年二月被封为"义阳王"，其母谢太妃于元嘉二年造延寿寺。

14. 庄严寺。《建康实录·孝宗穆皇帝》，许嵩在注中曾云："（谢尚）于永和四年舍宅造寺，名庄严寺。宋大明中，路太后于宣阳门外太社药园造庄严寺，改此为谢镇西寺。"又，《南史·虞愿传》曾载"孝武庄严刹七层"，可知此寺规模比较雄伟。谢尚曾建寺，取名庄严寺，后大明中路太后又造寺，取名亦为庄严寺，故而改谢尚之寺为谢镇西寺。路太后为孝武帝生母，亲建佛寺，可知孝武帝时皇室贵族对佛教的崇尚。

考察以上诸寺可知，刘宋皇室多有建寺之举，帝王、宗王甚至是后宫的妃嫔与公主也都有所参与，促进了刘宋佛寺的兴盛。

（四）建造佛像

除却建立佛寺，刘宋皇族也有造像之举，集中发生在孝武帝、明帝时期。孝武帝、明帝亲自下诏建造佛像，并且体态雄伟，耗资巨大。僧佑《出三藏记集》第12卷《法苑杂缘原始集目录序》有：《宋孝武皇帝无量寿佛记》《宋明皇帝造丈四金像记》《宋明皇帝齐文皇文宣造行像八部鬼神记》，可知孝武帝与明帝所造之像。明帝建湘宫寺极为奢华，建造佛像亦追求体态雄伟。《高僧传·释法悦传》曾载："又昔宋明皇帝，经造丈八金

---

① （唐）许嵩撰，张忱石点校：《建康实录》，中华书局1986年版，第476页。

② （唐）许嵩撰，张忱石点校：《建康实录》，中华书局1986年版，第442页。

像四铸不成，于是改为丈四。"① 明帝为追求"丈八"的体态而进行四铸，极为费时耗材，对佛寺与佛像的建造，已经带上了劳民伤财的意味。

造像耗费巨大，武帝、文帝崇尚节俭，考察相关文献，个人基本没有下令造像，但两人在不同程度上对造像表示了一定支持，文帝还曾有所参与。东晋末年，刘裕担任相国，铜禁甚严，犯者必死。释僧洪用铜造丈六金像，坐罪系于相府，本应处死，但刘裕最终予以赦免。刘裕掌权，重振朝纲，以身范物，纪律甚为严明，但却对僧洪网开一面，可知其对佛教之态度。另，刘裕对获得的佛像也较为重视，加以供养。《高僧传·释慧力传》载："司徒王谧尝入台，见东掖门口有寺人掷樗，戏樗所著处辄有光出。怪令掘之，得一金像，合光跌长七尺二寸。谧即启闻，宋高祖迎入台供养。宋景平末送出瓦官寺，今移龙光寺。"② 刘裕得像颇具神化色彩，极有可能是王谧等人为其制造的符瑞，但刘裕将佛像迎入台并加以供养，可知刘裕对佛教的支持。文帝曾亲自参与为佛像制造金属圆光，《高僧传·释僧亮传》载，僧亮制造丈六金像，铸成后还都，"唯焰光未备，宋文帝为造金薄圆光，安置彭城寺。至宋泰始中。明帝移像湘宫寺，今犹在焉。"③ 文帝为佛像造金属圆光，并且安置在彭城寺供养。

（五）从高僧受戒，敕高僧为师友

刘宋帝王对佛教的崇尚，还体现为多敕高僧为皇族子弟之师友，与之交游，并且皇室中也多有人从高僧受戒。根据《高僧传》记载，试将被敕为皇族成员师友之高僧胪列如下④：

---

① （梁）释慧皎撰，汤用彤校注，汤一玄整理：《高僧传》，中华书局 1992 年版，第493 页。

② （梁）释慧皎撰，汤用彤校注，汤一玄整理：《高僧传》，中华书局 1992 年版，第481 页。

③ （梁）释慧皎撰，汤用彤校注，汤一玄整理：《高僧传》，中华书局 1992 年版，第485 页。

④ 以下诸条材料皆参见《高僧传》各僧本传。

1. 释道照。临川王道规从受五戒。奉为门师。

2. 释僧导。夏连勃勃攻取长安，刘义真因僧导之力而得以免。高祖感之，因令子侄内外师焉。

3. 释慧观。宋武南伐休之，至江陵与观相遇，倾心待接，依然若旧。因敕与西中郎游，即文帝也。

4. 释慧通。孝武皇帝厚加宠秩，敕与海陵、建平二王为友。

5. 释僧瑾。宋孝武敕为湘东王师，苦辞以疾，遂不获免。（湘东王）王从请五戒，甚加优礼。

6. 释僧璩。少帝准从受五戒，豫章王子尚崇为法友。

7. 道表律师。时又有道表律师，率真有高行，宋明帝敕晋熙王爽从请戒焉。

8. 求那跋摩。初跋摩至京，文帝欲从受菩萨戒。会虏寇侵强未及咨禀，奄而迁化。

9. 求那跋陀罗。大将军彭城王义康、丞相南谯王义宣，并师事焉。

10. 释法瑗。（文帝）帝敕为南平穆王铄五戒师，及孝武即位，敕为西阳王子尚友。

11. 释玄畅。宋文帝深加叹重。请为太子师。

12. 释僧徹。彭城王义康仪同萧思话等，并从受戒法。

13. 释僧远。宋明践祚请远为师，竟不能致。

14. 释慧睿。宋大将军彭城王义康请以为师，再三乃许。王请入第受戒。

以上高僧皆担任过皇族成员之师抑或是友，在皇族成员思想及才学的培养中发挥了重要的作用。同时也为刘宋皇族营造了浓郁的尚佛气息，为历代皇族对佛教的倡导奠定了基础。

（六）延请高僧讲经说法

刘宋皇族对高僧之讲经说法非常感兴趣，并且多有称善，多次延请高僧来宫中说法，有时也会亲临法会听高僧讲经，有的帝王还亲自设会命高僧参加。

1.武帝曾于内殿设斋，听道照讲法。《高僧传·释道照传》载："宋武帝尝于内殿斋，照初夜略叙：'百年迅速迁灭，俄顷苦乐，参差之因召。如来慈应六道，陛下抚矜一切。'武帝言善，久之斋竟，别嚫三万。"① 道照之"陛下抚矜一切"，颇能迎合统治者的心思，武帝欣赏道照对天下迁灭及苦乐的讲解，很长时间方结束斋会，并且对道照赏赐非常丰厚。

2.文帝向求那跋摩问法。文帝敦请求那跋摩，元嘉八年正月跋摩达于建康，文帝引见劳问殷勤，并且趁机问法。《高僧传·求那跋摩传》详细记载了这一过程，云：

（文帝）因又言曰："弟子常欲持斋不杀，迫以身殉物不获从志。法师既不远万里来化此国，将何以教之？"跋摩曰："夫道在心不在事，法由己非由人。且帝王与匹夫所修各异，匹夫身贱名劣，言令不威，若不克己苦躬，将何为用？帝王以四海为家，万民为子，出一嘉言则士女咸悦，布一善政则人神以和。刑不夭命，役无劳力，则使风雨适时，寒暖应节，百谷滋繁，桑麻郁茂。如此持斋，斋亦大矣。如此不杀，德亦众矣。宁在阙半日之餐全一禽之命，然后方为弘济耶。"帝乃抚机叹曰："夫俗人迷于远理，沙门滞于近教。迷远理者，谓至道虚说，滞近教者，则拘恋篇章。至如法师所言，真谓开悟明达，可与言天人之际矣。"乃敕住祇洹寺，供给隆厚。②

文帝有心崇佛，但身为帝王，不免杀伐等事，故而请求那跋摩解惑。求那跋摩解释了帝王崇佛与俗人之不同，帝王虽不能克己苦躬佛教教义，但若

---

① （梁）释慧皎撰，汤用彤校注，汤一玄整理：《高僧传》，中华书局1992年版，第510页。
② （梁）释慧皎撰，汤用彤校注，汤一玄整理：《高僧传》，中华书局1992年版，第108页。

能推行善政整理好国家，自是弘济佛道。文帝对求那跋摩之开解甚为欣赏，敕其入住祇洹寺，并供给隆厚。

3.文帝多次延请僧弼说法。据《高僧传·释僧弼传》记载，僧弼游历名邦，备瞻风化，后止彭城寺，文帝对其十分器重，经常延请其讲经说法，传载"文皇器重，每延讲说"。①

4.文帝延请道猷讲解顿悟之义。文帝得知道猷善解顿悟之义，敕临川郡，发遣出京，既至京师，文帝即延入宫内，大集义僧，令猷申述顿悟。讲解场面十分热烈，"时竞辩之徒，关责互起。猷既积思参玄又宗源有本，乘机挫锐，往必摧锋。"文帝于是"抚机称快"。

5.孝武帝敕僧导开讲维摩。孝武帝即位，延请僧导至京师中兴寺，僧导因孝建之初，三纲更始，感事怀惜，悲不自胜。（孝武帝）帝亦哽咽良久，即敕僧导于瓦官寺开讲维摩，自己亲自临幸，公卿大臣必集。僧导讲后，"帝称善久之，坐者咸悦"。

6.孝武帝与释僧璩论法。僧璩曾跟随谯王刘义宣，至刘义宣叛乱失败，僧璩还京师，孝武帝设斋，僧璩担任唱导。孝武帝问僧璩："今日之集何如梁山？"僧璩回答："天道助顺，况复为逆？"孝武帝即位，地方诸王多有叛乱，僧璩以刘义宣之叛乱为例，称"天道助顺，况复为逆"，表明了对孝武帝政治立场的支持与维护，因此孝武帝"悦之"，并"别嚫一万"。

7.孝武帝与释昙宗论法。昙宗唱说之功独步当时，尝为孝武帝唱导，孝武帝曾笑问昙宗："朕有何罪而为忏悔？"昙宗答曰："昔虞舜至圣，犹云予违尔弼，汤武亦云万姓有罪在予一人。圣王引咎，盖以轨世。陛下德迈往代，齐圣虞殷，履道思冲，宁得独异。"昙宗将孝武帝与虞舜、汤武等圣人明君相提并论，孝武帝"大悦"其解答。后孝武帝宠妃殷淑仪薨，三七设会孝武帝悉请昙宗。

8.道猛于兴皇寺开讲《成实》，明帝亲临现场。明帝对道猛深相崇荐，

---

① （梁）释慧皎撰，汤用彤校注，汤一玄整理：《高僧传》，中华书局1992年版，第268页。

建兴皇寺敕道猛为纲领，后又敕道猛在兴皇寺开讲《成实》，自己也亲临现场。《高僧传》云："敕猛于寺开讲成实，序题之日帝亲临幸，公卿皆集。"① 道猛神韵无忤，吐纳详审，明帝称善久之，赏赐更加丰厚。

9.明帝建成湘宫寺，大开讲肆。《高僧传》载："明帝造湘宫新成，大开讲肆，妙选英僧。敕请瑗充当法主，帝乃降跸法筵，公卿会座，一时之盛观者荣之。"② 明帝敕请法瑗为湘宫寺法主，妙选英僧讲经说法，明帝"降跸法筵"，公卿大夫云集，场面十分壮观。

10.明帝延请释慧隆于湘宫寺讲《成实》。慧隆凝心佛法，贯通众典，宋明帝请其于湘宫开讲成实，"负帙问道八百余人，其后王侯贵胜屡招讲说。凡先旧诸义盘滞之处，隆更显发开张，使昭然可了"③。明帝在泰始年间延请慧隆于湘宫寺讲《成实》，规模十分盛大，负帙问道者有八百余人，在明帝的率领下，此后王侯贵族多邀请慧隆讲法。

以上延请高僧讲法的事例，均为《高僧传》之明确记载之材料。刘宋皇族与佛道高僧往来者甚众，除却文献之记载，对其他高僧之讲经论法应亦有所听取，本书不再一一考证。另外，通过考证刘宋帝王对高僧讲经说法的听取亦可获知，刘宋帝王对佛法的兴趣并不一致，要而言之，文帝对佛家顿悟之义较为热衷，孝武帝则偏好《维摩》，明帝则喜欢《成实》，三人不同的欣赏口味，对佛教不同的流派的发展也起到了不同的作用。

（七）设置斋戒

东晋时期"八关斋"已经较为流行，支道林曾有《八关斋诗三首》来阐释八关斋的形式与内容。刘宋建朝，"八关斋"日益完善，经常成为名士与高僧相聚的文雅场合，刘宋皇族出于对佛法的崇尚，也亲自奉行斋戒。《高僧传·释竺道生传》载：

① （梁）释慧皎撰，汤用彤校注，汤一玄整理：《高僧传》，中华书局 1992 年版，第 296 页。
② （梁）释慧皎撰，汤用彤校注，汤一玄整理：《高僧传》，中华书局 1992 年版，第 313 页。
③ （梁）释慧皎撰，汤用彤校注，汤一玄整理：《高僧传》，中华书局 1992 年版，第 327 页。

后太祖设会，帝亲同众御于地筵。下食良久，众咸疑日晚。帝曰：
"始可中耳。"生曰："白日丽天，天言始中，何得非中？"遂取钵便食。
于是一众从之，莫不叹其枢机得衷。王弘、范泰、颜延之并挹。①

文帝设会进行斋戒，名士与高僧齐聚，文帝与众人共同于地筵进食。
佛家认为清早、中午、日暮、昏夜分别是天食时、佛食时、畜生食时及鬼
神食时。因此，"过中不食"是佛家八关斋之一。文帝设会斋戒，亦遵循
"过中不食"这一戒律，但以竺道生为首，众人皆遵循文帝对时间的认定，
有可能过中依然在食，这充分说明了佛教在流传过程中的政治色彩。只有
迎合统治者的需求，才能获得更大的发展空间。

根据文献记载，孝武帝多次设斋并命僧人唱导。斋戒时，孝武帝奉法
较严，曾经因官员不遵斋戒规定而罢免官员。《宋书·袁粲传》载：

孝建元年，世祖率群臣并于中兴寺八关斋，中食竟，愍孙别与黄
门郎张淹更进鱼肉食。尚书令何尚之奉法素谨，密以白世祖，世祖使
御史中丞王谦之纠奏，并免官。②

孝武帝举行斋戒，愍孙（即袁粲）却在中食以后与张淹共同进食鱼
肉，既违反了蔬食的原则又不符合"过中不食"戒律，孝武帝将其免官。
由此可看出，孝武帝对佛教斋戒之事的重视。

（八）尊重佛教仪式

有为之教，义各有之。佛教传入中国，虽然其教义与中国儒学、玄学
有所论争，但依然可以求同存异，不至于水火不容、相互毁灭。但对佛教

---

① （梁）释慧皎撰，汤用彤校注，汤一玄整理：《高僧传》，中华书局 1992 年版，第
255—256 页。
② （梁）沈约：《宋书》，中华书局 1974 年版，第 2229 页。

之外在的行为举止，如不跪拜王者之礼，在东晋便曾有人欲加以控制来凸显皇权的尊严。文帝时期，"踞食"之制曾引发激烈争论，而文帝对佛教礼仪则持宽容与尊重的态度，表现了对佛教的支持。

　　按照中国传统的礼法，当以"跪坐"为主，"踞坐"乃为极其无礼的一种坐姿。"踞坐"而食，即为进食时伸出双腿而坐，不符合中国之传统礼仪，却是印度的进食习俗。印度为佛教之发源地，不少高僧保留了这一传统。元嘉年间，祇洹寺有高僧依据《摩诃僧祇律》，实行踞食，从而引发了中国传统礼仪之士的反对，郑鲜之与范泰都曾上表反对。郑鲜之上《与沙门论踞食书》，云："踞食之教，义无所弘，进非苦形，退贻慢易。见形而不及道者，失其恭肃之情，而启骇慢之言，岂圣人因事为教，章甫不适越之义邪？"[1] 郑鲜之认为踞食之礼，有违传统礼教之义，应该加以纠正。范泰建祇洹寺，对寺内的踞食之制反应更为强烈。范泰首先作书给王弘，王弘当时深得文帝器重，担任司徒，位重一时，范泰想要得到王弘的支持。《与司徒王弘诸公书论道人踞食》云："坐禅取定，义不夷俟，踞之食美，在乎食不求饱。此皆一国偏法，非天下通制，亦由寒乡无之礼，日南绝毡裘之律，不可见大禹解裳之初，便谓无复章甫，请各两舍，以付折衷君子。"[2] 范泰认为"踞食"是一国之偏法，并非天下之通制，希望王弘能给予支持加以废止。事情无果，范泰又作《论沙门踞食表》，上表文帝，表中依然称"踞食"之礼是"自一国偏法，非经通永制"，并且实行下去会有碍社会教化，希望文帝废止。文帝作诏书答复范泰，诏书云：

　　　　知与慧义论踞食，近亦粗闻。率意不异来旨，但不看佛经，无经制以所见耳，不知慧严云何？道生便是悬同，慧观似未肯悔其始位

---

① （清）严可均：《全上古三代秦汉三国六朝文》，中华书局 1958 年版，第 2572 页。
② （清）严可均：《全上古三代秦汉三国六朝文》，中华书局 1958 年版，第 2517 页。

也，比自可与诸道人更求其中邪？祗洹碑赞，乃不忘相许。既非所习，加以无暇，不获相酬，甚以为恨。①

从文帝答复范泰的诏书可知，文帝了解范泰与慧义等僧人争论"踞食"之礼的事情，诏书中称"可与诸道人更求其中"，命范泰继续与僧人协调此事，而自己并没有明确表示反对。另外，根据《高僧传·释竺道生传》记载，文帝还曾设斋戒，与众人一起"御于地筵"，可知文帝对佛教礼仪的尊重与宽容。

（九）与事佛之国往来密切

刘宋建朝后，特别是文帝时期，与西方事佛之国往来甚为密切，这与统治者的倡佛有直接的关系。根据《宋书》各帝王本纪与《宋书·蛮夷传》记载，西方事佛之国与刘宋的往来见表4-2：②

表4-2

国家	时间	往来情况
扶南国（三次）	文帝元嘉十一年、十二年、十五年	国王持黎跋摩遣使奉献
西南夷诃罗驼国（一次）	文帝元嘉七年	遣使奉表
呵罗单国（五次）	文帝元嘉七年、十年、十三年、二十六年、二十九年	元嘉七年：遣使献金刚指环、赤鹦鹉鸟、天竺国白叠古贝、叶波国古贝等物。 元嘉十年：呵罗单国国王毗沙跋摩奉表。 元嘉十三年：其后为子所篡夺。十三年，又上表。 元嘉二十六年：又遣使。 元嘉二十九年：又遣长史婺和沙弥献方物

---

① （清）严可均：《全上古三代秦汉三国六朝文》，中华书局1958年版，第2452页。
② 表格内容参见《宋书·蛮夷传》。

续表

国家	时间	往来情况
婆皇国（六次）	文帝元嘉二十六年、二十八年，孝武帝孝建三年，大明三年、八年，明帝泰始二年	元嘉二十六年：国王舍利婆罗跋摩遣使献方物四十一种。 元嘉二十八年：复贡献。 孝建三年：又遣长史竺那婆智奉表献方物。 大明三年：献赤白鹦鹉。 大明八年、太宗泰始二年：又遣使贡献
婆达国（三次）	文帝元嘉二十六年（两次）、元嘉二十八年	元嘉二十六年：国王舍利不陵伽跋摩遣使献方物。 元嘉二十六年、二十八年：复遣使献方物
阇婆婆达国（一次）	元嘉十二年	国王师黎婆达驼阿罗跋摩遣使奉表
狮子国（两次）	文帝元嘉五年、十二年	元嘉五年：国王刹利摩诃南奉表，托四道人遣二白衣送牙台像。 元嘉十二年：又复遣使奉献
天竺迦毗黎国（两次）	文帝元嘉五年、明帝泰始二年	元嘉五年：国王月爱遣使奉表，奉献金刚指环、摩勒金环诸宝物、赤白鹦鹉各一头。 泰始二年：又遣使贡献，以其使主竺扶大、竺阿弥并为建威将军
苏摩黎国（一次）	文帝元嘉十八年	苏摩黎国国王那邻那罗跋摩遣使献方物
斤驼利国（一次）	孝武帝孝建二年	斤驼利国国王释婆罗那邻驼遣长史竺留驼及多献金银宝器
婆黎国（一次）	后废帝元徽元年	婆黎国遣使贡献

《宋书·蛮夷传》载："以上诸国，皆事佛道。"可知刘宋一朝，与事佛之国往来十分密切，特别是文帝时期，事佛之国多次遣使来访，贡献方物，这虽然与刘宋国力强盛有重要的关系，但与刘宋统治者崇佛之信仰亦密不可分。诸多国家在遣使所奉的表中都谈到了这一点。西南夷诃罗驼国，元嘉七年遣使所奉的表中开头便称"伏承圣主，信重三宝，兴

立塔寺，周满国界"，又称"伏惟皇帝，是我真主"①，因文帝对佛教的倡导，视其为"真主"。元嘉十年，呵罗单国国王毗沙跋摩上表则曰："诸佛世尊，常乐安隐，三达六通，为世间道，是名如来，应供正觉，遗形舍利，造诸佛像……"②元嘉五年，狮子国国王刹利摩诃南奉表表示"欲与天子共弘正法，以度难化"，并且使白衣道人送牙台佛像为证。③又元嘉五年，天竺迦毗黎国国王月爱遣使奉表称刘宋："国中众生，奉顺正法，大王仁圣，化之以道，慈施群生，无所遗惜。"④认为刘宋为佛教圣地。面对事佛之国的来访，刘宋统治者大都表示出了尊重与欢迎，元嘉二十六年，文帝曾下诏："呵罗单、婆皇、婆达三国，频越遐海，款化纳贡，远诚宜甄，可并加除授。"⑤要之，刘宋与事佛之国往来密切，是刘宋统治者倡佛的重要表现，同时对加强佛学的交流与发展具有重要意义。

二、刘宋皇族斥佛的表现

就整体来说，倡佛是刘宋皇族的主流，但前废帝刘子业即位后，却毁佛寺、逐僧尼，表现出了明显的斥佛倾向。大明八年（464），孝武帝驾崩，前废帝刘子业即位，在位不到两年，并没有形成自己独到的宗教政策，其对佛教的主要态度就是破坏孝武帝的佛教成果，逆孝武帝之生前意志而行。前废帝刘子业虽贵为太子，但并没有得到孝武帝的宠爱，反而因学业等问题，屡遭孝武帝斥责。孝武帝生前偏宠殷淑仪，对其子新安王刘子鸾也较为宠爱，前废帝即位后便因嫉恨刘子鸾所得孝武帝之宠爱而将其杀害。《宋书·始平孝敬王刘子鸾传》载："（前废帝）帝素疾子鸾有

---

① （梁）沈约：《宋书》，中华书局1974年版，第2380页。
② （梁）沈约：《宋书》，中华书局1974年版，第2381页。
③ （梁）沈约：《宋书》，中华书局1974年版，第2384页。
④ （梁）沈约：《宋书》，中华书局1974年版，第2385页。
⑤ （梁）沈约：《宋书》，中华书局1974年版，第2382页。

宠，既诛群公，乃遣使赐死，时年十岁。"①刘子鸾年仅 14 岁便被前废帝赐死，原因也只是生前受到孝武帝的宠爱，难怪临死前感叹"惟愿身后不复生天王家"。此外，前废帝对孝武帝也表现出了大不敬，企图挖掘孝武帝、殷贵妃坟墓而泄心头之恨，同时也毁掉了孝武帝为殷贵妃所建的新安寺。《南史·宋前废帝本纪》载："帝自以为昔在东宫，不为孝武所爱，及即位，将掘景宁陵，太史言于帝不利而止。乃级粪于陵，肆骂孝武帝为'驴奴'，又遣发殷贵妃墓，忿其为孝武所宠。初，贵嫔薨，武帝为造新安寺，乃遣坏之。又欲诛诸远近僧尼。"②前废帝因对孝武帝之私恨，毁坏了新安寺，并且想要诛杀新安寺之僧尼。除此以外，据《宋书·天竺迦毗黎国传》载，前废帝毁坏新安寺后，"寻又毁中兴、天宝诸寺"，可知前废帝毁坏了多处佛寺。

除却毁坏佛寺，前废帝也废除了孝武帝对佛教的相关政策。大明六年（462），孝武帝"制沙门致敬人主"。沙门本来不跪拜帝王，这与中国之礼俗甚为不合，东晋欲使沙门向王者致敬，但因皇权衰弱，未能实现。至孝武帝时期，主权独运，帝王威权已经大大加强，因此，孝武帝命沙门向人主致敬。这一政策虽然受到了部分僧侣的抵制，但孝武帝不惜采用酷刑等强硬的手段，最终在一定程度上实现了这一制度，沙门开始跪拜帝王。前废帝即位，废止了孝武帝的策略。《宋书·天竺迦毗黎国传》载"前废帝初，复旧"，又《高僧传·释僧远传》曾载僧远因不愿服从孝武帝规定而隐居定林山，后有载"及景和之中，此制又寝，还遵旧章"，可知前废帝即位后制停沙门向王者致敬。孝武帝崇尚改革，在经济、刑法及国家政治机构等方面都与文帝时期有所不同，但至前废帝时期则又恢复了元嘉时期的政策。《宋书·前废帝本纪》载，至前废帝时期，"孝建以来所改制度，还依元嘉。"③前废帝制停沙门致敬王者，并非出于

---

① （梁）沈约：《宋书》，中华书局 1974 年版，第 2065 页。

② （唐）李延寿：《南史》，中华书局 1975 年版，第 69 页。

③ （梁）沈约：《宋书》，中华书局 1974 年版，第 142 页。

对佛教的维护与尊重，而是出于对孝武帝的怨恨，想要毁掉孝武帝制定的一切政策。前废帝在位时间较短，其对佛教的政策并未对刘宋佛教的发展造成严重的阻碍，并且其对佛寺的破坏、对僧尼的驱逐，在明帝即位后都得到了修复。明帝定乱，曾下令"招集旧僧，普各还本，并使材官，随宜修复"①。

虽然明帝修复了前废帝对佛教的破坏，但后来明帝个人对鬼神之说的崇信，在一定程度上也降低了对佛教的热情，与个别高僧表现出了疏离的倾向，影响了佛教的发展。明帝曾以僧瑾为师，并从僧瑾受五戒，对僧瑾甚加优礼，然而后来则"恩礼遂薄"。《高僧传·释僧瑾传》载："及明帝末年颇多忌讳，故涅槃灭度之法于此暂息。凡诸死亡、凶祸、衰白等语，皆不得以对。因之犯忤而致戮者十有七八，瑾每以匡谏，恩礼遂薄。"②明帝因对鬼神之说的迷信，而对佛家教义也多有忌讳，并且还有人因此而致戮。僧瑾多次加以匡谏，明帝对其遂大不如从前。

第二节　刘宋皇族对佛教的管制

一、限制佛寺与佛像的建造

刘宋佛寺与佛像的建造虽然与帝王有不可分割的关系，特别是在孝武帝与明帝时期，但在刘宋前期，武帝与文帝较为节俭，对佛寺与佛像的建造采取了一定的限制策略。东晋末年，刘裕担任相国，实行铜禁，释僧洪造丈六金像，坐罪系于相府，僧洪"自念必死"，虽然刘裕最终赦免了僧

---

① （梁）沈约：《宋书》，中华书局 1974 年版，第 2388 页。

② （梁）释慧皎撰，汤用彤校注，汤一玄整理：《高僧传》，中华书局 1992 年版，第295 页。

洪，体现了刘裕对佛教的崇尚，但由此亦可获知，刘裕实行铜禁甚为严格，在一定程度上限制了佛像的大量制造。文帝时期，实行文治，社会更加稳定，佛教势力更加壮大，寺院、佛像多有建设，僧尼数量也急剧增加，同时也滋生了诸多弊端。为此，元嘉十二年，丹阳尹萧摩之奏曰：

> 佛化被于中国，已历四代，形像塔寺，所在千数，进可以去心，退足以招劝。而自顷以来，情敬浮末，不以精诚为至，更以奢竞为重。旧宇颓弛，曾莫之修，而各务造新，以相姱尚。甲第显宅，于兹殆尽，材竹铜彩，糜损无极，无关神祇，有累人事。建中越制，宜加裁检，不为之防，流道未息。请自今以后，有欲铸铜像者，悉诣台自闻；兴造塔寺精舍，皆先诣在所二千石通辞，郡依事列言本州；须许报，然后就功。其有辄造寺舍者，皆依不承用诏书律，铜宅林苑，悉没入官。[①]

萧摩列举了佛寺与佛像竞相建造所带来的弊端，从而奏请对此加以管制。铸造铜像，需向台省官署汇报，建造佛寺与精舍则需向所在郡的长官汇报，长官又需向本州请示。如若不按照条例办事，则以律法处置，并且所建造者一律没收充公。文帝"诏可"，实行了萧摩的建议，对佛寺、佛像的建造进行了有效的管制。

二、沙汰沙门，净化僧尼队伍

刘宋统治者礼遇高僧，赏赐丰厚，同时也造成了僧尼数量的增长，沙门难免鱼龙混杂。为整顿佛家风纪，防止僧尼队伍泛滥，武帝曾下令沙汰沙门，驱逐败道乱俗之僧尼。《出三藏记集》载有"宋武为相时沙汰道人教"，《广弘明集》则详细记载了刘裕所下发的这一《沙汰僧徒诏》：

---

① （梁）沈约：《宋书》，中华书局1974年版，第2386页。

门下：佛法诡替，沙门混杂，未足扶济鸿教，而专成逋薮。加以奸心频发，凶状属闻，败道乱俗，人神交怨。可符所在，与寺耆长，精加沙汰。后有违犯，严其诛坐，主者详为条格，速施行。①

刘裕诏令要求沙门对僧尼"精加沙汰"，有违反者则"严其诛坐"，执行甚为严格。

根据《宋书·刘粹传》载，刘粹在文帝时期"迁使持节、督雍梁南北秦四州荆州之南阳竟陵顺阳襄阳新野随六郡诸军事、征虏将军、领宁蛮校尉、雍州刺史、襄阳新野二郡太守"，在任时"简役爱民，罢诸沙门二千余人，以补府史"②，可知文帝即位也对沙门严加管制，刘粹精简沙门僧尼，被遣散的僧人还担任了"府史"，得到了很好的利用。又，据《宋书·天竺迦毗黎国传》记载，文帝同意丹阳尹萧摩奏请，对佛寺、佛像加以管制，同时"又沙汰沙门，罢道者数百人"，对僧尼也进行了沙汰。

孝武帝于大明二年，也曾沙汰僧人。《宋书·天竺迦毗黎国传》载：

世祖大明二年，有昙标道人与羌人高阇谋反，上因是下诏曰："佛法诡替，沙门混杂，未足扶济鸿教，而专成逋薮。加奸心频发，凶状屡闻，败乱风俗，人神交怨。可付所在，精加沙汰，后有违犯，严加诛坐。"于是设诸条禁，自非戒行精苦，并使还俗。③

因僧人昙标与羌人高阇意图勾结谋反，孝武帝因此下诏"精加沙汰"，将并非戒行精苦之僧尼还俗，对违反者"严加诛坐"。

佛教传入中国，"在上者奖励殷勤，在下者遂骄奢自恣"④，佛教沙门

① （唐）释道宣：《广弘明集》，上海古籍出版社1991年版，第272页。
② （梁）沈约：《宋书》，中华书局1974年版，第1380页。
③ （梁）沈约：《宋书》，中华书局1974年版，第2386—2387页。
④ 汤用彤：《魏晋南北朝佛教史》，武汉大学出版社2008年版，第305页。

滋生了诸多弊端，武帝、文帝及孝武帝在位时皆对沙门僧尼进行过精简。

三、设立僧官，端正沙门纲纪

为端正沙门纲纪，乃选德高望重之僧尼担任僧官，以管理沙门。据汤用彤先生考察，僧官设置之详已不可知，大致可考的则是开始于姚兴。据《高僧传·释僧䂮传》记载，姚兴崇信三宝，"远僧复集，僧尼既多，或有愆漏"，姚兴对僧䂮深相顶敬，立其为僧主以清大望。《高僧传》记载此事云：

> （姚兴）因下书曰："大法东迁于今为盛，僧尼已多，应须纲领宣授远规以济颓绪。僧䂮法师学优早年，德芳暮齿，可为国内僧主。僧迁法师，禅慧兼修，即为悦众，法钦、慧斌共掌僧录，给车舆吏力。"资侍中秩，传诏羊车各二人，迁等并有厚给，共事纯俭，允惬时望。五众肃清，六时无怠。至弘始七年，敕加亲信伏身白从各三十人。僧正之兴，䂮之始也。①

姚兴为整顿佛教纲纪，选择德望较高之僧人担任僧官，僧主、悦众及僧录皆为僧官，并且也都有相关的俸禄。姚兴命"僧䂮"为"僧主"，《高僧传》又载"僧正之兴，䂮之始也"，可知"僧主"与"僧正"大致相当，应为最高僧官。

东晋是否设置僧官已经很难考证，刘宋建朝，武帝刘裕则明确设置僧官以管理佛教。《高僧传》云："时瓦官又有释法和者，亦精通数论，致誉当时。为宋高祖所重，敕为僧主焉。"② 法和，精通数论，名重当时，刘

① （梁）释慧皎撰，汤用彤校注，汤一玄整理：《高僧传》，中华书局 1992 年版，第 240 页。

② （梁）释慧皎撰，汤用彤校注，汤一玄整理：《高僧传》，中华书局 1992 年版，第 272 页。

裕以其为僧主。可知，自刘宋建朝，统治者便开始设置僧官以管理佛教。根据《高僧传》记载，试将刘裕之后，刘宋统治者所设置的僧官胪列如表 4-3 所示：

表 4-3

帝王	僧人	官职	相关记载
文帝	释道渊	寺主	宋文帝以渊行为物轨。敕居寺住。(《高僧传·释道渊传》)
文帝	释慧严	豫受	(文帝) 帝敕任豫受焉。(《高僧传·释慧严传》)
孝武帝	释法颖	都邑僧正	孝武南下改治此寺 (新亭寺)，以颖学业兼明。敕为都邑僧正
孝武帝	释道温	都邑僧主	孝建初被敕下都，止中兴寺。大明中敕为都邑僧主。(《高僧传·释道温传》)
孝武帝	释昙岳与释智斌	僧正	先是智斌沙门，初代昙岳为僧正。(《高僧传·释僧瑾传》)
孝武帝	释僧璩	僧正、悦众	宋孝武钦其风闻，敕出京师为僧正、悦众，止于中兴寺。(《高僧传·释僧璩传》)
孝武帝	释慧璩	京邑都维那	帝悦之，明旦别嚫一万，后敕为京邑都维那。(《高僧传·释慧璩传》)
孝武帝	释道汪	寺主	悦还都，具向宋孝武述汪德行，帝即敕令迎接为中兴寺主。(《高僧传·释道汪传》)
孝武帝	释道猷	法主	及孝武升位，尤相叹重。乃敕住新安，为镇寺法主。(《高僧传·释道猷传》)
明帝	释僧瑾	僧主	时湘东践祚，是为明帝。仍敕瑾使为天下僧主，给法伎一部，亲信二十人，月给钱三万。冬夏四时赐并车舆吏力，凡诸外镇皆敕与。(《高僧传·释僧瑾传》)
明帝	释僧覆	寺主	宋明帝深加器重。敕为彭城寺主。(《高僧传·释僧覆传》)
明帝	释道猛	纲领	泰始之初，帝创寺于建阳门外，敕猛为纲领。(《高僧传·释道猛传》)
明帝	释弘充	纲领	明帝践祚，起湘宫寺，请充为纲领。(《高僧传·释弘充传》)

续表

帝王	僧人	官职	相关记载
明帝	释法瑗	法主	及明帝造湘宫新成，大开讲肆，妙选英僧，敕请瑗充当法主。(《高僧传·释法瑗传》)
明帝	释慧亮与释昙斌	法主	敕亮(慧亮)与斌(昙斌)递为法主。(《高僧传·释慧亮传》)
明帝	宝贤	寺主	明帝即位，赏接弥崇。以泰始元年敕为普贤寺主。(《比丘尼传·普贤寺宝贤尼传》)
明帝	净贤	总寺任(相当于寺主)	及明帝即位，礼待益隆……后总寺任，有余载。(《比丘尼传·东青园寺净贤尼传》)
后废帝	令玉	寺主	宋邵陵王大相钦敬，请为南晋陵寺主，固让不当，王不能屈。以启元徽，元徽再敕，事不获免。(《比丘尼传·南晋陵寺令玉尼传》)①

综观刘宋帝王对僧官的设置，大致有三个方面的特点。首先，选择德高望重、戒行精修并且佛学修养较高的僧尼担任官职，从而起到肃清风轨、以身作则之效。像道渊，"众经数论，靡不通达"，其行为又堪为众僧之轨，僧瑾，"游学内典，博涉三藏"，智斌，"德为物宗"，道猛，"力精勤学，三藏九部、大小数论皆思入渊微，无不镜彻"，对比丘尼官员的设置亦是如此，宝贤、净贤及令玉皆为禁行清白之典范。其次，刘宋僧官的设置逐渐丰富和完善，官职分类也越来越多样化。根据文献记载，武帝时设"僧正"，文帝时有"寺主""豫受"，至孝武帝与明帝时期官职则较为丰富，除了延续前人的官职外，还有增添了京邑都维那、法主、纲领等官职。僧正或者称僧主，有了天下与都邑之区分，其下又设副职，京邑都维那与悦众辅佐僧正处理事务。在基层的寺院又设寺主、法主管理具体的事务。较之以往，官职更为丰富，分工也更为细化和明确。明帝时，又突破了以往僧官只针对比丘的界限，在比丘尼当中也开始设置僧官，进一步完善了僧官制度。第三，从帝王对僧官的态度来讲，僧官制度世俗化的色

---

① 表格内容分别参见《高僧传》与《比丘尼传》各僧尼本传。

彩日益明显，基本上是模仿了俗官的设置方法。僧官的人选除了具备自身优良的条件外，一般也是与帝王关系较好之人，能够得到帝王的器重，否则难以入选。像智斌本为僧正，但因义嘉之乱则"被摈交州"。帝王也大多给予僧官金钱等物质方面的奖励，类似于俗官的俸禄。如明帝对僧瑾的赏赐，有法伎一部，既体现佛家威仪之队伍，又有"亲信二十人"，即为僧瑾服务的劳力 20 人，另外还"月给钱三万"，与俗官之俸禄甚为相似。可知，刘宋僧官的设置世俗化趋势甚为明显。

四、令沙门致敬王者

佛家众僧为出家之人，按照惯例，不跪拜王者亦不跪拜父母，这与中国传统的礼俗甚相违背。自东晋以来，执政者便曾想要沙门向王者致敬，《宋书·天竺迦毗黎国传》载："先是，晋世庾冰始创议，欲使沙门敬王者，后桓玄复述其义，并不果行"[①]，可知庾冰、桓玄当政时期都曾想要沙门致敬王者，但都未曾实现。孝武帝即位，威权独运，虽然颇信法但久自骄纵，与文帝对佛家礼仪的尊重与宽容不同，孝武帝强行命令沙门致敬王者，对统治者行跪拜之礼，凸显了皇权的地位与尊严。《宋书·天竺迦毗黎国传》载有此事：

> 大明六年，世祖使有司奏曰："臣闻遐宇崇居，非期宏峻，拳跪盘伏，非止敬恭，将以施张四维，缔制八宇。故虽儒法枝派，名墨条分，至于崇亲严上，厥由靡爽。唯浮图为教，逖自龙堆，反经提传，训遐事远，练生莹识，恒俗称难，宗旨缅谢，微言沦隔，拘文蔽道，在末弥扇。遂乃陵越典度，倨傲尊戚，失随方之眇迹，迷制化之渊义。夫佛法以谦俭自牧，忠虔为道，不轻比丘，遭道人斯拜，目连

---

① （梁）沈约：《宋书》，中华书局 1974 年版，第 2387 页。

桑门，过长则礼，宁有屈膝四辈，而简礼二亲，稽颡耆腊，而直体万乘者哉。故咸康创议，元兴载述，而事屈偏党，道挫余分。今鸿源遥洗，群流仰镜，九仙尽宝，百神耸职，而畿辇之内，舍弗臣之氓，陛席之间，延抗体之客，惧非所以澄一风范，详示景则者也。臣等参议，以为沙门接见，比当尽虔礼敬之容，依其本俗，则朝徽有序，乘方兼遂矣。"诏可。①

此事亦见载于《高僧传·释僧远传》。孝武帝使有司奏请沙门接见应当依照中国传统之习俗，沙门对执政者应当尽虔礼敬，孝武帝"诏可"。但这一命令，与佛教之出家之法相违背，引发了不少高僧的抵制。孝武帝为推行此制，不惜采用严酷的刑法，《广弘明集·辩惑篇》曾云："世祖以大明六年，使有司奏议令僧致敬。既行刭之虐，鞭颜竣面而斩之，人不胜其酷也。"②可知刑法之严酷。因此，有不少高僧隐居山林，既不想致敬王者违背佛家教义又借以逃避孝武帝之严刑。如释僧远，渡江后住彭城寺，新安寺建成，"敕选三州，招延英哲"，僧远被征召，众人亦推僧远为"元举之首"，然则孝武帝诏令一出，僧远便感叹："我剃头沙门，本出家求道，何关于帝王？"即日便谢病，隐迹于上定林山。③再如释昙斌，孝建之初，被延请至新安寺，袁粲嘉其行解，劝其觐见天子，但昙斌则称自己为方外人士，不宜与天子同趣。④由此亦可知对孝武帝诏令的抵制。

孝武帝本人颇信佛法，但骄纵自久，故在大明六年（462），推行"沙门致敬王者"的诏令。此诏令旨在加强对佛教的管理，强化皇权在佛

① （梁）沈约：《宋书》，中华书局 1974 年版，第 2387 页。
② （唐）释道宣：《广弘明集》，上海古籍出版社 1991 年版，第 126 页。
③ （梁）释慧皎撰，汤用彤校注，汤一玄整理：《高僧传》，中华书局 1992 年版，第 271 页。
④ （梁）释慧皎撰，汤用彤校注，汤一玄整理：《高僧传》，中华书局 1992 年版，第 291 页。

教中的地位，但却违背了佛教之礼仪，并没有收到如期的效果，反而增添了佛道高僧对统治者的不满，在一定程度上也影响了刘宋佛教的发展。前废帝即位，此制又被取消，实行时间并不很长。

五、掌控度僧权

刘宋统治者除了沙汰沙门，驱逐不合格僧尼之外，还严格掌控度僧之权。出家者必须经过帝王批准方可实行，通过此策略，统治者有效控制了佛教的规模，在一定程度上也防止了佛教队伍的泛滥。如释道儒，根据《高僧传·释道儒传》载，道儒"少怀清信，慕乐出家"，后来临川王刘义庆镇守南兖州，儒以事闻之，刘义庆"赞成厥志，为启度出家"。[①] 刘义庆并不能够掌控僧人的出度权，虽然赏识道儒，但还需奏请文帝以得到批准。有时俗人出家需再三请求，才可得到帝王的批准。法愿知晓阴阳秘事，有闻于文帝，启求文帝以出家，"三启方遂"。可知帝王对度僧控制之严格。

孝武帝时期，对度僧权的掌控似乎更为严格，出现了为求得帝王度僧而烧身的事情。《高僧传·释慧益传》载，慧益"精勤苦，誓欲烧身"，烧身之日，孝武帝命江夏王刘义恭加以劝阻，慧益答云："微躯贱命，何足上留！天心圣慈罔已者，愿度二十人出家。"[②] 慧益原用自己的烧身来换取 20 人的出度，更可知出度制度的严格。再如释慧重，"有志从道，愿言未遂"，慧重于是率众斋会，常自为唱导，如此累时，方得闻于宋孝武，大明六年敕其为新安寺出家，专当唱说。[③] 此外，孝武帝运用帝王权力对

---

① （梁）释慧皎撰，汤用彤校注，汤一玄整理：《高僧传》，中华书局 1992 年版，第 515 页。

② （梁）释慧皎撰，汤用彤校注，汤一玄整理：《高僧传》，中华书局 1992 年版，第 453 页。

③ （梁）释慧皎撰，汤用彤校注，汤一玄整理：《高僧传》，中华书局 1992 年版，第 516 页。

佛教的干涉较为专制，还曾强令高僧还俗以从政。《宋书·徐湛之》载："时有沙门释惠休，善属文，辞采绮艳，湛之与之甚厚。世祖命使还俗。本姓汤，位至扬州从事史。"[①] 可知，孝武帝曾命惠休还俗。此外，孝武帝还曾强逼法愿进肉食而不得，大怒之下，命其还俗。《高僧传·释法愿传》载："帝敕直合沈攸之，强逼以肉。遂折前两齿，不回其操。帝大怒，敕罢道，作广武将军直华林佛殿。"[②] 直至孝武帝去世，昭太后才命法愿还道。孝武帝对僧人的控制，除却严格外，还较为专制，强化了皇权对佛教的控制。

第三节　刘宋皇族加强佛教发展的原因

一、制造符瑞，神化晋宋禅代

《资治通鉴·宋纪》载武帝"微时多符瑞"，刘裕出身不高，文化修养较为低下，符瑞之兆对其建构新的政权具有重要的推动作用。佛教自汉传入中原，至晋室渡江后传播日益广泛。佛教在中国的传播，既与经学、玄学等思想结合，为上层士大夫所欣赏，同时也与中国传统的卜筮、鬼神等文化相融合，多具神通之处，从而为民众所信赖与崇拜，成为一种深入人心的力量。刘裕想要代晋建宋，"功虽有余而德不足"，虽然军功显赫，但出身不高，家门比较贫贱，并且文化修养也较为低下，史载"轻狡无行""仅识文字"，很难取得士人特别是门阀士族的认可与支持。利用佛教制造符瑞，神化晋宋禅代，是刘裕"造宋"的重要手段。揆之史料，晋宋之际，佛教中颇多有关刘裕带有神话色彩的传说。这对刘裕称帝具有重

---

① （梁）沈约：《宋书》，中华书局1974年版，第1847页。

② （梁）释慧皎撰，汤用彤校注，汤一玄整理：《高僧传》，中华书局1992年版，第517页。

要的推动作用，也是刘宋皇族后来倡导佛教的一大重要原因。

古者多以"真龙天子"之身份来指帝王，晋宋之际佛教中便有刘裕为真龙天子的传说。《南史·宋武帝本纪》载：

> （武帝）尝游京口竹林寺，独卧讲堂前，上有五色龙章，众僧见之，惊以白帝，帝独喜曰："上人无妄言。"[1]

武帝独卧于京口竹林寺讲堂前，而众僧皆见其上有五色龙章，暗指刘裕"真龙天子"之身份。另外，刘裕能战善战，东晋末年平定内外战乱，建立卓著之疆场功勋，据此佛教中还有传说称刘裕可以拯救江表之乱，并且还赐予刘裕神药。根据《宋书·符瑞志》载，武帝曾遇神僧，神僧与武帝云："江表寻当丧乱，拯之必君也。"武帝患手疮多年而不得治愈，神僧还赐予武帝神药，"以散傅创即愈"。[2] 佛教这一传说，赞扬了刘裕廓清内外的功勋，据此判断其可拯救江表之乱，并且赐其神药，按照刘裕可得神的庇佑与帮助，今后成就天下亦是顺天而为。此外，还有佛教符瑞预示了刘宋的到来与存在的时间，《高僧传·释慧义传》载：

> （慧义）后出京师，乃说云，冀州有法称道人，临终语弟子普严云："嵩高灵神云，江东有刘将军应受天命。吾以三十二璧镇金一鉼为信。"遂彻宋王，宋王谓义曰："非常之瑞亦须非常之人然后致之，若非法师自行恐无以获也。"义遂行。以晋义熙十三年七月往嵩高山，寻觅未得。便至心烧香行道，至七日夜梦见一长须老公，拄杖将义往璧处指示云："是此石下。"义明便周行山中，见一处炳然如梦所见。即于庙所石坛下果得璧大小三十二枚、黄金一鉼。此瑞详之《宋史》。

---

[1] （唐）李延寿：《南史》，中华书局 1975 年版，第 1 页。

[2] （梁）沈约：《宋书》，中华书局 1974 年版，第 784 页。

义后还京师，宋武加接尤重，迄乎践祚，礼遇弥深。①

这一传说流传比较广，在《宋书》及《建康实录》中都有所记载。义熙十二年（416），刘裕率军北伐后秦，为"造宋"做最好准备。义熙十三年攻破长安，消灭姚秦，代晋建宋势在必行。根据这一传说，慧义亦是在义熙十三年七月找到了嵩高灵神所说的那三十二枚金币与黄金饼。按照沈约的说法，传说中的"三十二枚金币"，预示的应为"二三十"，即六十年。这一符瑞之说，与刘裕北伐后秦的时间十分吻合，并且还直接预言刘裕"应受天命"，应当是为刘裕代晋营造一定的舆论，进而来为刘裕建宋增添神秘的色彩，掩饰刘裕篡晋的事实，争取士人对刘裕新政权的支持。由此可知，刘裕即帝位后，对佛教高僧礼遇有加良有以也。

二、利用佛教，维护帝位正统

刘宋帝位之更替并无一成不变之法则，大致是在父终子继与兄终弟继之间轮流进行。帝位的每一次交替，几乎都会引发刘宋皇族内部的叛乱与自相残杀。因此，皇帝在夺取帝位后，需要利用一定的宗教力量来维护个人帝位的正统性，粉饰帝位获取过程中的残杀。

孝武帝刘骏为文帝三子，本无继承大统之可能，文帝之后本应是长子刘劭即位。巫蛊事泄，文帝欲废太子，赐死次子刘濬，但却没有将孝武帝放在继承人的考虑范围中。《宋书·徐湛之》载：

> 二凶巫蛊事发，上欲废劭，赐濬死。而世祖不见宠，故累出外蕃，不得停京辇。南平王铄、建平王宏并为上所爱，而铄妃即湛妹，

---

① （梁）释慧皎撰，汤用彤校注，汤一玄整理：《高僧传》，中华书局1992年版，第266页。

劝上立之。元嘉末，征铄自寿阳入朝，既至，又失旨，欲立宏，嫌其非次，是以议久不决。与湛之屏人共言论，或连日累夕。①

文帝在巫蛊事泄后，考虑的继承人主要是第四子刘铄与第七子刘宏，而孝武帝刘骏虽然为三子，但素无朝宠，累任边外，并不为文帝器重。另外，孝武帝在朝中亦无大臣拥立。根据《宋书·王僧绰传》载，随王刘诞之妃为徐湛之之女，南平王刘铄之妃为江湛之妹，因此在继承人的选择上，臣主各持己见，"湛之欲立随王诞，江湛欲立南平王铄，太祖欲立建平王宏，议久不决。"②自文帝至大臣都没有人提议孝武帝刘骏。刘劭弑父篡位，天下大乱，才给了孝武帝机会获取帝位。由此，孝武帝亟须证明其定乱即位的正当性与合法性。佛教便成为孝武帝的重要工具。《高僧传·释竺法义传》载：

> （竺法义）晋太元五年卒于都，春秋七十有四矣。（东晋孝武帝）帝以钱十万买新亭岗为墓，起塔三级。义弟子昙爽，于墓所立寺，因名新亭精舍。后宋孝武南下伐凶，銮旆至止，式宫此寺，及登禅，复幸禅堂。因为开拓，改曰"中兴"。故元嘉末童谣云："钱唐出天子"，乃禅堂之谓。故中兴禅房犹有龙飞殿焉。③

孝武帝以新亭精舍作为行宫，又选择禅堂作为自己即位之地，其一重要的目的便是运用佛教来证明其获取帝位的合法性。"禅堂"与"钱塘"谐音，由此应验了童谣"钱塘出天子"，另外中兴禅房又设有"龙飞殿"，再次宣扬了孝武帝"真龙"之身份。孝武帝运用中兴寺证明了其帝位的获得应

---

① （梁）沈约：《宋书》，中华书局 1974 年版，第 1848 页。
② （梁）沈约：《宋书》，中华书局 1974 年版，第 1851 页。
③ （梁）释慧皎撰，汤用彤校注，汤一玄整理：《高僧传》，中华书局 1992 年版，第 172 页。

是天意所在。此外，佛教中还有预言，认为孝武帝即位是"真人应符"。根据《高僧传·释僧含传》记载，孝武帝镇守浔阳时，颜峻担任南中郎记室参军，与释僧含关系甚密，僧含尝密谓颜峻曰："如令谶纬不虚者，京师寻有祸乱。真人应符，属在殿下。"后来，"元凶构逆，世祖龙飞，果如其言也"。[1] 僧含通晓天文算术，其与颜峻所讲之言，再次印证了孝武帝继承大统乃为天意注定。此外，孝武帝即位后，地方宗王叛乱不断。佛教中多有高僧维护中央政权的地位，并且预言孝武帝的胜利。

武帝刘裕因出身低下，运用佛教来制造符瑞，证明晋宋禅代的合理性。孝武帝刘骏本非帝位的继承者，于是在平判定乱中运用佛教证明了其获取帝位的合法性。两人处境不同，但都将佛教作为政治的工具，将佛教与政治紧密结合在了一起。

三、运用佛教，推行教化

中国统治者对社会的治理自古便十分重视教化之义，《周易》曾云："圣人以神道设教，而天下服矣。"佛教传入中国，在一定程度上也起到了"神道设教"的作用，"进可以系心，退足以招劝"，在淳风化俗方面发挥了重要的作用。根据《高僧传·释慧严传》记载，文帝先是对佛教并未甚崇信，至元嘉十二年京邑萧摹之上表奏请文帝对佛教造像等事情严加管理，为此文帝与何尚之、羊玄保等人议之，《高僧传·释慧严传》与何尚之《扬佛教事》都对此事有所记载。根据《高僧传》记载，文帝谓何尚之曰：

> 吾少不读经，比复无暇，三世因果，未辨致怀，而复不敢立异者，正以卿辈时秀，率皆敬信故也。范泰、谢灵运常言："六经典文，

---

[1]　（梁）释慧皎撰，汤用彤校注，汤一玄整理：《高僧传》，中华书局1992年版，第276页。

本在济俗为治耳，必求性灵真奥，岂得不以佛经为指南邪？"颜延年
之折《达性》，宗少文之难《白黑论》，明佛法汪汪，尤为名理，并
足开奖人意。若使率土之滨，皆纯此化，则吾坐致太平，夫复何事？
近萧摹之请制，全经通，即已相示，委卿增损，必有以遏戒浮淫，无
伤弘奖者，乃当著令耳。①

根据文帝之言可知，文帝本来不甚精通佛教，之所以对佛教加以关注，原
因有二：第一，文化名士皆对佛教称赞有加，"卿辈时秀，率皆敬信故"，
特别是像范泰、谢灵运、颜延之及宗炳等文化精英皆崇信佛法，文帝不敢
立异。第二，文帝想运用佛教推行教化，使佛教能够淳风化俗，自己可以
"坐致太平"。何尚之引高僧慧远之言称"释氏之化，无所不可，适道固
自教源，济俗亦为要务"，并且从理论与事实两个方面阐释了佛教在辅助
王化、推行教化方面的作用，说明了佛教能够帮助文帝"坐致太平"的原
因，首先是理论上的论证：

世主若能翦其讹伪，奖其验实，与皇之政，并行四海，幽显协
力，共敦黎庶，何成康文景，独可奇哉。使周汉之初，复兼此化，颂
作刑清，倍当速耳。窃谓此说，有契理奥。何者？百家之乡，十人持
五戒，则十人淳谨矣。千室之邑，百人修十善，则百人和厚矣。传此
风训，以遍宇内，编户千万，则仁人百万矣。此举戒善之全具者耳。
若持一戒一善，悉计为数者，抑将十有二三矣。夫能行一善，则去一
恶；一恶既去，则息一刑，一刑息於家，则万刑息於国。四百之狱，
何足难错？《雅》《颂》之兴，理宜倍速。即陛下所谓坐致太平者也。②

---

① （梁）释慧皎撰，汤用彤校注，汤一玄整理：《高僧传》，中华书局1992年版，第
261页。
② （梁）释慧皎撰，汤用彤校注，汤一玄整理：《高僧传》，中华书局1992年版，第
262页。

何尚之首先阐释了佛教在惩恶扬善方面的作用，认为文帝可以利用佛教来实现坐享太平，接着援引西域诸国皆奉佛敬法，故而终不相兼并的事实再次证明了佛教的力量。文帝对何尚之的回答十分欣赏，曰："释门有卿，亦犹孔氏之有季路。"① 经过何尚之的一番阐释，文帝开始大力倡导佛法，《高僧传·释慧严传》记载："（文帝）帝自是信心乃立，始致意佛经。及见严观诸僧，辄论道义理。"② 文帝在位时，"四学并建"，推行文治，其对佛教提倡一大重要原因便是佛教在社会教化方面的作用。"四学"中虽无佛学，然而，雷次宗为慧远弟子，领儒学，何尚之领玄学，对佛教极为崇信，可知佛学对"四学"的渗透。

四、僧人多学识渊博

僧人多学识渊博，兼善外学，是其能够得到统治者延揽与礼遇的重要原因。佛教高僧多有人学识渊博，富有才情，除却精通佛学教义外，还对经学、史学及玄学等颇有造诣。刘宋统治者对高僧的才学大多十分欣赏，多所延揽，礼遇有加。根据《高僧传》记载，试将刘宋皇族所延揽的高僧的学识修养胪列如表4-4所示：③

表4-4

帝王	延揽的高僧	学识修养
武帝	释慧严	年十二，为诸生博晓诗书。十六出家。又精炼佛理
武帝	释慧远	博综六经，尤善庄老

① （梁）释慧皎撰，汤用彤校注，汤一玄整理：《高僧传》，中华书局1992年版，第262页。
② （梁）释慧皎撰，汤用彤校注，汤一玄整理：《高僧传》，中华书局1992年版，第262页。
③ 以上僧人内容皆见《高僧传》各本传，僧念内容见《比丘尼传·禅林寺僧念尼传》。

续表

帝王	延揽的高僧	学识修养
武帝	释慧观	观既妙善佛理，探究老庄。富有文化又精通《十诵》，博采诸部
文帝	释慧琳	善诸经及庄老，排谐好语笑。长于制作，故集有 10 卷
文帝、孝武帝	释慧璩	读览经论，涉猎书史。众技多闲而尤善唱导。出语成章，动辞制作，临时采博，罄无不妙诣
文帝	释玄畅	洞晓经律，深入禅要。占记吉凶，靡不诚验。坟典子氏，多所该涉。又善于三论。为学者之宗。宋文帝深加叹重
孝武帝、明帝	释昙度	善三藏及《春秋》《庄》《老》《易》
孝武帝、明帝	释僧璩	总锐众经，尤明《十诵》，兼善史籍，颇制文藻
孝武帝、明帝	释僧瑾	少善《庄》《老》《诗》《礼》
孝武帝	释昙智	能谈《庄》《老》，经论书史多所综涉
文帝、孝武帝	比丘尼僧念	博涉多通，文义兼美

由表 4-4 可知，高僧中多有人擅长外学，尤其是庄老之学。这也是佛教能够得到士族名士及皇室贵族识重的重要原因。

另外，高僧富有学识，与士族名士交往甚密。延揽高僧，是刘宋皇族延揽文化人才、加强文化建设的重要组成部分。何尚之曾经对士族名士崇信佛教的情形有过描述："渡江以来，则王导、周𫖮，宰辅之冠盖，王蒙、谢尚，人伦之羽仪，郗超、王坦、王恭、王谧，或号绝伦，或称独步，韶气贞情，又为物表。郭文、谢敷、戴逵等，皆置心天人之际，抗身烟霞之间。亡高祖兄弟，以清识轨世，王元琳昆季，以才华冠朝，其馀范汪、孙绰、张玄、殷觊略数十人，靡非时俊。又炳论所列诸沙门等帛昙邃者，其下辈也。"[①] 可知当时的文化名士大多崇信佛法，并且与高僧往来密切。又，《高僧传·释慧远传》载："彭城刘遗民、豫章雷次宗、雁门周续之、

---

① （清）严可均：《全上古三代秦汉三国六朝文》，中华书局 1958 年版，第 2590 页。

新蔡毕颖之、南阳宗炳、张莱民、张季硕等，并弃世遗荣，依远游止。"①
当时为刘宋皇室关注的文化名士雷次宗、周续之等皆愿意随远游止，更可
知佛道高僧在文化中的号召力。刘宋皇族对佛教的崇信，当受文化名士对
佛教态度的影响，正如文帝曾对何尚之所言："而复不敢立异者，正以卿
辈时秀，率皆敬信故也。"另外，高僧既具有深厚学养，又颇具文化上的
影响力，刘宋皇族对高僧之延揽也是笼络文化士人不可或缺的组成部分。

五、佛教多显神通之处

佛教多有神通之处，其他学问难以企及。佛教除了制造符瑞预言王朝
兴替，还在日常的应用中表现出神通，引发世人关注，进而得到统治者的
重视。求那跋摩，本累世为王，治在罽宾国，年二十出家受戒，年三十罽
宾王去世，群臣再三固请求那跋摩还俗以绍王位，求那跋摩坚志不从。求
那跋摩云游四海，后至阇婆国，帮助阇婆国国王击退贼兵。在作战中，阇
婆王被流矢伤脚，"跋摩为咒水洗之，信宿平复"，后来阇婆王为跋摩建
造精舍，躬自引材而伤到脚趾，"跋摩又为咒治，有顷平复"，跋摩导化
之声，播于遐迩，邻国闻风皆遣使邀请。元嘉元年，文帝亦在慧观等僧人
的提议下，遣使迎请跋摩，可知文帝亦甚为看重跋摩神通之力。跋摩至
宋，依然多显神通，《高僧传·释求那跋摩传》载：

> （求那跋摩）于山寺之外别立禅室，室去寺数里，磬音不闻。每
> 至鸣椎，跋摩已至，或冒雨不沾，或履泥不湿。时众道俗，莫不肃然
> 增敬。寺有宝月殿，跋摩于殿北壁手自画作罗云像，及定光儒童布发
> 之形，像成之后，每夕放光，久之乃歇。②

---

① （梁）释慧皎撰，汤用彤校注，汤一玄整理：《高僧传》，中华书局1992年版，第214页。
② （梁）释慧皎撰，汤用彤校注，汤一玄整理：《高僧传》，中华书局1992年版，第107页。

跋摩之"灵异无方,类多如此",文帝因此重敕观等,复更敦请。及至相见,文帝劳问殷勤,并且欲从跋摩受菩萨戒。此外,文帝对佛教中的阴阳秘术也十分感兴趣。据《高僧传·释法愿传》载,法愿家本事神,对于世间杂技及耆父占相,莫不备尽其妙。法愿至京都,自言当会面见天子,历相众人,记其近事,所验非一。文帝得闻法愿之神通,与之相见,并且测其占相之术,"取东冶囚及一奴美颜色者,饰以衣冠,令愿相之",结果法愿判断无误,文帝甚为惊异,"即敕住后堂,知阴阳秘术"。文帝命法愿居住后堂,掌管阴阳秘术,后来法愿启请出家,三启方遂。①由求那跋摩与法愿之经历可知,文帝对灵异之术较为重视。这也是文帝延揽高僧的一个重要原因。

求那跋陀罗深受孝武帝与明帝识重,礼遇有加,其一重要原因便是跋陀能够以秘术求雨。大明末年,积旱成灾,农田无收,百姓饿死者十有六七。《宋书·五行志》曾载:"孝武帝大明七年、八年,东诸郡大旱,民饥死者十六七。"②另外,《南史》及《建康实录》在相关记载中均提及大明末年的旱灾,可知其严重。大明七年,孝武帝《殖麦诏》《巡南豫州诏》均提及灾情,大明八年旱灾更为严重,孝武帝又下《恤东境诏》《恤东使诏》对受灾的百姓加以安抚。根据《高僧传·释求那跋陀罗传》载,孝武帝曾经"祷祈山川,累月无验",在传统祈雨方式无效之后,孝武帝开始利用佛教祈雨。僧传记载,跋陀"天文书算,医方咒术,靡不该博",孝武帝于是命其祈雨,并且下令"必使有感,如其无获,不须相见"。跋陀并不畏惧其困境,反而甚有自信,曰:"仰凭三宝,陛下天威,冀必隆泽。如其不获,不复重见。"跋陀于是往北湖钓台,烧香祈请。不复饮食,默而诵经并且密加秘咒,至第二天,西北云起如盖,于傍晚时分便风震云

---

① (梁)释慧皎撰,汤用彤校注,汤一玄整理:《高僧传》,中华书局1992年版,第517页。

② (梁)沈约:《宋书》,中华书局1974年版,第912页。

合，连日降雨。① 祈雨成功以后，孝武帝"敕见慰劳，嚫施相续"，明帝时则"礼供弥隆"。又有沙门宝意，同样以其神异之处为帝王所赏识。《高僧传》载宝意"立知凶吉，善能神咒，以香涂掌，亦见人往事"。孝武帝赠其一铜唾壶，后被盗窃，宝意竟以空卷之咒而追回。于是远近道俗咸敬而异焉，齐文惠、文宣及梁太祖。并敬以师礼焉。

佛教所显现的神通灵异，其能够在中国得以广泛传播的重要原因，亦是帝王对其倡导的重要缘由。此外，刘宋宗王对佛教的神异亦较为重视，刘义庆《宣验记》即为宣扬佛教形神因果灵验的著作。

六、奉佛氛围之影响

刘宋皇族对佛教的提倡，与当时崇佛氛围密切相关。自刘宋建立之初，刘裕便开崇佛之风。刘裕延揽高僧来宋，在内殿设斋听佛唱导，为刘宋皇族崇佛开创了良好的氛围。此外，刘裕敕子侄以僧导为师，又敕文帝与慧观同游，使皇室子弟自幼便与佛教结缘。刘宋帝王也大都延续了刘裕这一做法，多敕皇族子弟从高僧受戒，以僧人为师友。文帝请玄畅为太子师，敕法瑗为南平王刘铄五戒师，孝武帝敕僧瑾为明帝师，敕慧通与海陵王、建平王为友，明帝则敕晋熙王刘爕从道表律师受戒。在帝王的倡导下，皇室子弟自幼便已与佛教结缘。另外，皇室内部的后妃也大多倡佛，像路太后便曾建佛寺、造佛像，对佛教十分崇信，而路太后为孝武帝亲生母亲，又抚养明帝长大，其个人崇佛之倾向应对孝武帝、明帝有深刻影响。要之，刘宋皇族子弟自小便与佛教结缘，深受皇室内部崇佛之氛围影响，这都为其后来崇佛奠定了基础。

---

① （梁）释慧皎撰，汤用彤校注，汤一玄整理：《高僧传》，中华书局 1992 年版，第133—134 页。

第四节　刘宋皇族对南朝佛教发展的影响

一、吸引大批僧人南渡

大批僧人由北入南，法借人弘，为南方佛教发展奠定了良好的人力基础。隆安五年（401），鸠摩罗什至长安，弟子众多，长安一时成为佛教兴盛之地。义熙八年（413）鸠摩罗什去世，长安法事逐渐颓废。义熙十四年，在刘裕北伐后秦取得长安后，夏连勃勃又得长安，西秦与北魏再度争战，北方陷入混乱，众僧四散。凉州曾经以昙无谶为首聚集众多高僧，然而，433 年昙无谶被杀，439 年魏太武帝又灭凉，又 7 年后，魏太武帝于 446 年下令废除佛法。在鸠摩罗什去世后的 30 余年的时间里，北方佛教逐渐衰退，而此时刘宋社会稳定，经济发展，武帝平定内外战乱，又开疆拓土，领域版图空前扩大。武帝驾崩后，刘宋在文帝的整理下出现了"元嘉之治"，社会稳定，经济繁荣。刘宋客观的社会条件，吸引了众多高僧入宋。此外，刘宋统治者所展示的崇佛倾向也对佛教众僧具有较强的号召力。义熙十三年刘裕灭姚秦，收复关中大片领地，便显示出了对僧人的尊崇，竭力邀请慧严参与北伐，又再三延揽智严等僧人入宋，并且将子刘义真重托于僧导照拂，表现出了对佛教的热情与崇信。因此，刘裕掌权后，多有僧人渡江来南方。根据《高僧传·释僧导传》载，刘裕为感激僧导救子之功，为其在寿春建东山寺，曾一度成为僧人的避难所，收容了大量从北方避难而来的僧人，《高僧传》云："会虏俄灭佛法，沙门避难投之者数百，悉给衣食。其有死于虏者，皆设会行香，为之流涕哀恸。"[1] 东山寺为避难而来的僧人提供衣食，又为去世的僧人设会行香，故而有数百

---

① （梁）释慧皎撰，汤用彤校注，汤一玄整理：《高僧传》，中华书局 1992 年版，第281 页。

僧人避难投止此寺。根据《高僧传》记载，试将刘裕掌权后及刘宋一朝由北入南的高僧胪列如表 4-5 所示：

表 4-5

高僧	由北入南相关情况
僧导	宋高祖西伐长安，擒获伪主，荡清关内，既素籍导名，乃要与相见。后刘裕为其立寺于寿春。即东山寺也
佛驮跋陀罗，又名觉贤	晋义熙十一年（415）随太尉（刘裕）至京师，止道场寺
宝云	俄而禅师横为秦僧所摈，徒众悉同其咎，云亦奔散。会庐山释慧远解其摈事，共归京师，安止道场寺
僧苞	少在关受学什公，宋永初中游北徐
卑摩罗叉	以伪秦弘始八年，达自关中。什以师礼敬待，叉亦以远遇欣然。及罗什弃世，又乃出游关左，逗于寿春，止石涧寺
道融	闻罗什在关，故往咨禀。什见而奇之。兴引见叹重，敕入逍遥园，参正详译。融后还彭城，常讲说相续，问道至者千有余人。依随门徒数盈三百
僧业	幼而聪悟，博涉众典。后游长安，从什公受业。值关中多难，避地京师。吴国张邵，挹其贞素。乃请还姑苏，为造闲居寺
僧嵩	初随从长安鸠摩罗什学诸经论，罗什示寂后，至彭城白塔寺，聚徒讲学
慧观	什亡后，乃南适荆州
慧严	闻什公在关，复从受学。访正音义，多所异闻，后还京师止东安寺
智严	常依随跋陀，止长安大寺。顷之跋陀横为秦僧所摈。严亦分散憩于山东精舍。晋义熙十三年，随刘裕、刘恢还都，即住始兴寺
竺道生	后与慧睿慧严同游长安，从什公受业。关中僧众，咸谓神悟，后还都止青园寺
僧弼	少与龙光、昙干同游长安，什受学。后南居楚郢，十有余年。后又下都，止彭城寺

续表

高僧	由北入南相关情况
法瑗	初出家，事梁州沙门竺慧开。后辞开游学，元嘉十五年还梁州，因进成都，后东适建邺，依道场慧观为师
弘充	大明末过江
法颖	十三出家，为法香弟子，住凉州公府寺。元嘉末下都，止新亭寺
慧睿	入关从什公咨禀，后适京师止乌衣寺，讲说众经①

以上僧人皆为《高僧传》中所考者，除此以外，应当还有颇多姓名不可考者亦渡江来南。刘宋皇族执政后，高僧由北入南一时成风，为南方佛教的繁荣发展积蓄了人才资源。

二、促进了佛教的交流与发展

与事佛诸国往来密切，促进了佛教的交流与发展。印度为佛教之发源地，周边国家也多事佛道，刘宋与诸多事佛之国往来较密，促进了佛教的交流与发展，既有刘宋僧人西行求法，亦有西方诸国的僧人来刘宋传道。

自佛教传入中原，便有西行求法之运动。据汤用彤先生考证，"西行求法者，朱士行而后，以晋末宋初为最盛"②。在众多西行僧人中，"广游西土，留学天竺，携经而返者，恐以法显为第一人"③。晋隆安三年（399），法显与慧景、道整、慧应、慧嵬一道西行求法，义熙八年（412）返回青州，义熙九年南造京师，止道场寺，与外国禅师佛驮跋译经约百万余言，并根据自己西行经历著成《佛国记》。在法显的影响下，晋宋之际，释智猛曾于404年，招集志同道合者15人，一同西去天竺取法。智猛于元嘉

---

① 参见《高僧传》各本传。
② 汤用彤：《汉魏两晋南北朝佛教史》，武汉大学出版社2008年版，第256页。
③ 汤用彤：《汉魏两晋南北朝佛教史》，武汉大学出版社2008年版，第257页。

年间来宋，其与法显西行求法的经历与成果对刘宋时期的佛教具有重要的影响，鼓舞了僧人继续西行，释法勇便是其中重要的一位。《高僧传·宋黄龙释昙无竭传》记载：

> 释昙无竭，此云法勇。姓李，幽州黄龙人也。幼为沙弥便修苦行，持戒诵经，为师僧所重。尝闻法显等躬践佛国，乃慨然有忘身之誓，遂以宋永初元年招集同志沙门僧猛昙朗之徒二十五人，共赍幡盖供养之具，发迹北土远适西方。①

法勇受法显西行的影响，于宋永初元年（420）招集志同道合者25人一同西行求法，途中至罽宾国，求得《观世音受记经》梵文1部，后又至檀特山南石留寺，法勇受大戒，历经险阻最终5人到达天竺。法勇返回刘宋后，译出《观世音受记经》，传于京师。元嘉年间，道场寺慧观法师欲求得《涅槃后分》，曾奏请文帝资给，遣沙门道普将书吏10人西行寻经，但道普至长广郡后，舶破伤足，因疾而卒。②此次西行无果而终。另外，释法献亦曾于刘宋后期西行取法，《高僧传·释法献传》载：

> 释法献，姓徐，西海延水人。先随舅至梁州，乃出家。至元嘉十六年，方下京师止定林上寺。博通经律，志业强捍，善能匡拯众许，修葺寺宇。先闻猛公西游，备瞩灵异，乃誓欲忘身，往观圣迹。以宋元徽三年发踵金陵，西游巴蜀。路出河南，道经芮芮，既到于阗，欲度葱岭，值栈道断绝，遂于于阗而反。获佛牙一枚，舍利十五身，并《观世音灭罪咒》及调达品，又得龟兹国金锤鍱像，于是而还。③

---

① （梁）释慧皎撰，汤用彤校注，汤一玄整理：《高僧传》，中华书局1992年版，第93页。
② （梁）释慧皎撰，汤用彤校注，汤一玄整理：《高僧传》，中华书局1992年版，第80页。
③ （梁）释慧皎撰，汤用彤校注，汤一玄整理：《高僧传》，中华书局1992年版，第488页。

法献受智猛等僧人西行的影响，于元徽三年（475）西游求法，至于阗因栈道断绝而返。

刘宋一朝，较之中原僧人的西行，西方僧人之来中土传经授法更为频繁。这与刘宋与西方诸国的往来亦十分一致，主要是外国使者来中土访问并贡献宝物。刘宋皇族崇信佛教之名远播海外并与诸多事佛之国建立了往来关系，并且还曾亲自遣使邀请西方负有盛名的高僧来宋，吸引了众多僧人来宋。试将刘宋由西域而来的僧人胪列如表4-6所示：

表4-6

僧人	国度	来中土时间
求那跋摩	累世为王，治在罽宾国	元嘉八年正月达于建邺
求那跋陀罗	中天竺人	元嘉年间
畺良耶舍	西域人	元嘉初年
僧伽跋摩	天竺人	元嘉十年
僧伽达多	天竺人	元嘉年间
僧伽罗多	天竺人	元嘉年间

本表所胪列高僧，皆依据《高僧传》各高僧本传记载。除此以外，根据《名僧传》记载，昙摩密多、僧伽罗多哆在永初年间也自西域来到了刘宋。由此可知，刘宋时期，或是向往刘宋佛教之盛况，或是受刘宋统治者邀请，西域高僧多有人来游宋境，并且大多数都受到了统治者的重视与引见，多止于刘宋京师之佛寺，对推动刘宋佛教发展起到了积极作用。

三、推动了刘宋译经事业的繁荣

刘宋统治者延揽高僧，并且礼遇有加，供给丰厚，吸引众多外地高僧来宋，道场寺一度成为译经之重地，成果十分丰硕。据汤用彤《汉魏两晋南北朝佛教史》统计，刘宋译经共计465部、717卷，译经者有22人，译经的人数及译经的数量，远胜于东晋及后来的南齐、梁、陈三代，具体

数字如表 4-7 所示：①

表 4-7

朝代	译经人数	译经部数	译经卷数
东晋	16	168	468
刘宋	22	465	717
南齐	7	12	33
梁	8	46	201
陈	3	40	133

比较汤用彤先生考证的数据可知，刘宋译经事业取得了空前的发展。杜继文先生在《论南北朝的佛典翻译》中曾经指出，刘宋的译经继承了后秦在长安的事业，其中一个重要原因就是僧人的南渡。而这与刘宋皇室崇信佛教，能够吸引或者是延揽北地与西域僧人至宋具有密切的关系，特别是西域僧人的到来，极大推动了刘宋译经事业的发展。

（1）智严。义熙十三年，武帝北伐后秦，再三邀请智严入宋，而智严此前曾经周游西国，广求经诰，所得梵本众经并未译出，随武帝南归后至元嘉六年，共沙门宝云一起译出《普曜》《广博严净》《四天王》等，在译经方面取得重要的成绩。

（2）佛驮跋陀罗，又名觉贤，是刘宋重要的译经人才，并且组成了译经团队，其所在的道场寺也成为刘宋译经之重镇。而佛驮跋陀罗则是在刘裕的邀请下来宋的。《高僧传》本传载："太尉请与相见，甚崇敬之，资供备至。俄而太尉还都，便请俱归安止道场寺。"②觉贤入住道场寺后，在译经方面取得了重要的突破：

先是沙门支法领于于阗得《华严》前分三万六千偈，未有宣译。至

① 汤用彤：《汉魏两晋南北朝佛教史》，武汉大学出版社 2008 年版，第 279 页。
② （梁）释慧皎撰，汤用彤校注，汤一玄整理：《高僧传》，中华书局 1992 年版，第 72 页。

义熙十四年，吴郡内史孟颛、右卫将军褚叔度即请贤为译匠，乃手执梵文，共沙门法业、慧严等百有余人，于道场译出，诠定文旨，会通华戎，妙得经意，故道场寺犹有华严堂焉。又沙门法显，于西域所得《僧祇律》梵本，复请贤译为晋，语在显传。其先后所出《观佛三昧海》六卷、《泥洹》及《修行方便论》等，凡一十五部。一百十有七卷。①

觉贤译经 15 部、117 卷，很多译经成果都为后来佛教经书的翻译奠定了基础。

（3）求那跋摩。文帝遣僧人迎请求那跋摩，并亲自致书，及元嘉八年见面，劳问殷勤，敕住祇洹寺，供给隆厚，而跋摩则于祇洹寺进行了大量的译经工作。据《高僧传》本传记载，慧义请跋摩译出《菩萨善戒》，得二十八品，其弟子后来又代出二品，共三十品。徐州刺史王忠德曾请伊叶波罗译出《杂心》，而《择品》则缘碍未出，复请跋摩译出后品，足成 30 卷。此外，跋摩还有《四分羯磨优婆塞五戒略论》《优婆塞二十二戒》等，共 26 卷。②

（4）求那跋陀罗。求那跋陀罗本为天竺人，文帝遣信迎接，及相见又深加崇敬，彭城王刘义康、谯王刘义宣皆师事焉。求那跋陀罗在祇洹寺出《杂阿含经》，于丹杨郡译出《胜鬘》与《楞伽经》。后来随谯王镇守荆州，又于辛寺出《无忧王》《过去现在因果》各 1 卷、《无量寿》1 卷、《泥洹》《央掘魔罗》《相续解脱波罗蜜了义》《现在佛名经》3 卷、《第一义五相略》《八吉祥》等诸经，凡百余卷。求那跋陀罗为刘宋译经成果甚为显著者，文帝与谯王的礼遇是其能够进行大量译经工作的重要基础。

另外，畺良耶舍亦于元嘉年间来宋，深受文帝识重，出《药王药上观》及《无量寿观》等。西域高僧来宋，大多是在元嘉年间，文帝对西域

---

① （梁）释慧皎撰，汤用彤校注，汤一玄整理：《高僧传》，中华书局 1992 年版，第 73 页。
② （梁）释慧皎撰，汤用彤校注，汤一玄整理：《高僧传》，中华书局 1992 年版，第 108—109 页。

高僧的厚遇丰富了刘宋的译经成果。至孝武帝及明帝时期，译经较多的主要有宝云、慧简、僧璩、法颖等，而这些僧人也大多受到了刘宋皇室的礼遇或者是资给。

四、促进了佛教义理的发展

南北对峙，佛学发展也异形分途。南方偏重义理，而北方重视行业。汤用彤先生《汉魏两晋南北朝佛教史》指出："南统偏尚义理，不脱三玄之轨范。而士大夫与僧徒之结合，多袭支许之遗风。"[①] 诚如汤用彤先生所论，南方佛教义理的发展与士大夫之玄谈有密切的关系。然则刘宋建朝，玄学之风较之东晋实有所消退，士大夫在社会文化领域中的地位也不复从前，但佛教则能够继续沿着义理之路向前发展。据聂崇岐《补宋书艺文志》考证，除了译经之作，刘宋又有释典 171 部、426 卷，有关佛教义理论证及注疏的成果也较为丰富。除却玄学的因素，刘宋统治者佛教义理的提倡对南方佛教义理的发展起到了重要的推动作用。武帝建朝不久，便曾于内殿设斋，延请道照讲法，对道照有关天下迁灭及苦乐的讲解，称善不已，并且赏赐丰厚。以此为先河，刘宋帝王对高僧有关佛教义理的讲解皆有不同的爱好与提倡。

文帝刘义隆对佛教义理特别是顿悟之义甚为重视与提倡。释竺道生对顿悟之说颇为擅长，"剖析经理，洞入幽微"，文帝对其甚加叹重。至竺道生去世后，文帝还曾与僧徒论辩顿悟之义，《高僧传·释竺道生传》载：

> 宋太祖尝述生顿悟义，沙门僧弼等皆设巨难，帝曰若使："逝者可兴，岂为诸君所屈？"[②]

---

① 汤用彤：《汉魏两晋南北朝佛教史》，武汉大学出版社 2008 年版，第 280 页。
② （梁）释慧皎撰，汤用彤校注，汤一玄整理：《高僧传》，中华书局 1992 年版，第 257 页。

竺道生去世后，文帝依然热衷于顿悟之说，并且还与僧弼等人辩论，再次表达了对竺道生学说的崇尚。此外，文帝还继续寻找能够阐释顿悟之义的高僧。《高僧传·释道猷传》记载："宋文问慧观：'顿悟之义，谁复习之？'答云：'生公弟子道猷。'即敕临川郡发遣出京，既至，即延入宫内，大集义僧，令猷申述顿悟。"[①]文帝曾向慧观询问何人可继竺道生之后阐述顿悟之义，慧观推荐了竺道生的弟子道猷，文帝便立即遣人请道猷来京师并延入宫内讲解顿悟之义。又《高僧传·释法瑗传》载：

> 后文帝访觅述生公顿悟义者，乃敕下都，使顿悟之旨重申宋代。何尚之闻而叹曰："常谓生公殁后微言永绝，今日复闻象外之谈，可谓天未丧斯文也。"帝敕为南平穆王铄五戒师。

法瑗因能够讲解竺道生顿悟之旨而被文帝识重，被敕来京师，在宋代重申顿悟之旨，并且还被敕为南平穆王刘铄之师。文帝对佛教顿悟之义的崇信由此可见一斑。另外，法瑗不仅见重于文帝，孝武帝、明帝亦对其礼遇有加，孝武帝敕其为刘子尚友，明帝请其充当法主。可知刘宋帝王对于擅长佛教义理学说高僧之知重。

除了热衷顿悟之义外，文帝对有关佛教义理的辩论也多持鼓励与欣赏的态度。文帝在位时期"四学"并建，推行文治，推动了佛学与中国经史之学、玄学的交融，出现了白黑论及形神因果论两次大规模的有关佛教义理的辩论。元嘉年间，慧琳著《白黑论》，以"白学先生"代表儒者，以"黑学先生"代表佛教，通过两者问答的形式，慧琳以儒者的口吻贬低了佛教。何承天又作《达性论》，与慧琳一起诋呵释教，与此相对，颜延之作《释达性论》、宗炳作《明佛论》维护佛教，与慧琳、何

---

① （梁）释慧皎撰，汤用彤校注，汤一玄整理：《高僧传》，中华书局1992年版，第299页。

承天往复辩难，逐步深化了有关佛教义理的讨论。白黑之论，是佛教发展史上的一件盛事，引起了社会各界人士的关注。文帝对此事亦较为关注，《高僧传·释慧严传》中曾记载文帝对此次辩论的评价："近见颜延之《推达性论》、宗炳《难白黑论》，明佛汪汪，尤为名理，并足开奖人意。若使率土之滨皆敦此化，则朕坐致太平，夫复何事。"① 文帝不仅关注佛教义理的辩论，而且对此深表赞赏，认为足可以开奖人意，有助于弘扬教化。

孝武帝与明帝继承了文帝对佛教义理的重视，他们延揽的高僧大多在《高僧传》"义解"这一系列中，可知擅长义理依然是刘宋帝王评价僧徒的重要标准。如法瑗，因擅长竺道生顿悟之说，得到了文帝、孝武帝及明帝三位帝王的青睐。另外还多有高僧因擅长义学理论而得到孝武帝、明帝的重视，举例如表4-8所示：

表 4-8

僧人	所擅义学理论	受到帝王延揽
僧庄	亦善《涅槃》及数论	宋孝武初被敕下都
静林	林善《大涅槃经》	为宋孝武所器敬
昙斌	融冶百家，陶贯诸部	及孝建之初，（孝武帝）敕王玄谟资发出京
僧镜	着《法华》、《维摩》、《泥洹义疏》并《毗昙玄论》，区别义类，有条贯焉	宋世祖藉其风素，敕出京师止定林下寺
慧通	袁粲着《蘧颜论》示通，通难诘往反，著文于世。又制《大品》《胜鬘》《杂心》《毗昙》等义疏，并驳《夷夏论》《显证论》《法性论》《爻象记》等，皆传于世	孝武皇帝厚加宠秩，敕与海陵、小建平二王为友
法瑶	居于武康，每岁开讲，三吴学者，负笈盈衢。乃着《涅槃》《法华》《大品》《胜鬘》等义疏	大明六年，（孝武帝）敕吴兴郡致礼上京

---

① （梁）释慧皎撰，汤用彤校注，汤一玄整理：《高僧传》，中华书局 1992 年版，第 261 页。

续表

僧人	所擅义学理论	受到帝王延揽
道猛	力精勤学，三藏九部、大小数论，皆思入渊微，无不镜彻，而《成实》一部最为独步	宋太宗为湘东王时，深相崇荐，及登祚倍加礼接，赐钱三十万以供资待
超进	以《大涅槃》是穷理之教，每留思踯躅，累加讲说	至宋泰始中，被征出都，讲《大法鼓经》
慧隆	隆既思彻诠表，善于清论，乘机抗拟，往必折关	宋明帝请于湘宫开讲《成实》，负帙问道，八百余人①

　　孝武帝、明帝对"义解"类高僧较为欣赏，并且也多有延揽，这也是刘宋佛教阐述类著作能够取得丰富发展的重要原因。除此以外，孝武帝与明帝也多次延请僧人讲解佛教义理。像道猷，为竺道生弟子，在文帝时期便被邀请讲解顿悟之说，孝武帝升位，对其尤相叹重，敕其为新安寺镇寺法主。此外，大明六年孝武帝还延请法瑶上京，与道猷同止新安寺，"使顿、渐二悟义各有宗。"②可知孝武帝除了对顿悟之说感兴趣外，对法瑶等人擅长的渐悟之说，也较为重视。又昙斌融洽百家，孝武帝延请至京，同样止新安寺，"讲《小品》《十地》，并申顿悟、渐悟之旨。"③孝武帝并不囿于顿悟一说，于渐悟也多有提倡，继文帝之后，对佛教义理的发展作出了新的开拓。较之文帝、孝武帝时期的集会，明帝时期的规模似乎更为庞大。《高僧传·释慧亮传》载："泰始之初，庄严寺大集，简阅义士、上首千人。"④可知明帝时期集会规模之大，已过千人。就对佛教义理的关注

---

① 　表格内容参见《高僧传》各本传。
② 　（梁）释慧皎撰，汤用彤校注，汤一玄整理：《高僧传》，中华书局1992年版，第299页。
③ 　（梁）释慧皎撰，汤用彤校注，汤一玄整理：《高僧传》，中华书局1992年版，第291页。
④ 　（梁）释慧皎撰，汤用彤校注，汤一玄整理：《高僧传》，中华书局1992年版，第292页。

来说，明帝对《成实》之学似乎更为感兴趣。根据《高僧传·释道猛传》载，道猛洞晓佛教大小数论，而《成实》一部尤为独步。明帝建兴皇寺，敕猛为纲领，并敕其讲解《成实》场面十分壮观，《高僧传·释道猛传》云："敕猛于寺开讲《成实》，序题之日帝亲临幸，公卿皆集，四远学宾，负帙齐至。"[①]皇帝亲临现场，公卿皆到，远近学士亦负帙而至。又，《高僧传·释慧隆传》记载："宋明帝请于湘宫开讲《成实》，负帙问道，八百余人。其后王侯贵胜，屡招讲说。"[②]明帝还曾延请慧隆讲解《成实》，有800余人参加，在明帝的倡导下，王侯贵族对《成实》之学也产生了浓厚的兴致。由此可知，明帝对佛教《成实》之学的发展具有直接的推动作用。

汤用彤先生曾经认为"南朝诸帝除宋文及梁武父子以外，均不善教理"[③]。就刘宋统治者来讲，宋文帝确为佛教顿悟之义的突出倡导者，对佛教义理之学的发展起到了无人可替代的作用。然则，除了文帝以外，孝武帝、明帝甚至是最初的武帝也都对佛教义理之学表示出了不同程度的关注与欣赏，对佛教义理亦起到了重要的推动作用。如若没有孝武帝、明帝对佛教渐悟之义及《成实》之学的弘扬，刘宋佛教义理之阐发不可能取得丰硕之成果。

五、滋生了佛教的诸多弊端

刘宋皇族对佛道高僧的礼遇及提供的丰厚条件，也使得刘宋佛教在发展的过程中出现了一系列的问题，虽然采取了一定的措施加以管理及控制，但始终无法彻底根除。

---

① （梁）释慧皎撰，汤用彤校注，汤一玄整理：《高僧传》，中华书局1992年版，第296页。

② （梁）释慧皎撰，汤用彤校注，汤一玄整理：《高僧传》，中华书局1992年版，第327页。

③ 汤用彤：《汉魏两晋南北朝佛教史》，武汉大学出版社2008年版，第298页。

（1）沙门队伍过于庞杂，不够纯净。刘宋武帝、文帝、孝武帝及明帝在位时，虽然都对佛教大力倡导，但也都有过沙汰沙门之举，并且严格控制度僧权。其重要的原因就是沙门中人过于庞杂，经常有人滥竽充数，并且有时还借机藏匿逃犯。孝武帝在整顿佛教时便曾下诏："佛法诡替，沙门混杂，未足扶济鸿教，而专成逋薮。"[1]佛门本为清静之地，但却鱼目混杂，成为"逋薮"。如茹法亮便就曾借沙门避难，根据《南史·茹法亮传》记载，茹法亮本为一小吏，因不堪忍受孝武帝的残暴而出家，《南史》本传云：

> 孝武末年，鞭罚过度，校猎江右，选白衣左右百八十人，皆面首富室，从至南州，得鞭者过半。法亮忧惧，因缘启出家得为道人。明帝初，罢道，结事阮佃夫，累至齐高帝冠军府行参军。[2]

茹法亮并非因向佛之心而出家，只是将沙门当作了暂时的避难所，至大明时期便因结交阮佃夫而还俗了。据此亦可获知，刘宋沙门混杂之情形。

（2）佛寺、佛像的建造竞相奢华，不以精诚为重，违背了佛家教义之本质。刘宋统治者对佛寺与佛像的建造皆有不同程度的支持，特别是孝武帝与明帝更是力倡有加。由此，刘宋佛寺耸立，佛像众多，竞相奢华，多有劳民伤财之举。元嘉十二年（435），萧摩之在奏请文帝整顿佛寺、佛像建造的表中批评了当时的情形："而自顷以来，情敬浮末，不以精诚为至，更以奢竞为重。旧宇颓弛，曾莫之修，而各务造新，以相娇尚。甲第显宅，于兹殆尽，材竹铜彩，糜损无极，无关神祇，有累人事。"[3]文帝"诏可"，对佛寺及佛像的建造工作做出过整顿。然而到了刘宋后期，刘宋皇族自己则助长了这种竞相奢华的风气。孝武帝建七层庄严刹，已经比

---

[1]　（梁）沈约：《宋书》，中华书局1974年版，第2386页。
[2]　（唐）李延寿：《南史》，中华书局1975年版，第1928页。
[3]　（梁）沈约：《宋书》，中华书局1974年版，第2386页。

较雄伟，明帝在故居起湘宫寺，欲建十层，更是奢华，最终不得，只能分为两刹，各五层。明帝极尽奢华之能事，自认为功德之举，却遭到了虞愿之讽谏，称其造湘宫寺"皆是百姓卖儿贴妇钱，佛若有知，当悲哭哀潸。罪高佛图，有何功德！"①明帝虽然当时大怒，但后来却重新重用虞愿，可知明帝自己也对湘宫寺建造之奢靡费财有一定的认识。刘宋皇族对佛寺及佛像建造的热衷，劳民伤财，在一定程度上加重了人民的负担，违背了佛教之本旨。

（3）参与政治谋逆。佛门本应远离政治权谋，但因刘宋皇族对佛教的崇信，使得部分高僧可以进入权力中心。如慧琳，在文帝时期被称为"黑衣宰相"，颜延之还曾经为此向文帝提出讽谏，《宋书·颜延之传》记载：

> 时沙门释慧琳，以才学为太祖所赏爱，每召见，常升独榻，延之甚疾焉。因醉白上曰："昔同子参乘，袁丝正色。此三台之坐，岂可使刑余居之。"②

此外，根据《宋书·彭城王刘义康传》记载，刘义康被文帝贬斥时，也曾询问慧琳自己是否还能够回来，更可知释慧琳与政治关系之密切程度。刘宋皇族对佛教的崇信，拉近了沙门与政治的关系，同时也为沙门参与政治谋逆埋下了祸根。元嘉九年（432）九月，赵广寇益州，以"司马飞龙"为号召进行叛乱，当时冒充"司马飞龙"的就是僧人程道养。程道养利用佛教的影响，冒充东晋宗室人物聚众作乱，这是佛教逐渐膨胀所带来的恶果之一。孝武帝升位，诸王多有叛乱，而谯王刘义宣素与沙门亲厚，求那跋陀罗和慧璩都曾追随刘义宣镇守荆州，慧璩还曾经参与谯王设置的梁山集会。孝武帝后来大败刘义宣，还亲自询问求那跋陀罗与慧璩对

---

① （唐）李延寿：《南史》，中华书局 1975 年版，第 1210 页。
② （梁）沈约：《宋书》，中华书局 1974 年版，第 1902 页。

刘义宣的看法，借以笼络人心。明帝即位，进刘子勋号车骑将军，但刘子勋长史邓琬则拥立刘子勋为帝，在寻阳即伪位，改年号为"义嘉"，备置百官而天下震动，当时沙门便曾参与此次义嘉之乱。刘子勋兵败，袁顗便曾"藏于沙门"，企图通过沙门而出关，邓琬亦是如此，"变形为沙门逃走"。释智斌本为灵根寺僧正，却因义嘉之乱而被摈。《高僧传·释僧瑾传》记载："后义嘉构衅，时人谮斌云，为义嘉行道，遂被摈交州。"① 由此可知，沙门与义嘉之乱关系密切，不仅藏匿乱党，还有可能为之"行道"，号召力量，最终被明帝严惩。

（4）不遵清规戒律，劣行累累。在刘宋皇族的倡导下，佛教势力日益膨胀，沙门僧尼也渐有劣迹出现。考之史传，周朗在孝武帝时期所进之"谠言"，颇中刘宋佛教之流弊。《宋书·周朗传》曾记载周朗之书，云：

> 自释氏流教，其来有源，渊检精测，固非深矣。舒引容润，既亦广矣。然习慧者日替其修，束诫者月繁其过，遂至糜散锦帛，侈饰车从。复假精医术，托杂卜数，延妹满室，置酒决堂，寄夫托妻者不无，杀子乞儿者继有。而犹倚灵假像，背亲傲君，欺贫疾老，震损宫邑，是乃外刑之所不容戮，内教之所不悔罪，而横天地之间，莫不纠察。②

周朗言辞激烈，痛斥了佛教发展过程中所出现的种种劣迹，请求孝武帝"申严佛律，裨重国令"，但可惜的是，周朗上奏此书的结果却是"书奏，忤旨，自解去职"，可知刘宋统治者虽然设置僧官以端正佛纪，但对佛教种种劣行在一定程度上依然有纵容之嫌，以至于僧尼常有伤风败俗之举。早在文帝时期，便已存在这一问题。元嘉年间，曾发生过僧人发墓的事件，严重违背了中国人的礼俗观念。根据《宋书·垣护之传》载，垣阆母

---

① （梁）释慧皎撰，汤用彤校注，汤一玄整理：《高僧传》，中华书局 1992 年版，第 294 页。

② （梁）沈约：《宋书》，中华书局 1974 年版，第 2100 页。

墓曾被东阿寺道人昙洛等所发，垣阆与弟垣闳因此而杀昙洛等 5 人，后来诣官归罪，却被释放。[①] 垣阆当时为员外散骑侍郎，其弟为殿中将军，但昙洛等僧人却有恃无恐挖掘其母亲坟墓，由此可知佛门劣迹之一端。

此外，刘宋僧尼可以出入宫廷及王侯之家，多有僧尼戒行不严，与人有染，败坏佛门清规。如《宋书·蔡兴宗传》载：

> 兴宗纳何后寺尼智妃为妾，姿貌甚美，有名京师，迎车已去，而师伯密遣人诱之，潜往载取，兴宗迎人不觉。[②]

僧尼智妃当时以美色闻名京师，这与佛家戒律似乎并不一致，本应被蔡兴宗纳为妾，却又被人"诱之"而改变，可知当时僧尼戒行之差。刘宋皇族自身也与僧尼有染，加剧了这一伤风败化的风气。谯王刘义宣素爱佛事，自己也是"姬妾百房，尼僧千计"，有悖人伦。后废帝荒淫无耻，好爱出游，据《南史·后废帝》本纪载，后废帝曾经"因乘露车，无复卤簿，往青园尼寺。晚至新安寺偷狗，就昙度道人煮之饮酒"。[③] 青园尼寺为僧尼集聚之地，后废帝却过去游玩，而其自身又多有不端之行为。史载后废帝外出游玩，"与右卫翼辇营女子私通，每从之游，持数千钱为酒肉之费"[④]，以此推论，大约可知后废帝对于尼寺清规亦有败坏之嫌。而后废帝晚间至新安寺偷狗，又与僧人共饮，则更属荒诞。

要之，刘宋皇族崇信佛教，厚遇僧尼，吸引了众多僧人来宋，推动了刘宋译经事业的发展，对刘宋佛教的繁荣发挥了重要的作用。然则，统治者对佛教的纵容及自身的一些不正之举，也滋生了佛教的种种流弊。

---

① （梁）沈约：《宋书》，中华书局 1974 年版，第 1452 页。
② （梁）沈约：《宋书》，中华书局 1974 年版，第 1578 页。
③ （唐）李延寿：《南史》，中华书局 1975 年版，第 89 页。
④ （梁）沈约：《宋书》，中华书局 1974 年版，第 189 页。

第五章　刘宋皇族与朝廷礼乐的
兴建及吴声西曲的创制

　　治国齐家，礼仪之用尚矣。沈约《宋书·礼志》云："历晋至宋，时代移改，各随事立。"[1] 刘宋建朝，朝政礼仪除沿袭旧制外，还随事而立，既有帝王亲自下诏议礼，也有宗王亲自参与议礼，士人重经、议经，议礼之风甚为盛行，并且由此产生了诸多议礼的文章。东晋皇权衰微，朝廷乐府活动也比较消沉。刘宋建朝，朝廷乐府得到了发展与完善，同时也出现了"俗化"的色彩。武帝北伐后秦，携乐伎南归，丰富了朝廷乐府的格局，文帝在此基础上逐步完善，孝武帝、明帝对朝廷乐府关注有加，明帝还亲自作郊祀歌辞。孝武帝、明帝在发展乐府的同时，也渐渐将民间的俗乐杂舞带到了庙堂之上，朝廷雅乐逐渐展现出了"俗化"的色彩。与此倾向相一致，刘宋皇族多有人参与吴声西曲的创制，宋少帝刘义符、孝武帝刘骏、临川王刘义庆、竟陵王刘诞及南平王刘铄皆有相关的作品流传。雅与俗是相对的，大致经过皇室贵族及文人士大夫的创作，俗歌俚曲便逐渐会转化为雅文学的一种。刘宋皇族创制俗乐民歌，推动了文人士大夫对吴声西曲的关注与创作。

---

① （梁）沈约：《宋书》，中华书局 1974 年版，第 327 页。

第一节　刘宋皇族对朝廷礼仪的建设

一、武帝时期的议礼

宋台初建，朝廷礼仪之建设，多依经学之士的提议而行，议礼之风渐趋浓厚。武帝命傅亮制定朝廷仪典，需与蔡廓商定方能施行，傅亮博涉经史、学冠当时，而蔡廓博涉群书、言行以礼，两人曾因扬州刺史庐陵王刘义真在朝堂之班次而发生争议，傅亮以《诗序》而论，认为"扬州反乃居卿君之下，恐此失礼"，而蔡廓则以《公羊传》为依据，认为刘义真之位次应在持节都督下。又，王淮之"兼明《礼传》"，永初二年，依据郑玄注《礼》的规定奏请改变丧礼的时间，云："今大宋开泰，品物遂理。愚谓宜同即物情，以玄义为制，朝野一礼，则家无殊俗"，朝廷从之，三年之丧的时间由东晋的二十五个月变为二十七个月。又，永初三年九月，武帝从司空羡之、尚书令亮等奏，"明年孟春，有事于二郊，请宣摄内外，详依旧典"，修复郊祀之礼。

二、文帝时期的议礼

文帝刘义隆对朝廷礼仪也多有建设，亲自询问经师意见，并且也多次下诏命人商讨朝政礼仪。宋文帝亲自组织的议礼活动主要有：

1.元嘉十四年，文帝"以新撰《礼论》付隆使下意"。文帝以当时何承天新撰写的《礼论》询问傅隆的意见，傅隆由此上呈五十二事。

2.元嘉十七年，元皇后崩，由于心丧之礼，礼无成文，世或两行，皇太子心丧三年后，文帝"诏使博议"。

3.元嘉二十年，太祖恢复帝王亲耕之礼，命何承天撰定仪注，而史学生山谦之已私鸠集，因以奏闻。于是斟酌众条，造定图注。

4. 文帝在位长久，有意封禅。遣使履行泰山旧道，并且诏学士山谦之草封禅仪注。

此外，还有因相关人员奏请而组织的议礼活动。宋文帝元嘉六年六月辛酉朔，围绕王者随五令之服展开议礼，议礼由驸马都尉奉朝请徐道娱根据《礼记·月令》提出，太学博士荀万秋按照蔡邕《独断》、董仲舒《止雨书》、司马彪《舆服志》提出争议。元嘉二十三年七月，海盐公主生母蒋美人丧，海盐公主先离婚，围绕公主所服轻重展开议礼，参议者主要是太学博士顾雅与博士周野王，博士庾蔚之、颜测、殷明、王渊之 4 人同雅议，何惔、王罗云 2 人同野王议。最终，白衣领御史中丞何承天以前人之议提出自己的观点上奏朝廷。

三、孝武帝时期的议礼

孝武帝即位，孝建元年十月戊辰，因章皇太后庙毁置之礼发生了一次大规模的议礼活动，二品官议者 663 人，江夏王刘义恭亲自参加，其中 636 人同刘义恭提议不毁，散骑侍郎王法施等 27 人议应毁，规模十分盛大。又，大明五年四月庚子，孝武帝想要"经始明堂，宗祀先灵，式配上帝"，下诏使有关人员"详考姬典"，亲自组织人员根据礼经著作制定礼仪。此外，孝武帝时期，礼官奏请而进行的议礼活动甚为频繁，根据《宋书·礼志》记载，举例如下：

1. 有关丧礼的议礼

孝武帝孝建元年六月己巳，休倩薨夭。服制未有成准，礼官加以详议，太学博士陆澄与左丞臣羊希参议。

孝建元年六月，因国太妃以去三十年闰六月二十八日薨，围绕其周忌当在六月还是七月礼官加以议正，博士丘迈之与左仆射建平王宏参议。

孝建三年三月，皇后王宪嫄父亲王偃去世，围绕皇帝、皇后居丧期间所穿的衣服展开议论，参议者为太学博士王燮之、太常丞朱膺之、国子助教苏玮生、尚书令、中军将军建平王宏、前祠部郎中周景远，诏以建平王刘宏之议为允。

大明二年正月，围绕皇后心丧及公主心制之时间展开议礼，领仪曹郎朱膺之参议。

大明二年六月，有司奏："凡侯伯子男世子丧，无嗣，求进次息为世子。检无其例，下礼官议正。"[1]博士孙武、博士傅郁及曹郎诸葛雅之参议，以诸葛雅之为允，诏可。

大明二年，因太常鄱阳哀王去年闰三月十八日薨，又围绕祥除时间讨论，博士傅休与太常丞庾蔚之参议。

大明四年九月，有司奏："陈留国王曹虔季长兄虔嗣早卒，季袭封之后，生子铣以继虔嗣。今依例应拜世子，未详应以铣为世子？为应立次子锴？"[2]礼官由此展开议礼。

大明五年闰月，有两次议礼活动。第一次，有司奏："依礼皇太后服太子妃小功五月，皇后大功九月。"[3]右丞徐爰参议。第二次，有司奏："皇太子妃薨，至尊、皇后并服大功九月，皇太后小功五月，未详二御何当得作鼓吹及乐？"博士司马兴之与右丞徐爰参议。

大明五年七月，故永阳县开国侯刘叔子夭丧，年始四岁，傍亲服制有疑。太学博士虞龢、领军长史周景远、司马朱膺之、前太常丞庾蔚之、博士司马兴之、左丞荀万秋参议。

大明二年十一月，有司奏："兴平国解称国子袁愍孙母王氏，应除太夫人。检无国母除太夫人例。下礼官议正。"[4]

① （梁）沈约：《宋书》，中华书局1974年版，第409页。
② （梁）沈约：《宋书》，中华书局1974年版，第410页。
③ （梁）沈约：《宋书》，中华书局1974年版，第398页。
④ （梁）沈约：《宋书》，中华书局1974年版，第410页。

2. 有关祭祀的议礼

孝建二年正月庚寅，以南郊之事议，太学博士王祀之、太常丞朱膺之参议，尚书令建平王宏重参议，以膺之议为允，诏可。

大明二年正月丙午朔，以南郊遇雨之事展开议礼，博士王燮之、曹郎朱膺之及右丞徐爰参议。

大明二年二月庚寅，有司奏："皇代殷祭，无事于章后庙。高堂隆议魏文思后依周姜嫄庙祔祫，及徐邈答晋宣太后殷荐旧事，使礼官议正。"

大明三年六月乙丑，有司奏："来七月十五日，尝祠太庙、章皇太后庙，舆驾亲奉。而乘舆辞庙亲戎，太子合亲祠与不？且今月二十四日，第八皇女夭。案《礼》，'宫中有故，三月不举祭'。皇太子入住上宫，于事有疑。"下礼官议正。

大明五年九月甲子，以"太祖文皇帝配，未详祭用几牛"展开讨论，太学博士司马兴之、博士虞龢及祠部郎颜奂参议。

大明七年正月庚子，围绕是否为宣贵妃立庙展开议礼。

大明七年六月丙辰，孝武帝下诏奠祭霍山，围绕祭奠奉使的官员、所用之牲及器皿，开展议礼。

大明八年正月壬辰，有司奏："故齐敬王子羽将来立后，未详便应作主立庙？为须有后之日？未立庙者，为于何处祭祀？"由此开展议礼。

四、明帝时期的议礼

明帝刘彧好鬼神之说，相关的议礼大多围绕祭祀问题，主要有：

泰始二年正月，孝武昭太后崩。昭皇太后非明帝亲生母亲，但明帝由其抚养长大，因此特制义服，五月甲寅，围绕"祔庙之礼"，礼官详议。

泰始二年六月丁丑，有司奏："来七月尝祀二庙，依旧车驾亲奉。孝武皇帝室至尊亲进觞爵及拜伏。又昭皇太后室应拜，及祝文称皇帝讳。又皇后今月二十五日虞见于祢，拜孝武皇帝、昭皇太后，并无明文，下礼官议正。"

泰始二年十一月辛酉，明帝下诏："朕载新宝命，仍离多难，戎车遄驾，经略务殷，禋告虽备，弗获亲礼。今九服既康，百祀咸秩，宜聿遵前典，郊谒上帝。"[1]明帝指出禋告虽备但弗获亲礼，强调"聿遵前典，郊谒上帝"，由此相关人员展开议礼，黄门侍郎徐爰和建安王刘休仁都参与谈论，最终以徐爰之议为允。

泰始六年正月乙亥，明帝下诏命有关人员议礼，诏云："古礼王者每岁郊享，爰及明堂。自晋以来，间年一郊，明堂同日。质文详略，疏数有分。自今可间二年一郊，间岁一明堂。外可详议。"明帝对郊祀与明堂之礼做出改动，要求礼学之士"外可详议"。

泰始七年十月庚子，围绕祀明堂是否告与太庙展开讨论，祠部郎王延秀提出建议，守尚书令袁粲等并同延秀议。

泰豫元年七月庚申，七月尝祠，因皇帝在谅闇之内，围绕是否"为亲奉与"展开议礼。[2]

五、后废帝时期的议礼

后废帝残暴不堪，在位时间较短，但亦有相关的议礼活动：

后废帝元徽二年七月，第七皇弟训养母郑修容丧，未详服制，下礼官正议，太学博士周山文议，参议并同周山文。

---

[1] （梁）沈约：《宋书》，中华书局1974年版，第430页。
[2] 议礼内容参见《宋书·礼志》。

后废帝元徽二年十月丙寅,有司奏:"至尊亲祠太庙文皇帝太后之日,孝武皇帝及昭皇太后,虽亲非正统,而尝经北面,未详应亲执爵与不?"下礼官议。

六、刘宋宗王参加的议礼

刘宋宗王中江夏王刘义恭、建平王刘宏及建安王刘休仁多有参与朝政之议礼,并撰有相关文章。

(一)江夏王刘义恭参加的议礼:

1.参议孝建元年章皇太后庙毁置之礼,依《礼记》《谷梁传》《公羊传》提出《章太后毁庙议》。

2.大明元年十一月戊申,上《请封禅表》,陈述封禅之各种礼仪。

(二)建平王刘宏参与的议礼:

1.孝建元年,参议六国太妃周忌时间议礼,撰有《驳丘迈之闰月周忌议》。

2.孝建二年正月庚寅,参议南郊之事议。

3.孝建二年九月,参议乐号庙礼,撰《庙乐议》。

4.孝建三年三月,参议皇帝、皇后在王皇后之父王偃去世期间丧服问题的议礼,撰有《天子为皇后父服议》。

5.孝建三年五月,参议皇室所用车辆之数,撰《参议副车正数》。

(三)建安王刘休仁参与的议礼:

1.泰始二年九月,参议对皇太子所生陈贵妃礼敬问题的议礼,撰有《礼敬太子生母议》。

　　2.泰始二年十一月辛酉，参议郊祀的议礼。

　　3.泰始四年五月，参议太子车服之礼，撰有《参议皇太子车服》。

　　要之，考察《宋书·礼志》可知，刘宋皇族对朝政仪礼文化的建设较为重视，在撰定礼仪的过程中多次组织礼学之士围绕经学旧典加以研究探讨，宗王与礼学之士共同参议。在刘宋皇室成员的率领下，士人重经、议经成为一时之风气，形成了浓郁的议礼氛围，促进了经学典籍的流通与传播。

　　然则，详考刘宋历代帝王对议礼活动的关注，重心却不尽相同，经学在刘宋不同时期呈现出了不同的发展趋向。武帝与文帝时期，朝政礼仪多依旧典而建，东晋皇权旁落，朝政礼仪也多有不够完善之处，武帝、文帝立朝，主要是依据旧典对东晋相关的礼仪加以恢复或者完善，武帝改善丧礼的时间，修复祭祀的礼仪，文帝则依据旧典恢复了东晋朝廷已经不行的礼仪，太子释奠及天子亲耕之礼皆是如此，后期对封禅之礼的关注，则有凸显皇权之威严、歌功颂德之意。议礼围绕的中心要么是现实礼仪与旧典不合之处，要么是旧典记载不够翔实完善之处。礼仪建设主要是为了加强朝政之秩序、凸显皇室之地位，从而维护新政权的稳定。刘宋王朝在元嘉年间达到鼎盛，至孝武帝时期开始转衰，经学发展亦有所衰退，仪礼之建设也出现了不同的发展面貌。元嘉时期，刘宋国力强盛，文帝意欲封禅，因索虏南寇，其意乃息。孝武帝时期，江夏王刘义恭上《请封禅仪表》，有关部门也奏请封禅，但孝武帝却认为文轨不一，下诏停此奏，诏书云："天生神物，昔王称愧，况在寡德，敢当鸿贶。今文轨未一，可停此奏。"[1]孝武帝对封禅的态度与文帝不同，从中亦可看出王朝之兴衰趋势。揆之史传，刘宋一朝之帝王，孝武帝最为勤政，颁发的诏书最多，听讼的

---

① （梁）沈约：《宋书》，中华书局 1974 年版，第 443 页。

次数也最多，在位期间所进行的议礼活动也最为繁多，沈约《宋书》称其有"周公之才"，良有以也。然而，孝武帝又"尽民命以自养"，个人生活荒淫无耻，既与刘义宣诸女淫乱，又与自己的母亲暧昧不清，虽然多次加强礼仪之建设，但终究收获不大。虽然其生前对皇室成员的守丧之礼多有丰富完善，但其死后，其长子刘子业便辱骂先祖，并且想要自掘其坟墓以泄心头之恨，可知其礼仪文化建设之失败。正所谓其身正，不令而行，其身不正，虽令不从。孝武帝个人立身不正，虽然对经学礼教诸多提倡，但终究难改经学衰退之势，这与其对朝政做出的诸多改革而难以挽回刘宋衰弱之势，是极为一致的。较之武帝与文帝，孝武帝与明帝对祭祀之礼更为重视，并且扩建诸神之庙，祭祀规模更为盛大。据《宋书·礼志四》载，武帝时期普禁淫祀，蒋子文祠以下，普皆毁绝。孝武帝即位，孝建元年便修复蒋山祠，并且其所在山川，渐皆修复。明帝更进一步，立九州庙于鸡笼山，大聚群神，蒋侯与苏侯都加以殊礼，四方诸神，咸加爵秩。蒋子文与苏俊有战神之称，在晋一代，颇受尊崇，这与门阀士族军事能力衰弱从而祈求鬼神庇佑有直接关系。武帝依靠武力廓清内外，建立了震惊朝野的疆场功勋，相信人事在战争中的作用，对鬼神之说持排斥态度。孝武帝与明帝再度恢复对诸神的礼敬，与帝王个人对鬼神之说的崇信有密切关系。孝武帝宠妃宣贵妃去世，孝武帝悲痛难抑，故而使巫者召唤宣贵妃，可知其对鬼神巫术之迷信。明帝对鬼神之事更为崇信，《宋书·明帝本纪》载："（明帝）末年好鬼神，多忌讳，言语文书，有祸败凶丧及疑似之言应回避者，数百千品，有犯必加罪戮。"[1]此外，宫中移床治壁，明帝必先祭土神，并且使文士为文词祝策，如大祭飨。孝武帝、明帝对鬼神之说甚为崇信，希望借得鬼神的庇佑，维护皇位的长治久安，由此对祭祀之礼多有发展，这也充分说明了刘宋皇室力量的衰弱。另外，孝武帝与明帝对皇室内部成员衣食住行的礼仪也甚为重视，对丧服、车服等问题多有议礼，其

---

[1]　（梁）沈约：《宋书》，中华书局 1974 年版，第 170 页。

实是要运用礼教来约束皇族成员的言行，其背后所掩饰的恰恰是刘宋皇族礼教的缺失。孝武帝与明帝均以藩王身份登帝位，在位期间中央与地方战事不断，对皇室宗王多有残杀，特别是明帝刘彧，对孝武帝诸子残害殆尽。因此，皇室内部亲情淡漠、丧祭之礼缺失，孝武帝长子刘子业曾随意辱骂先祖，还曾想自掘孝武帝坟墓以泄心头之恨；明帝之太子刘昱亦是不仁不孝，秉性顽劣。要之，孝武帝、明帝时期，经学礼教之发展，其背后所掩饰的是对鬼神之说的崇信与皇室内部礼敬的缺失，而这恰好是"不经"之现象。

经学礼教是帝王用来维护政权的工具，其自身之发展，与封建王朝之兴衰紧密相关，大致来讲，王朝兴则经学兴，王朝衰则经学衰。刘宋前期，武帝、文帝用经学来实现繁荣昌盛，刘宋后期，孝武帝、明帝则用来维持王朝之延续。伴随王朝的衰弱，帝王虽然对经学多有提倡，但难以挽回经学之颓势。

刘宋皇族重视朝典仪礼建设，朝廷议礼之风盛行，推动了礼经类作品的丰富。比较刘宋各类的经籍目录，以礼经类的数目最为庞大，近20部，接近400卷，远胜于其他种类的经学书籍。刘宋皇族倡导议礼是礼经类书籍繁多的重要原因。除却雷次宗的《略注丧服经传》外，其他礼经类书籍的作者皆为朝廷官员，并且有的还多次参与朝廷的议礼，其经学成果的获得与担任礼官、参与朝廷各种礼仪应有密切关系。何承天自武帝朝开始，便与傅亮共撰朝仪，元嘉年间又领国子博士，并且多次参与朝廷之议礼。何承天《礼论》300卷是否为应召之作已经不得而知，但得到文帝的重视是不争的事实，文帝曾亲自将《礼论》300卷授予傅隆以询问意见。何承天被刘宋皇族重用之境遇应是促进其编写经学书籍的重要原因。庾蔚之，官至太常丞，《宋书·礼志》多有其参与议礼的记载，同时成果亦较为丰硕，有《礼答问》6卷、《礼论钞》20卷。

根据严可均《全宋文》记载，刘宋许多礼学文章直接是作者参与朝廷议礼的成果，例举相关作品情况如表5-1所示：

表 5-1

作品	来源
《国子为生母求除太夫人议》	孝建三年八月，太常丞庾蔚之议
《丧遇闰议》	大明元年二月，太常丞庾蔚之议
《太子妃丧不举祭议》	大明五年十月，前太常丞庾蔚之议
《晋陵王无后庙祭议》	大明六年十月，太常丞庾蔚之议
《四时讲武献牲议》	大明七年二月，兼太常丞庾蔚之议
《晋陵国庙祭议》	大明七年十一月，太常丞庾蔚之议
《皇子出后告庙议》	孝建三年五月，兼右丞殿中郎徐爰议
《皇子出後告庙临轩议》	大明元年六月，殿中郎徐爰议
《郊祀遇两议》	大明二年正月，右丞徐爰议
《郊兆议》	大明三年九月，右丞徐爰议
《安陆国庙祭议》	大明四年，右丞徐爰议
《为太子妃服议》	大明五年，有司奏右丞徐爰参议
《皇太子妃丧议》	大明五年闰月，右丞徐爰参议
《太子妃丧不举祭议》	大明五年十月，右丞徐爰议
《宣贵妃祭议》	大明七年三月，左丞徐爰议
《晋陵王无后庙祭议》	大明七年十一月，左丞徐爰议
《齐敬王子羽庙祭议》	大明八年正月，徐爰议
《郊祀议》	泰始二年十一月，黄门侍郎徐爰议
《殷祭议》	孝建元年十一月，领曹郎范义恭议
《参议殷祭》	孝建元年十二月，郎中周景远参议
《天子为皇后父服议》	孝建三年三月，前祠部郎中周景远议
《太子妃丧不举祭议》	大明五年十月，领军长史周景远议
《殷祠议》	大明七年二月，领军长史周景远议
《郊祠灌献议》	孝建二年正月，太学博士王祀之议
《殷祭议》	孝建元年十二月，太常丞朱膺之议
《郊祠灌献议》	孝建二年，太常丞朱膺之议
《皇后为父服议》	孝建三年三月，太常丞朱膺之议

作品	来源
《皇子出后告庙议》	孝建三年五月，祠部朱膺之议
《国子为生母求除太夫人议》	孝建三年八月，祠部郎中朱膺之议
《王子出后告庙临轩议》	大明元年六月，祠部郎朱膺之议
《皇后为父服议》	大明二年正月，领曹郎朱膺之议
《郊祀遇雨议》	大明二年正月，曹郎朱膺之议
《殷祭章后庙议》	大明二年二月，祠部朱膺之议
《天子为皇后父服议》	孝建三年三月，太学博士王膺之议
《皇后为父服议》	孝建三年三月，太学博士王膺之议
《太庙送神议》	元嘉六年，博士贺道期议
《太庙送神议》	元嘉六年，博士江邃议
《太庙送神议》	元嘉六年，太学博士徐道娱上议
《春祠不用雌鸡议》	元嘉十年十二月，博士徐道娱等议
《诸官出行分道议》	元嘉十二年，御史中丞刘式之议
《绩秋令服色议》	元嘉六年，荀万秋议
《太庙送神议》	元嘉六年七月，博士荀万秋议
《永阳侯刘升子服制议》	大明五年七月，左丞荀万秋等参议
《祀孝武昭后二庙议》	泰始二年六月，太常丞虞愿议
《郊祀议》	泰始六年五月，前兼曹郎虞愿议
《祭霍山议》	大明七年，殿中郎丘景先议
《闰月周忌议》	孝建元年六月，博士丘迈之议
《殄寇告二郊议》	孝建元年六月，太学博士徐宏、陆澄、孙勃议
《东平冲王祔主议》	孝建元年七月，太学博士徐宏议
《殷祭议》	孝建元年十二月，太学博士徐宏议
《平贼告二郊议》	孝建元年六月，国子助教苏玮生议
《殷祭议》	孝建元年十二月，国子助教苏玮生议
《为皇后父服议》	孝建三年三月，苏玮生议

以上作品皆为相关人员参加议礼的书面记录,可知,刘宋皇族对议礼的提倡及朝廷礼仪活动的兴盛。

第二节　刘宋皇族对朝廷乐府的建设

自古以来,采诗、献诗常为帝王治理国家的手段。《宋书·乐志一》云:"古者天子听政,使公卿大夫献诗,耆艾修之,而后王斟酌焉。秦、汉阙采诗之官,哥咏多因前代,与时事既不相应,且无以垂示后昆。汉武帝虽颇造新哥,然不以光扬祖考、崇述正德为先,但多咏祭祀见事及其祥瑞而已。商周《雅颂》之体阙焉。"① 由是观之,朝廷相关诗乐机构的设置由来已久,但大多沿袭《诗经》雅颂之体,而非民间俗调。刘宋建朝,朝廷重视乐府活动,武帝、文帝皆曾加以完善,孝武帝、明帝承前人之遗风,依然对朝廷乐府的建设关注有加,明帝还亲自做歌辞用于郊祀。但孝武帝、明帝在发展乐府的同时,也渐渐将民间的俗乐杂舞带到了庙堂之上,展现出了一定的"俗化"色彩。

一、刘宋初期:武帝对朝廷乐府的恢复

刘裕"清简寡欲,严整有法度",后庭并无"纨绮丝竹之音",但在攻破长安后则悉收长安乐伎南归,登基后又恢复了朝廷乐府活动。晋室渡江,乐府比较萧条,《宋书·乐志一》载:

> 至江左初立宗庙,尚书下太常祭祀所用乐名,太常贺循答云:"魏氏增损汉乐,以为一代之礼,未审大晋乐名所以为异。遭离丧乱,

① (梁)沈约:《宋书》,中华书局 1974 年版,第 550 页。

旧典不存，然此诸乐，皆和之以钟律，文之以五声，咏之于哥词，陈之于舞列，宫县在下，琴瑟在堂，八音迭奏，雅乐并作，登哥下管，各有常咏，周人之旧也。自汉氏以来，依放此礼，自造新诗而已。旧京荒废，今既散亡，音韵曲折，又无识者，则于今难以意言。"于时以无雅乐器及伶人，省太乐并鼓吹令。是后颇得登哥，食举之乐，犹有未备。明帝太宁末，又诏阮孚等增益之。成帝咸和中，乃复置太乐官，鸠习遗逸，而尚未有金石也。①

东晋因乐府旧典散佚，乐器与伶人比较稀少，乐府机构并不完备，后来虽有发展，但一直没有金石之乐。刘裕北伐后秦，将姚秦的伶人"悉收南归"，充实了南方的乐府机构，同时也带来了乐府创作的丰富与发展。《宋书·乐志》载："鼓吹铙歌十五首，何承天义熙中私造。"②又根据张可礼先生考证，何承天《鼓吹铙歌》15首便作于义熙末年，极有可能是作于北伐后秦后建立宋国之时。如此可大致推断，刘裕收姚秦乐伎南归对南方乐府创作的促进之效。刘裕登基后也着力于乐府的恢复与发展，《宋书·乐志一》对永初年间乐府的情况有所记载，云：

> 宋武帝永初元年七月，有司奏："皇朝肇建，庙祀应设雅乐，太常郑鲜之等八十八人各撰立新哥。黄门侍郎王韶之所撰哥辞七首，并合施用。"诏可。十二月，有司又奏："依旧正旦设乐，参详属三省改太乐诸哥舞诗。黄门侍郎王韶之立三十二章，合用教试，日近，宜逆诵习。辄申摄施行。"诏可。又改《正德舞》曰《前舞》，《大豫舞》曰《后舞》。③

---

① （梁）沈约：《宋书》，中华书局 1974 年版，第 540 页。
② （梁）沈约：《宋书》，中华书局 1974 年版，第 661 页。
③ （梁）沈约：《宋书》，中华书局 1974 年版，第 541 页。

以此可获知，刘宋建朝之初，朝廷雅乐活动的发展，对刘宋年间文人乐府的兴起具有重要的影响。

二、元嘉年间：文帝对朝廷乐府的发展

武帝刘裕北伐破姚秦后得乐伎南归，即位后对乐府也有所建设。文帝继承武帝的做法，继续完善朝廷乐府的相关事宜。《宋书·乐志一》载：

> 元嘉十八年九月，有司奏："二郊宜奏登哥。"又议宗庙舞事，录尚书江夏王义恭等十二人立议同，未及列奏，值军兴，事寝。（元嘉）二十二年，南郊，始设登哥，诏御史中丞颜延之造哥诗，庙舞犹阙。①

文帝元嘉年间对乐府活动较为重视，刘义恭等12人曾参与讨论宗庙之舞乐的事情。元嘉二十二年郊祀之礼开始设登哥，文帝还曾命颜延之创作相关的歌诗，可知文帝对乐府活动的完善与发展。

文帝时期对宗王相关的礼乐活动也有所关注。根据《宋书·乐志一》记载，元嘉十三年，彭城王刘义康在东府正会，依照惯例应给予伎，为此总章工冯大列与太常傅隆展开议论。虽然最终事不获行，但亦能看出对伎乐活动的关注。

三、刘宋后期：孝武帝、明帝对朝廷乐府的完善与俗化

孝武帝、明帝重视朝廷的礼乐活动，进一步丰富完善朝廷的乐府活动，并且将俗乐融入庙堂，朝廷雅乐也逐渐带上了俗乐的色彩。雅、俗之

---

① （梁）沈约：《宋书》，中华书局1974年版，第541页。

分，自《诗经》便已有之。大致来讲，雅乐主要是用于郊庙祭祀与朝堂中
的歌功颂德，以"颂"为代表；而俗乐大致是地方的传唱，以"风"为代
表。"雅""俗"之间虽有区别，但却并无固定之界限，雅乐会受到俗乐的
冲击，而俗乐也会受到雅乐的影响。观之刘宋后期相关的乐府活动，则主
要呈现出了朝廷雅乐逐渐俗化的倾向，换言之，地方俗乐开始逐渐出现于
庙堂之上，获得了"雅乐"的地位。在这一过程中，孝武帝与明帝堪称主
要倡导者。

　　首先，孝武帝与明帝十分重视朝廷的乐府活动。根据《宋书·乐志
一》记载，孝武帝即位后，曾于孝建二年九月、十月两次展开了有关郊庙
音乐的议礼，并且规模较为盛大，"于是使内外博议"，按照《宋书》记
载，前殿中曹郎荀万秋、建平王刘宏、竟陵王刘诞及开国侯颜峻等都曾参
议。孝武帝对议礼的结果，两次皆"诏可"，进一步丰富了朝廷的乐府活
动。《宋书·乐志一》载："文帝章太后庙未有乐章，孝武大明中使尚书左
丞殷淡造新歌，明帝又自造昭太后宣太后歌诗。"[1]可知孝武帝命文人殷淡
造新歌，而明帝则自造歌诗，补充了元嘉时期乐府活动的缺失。

　　其次，孝武帝、明帝在丰富乐府活动的同时，也进一步将杂舞之乐
引入了庙堂。《宋书·乐志一》记载："孝武大明中，以《鞞》、《拂》、杂
舞合之钟石，施于殿庭。"[2]根据郭茂倩《乐府诗集》记载，杂舞者本出自
方俗，后来则逐渐陈列于朝堂，"自周有缦乐散乐，秦汉因之增广，宴会
所奏，率非雅舞。汉魏以后，并以辑、铎、巾、拂四舞，用之宴飨。宋
武帝大明中，亦以辑、拂杂舞合之钟石，施子殿庭，朝会用乐，则兼奏
之。"[3]可知杂舞曲辞虽然逐渐为上层士大夫所欣赏，但也主要是用于宴
会之中，直到孝武帝时期才在朝会用乐中兼奏。孝武帝这一举措后来还
受到了王僧虔的批评："大明中，即以宫县合和《鞞》、《拂》，节数虽会，

---

① （梁）沈约：《宋书》，中华书局1974年版，第545—546页。

② （梁）沈约：《宋书》，中华书局1974年版，第552页。

③ （宋）郭茂倩：《乐府诗集》，中华书局1979年版，第766页。

虑乖雅体。将来知音，或讥圣世。"① 认为圣世朝堂之乐不应该用杂舞之乐。较之孝武帝时期，明帝时朝廷音乐的俗化有过之而无不及，并且明帝及诸王亲自参与制作俗乐之辞。《宋书·乐志一》载："宋明帝自改舞曲歌词，并诏近臣虞龢并作。又有西、伧、羌、胡诸杂舞。随王诞在襄阳，造《襄阳乐》；南平穆王为豫州，造《寿阳乐》；荆州刺史沈攸之又造《西乌飞哥曲》，并列于乐官。哥词多淫哇不典正。"② 宋明帝与其近臣虞龢共造《宋泰始歌舞曲十二首》，其中有 6 首确定为明帝所作，分别是《皇业颂》《通国风》《天符颂》《明德颂》《治兵大雅》《白纻篇大雅》。就现存的明帝所制的歌辞来看，体制较以前的雅乐歌辞已经明显缩短，内容也相对浅显了一些。这在一定程度上亦是刘宋时期朝廷雅乐逐渐俗化倾向的反映，由晦涩难懂之长篇逐渐向简单灵活之体制转变。另外，明帝所制的《白纻篇大雅》，本就源自俗乐《白纻舞》，更加强化了朝廷雅乐俗化的倾向。此外，胡音杂乐也开始陈列于朝堂之上，可知朝堂音乐俗化的加剧。

第三，吴声西曲源自民间，但在刘宋时期也逐渐在朝堂之上流行。《宋书·乐志一》记载："吴哥杂曲，并出江东，晋、宋以来，稍有增广。"③ 据王运熙《乐府诗述论》考证，吴声中的《子夜》《凤将雏》《前溪》《读曲》，西曲中的《寿阳乐》《襄阳乐》，都是在明帝时期被搬入宫廷，并且与杂舞曲辞成为最好的娱乐品。④ 除此以外，孝武帝还亲自模仿乐府诗作《丁督护歌》6 首，更加推动了吴声西曲在上层社会及朝廷中的流行。明帝时，吴声西曲依然较为流行，并且与朝堂关系依然甚为紧密。宋明帝时有新制的《子夜四时歌》，对"泰始乐"多有歌颂，像"追逐泰始乐，不觉华年度"，"今遇泰始世，年逢九春阳"及"一唱泰

① （梁）沈约：《宋书》，中华书局 1974 年版，第 553 页。
② （梁）沈约：《宋书》，中华书局 1974 年版，第 552 页。
③ （梁）沈约：《宋书》，中华书局 1974 年版，第 549 页。
④ 王运熙：《乐府诗述论》，上海古籍出版社 2006 年版，第 458 页。

始乐，枯草衔花生"，皆为歌颂泰始时代的曲辞。《子夜四时歌》改变了以往男女相爱的主题，而以庙堂歌颂为主调，可知其与庙堂之乐逐渐融合的趋势。

要之，孝武帝与明帝重视乐府活动的丰富与发展，逐步将俗乐引入了朝堂之上，并且还亲自参与制作，更加促进了俗乐地位的提高及在上层社会及朝堂上的流行。

第三节 刘宋皇族与吴声西曲的创制

刘宋皇族对于吴声西曲的繁荣，具有重要的推动作用。根据《乐府诗集》及《宋书·乐志》记载，刘宋皇族多有人创制吴声西曲之乐歌。

一、少帝刘义符与《懊侬歌》的创制

宋少帝通晓音律，武帝大行在殡，少帝依然"优倡管弦，靡不备奏"。《宋书·乐志一》记载："《懊侬歌》者，晋隆安初，民间讹谣之曲。语在《五行志》。宋少帝更制新歌，太祖常谓之《中朝曲》。"[1] 又，《乐府诗集》有关《懊侬歌》的题解，云："《懊侬歌》者，晋石崇绿珠所作，唯'丝布涩难缝'一曲而已。后皆隆安初民间讹谣之曲。宋少帝更制新歌三十六曲。"[2] 可知，宋少帝自制《懊侬歌》36首，文帝时期被传唱。此外，根据王运熙先生《乐府诗述论》考证，《乐府诗集》中《前溪歌》8首，其中有7首为宋少帝所作，但考之文献并无记载，可备一说。

---

① （梁）沈约：《宋书》，中华书局1974年版，第550页。

② （宋）郭茂倩：《乐府诗集》，中华书局1979年版，第667页。

二、孝武帝刘骏与《丁督护歌》的创制

《丁督护歌》为吴声之曲,《宋书·乐志》记载其起源:"《督护歌》者,彭城内史徐逵之为鲁轨所杀,宋高祖使府内直督护丁旿收敛殡埋之。逵之妻,高祖长女也,呼旿至阁下,自问敛送之事。每问,辄叹息曰:'丁督护!'其声哀切,后人因其声,广其曲焉。"① 可知其本事为徐逵之妻子因徐逵之死亡而产生的哀切之情,大致产生于刘宋。《乐府诗集》中《丁督护歌》题解云:

> 《宋书·乐志》曰:"《督护歌》者,彭城内史徐逵之为鲁轨所杀,宋高祖使府内直督护丁旿收敛殡埋之。逵之妻,高祖长女也。呼旿至阁下,自问殓送之事。每问辄叹息曰:'丁督护'!其声哀切,后人因其声广其曲焉。"《唐书·乐志》曰:"《丁督护》,晋宋间曲也。今歌是宋武帝所制"云。②

武帝"素无学术",史书又记载其"后庭无纨绮丝竹之音",可知武帝作《丁督护歌》的可能性不大。根据现存诗歌可知,孝武帝现存《丁督护歌》6首,可知《乐府诗集》"宋武帝"应为"宋孝武帝"。又,王运熙先生曾经对此问题加以考证,亦认为是宋孝武帝之作,本文从其说。

三、临川王刘义庆与《乌夜啼》的创制

《乌夜啼》为吴歌曲辞,旧舞有16人,《旧唐书·音乐志》记载:

---

① (梁)沈约:《宋书》,中华书局1974年版,第550页。
② (宋)郭茂倩:《乐府诗集》,中华书局1979年版,第659页。

《乌夜啼》者，宋临川王义庆所作也。元嘉十七年，徙彭城王义康于豫章。义庆时为江州，至镇，相见而哭。文帝闻而怪之，征还庆大惧，伎妾夜闻乌夜啼声，扣斋阁云："明日应有赦。"其年更为南兖州刺史，因此作歌。故其和云："夜夜望郎来，笼窗窗不开。"今所传歌辞，似非义庆本旨。①

刘义庆才华足为宗室之表率，被武帝称为刘宋皇族之"丰城"，因文帝之猜忌，刘义庆感"世路艰难"，故而请求外调，并且不复跨马，专注于文学。元嘉十七年，刘义康被文帝徙于豫章，曾与刘义庆相见，此事又被文帝所怪，刘义庆谨小慎微，极有可能心生惶惧，为此而作《乌夜啼》。另外，《教坊记》载《乌夜啼》为刘义康与刘义季而作，《乐府诗集》证其讹误，仅存一说。

四、竟陵王刘诞与《襄阳乐》的创制

竟陵王刘诞，为文帝第六子，元嘉二十年，封广陵王，后改封随郡王。《宋书·乐志一》云："随王诞在襄阳，造《襄阳乐》。"② 又，《乐府诗集》题解援引《古今乐录》云："《襄阳乐》者，宋随王诞之所作也。诞始为襄阳郡，元嘉二十六年仍为雍州刺史，夜闻诸女歌谣，因而作之，所以歌和中有'襄阳来夜乐'之语也。"旧舞16人，梁8人。又有《大堤曲》，亦出於此。③ 除却《襄阳乐》，《大堤曲》似亦出自刘诞。元嘉二十六年，文帝谋略北伐，以襄阳之"外接关、河"的地理位置较为险要，"欲广其资力"，将江州并入雍州，任竟陵王刘诞为雍州刺史，《襄阳乐》大致作于此。又，《通典》与《旧唐书·音乐志》根据裴子野《宋略》，称晋安

---

① （后晋）刘昫：《旧唐书》，中华书局1975年版，第690页。

② （梁）沈约：《宋书》，中华书局1974年版，第552页。

③ （宋）郭茂倩：《乐府诗集》，中华书局1979年版，第703页。

侯刘道产为襄阳太守时，因政通人和而有《襄阳乐》为之歌颂，《乐府诗集》考证，两种《襄阳乐》并非一种。

五、南平王刘铄与《寿阳乐》的创制

刘铄，富有诗才，堪比陆机，《宋书·乐志一》记载："南平穆王为豫州，造《寿阳乐》。"[①] 根据《宋书·刘铄传》记载，元嘉二十二年，文帝方事外略，将寿阳并入豫州，任刘铄为豫州刺史，并给予鼓吹一部。《寿阳乐》大致作于当时。

除此以外，民间还有乐歌因刘宋皇族而起，《读曲歌》便是如此。《宋书·乐志一》载：

> 《读曲哥》者，民间为彭城王义康所作也。其哥云"死罪刘领军，误杀刘第四"是也。[②]

又，《乐府诗集》引《古今乐录》云："《读曲歌》者，元嘉十七年袁后崩，百官不敢作声歌，或因酒宴，止窃声读曲细吟而已，以此为名。"[③] 两处记录虽有差异，但却相通。读曲之歌，不能大声传唱而得名，袁后去世，不敢大声作声歌，为其一也。其二，文帝诛杀刘湛，贬逐刘义康，事关朝政之根基，亦非外人所能道也。又两件事皆发生于元嘉十七年，故本书认为两处记录实为相通。

刘宋朝廷乐府呈现出了俗化倾向，同时，刘宋皇族贵为皇室，却创制了诸多民间俗乐的歌辞，《宋书·乐志一》曾评刘诞、刘铄之作皆"不典正"，可知，刘宋皇族对俗文学的喜爱。刘宋皇族倡导俗文学的这一倾向，

---

① （梁）沈约：《宋书》，中华书局 1974 年版，第 552 页。
② （梁）沈约：《宋书》，中华书局 1974 年版，第 550 页。
③ （宋）郭茂倩：《乐府诗集》，中华书局 1979 年版，第 671 页。

对南朝皇族具有重要的影响，至齐梁时期皇室成员已经开始明确地标榜俗文学，并且进行大量的创作。雅、俗并无确定的界限，南朝皇族对吴声西曲的热衷，推动了文人士大夫对民间俗乐的关注，既有利于民间俗乐的雅化与发展，也有利于宫廷雅文学的创新与完善。

第六章　刘宋皇族与刘宋文学的
变革与发展

刘宋文学为中古文学发展史之重要转折点，其承上而启下之文学地位不容忽视。刘宋文学革新东晋玄言弥漫的文学风气，越过东晋而追踪魏晋风骨，重新回归文学重抒情、重辞采的发展之路，同时开启了南朝文学发展的新风貌。"诗运转关""文质升降"，堪为刘宋文学之转折地位的真实写照。历来史家与文论者对刘宋文学也多有关注。檀道鸾《续晋阳秋》首发其端，认为玄言诗歌发展至义熙年间发生改变，认为"义熙中，谢混始改"。沈约《宋书·谢灵运传论》以史家之眼光论述了自周以来文学之发展历程，也谈及了晋宋之际文学的变革，云：

> 有晋中兴，玄风独振，为学穷于柱下，博物止乎七篇，驰骋文辞，义单乎此。自建武暨乎义熙，历载将百，虽缀响联辞，波属云委，莫不寄言上德，托意玄珠，遒丽之辞，无闻焉尔。仲文始革孙、许之风，叔源大变太元之气。爰逮宋氏，颜、谢腾声。灵运之兴会标举，延年之体裁明密，并方轨前秀，垂范后昆。[①]

沈约认为义熙年间殷仲文、谢混开始改变文风，而至刘宋建朝，谢灵运、颜延之则完成了文学改革后的新建并垂范后世。此后，萧子显在《南齐书·文学传论》中也对这一文学现象有所记载，云：

[①] （梁）沈约：《宋书》，中华书局1974年版，第1778页。

　　　　江左风味，盛道家之言；郭璞举其灵变，许询极其名理；仲文玄
气，犹不尽除；谢混情新，得名未盛。颜、谢并起，乃各擅奇，休、
鲍后出，咸亦标世。朱蓝共妍，不相祖述。①

同沈约一样，萧子显也认为义熙年间殷仲文、谢混之文学创作出现了新的
风貌，但不足以改变整个文坛的玄言气息，得名未盛，并没有引起文坛强
烈的反响，历经颜延之、谢灵运及后来的汤惠休、鲍照，方完成了晋宋文
学的变革与新建。史家之记述都将晋宋文学之变革追溯至义熙年间，而这
也恰好是刘裕执掌政权的开始。"义熙"为东晋晋安帝司马德宗的第四个
年号，405 年，刘裕从桓玄手中营救出司马德宗，重新设为晋帝，由此改
元为"义熙"，而刘裕则自此以匡扶晋室之功权倾一朝。刘裕掌权与文风
变革同时发生，并非巧合，自有其内在密切之关联。刘勰《文心雕龙·时
序篇》讲："文变染乎世情，兴废系乎时序。"王国维在《宋元戏曲考》"序
言"中也曾说过："凡一代有一代之文学。"用朝代来划分文学或许并不
可取，但文学会因朝代的变迁而发生改变，却是文学发展过程中不争的
事实。刘宋文学何以会出现新的文学思潮，并取得引人关注的文学成就？
除却文学自身的发展规律以外，来自统治者的力量亦是不容忽视的因素，
刘宋文学新变背后的根本原因是政治权势的兴废交替。玄学文化是与门阀
政治格局相对应的一种文化体系，而刘宋建立需要一种与皇权政治相对应
的文化体系，经学的复兴是必然的文化潮流。其次，身份不同，统治者的
喜好亦不同。士族为文化上占据一流地位的高门，刘裕出身于北府兵武力
集团，素无学养，所具备文化水平不一样，所受到的文化熏陶也不一样，
对文学的喜好也必然存在差异。风动于上而波震于下，作为封建朝代的最
高统治者，帝王喜好往往是影响文学变迁的重要因素。马克思与恩格斯也
曾经指出，统治阶级的思想在每一时代都是占统治地位的思想，支配着其

———————————

① （梁）萧子显：《南齐书》，中华书局 1972 年版，第 908 页。

他阶级的思想。刘宋皇族起自武力集团，从门阀士族手中夺取了政权，改变了门阀政治的格局，同时改变了士族所崇尚的玄言弥漫的文化局面，为文学的发展开辟了新的天地。曹道衡、沈玉成在《南北朝文学史》中曾论："晋、宋之交，文学由歧路上回归，从历史的桎梏中解脱，在整个社会的呼喊奖励之中，以轻快的步伐前进。"①不管是文学从历史桎梏中的解脱，还是对文学的呼喊奖励，离开统治者的倡导都是不可能实现的。

文论者对晋宋文学风貌之变革有较多记载。刘勰《文心雕龙·通变篇》云"魏晋浅而绮，宋初讹而新"，指明了刘宋文学之新变。《文心雕龙·明诗篇》更进一步论述了晋宋诗歌之变革，云：

> 宋初文咏，体有因革；庄、老告退，而山水方滋。俪采百字之偶，争价一句之奇；情必极貌以写物，辞必穷力而追新。此近世之所竞也。②

刘勰与沈约等人观点基本相似，只是在论述时并没有列举诗人名字，"体有因革"颇中刘宋文学发展之地位。钟嵘《诗品序》之论述较之刘勰似更为明确，指出了诗人的名字，并且还进行了地位的区分，云：

> 永嘉时，贵黄、老，稍尚虚谈。於时篇什，理过其辞，淡乎寡味。爰及江表，微波尚传，孙绰、许询、桓、庾诸公诗，皆平典似《道德论》，建安风力尽矣。先是郭景纯用俊上之才，变创其体。刘越石仗清刚之气，赞成厥美。然彼众我寡，未能动俗。逮义熙中，谢益寿斐然继作。元嘉中，有谢灵运，才高词盛，富艳难踪，固已含跨刘、郭，陵轹潘、左。故知陈思为建安之杰，公幹、仲宣为辅。陆机

---

① 曹道衡、沈玉成：《南北朝文学史》，人民文学出版社 1991 年版，第 12 页。

② 刘勰著，詹锳义证：《文心雕龙义证》，上海古籍出版社 1989 年版，第 208 页。

为太康之英，安仁、景阳为辅。谢客为元嘉之雄，颜延年为辅。斯皆五言之冠冕，文词之命世也。①

钟嵘认为自永嘉以来，建安风力丧失殆尽，义熙中，谢混"斐然继作"，有了新的变化，元嘉年间谢灵运的诗歌创作则又创五言诗之新的高峰，毫不逊色于前代名家。前代论者，大多"颜谢"并称，钟嵘与他人不同，明确指出谢灵运为"元嘉之雄"，颜延之为辅，对两人的诗歌创作做出了评价。及至明清时期，晋宋文学之变革，依然为人关注，试举相关论述如下：

　　　　明代陆时雍《诗境总论》：诗至于宋，古之终而律之始也。体制一变，便觉声色俱开。②

　　　　清代沈德潜《说诗晬语》：诗至于宋，性情渐隐，声色大开，诗运一转关也。③

　　　　《四库全书·宋文纪·提要》对刘宋文章评价：上承魏晋，清俊之体犹存；下启齐梁，篡组之风渐盛。于八代之内，居文质升降之关，虽涉雕华，未全绮靡。④

由上述的论述可知，晋宋之交的文学创作主体依然是门阀士族，但创作风貌已经发生了改变，以殷仲文、谢混之文学创作为突出代表。元嘉年间，晋宋文学之变革大致完成，并且确立了自身的发展特色，取得了极大的文学成就，以谢灵运与颜延之的创作为主要代表。严羽《沧浪诗话》在论述"诗体"时，以"颜鲍谢诸公之诗"为代表，将"元嘉体"视为独立之一

---

① （梁）钟嵘著，曹旭集注：《诗品集注》，上海古籍出版社 2011 年版，第 28—34 页。
② 丁福保辑：《历代诗话续编》，中华书局 1983 年版，第 1406 页。
③ （清）王夫之等：《清诗话》，上海古籍出版社 1991 年版，第 532 页。
④ （清）永瑢、纪昀等：《四库全书总目》，中华书局 1965 年版，第 1721 页。

体，据此更可知元嘉年间文学发展之情形。前人论述大致止于此，将刘宋文学视为整体，而元嘉文学则是这一整体的代表。然而，元嘉文学并非刘宋文学发展之全貌，刘宋后期之文学思潮与元嘉文学已经发生了明显的改变。裴子野《雕虫论》云：

> 宋初迄于元嘉，多为经史。大明之代，实好斯文，高才逸韵，颇谢前哲，波流相尚，滋有笃焉。自是闾阎年少，贵游总角，罔不摈落六艺，吟咏情性，学者以博依为急务，谓章句为专鲁，淫文破典，斐尔为功。①

裴子野注意到了刘宋文学发展的不同特色，认为自宋初迄于元嘉，多盛行经史之风，而自明帝以后则大盛雕虫之艺。又，《文心雕龙·时序篇》云："自宋武爱文，文帝彬雅，秉文之德；孝武多才，英采云构。自明帝以下，文理替矣。"②刘勰以帝王为中心，亦论述了刘宋文学的不同风气。众所周知，永明文学之风貌与元嘉文学已经大不相同，严羽也将"元嘉体"与"永明体"并列对举，然则永明文学并非朝夕间便可完成文学之转折。453年，宋文帝被弑，元嘉时期结束。"永明"为齐武帝之年号，自483年开始。自元嘉而至永明，历时30余年，而刘宋后期（453—479）在这一过程中占据了近二十七年的时间。自元嘉而至永明的30余年，是永明文学重要的孕育期，而刘宋后期之文学创作则是其中主要的组成部分。永明时期的作家多有人成长于刘宋后期，如任昉、沈约及江淹等人皆是如此。沈约，在泰始年间已经步入仕途，并且开始了文学创作，而江淹则在刘宋后期已经取得了巨大的文学成就。而这些人的创作，较之元嘉文学已经发生了新的变化。罗宗强先生在《魏晋南北朝文学思想史》中，曾以"元嘉文

---

① （清）严可均：《全上古三代秦汉三国六朝文》，中华书局1958年版，第3262页。
② 刘勰著，詹锳义证：《文心雕龙义证》，上海古籍出版社1989年版，第1714页。

学"代表整个刘宋文学，认为"元嘉文学"起自晋宋之交又下迄大明、泰始，罗先生之观点不无道理，但细分起来，这三个阶段毕竟不同。元嘉文学虽然最能够代表刘宋文学之繁荣，但以此来概括整个刘宋的文学发展，终究有以偏概全之嫌，不足以形成对刘宋文学的整体认识。如鲍照，习惯上将其视为"元嘉三大家"之一，但鲍照比谢灵运与颜延之晚出生了大致 30 年，并且在大明时期也取得了丰硕的文学成果。基于此，根据刘宋文学之发展过程，本书将其大致分为三个阶段：第一，晋宋之交，大致自义熙年间刘裕掌权开始至刘裕去世（422），文学发展出现了新的风气；第二，元嘉年间，以文帝执掌政权为主（423—453 年），文学创作渐至繁荣，完成了变革后的新建，并取得了为后世瞩目的文学成就；第三，刘宋后期，主要指的是孝武帝、明帝当政时期，在帝王的倡导下，文学创作以文采相尚，改变了元嘉文学的发展方向，出现了新的风貌，为开启南朝文学的新篇章做好了准备。本章将从元嘉文学的繁荣、大明与泰始文学的转型两个方面来论述刘宋帝王在文学发展中的地位与作用。除了帝王以外，伴随刘宋皇族子弟文化修养的提高及其对文学的重视，刘宋藩王身边也集聚了一些文学之士，进行了大量的文学活动，特别是以刘义庆为中心的文学集团，对刘宋文学的发展也起到了一定的促进作用，本章对以宗王为中心的文学集团及其相关的文学活动也集中加以论述。

第一节　宋文帝与元嘉文学的繁荣

"元嘉"为宋文帝之年号，起自 424 年，终于 453 年，历时近 30 年，占据了刘宋王朝一半的时间。学界经常以"元嘉文学"概括刘宋文学，其重要的原因就是"元嘉"历时较长，名家辈出而佳作繁富，像谢灵运、颜延之、鲍照并称"元嘉三大家"，谢庄等人也开始在元嘉年间崭露头角，文学创作至元嘉年间也取得了丰硕的文学成果，谢灵运与颜延之的文学风格主要是在元嘉年间得以确立，刘义庆及其文人集团的小说创作也大致在元嘉年间完成。另外，谢灵运奉文帝之命在元嘉八年整理出的《秘书阁四部目录》便已收集图书 14582 卷，另外还有佛经 438 卷，数量上来看，亦可知元嘉文学之发展势头。元嘉文学之繁荣，是宋文帝推行"文治"的重要结果。《南史·宋文帝本纪》记载元嘉十六年时的社会状况，云："上好儒雅，又命丹阳尹何尚之立玄素学，着作佐郎何承天立史学，司徒参军谢元立文学，各聚门徒，多就业者。江左风俗，于斯为美，后言政化，称元嘉焉。"① 又，李延寿还曾于《南史》中对文帝做出过评价："帝聪明仁厚，雅重文儒，躬勤政事，孜孜无怠，加以在位日久，惟简靖为心。于时政平讼理，朝野悦睦，自江左之政，所未有也。"② 文帝"四学并建"，所开创的盛世之治，为文学的发展奠定了良好的社会基础。文学是社会气象的重要表现，命运坎坷虽然可以铸造个别文人的文学成就，但就整个社会的文学风貌来讲，则是盛世之文学较为繁荣，汉、唐之世的文学便是有力之证据。此外，文帝"四学并建"，促进了文学的独立与解放，是推动文学发展的一重要契机。若无文帝之励精图治及其对"文儒"的"雅重"，恐怕亦难有元嘉文学的兴盛。本小节着重论述宋文帝与元嘉文学之内在的联系。

一、宋文帝倡导文学的表现

（一）设置文学独立的教育机构

元嘉十五年，"时国子学未立，上留心艺术"，文帝"四学并建"，命雷次宗领儒学，何尚之领玄学，何承天领史学，谢元领文学。揆之史传，这是文学与儒学、玄学及史学并列的第一次记载，是文学取得独立地位的

① （唐）李延寿：《南史》，中华书局 1975 年版，第 45—46 页。
② （唐）李延寿：《南史》，中华书局 1975 年版，第 54 页。

重要标志。虽然文学的发展多有其自身的规律，但其在社会中的地位与作用则与统治者密切相关。《汉志·诗赋略》共记载辞赋 132 家，1004 篇，由此不难看到汉代辞赋创作"蔚为大国"的盛况。然而，根据当时班固《两都赋序》和《汉志·诗赋略》序的记载及后世的文学批评来看，辞赋的兴盛与朝廷当时"兴废继绝，润色鸿业"的政治要求密切相关，而辞赋创作则是当时很多士大夫立身处世的一种手段，创作的目的大致是"或以抒下情而通讽谕，或以宣上德而尽忠孝"。文学的创作，自觉追求的是政教功能而非文学自身的价值与地位。从地位上来说，在汉代文学为经学之附庸。文学之自觉，一般追溯至曹丕时期。"文学自觉"的观念，最初是由日本学者铃木虎雄在 1920 年提出的。其在著作《中国诗论史》中指出："可以说，自周朝直至汉代，文学是一直没有达到自觉的程度的。到魏代时，文学开始了自觉的时代。文学逐渐离开了实用文学，而自身的价值则被人们所认识，魏文帝曹丕在其所著《典论》中肯定了文章是'经国之大业'，为'不朽之盛事'，并认为'年寿有时而尽，荣乐止乎其身，二者必至之常期，未若文章之无穷'，这一论点的意义，不仅在于文学的自身价值，而且在于正确指出了文学具有的永久生命力。"① 接下来，1927 年鲁迅先生在《魏晋风度及文章与药及酒之关系》一文中便明确提出："曹丕的一个时代可说是'文学的自觉时代'。"② 文学创作虽然在汉代极为兴盛，但因为统治者将其视为经学政教之附庸，因而难以真正取得自觉与独立。而至魏文帝曹丕时期，因统治者专门强调了文学的社会地位与作用，所以文学进入了自觉的时代。由文学自汉而至魏的自觉过程可知，统治者对文学的态度，对于文学之发展具有决定性意义。同样，文帝将文学视为与儒学、玄学及史学并列的独立学科，设置专门的教育机构，对于文学的发展来说亦是意义重大。曹丕对文学不朽价值之强调，尚带有文人之感性色

---

① ［日本］铃木虎雄著：《中国诗论史》，许总译，广西人民出版社 1989 年版，第 113 页。
② 《鲁迅全集》第二卷，人民文学出版社 1973 年版，第 490 页。

彩，而宋文帝"四学并建"之举措则是从社会制度方面规定了文学之独立的地位，这就意味着对文学自身内涵及价值认识的沉淀与稳定。

（二）识重文学之士

文人的命运与文学创作紧密相关，文人得到统治者的重视，往往也会带来文学创作的热情。宋文帝对文学倡导的一个重要表现就是对文学之士的欣赏与重视。如谢灵运，才盛当时，《宋书》记载"少好学，博览群书，文章之美，江左莫逮"，文帝对其赏识有加，即位后便加以延揽："太祖登祚，诛徐羡之等，征为秘书监，再召不起，上使光禄大夫范泰与灵运书敦奖之，乃出就职。使整理秘阁书，补足阙文。"① 后来又"寻迁侍中"，文帝对其"日夕引见，赏遇甚厚"，对其诗书之创作更是赏爱不已，史书云："灵运诗书皆兼独绝，每文竟，手自写之，文帝称为二宝。"② 颜延之与谢灵运"词彩齐名"，其"文章之美"亦是"冠绝当时"，文帝对其也是"赏遇甚厚"，《宋书·颜延之传》记载："元嘉三年，羡之等诛，征为中书侍郎，寻转太子中庶子。顷之，领步兵校尉，赏遇甚厚。"③ 谢灵运、颜延之为元嘉年间最得文帝赏遇之文人，根据《宋书》记载，试将其他因文才而得到文帝赏识的文人胪列如下。

1. 谢惠连：幼而聪敏，年 10 岁，能属文，后来则"坐被徙废塞，不豫荣伍"，殷景仁爱其才，举荐于文帝，文帝便着意提拔，曰："若如此，便应通之。"元嘉七年，得以为司徒彭城王义康法曹参军。④

2. 沈演之：家世为将，而演之折节好学，读《老子》日百遍，以义理业尚知名。沈演之尽心于朝庭，太祖甚嘉之，以为尚书吏部郎。⑤ 元嘉

---

① （梁）沈约：《宋书》，中华书局 1974 年版，第 1772 页。
② （梁）沈约：《宋书》，中华书局 1974 年版，第 1772 页。
③ （梁）沈约：《宋书》，中华书局 1974 年版，第 1893 页。
④ （梁）沈约：《宋书》，中华书局 1974 年版，第 1525 页。
⑤ （梁）沈约：《宋书》，中华书局 1974 年版，第 1685 页。

二十年嘉禾生于华林园与景阳山，沈演之作《嘉禾颂》。

3. 谢元：陈郡阳夏人，临川内史灵运从祖弟，以才学见知，元嘉十五年，四学并建，文帝使之领文学。

4. 何承天：文帝对何承天赏遇深厚，何承天素好弈棋，文帝便赐以局子，承天又能弹筝，上又赐银装筝一面。元嘉二十四年，承天迁廷尉，未拜，文帝又欲以为吏部，已受密旨，但因承天宣漏之，坐免官。①

5. 何尚之：何尚之雅好文义，从容赏会，甚为太祖所知。十二年，迁侍中，中庶子如故。寻改领游击将军。上嘉其先见。国子学建，领国子祭酒。②

6. 范晔：范晔少好学，博涉经史，善为文章，能隶书，晓音律，善弹琵琶，能为新声。上欲闻之，屡讽以微旨，晔伪若不晓，终不肯为上弹。上尝宴饮欢适，谓晔曰："我欲歌，卿可弹。"晔乃奉旨。上歌既毕，晔亦止弦。③文帝为听范晔之新声，竟然为之歌，可知文帝对才学之士的赏识。

7. 臧质：臧质年始出三十，屡居名郡，涉猎史籍，尺牍便敏，既有气干，好言兵权。太祖谓可大任，欲以为益州事。④

8. 王僧达：王僧达少好学，善属文。太祖闻僧达蚤慧，召见于德阳殿，问其书学及家事，应对闲敏，上甚知之，妻以临川王义庆女。⑤

9. 苏宝生：苏宝生本为寒门，有文义之美。元嘉中立国子学，担任《毛诗》助教，为文帝所赏识，官至南台侍御史，江宁令。⑥

10. 谢弘微：太祖镇江陵，宋初封宜都王，以琅邪王球为友，弘微为文学。太祖即位，为黄门侍郎，与王华、王昙首、殷景仁、刘湛等号曰

① 参见《宋书·何承天传》。
② 参见《宋书·何尚之传》。
③ 参见《宋书·范晔传》。
④ 参见《宋书·臧质传》。
⑤ 参见《宋书·王僧达传》。
⑥ 参见《宋书·苏宝生传》。

五臣。①

11. 殷淳：高简寡欲，早有清尚，爱好文义，未尝违舍。在秘书阁撰《四部书目》凡40卷，行于世。元嘉十一年卒，时年三十二，朝廷痛惜之。②

12. 萧思话：好书史，善弹琴，能骑射。高祖一见，便以国器许之。元嘉十四年，迁使持节、临川王义庆平西长史、南蛮校尉。太祖赐以弓琴，并手敕书信。③

13. 袁淑：袁淑"不为章句之学，而博涉多通，好属文，辞采遒艳，纵横有才辩"④，元嘉二十六年，迁尚书吏部郎，在文帝北伐之际，又上《封禅书》，而据《宋书·礼志》记载，文帝本人便有封禅之意，由此可知袁淑与文帝关系之深厚。

14. 谢庄：年七岁，能属文，通《论语》。及长，韶令美容仪，太祖见而异之，谓尚书仆射殷景仁、领军将军刘湛曰："蓝田出玉，岂虚也哉！"⑤

15. 释慧琳：慧琳"以才学为太祖所赏爱"，文帝每召见慧琳，"常升独榻"⑥。慧琳在元嘉年间被称为"黑衣宰相"，这虽然与文帝崇佛有一定的关系，但更重要的是慧琳之才学能够得到文帝的赏爱。

除了对文学之士延揽以外，文帝对文士之赏识还表现为多因才华而宽宥文人所犯之罪，多有惜才之举。谢灵运因自己没有如愿参与权要，意有不平，"多称疾不朝直。穿池植援，种竹树堇，驱课公役，无复期度。出郭游行或一日百六七十里，经旬不归，既无表闻，又不请急。"⑦文帝并不

---

① 参见《宋书·谢弘微传》。
② 参见《宋书·殷淳传》。
③ 参见《宋书·萧思话传》。
④ 参见《宋书·袁淑传》。
⑤ 参见《宋书·谢庄传》。
⑥ 参见《宋书·颜延之传》。
⑦ （梁）沈约：《宋书》，中华书局 1974 年版，第 1772 页。

加以责罚，而只是"不欲伤大臣，讽旨令自解"。后谢灵运遭会稽太守孟
颛弹劾，文帝并不怪罪，并且"不欲使东归，以为临川内史，赐秩中二千
石"。然而谢灵运并无任何改变，依然为有司所纠，"司徒遣使随州从事
郑望生收灵运，灵运执录望生，兴兵叛逸，遂有逆志"，追讨擒之，送廷
尉治罪，应处以斩刑，但文帝"爱其才，欲免官而已"。① 文帝因谢灵运
之才华过人，而对其多番加以宽恕，就算谢灵运露有逆志，文帝依然不
愿处其斩刑。又，《宋书·范晔传》载："（元嘉）十六年，母亡，报之以
疾，晔不时奔赴；及行，又携妓妾自随，为御史中丞刘损所奏。太祖爱其
才，不罪也。"② 范晔不遵守服丧之规矩，但文帝因爱惜范晔之才华并不加
以怪罪。再如沈怀文，沈怀文在文帝为雷次宗饯行所举办的文学雅集中，
"所作尤美，辞高一座"，后来"以公事例免，同辈皆失官"，而"怀文乃
独留"。

　　另外，文帝对于犯罪文士的才华依然赏识有加，并不因其政治错误而
抹杀其才华，反而会因朝廷没有及时任用有才之士而感到可惜。孔熙先博
学而有才志，后因刘义康事件而坐收监狱，但其"望风吐款，辞气不桡"，
文帝甚奇其才，遣人慰劳之曰："以卿之才，而滞于集书省，理应有异志。
此乃我负卿也。"又诘责前吏部尚书何尚之曰："使孔熙先年将三十作散骑
郎，那不作贼。"③ 因为孔熙先没有得到重用，文帝便认为"乃我负卿也"，
并且对当时主管吏部的何尚之加以诘责。

（三）举办文学雅集

　　1.元嘉初年，曲水宴集。《高僧传·释慧观传》载："元嘉初三月
上巳，（文帝）车驾临曲水宴会，命观与朝士赋诗。观即坐先献，文旨
清婉，事适当时。琅琊王僧达、庐江何尚之，并以清言致款，结赏尘

---

① （梁）沈约：《宋书》，中华书局 1974 年版，第 1777 页。
② （梁）沈约：《宋书》，中华书局 1974 年版，第 1820 页。
③ （梁）沈约：《宋书》，中华书局 1974 年版，第 1826 页。

外。"① 刘裕南伐司马休之而得慧观，敕与文帝交游，后随文帝回京师止道场寺。慧观既与文帝关系深厚，又妙善佛理，精通《老》《庄》，博采诸部，极富文化修养。元嘉初年，文帝亲自参与慧观等人的曲水宴会，并且命慧观与朝士赋诗。曲水祓禊之习俗本起自民间，后来文士也逐渐参与，并且借此举办文学雅集，赋诗宴饮。东晋穆帝安和九年（353），王羲之与当时的玄学名士的兰亭集会便是为"修禊事也"。兰亭集会东晋文人之佳话，这一风俗的文化意义也较为深远。永初二年，武帝刘裕曾于三月三日率众游西池而命文士赋诗，文帝也继承了这一文化习俗，亲临慧观等文化之士的曲水宴会。帝王皇室、佛教高僧及文人大夫都参加了此次聚会，据此可大致推测此乃元嘉初年规模较为盛大的一次聚会。由于文献散佚，此次聚会产生的相关作品已经难以考证，但根据《高僧传》之记载，慧观之作率先完成并文旨清婉，在士大夫中引起了较好的反响。

2. 元嘉十一年，乐游苑禊饮赋诗。颜延之《应诏讌曲水作诗》入选《文选》，李善注引用《宋略》云："文帝元嘉十一年（434）三月丙申，禊饮于乐游苑，且祖道江夏王义恭、衡阳王义季，有诏，会者赋诗。"② 另外，李善注《三月三日曲水诗序》除了引用上述《宋略》之文，又云："诏太子中庶子颜延年作序。"可知元嘉十一年三月，文帝在乐游苑举办禊饮宴集，并且为江夏王刘义恭和衡阳王刘义季饯行，文帝下诏命参与者皆赋诗，又命颜延之作序。颜延之也在序文中记载了举办集会的缘由："加以二王于迈，出饯戒告，有诏掌故，爰命司历，献洛饮之礼，具上巳之仪"，又在序文末描绘了这一集会的盛大状况："金驾总驷，圣仪载仁。怅钧台之未临，慨酆宫之不县。方且排凤阙以高游，开爵园而广宴。并命在位，展诗发志。则夫诵美有章，陈信

---

① （梁）释慧皎撰，汤用彤校注，汤一玄整理：《高僧传》，中华书局1992年版，第264—265页。

② （清）严可均：《全上古三代秦汉三国六朝文》，中华书局1958年版，第2640页。

无愧者欤？"① 文帝亲临现场，参会者皆"展诗发志"，除了颜延之诗文外，范晔《乐游应诏诗》亦应为此次集会而作。

3.元嘉十八年，为赭白马赋。颜延之《赭白马赋》序言中云：

> 骥不称力，马以龙名，岂不以国尚威容，军□□迅而已，实有腾光吐图，畴德瑞圣之符焉。是以语崇其灵，世荣其至。我高祖之造宋也，五方率职，四□入贡。秘宝盈于玉府，文驷列乎华厩。乃有乘舆赭白，特禀逸异之姿；妙简帝心，用锡圣皂。服御顺志，驰骤合度，齿历虽衰，而艺美不忒。袭养兼年，恩隐周渥，岁老气殚，毙于内栈。少尽其力，有恻上仁。乃诏陪侍，奉述中旨。末臣庸蔽，敢同献赋。

颜延之序言首先赞颂了刘宋建朝以来，四方奇珍异宝率职入贡，赭白龙马是其中重要一员。赭白龙马在刘宋"服御顺志"，最终"岁老气殚，毙于内栈"，仁者皆不忍心见此状况。文帝亦是如此，"乃诏陪侍，奉述中旨"。颜延之序言既赞颂了物产之丰富，也突出了文帝仁君的形象，同时说明了作赋的缘由，为应诏陪侍之作。根据颜延之序言可知作赋之人并非颜延之一人，乃是文帝因为赭白龙马"毙于内栈"而举行的一次诗赋文会。另外，颜延之赋中又称"惟宋二十有二载"，亦可知此次文会应发生在元嘉十八年，即441年。

4.元嘉二十二年，太子释奠赋诗。元嘉十九年（442），文帝下诏兴建国子学，元嘉二十年国子学建成，元嘉二十二年又恢复了太子释奠之礼，《宋书·礼志一》载："太子释奠，采晋故事，官有其注。祭毕，太祖亲临学宴会，太子以下悉豫。"② 又，《宋书·礼志四》载："宋文帝元嘉二十二年四月，皇太子讲《孝经》通，释奠国子学，如晋故事。"③ 可知元

① （清）严可均：《全上古三代秦汉三国六朝文》，中华书局1958年版，第2633页。
② （梁）沈约：《宋书》，中华书局1974年版，第367—368页。
③ （梁）沈约：《宋书》，中华书局1974年版，第485页。

嘉二十二年，太子于释奠之礼上讲解《孝经》，文帝亲临宴会，太子以下官员全部参加，可知规模之盛大。另外，《宋书·何承天传》又载："十九年，立国子学，以本官领国子博士。皇太子讲《孝经》，承天与中庶子颜延之同为执经。"①国子学建成，何承天领国子博士，又担任太子率更令，颜延之担任太子中庶子，所以皇太子释奠之礼由何承天与颜延之执经。太子释奠之礼，皇帝亲临现场，而满朝官员参加，实属刘宋文化之盛事，文人也留下了同题相作的诗赋，主要有颜延之的《皇太子释典会作诗》、何承天的《释奠颂》及王僧达的《释奠诗》。根据文人的同题之作，可推知当时应有相关的作文赋诗文化活动，而文帝又亲临现场，故此可视为文帝举办的又一文学雅集。

5. 元嘉二十九年，普诏为赤鹦鹉作赋。《宋书·谢庄传》记载：

> （元嘉）二十九年，（谢庄）除太子中庶子。时南平王铄献赤鹦鹉，普诏群臣为赋。太子左卫率袁淑文冠当时，作赋毕，赍以示庄；庄赋亦竟，淑见而叹曰："江东无我，卿当独秀。我若无卿，亦一时之杰也。"遂隐其赋。②

又，《宋书·符瑞志》载："宋文帝元嘉二十二年，湘州刺史南平王铄献赤鹦鹉。"两处记载的时间并不一致，本文从曹道衡、沈玉成《中古文学史料丛考》之考证，以南平王刘铄之官职为依据加以推测，可知《宋书·符瑞志》记载可能存有讹误。元嘉二十二年正月，南平王刘铄已为南豫州。据此根据《宋书·谢庄传》记载加以确定，文帝举办的此次文学雅集应是在元嘉二十二年。赤鹦鹉在南朝地区较为少见，"审国音于寰中，达方声于裔表"，赤鹦鹉之出现可视为刘宋祥瑞之兆，故而文帝普诏群臣

---

① （梁）沈约：《宋书》，中华书局1974年版，第1705页。
② （梁）沈约：《宋书》，中华书局1974年版，第2167—2168页。

为赋，并且引出了袁淑与谢庄的一段文坛趣事。

6. 景阳楼同题赋诗。根据《景定建康志》考证，"景阳楼"为宋元嘉二十二年在扩建华林园时所造，筑于景阳山之上，取名景阳楼。华林园本为皇家园林，文帝于此建造景阳山与景阳楼一事，在《宋书》中亦有一定的记载。《宋书·文帝纪》载元嘉二十三年历史事件时云："是岁（按，指元嘉二十三年），大有年。筑北堤，立玄武湖，筑景阳山于华林园。"①又，《宋书·何尚之传》载："（元嘉）二十三年，（何尚之）迁尚书右仆射，加散骑常侍。是岁造玄武湖，上欲于湖中立方丈、蓬莱、瀛洲三神山，尚之固谏乃止。时又造华林园，并盛暑役人工，尚之又谏，宜加休息，上不许，曰：'小人常自暴背，此不足为劳。'"②又，《宋书·张永传》载："二十三年，造华林园、玄武湖，并使永监统。"③由此可推断，景阳山与景阳楼为文帝扩建华林园所建，建成时间大致史载元嘉二十三年（446）。文帝、刘义恭及颜延之皆有《登景阳楼诗》，并且描绘的景象大致相似。文帝诗中有"蔓藻嬛绿叶，芳兰媚紫茎"④，刘义恭诗歌云"弱蕊布遐馥，轻叶振远芳"⑤，颜延之诗中则有："观风要春景，月榭迎秋光。沿波被华若，随山茂贞芳。"⑥三人诗歌所描绘的场景皆为登临城楼所见到的春景，应为三人共同登临景阳楼时所作，是否还有别的文人参加已无从得知。

7. 送别雷次宗之文学集会。文帝重经尊师，元嘉十五年，征雷次宗至京师，亲自为其在鸡笼山开馆设教，又建设四学，命雷次宗领儒学。久之，雷次宗还庐山，"公卿以下，并设祖道"⑦。又，《宋书·沈怀文传》载："隐士雷次宗被征居钟山，后南还庐岳，何尚之设祖道，文义之士毕集，为

---

①　（梁）沈约：《宋书》，中华书局 1974 年版，第 94 页。

②　（梁）沈约：《宋书》，中华书局 1974 年版，第 1734 页。

③　（梁）沈约：《宋书》，中华书局 1974 年版，第 1511 页。

④　逯钦立辑校：《先秦汉魏晋南北朝诗》，中华书局 1998 年版，第 1137 页。

⑤　逯钦立辑校：《先秦汉魏晋南北朝诗》，中华书局 1998 年版，第 1237 页。

⑥　逯钦立辑校：《先秦汉魏晋南北朝诗》，中华书局 1998 年版，第 1248 页。

⑦　（梁）沈约：《宋书》，中华书局 1974 年版，第 2294 页。

连句诗，怀文所作尤美，辞高一座。以公事例免，同辈皆失官，怀文乃独留。"[1]雷次宗为文帝极为看重之经师，何尚之为其所设之租道，应为文帝之授意。又文义之士毕集，沈怀文所做辞高当时，后来因此而避免失官，可推知文帝极有可能亲临现场，因此得以获知沈怀文之才华。有关此次集会的诗歌，现仅存谢灵运《送雷次宗诗》一首，其他诗作已经无从考证。

除了举办文学雅集，命文士作赋诵诗外，文帝还令文士陪侍左右，进行文学交流，并命创作诗赋。《南史·颜延之传》载："延之与陈郡谢灵运俱以辞采齐名，而迟速县绝。文帝尝各敕拟乐府《北上篇》，延之受诏便成，灵运久之乃就。"[2]颜延之与谢灵运为元嘉年间最负盛名之文人，文帝对两人文采亦甚为欣赏，赏遇深厚，故而考查两人文学创作之情况，更可知文帝对文人及文学创作的关注。另外，颜延之注重颜氏子弟之培养，曾作《庭诰》训诫子弟，其子颜峻也甚有文名。文帝对颜延之儿子的文学才能亦较为关注，曾与颜延之做过交流，《南史·颜延之传》载："文帝尝召延之，传诏频不见，常日但酒店裸袒挽歌，了不应对，他日醉醒乃见。帝尝问以诸子才能，延之曰：'竣得臣笔，测得臣文，㖷得臣义，跃得臣酒。'何尚之嘲曰：'谁得卿狂？'答曰：'其狂不可及。'"[3]文帝不以颜延之之疏狂为罪，对其儿子之才华依然较为关注。颜延之、谢灵运除了文学雅集的作品外，还有一些是应诏之作，如谢灵运的《从游京口北固应诏诗》、颜延之的《车驾幸京口侍游蒜山作诗》《车驾幸京口三月三日侍游曲阿后湖作诗》《应诏观北湖田收诗》《拜陵庙作诗》。谢灵运虽然"文章之美，江左莫逮"，但因自己没有位居权要，所以经常出郭游行于山林之间，其诗歌创作亦以山水诗为主。颜延之虽然为人"疏诞"，"不能取容当世"，但终其一生之经历主要是朝廷的御用文人，其应制之作也明显多于其他文人。

---

① （梁）沈约：《宋书》，中华书局1974年版，第2102页。

② （唐）李延寿：《南史》，中华书局1975年版，第881页。

③ （唐）李延寿：《南史》，中华书局1975年版，第879页。

（四）多以文士为皇族子弟之师友与随从

考察刘宋皇族之文化修养可知，刘宋皇族第二代之文化修养已经远胜于武帝刘裕那一代。这与武帝、文帝两位帝王对皇室子弟文化修养的培养有密切的关系。武帝在位时间较短，尚未来得及彻底改善刘宋皇族之文化修养的情况便已离世，文帝在位 30 年，对皇室子弟文化修养的提升具有重要的影响，其一重要的举措便是以文学之士为皇族成员的官员随从甚至是师友。揆之史传，以下文人皆做过皇室子弟的师友或者是担任文学的随从官职：

1. 王敬弘，太祖即位，又以为散骑常侍、金紫光禄大夫，领江夏王师。十二年，征为太子少傅。①

2. 何尚之，（元嘉）十二年，迁侍中，中庶子如故。寻改领游击将军。上嘉其先见。国子学建，领国子祭酒。又领建平王师，乃徙中书令，中护军。二十五年，迁左仆射，领汝阴王师，常侍如故。二十八年，转尚书令，领太子詹事。②

3. 谢弘微，太祖镇江陵，宋初封宜都王，以琅邪王球为友，弘微为文学。③

4. 王球，迁光禄大夫，加金章紫绶，领庐陵王师。十七年，球复为太子詹事，大夫、王师如故。④

5. 殷淳，太祖即位，为金紫光禄大夫，领竟陵王师，迁护军，又迁特进、右光禄大夫，领始兴王师。⑤

---

① 参见《宋书·王敬弘传》。
② 参见《宋书·何尚之传》。
③ 参见《宋书·谢弘微传》。
④ 参见《宋书·王球传》。
⑤ 参见《宋书·殷淳传》。

6.王景文，美风姿，好言理，少与陈郡谢庄齐名。太祖甚相钦重，故为太宗娶景文妹，而以景文名与太宗同。高祖第五女新安公主先适太原王景深，离绝，当以适景文，固辞以疾，故不成婚。起家太子太傅主簿，转太子舍人，袭爵建陵子。出为江夏王义恭、始兴王浚征北后军二府主簿，武陵王文学。①

7.王道隆，美风姿，好言理，少与陈郡谢庄齐名。太祖甚相钦重，故为太宗娶景文妹，而以景文名与太宗同。高祖第五女新安公主先适太原王景深，离绝，当以适景文，固辞以疾，故不成婚。起家太子太傅主簿，转太子舍人，袭爵建陵子。出为江夏王义恭、始兴王浚征北后军二府主簿，武陵王文学，②

8.徐爰，太祖初，又见亲任，历治吏劳，遂至殿中侍御史。元嘉十二年，转南台侍御史，始兴王浚后军。复侍太子于东宫，迁员外散骑侍郎。③

二、文帝对元嘉文学的影响

邓绎在《藻川堂谭艺·唐虞篇》中曾经指出："一代文辞之极盛，必待其时君之鼓舞与国运之昌皇，然后炳蔚当时，垂光万世。"④换言之，国君对文学的提倡与鼓励及国运的昌盛，是文辞可以达到"极盛"的重要条件。元嘉文学能够得以繁荣发展与文帝对文学的提倡及所开创的元嘉盛世有密切的关系。

1.文帝励精图治，开创"元嘉之治"，为元嘉文学的发展奠定了良好的社会基础。文学的发展植根于时代的政治经济等环境之中，而良

---

① 参见《宋书·王景文传》。
② 参见《宋书·王道隆传》。
③ 参见《宋书·徐爰传》。
④ 王水照：《历代文话》第7册，复旦大学出版社2007年版，第6146页。

好的社会环境是文化繁荣发展的重要保障。《宋书·文帝纪》对文帝治理国家之才能多有赞叹，云："太祖幼年特秀，顾无保傅之严，而天授和敏之姿，自禀君人之德。及正位南面，历年长久，纲维备举，条禁明密，罚有恒科，爵无滥品。故能内清外晏，四海谧如也。昔汉氏东京常称建武、永平故事，自兹厥后，亦每以元嘉为言，斯固盛矣。"①文帝在武帝的基础上的确打造了刘宋一时之盛世，成为江左历史上的一种典范。

首先，文帝劝课农桑，恢复了战乱后社会经济的发展。文帝在位时先后下发了劝农务本的诏书。元嘉八年闰月文帝下发《劝农桑诏》，强调"苟不深存务本，丰给靡因"，并且要求相关的地方官"宜思奖训，导以良规"，要做到"咸使肆力，地无遗利，耕蚕树艺，各尽其力"②。元嘉二十年十二月文帝又下发《劝农诏》，再次表明农业实为国计民生的根本，"国以民为本，民以食为天"，诏书最后，文帝还要以身作则，恢复天子亲耕之礼："朕当亲率百辟，致礼郊甸，庶几诚素，将被斯民。"③接着，元嘉二十一年七月文帝再次下发《劝农诏》，对"比年谷稼伤损"所造成的灾害采取一定的补救措施，对各州郡应种植的小麦、谷稻及桑麻等农作物作出安排，并要求"各尽其方，不得但奉行公文而已"。文帝一系列崇本务实的诏令，促进了刘宋农业生产的发展，为刘宋经济的繁荣奠定了良好的基础。

其次，文帝还广开言路，延揽贤才。除却前文提到的对各类文化人才的延揽外，文帝还下发《求贤诏》，以搜求各地人才。文帝诏书开篇便强调了人才的重要性，诏书云："周宗以宁，实由多士，汉室之隆，亦资得人"，而自己也是"寐寤乐贤，为日已久"，于是下诏宣敕内外，荐举各地人才，以观厥用。元嘉五年正月，文帝还下发了《求谠言诏》，云："群

---

① （梁）沈约：《宋书》，中华书局 1974 年版，第 103 页。

② （清）严可均：《全上古三代秦汉三国六朝文》，中华书局 1958 年版，第 2453 页。

③ （清）严可均：《全上古三代秦汉三国六朝文》，中华书局 1958 年版，第 2453 页。

后百司，其各献谠言。指陈得失，勿有所讳。"①文帝广求谠言，虚心接纳各地意见而改善朝政，对国家之治理大有裨益。

另外，文帝勤政爱民，甚为体恤下情。元嘉三年，文帝下发《遣大使巡行诏》，派遣史臣巡行四方以采风观政，"情伪必审，幽遐罔滞"，对各类祸害百姓的官员加以纠察，还要"博采舆诵，广纳嘉谋"以修补现行的各项制度。文帝还在诏书中着重指出："其高年鳏寡，幼孤六疾，不能自存者，可与郡县优量赈给。"②除此以外，文帝还曾于元嘉四年三月下发《蠲恤丹徒诏》，元嘉十七年十一月下发《恤民诏》，对受灾后的百姓减少租税，加以安抚。

要之，文帝推行的各项政策对刘宋社会的繁荣发展起到了重要作用。沈约《宋书·良吏传序》描绘了刘宋建朝迄于元嘉时期社会的发展情况，云：

> 高祖起自匹庶，知民事艰难，及登庸作宰，留心吏职，而王略外举，未遑内务。奉师之费，日耗千金，播兹宽简，虽所未暇，而绌华屏欲，以俭抑身，左右无幸谒之私，闺房无文绮之饰，故能戎车岁驾，邦甸不忧。太祖幼而宽仁，入纂大业，及难兴陕方，六戎薄伐，命将动师，经略司、兖，费由府实，役不及民。自此区宇宴安，方内无事，三十年间，氓庶蕃息，奉上供徭，止于岁赋，晨出莫归，自事而已。守宰之职，以六期为断，虽没世不徙，未及襄时，而民有所系，吏无苟得。家给人足，即事虽难，转死沟渠，于时可免。凡百户之乡，有市之邑，歌谣舞蹈，触处成群，盖宋世之极盛也。③

元嘉之治为刘宋甚至是整个南朝之繁荣盛世的典范，武帝刘裕为此开创了

---

① （清）严可均：《全上古三代秦汉三国六朝文》，中华书局 1958 年版，第 2452 页。

② （清）严可均：《全上古三代秦汉三国六朝文》，中华书局 1958 年版，第 2451 页。

③ （梁）沈约：《宋书》，中华书局 1974 年版，第 2261 页。

良好的根基，但主要是文帝元嘉时期达到的繁荣气象。而元嘉年间昌盛的社会政治经济环境是元嘉文学能够得到繁荣发展的时代土壤。《宋书·宗悫传》云："时天下无事，士人并以文义为业，炳素高节，诸子群从皆好学，而悫独任气好武，故不为乡曲所称。"①"天下无事"，故而士人"以文义为业"，可见时代环境对文学之影响。

2.文帝"四学并建"，推行"文治"，打造了良好的社会文化环境，与元嘉文学的发展相得益彰。文学的发展为社会文化昌盛的重要标志，而社会文化的昌盛又会为文学的发展创造良好的社会氛围。《南史·宋文帝纪》对文帝推行"文治"的治理成果较为称颂，元嘉十五年文帝立四学，《南史》记载元嘉十六年时的社会状况时称："上好儒雅，又命丹阳尹何尚之立玄学，着作佐郎何承天立史学，司徒参军谢元立文学，各聚门徒，多就业者。江左风俗，于斯为美，后言政化，称元嘉焉。"②《南史·文帝纪》中还对文帝之治理成果做过评价："帝聪明仁厚，雅重文儒，躬勤政事，孜孜无怠，加以在位日久，惟简靖为心。于时政平讼理，朝野悦睦，自江左之政，所未有也。"③文帝个人爱好文义，对文化之辩难及文学雅集多有提倡，又四学并建，颇重社会文教之发展。元嘉十九年正月，文帝下发《劝学诏》，云："今方隅宁，戎夏慕响，广训胄子，实维时务。"文帝认为圣哲之远教乃为教化之根本，因此下诏大兴庠序之教。元嘉二十三年十月，又下发《嘉奖师儒诏》对学有所成者及教授之官表示嘉奖。文帝对社会文教的关注，对于当时社会的淳风化俗产生了重要的影响。前文已述，刘宋各帝对经史之学和佛教皆有不同程度的提倡，但不论是经史之学的发展还是佛教的发展，皆至刘宋最为繁荣。沈约在《宋书·臧焘徐广傅隆传》中曾对刘宋经学事业的发展做出过评价："高祖受命，议创国学，宫车早晏，道未及行。迄于元嘉，甫获克就，雅

---

① （梁）沈约：《宋书》，中华书局1974年版，第1971页。
② （唐）李延寿：《南史》，中华书局1975年版，第45—46页。
③ （唐）李延寿：《南史》，中华书局1975年版，第54页。

风盛烈，未及曩时，而济济焉，颇有前王之遗典。天子銮旗警跸，清道而临学馆，储后冕旒黼黻，北面而礼先师，后生所不尝闻，黄发未之前睹，亦一代之盛也。"① 武帝建朝之初，意欲弘教，但在位不到三年，时间较短，"道未及行"。文帝承接武帝的策略，至于元嘉时期，经学之发展方为"一代之盛"。佛教之发展亦于元嘉时期最为兴盛，汤用彤先生《汉魏两晋南北朝佛教史》曾经指出，南朝佛法之隆盛约有三时，分别是元嘉之世、南齐竟陵王当政时及梁武帝之世。② 另外，汤用彤先生还对南朝诸位帝王的佛教修养做出过考察，认为"南朝诸帝除宋文及梁武父子外，均不善教理"③，并论述文帝相关的文化修养，云："宋文帝颇崇文治，观其听颜延年、慧观辩论，而回想支、许遗风，又于竺道生逝后，延请法瑶、道猷等辩顿渐义，则其于玄谈佛理，亦所欣尚。"④ 由此可见，在文帝之倡导下，刘宋佛教之发展在元嘉年间达到鼎盛。文学本身是社会文化的重要组成部分，而社会文化的整体繁荣无疑会为文学的发展创造良好的条件。

首先，经史与佛教的发展，丰富了文人的学识修养。如谢灵运，既以才学著名当时，又极富佛学修养著有《辨宗论》，阐述竺道生之顿悟之义，并与慧琳、慧远等僧人交善。根据汤用彤先生记载，黄晦闻先生当年论谢灵运诗歌，便谓其能融合儒、佛、老。⑤ 再如颜延之，辞采与谢灵运齐名，同样也是精通儒学与佛学。武帝曾使颜延之问周续之三义，周续之"雅仗辞辩"，而颜延之则可以折以简要，连挫续之，并且能够"还自敷释，言约理畅"，可知颜延之经学修养之深厚。颜延之为训诫弟子而作的《庭诰》儒学气息十分浓厚。同时，颜延之也深谙佛理，曾参与元嘉年间著名的"白黑论"，著有《释何衡阳达性论》、《重释何衡阳达性论》及

---

① （梁）沈约：《宋书》，中华书局 1974 年版，第 1553 页。
② 汤用彤：《汉魏两晋南北朝佛教史》，武汉大学出版社 2008 年版，第 280 页。
③ 汤用彤：《汉魏两晋南北朝佛教史》，武汉大学出版社 2008 年版，第 298 页。
④ 汤用彤：《汉魏两晋南北朝佛教史》，武汉大学出版社 2008 年版，第 298 页。
⑤ 汤用彤：《汉魏两晋南北朝佛教史》，武汉大学出版社 2008 年版，第 295 页。

《又释何衡阳达性论》，与何承天往来辩难。此外，根据《高僧传·释慧严传》记载，颜延之还著有《离识观》与《论检》，云：

> 时颜延之著《离识观》及《论检》，帝命严辩其同异，往复终日，帝笑曰："公等今日无愧支、许。"①

文帝赞赏具有丰富学识的文人，同时倡导有关文义、佛理等问题的辩难。在此氛围的影响下，文人多具经史及佛学修养，文学创作亦发生了相关的改变。

其次，经史之学与佛教的发展，影响了元嘉文学风格的形成。谢康乐诗歌多以山林著称，虽然难以完全摆脱门阀士族之根深蒂固的玄言气息，但玄学色彩已经明显减少，而经史色彩逐渐浓厚。沈德潜在《说诗晬语》中评价谢灵运的诗歌，云："曹子建善用史，谢康乐善用经"，指出了谢诗喜用经书典故这一特征，较之以往诗歌的玄学色彩出现了新的风貌。裴子野在《雕虫论》中也曾指出刘宋建朝之文风"宋初迄于元嘉，多为经史"。② 而佛教中"镜花水月"等意象的出现及佛经翻译时所讲究的韵律，也使得文学的发展出现了新的面貌。另外，佛教中的因果等思想也为小说的发展提供了一定的素材，像刘义庆及其门人编写的《宣验记》《幽明录》就是在佛教的影响下完成的。要之，元嘉年间浓郁的社会文化氛围丰富了文人的学识修养，促进了文学的大发展，同时也在风格、题材、意向等方面为文学的发展注入了新的活力，孕育了文学的新变。

第三，树立了文学的独立地位。文帝"四学并建"，将文学与经学、史学、佛学并列，第一次在社会文化中表明了文学的独立地位，明确勾画了社会文化发展的"四足鼎立"之势，为文学的解放与发展提供了极大的

---

① （梁）释慧皎撰，汤用彤校注，汤一玄整理：《高僧传》，中华书局 1992 年版，第 262 页。

② （清）严可均：《全上古三代秦汉三国六朝文》，中华书局 1958 年版，第 3262 页。

空间。南朝后来统治者对社会文化的建设，对文帝"四学并建"的思路也多有借鉴。宋明帝刘彧设置总明观，除了增加"阴阳学"一科外，基本沿袭了文帝的格局。齐、梁、陈也相继建立了五经学官、士林殿及德教殿等相似的文化机构，对南朝文化学术思潮的发展具有重要的影响。

第四，文帝多次举办文学雅集并下诏命文士进行创作，激发了文人的创作热情，丰富了刘宋的文学成果，同时也促进了典重雅丽文学风格的形成。根据聂崇岐先生《补宋书艺文志》考证，谢灵运撰《元嘉正宴会诗集》4卷，颜延之撰有《元嘉西池宴会诗集》3卷，另有《元嘉宴会游山诗集》5卷[①]。谢灵运与颜延之皆曾为文帝赏遇而陪侍左右，并且多次参与文帝组织的相关文会，此类文集的产生应与此有密切的关系。当时文人集会规模盛大，文人创作数量亦应繁富，但因文献散佚，现仅存诗歌12首、文3篇，试将因参与文帝举办的文学雅集及应文帝之命而创作的相关文学成果胪列如表6-1所示：

表6-1

文人	作品	创作缘由
颜延之	《应诏讌曲水作诗》	元嘉十一年，乐游苑禊饮赋诗集会
颜延之	《三月三日曲水诗序》	元嘉十一年，乐游苑禊饮赋诗集会
范晔	《乐游应诏诗》	元嘉十一年，乐游苑禊饮赋诗集会
颜延之	《赭白马赋》	元嘉十八年，文帝诏陪侍文人为赭白马赋
颜延之	《皇太子释奠会作诗》	元嘉二十二年，太子释奠赋诗
何承天	《释奠颂》	元嘉二十二年，太子释奠赋诗
王僧达	《释奠诗》	元嘉二十二年，太子释奠赋诗
谢庄	《赤鹦鹉赋应诏》	元嘉二十九年，普诏为赤鹦鹉作赋
刘义恭	《登景阳楼诗》	与文帝同题赋诗
颜延之	《登景阳楼诗》	与文帝同题赋诗
谢灵运	《送雷次宗诗》	送别雷次宗集会

---

① 聂崇岐：《补宋书艺文志》，清华大学出版社2012年版，第39页。

续表

文人	作品	创作缘由
谢灵运	《从游京口北固应诏诗》	应文帝诏令
颜延之	《车驾幸京口侍游蒜山作诗》	应文帝诏令
颜延之	《车驾幸京口三月三日侍游曲阿后湖作诗》	应文帝诏令
颜延之	《应诏观北湖田收诗》	应文帝诏令
颜延之	《拜陵庙作诗》	应文帝诏令
颜延之	《侍东耕诗》	侍文帝亲耕而作

应制文学是维护皇权的重要文学样式，在一定程度上也是帝王话语权力的外在表现形式，对社会文学的发展具有不容忽视的垂范意义。曹丕《典论·论文》曾经指出："夫文本同而末异，盖奏议宜雅，书论宜理，铭诔尚实，诗赋欲丽"①，刘勰《文心雕龙》也曾指出"章表奏议，则准的乎典雅"。奏议之文因需帝王之观览，故而需要以雅为主，而诗赋自身之特点又需要以丽为主要的特色，应制诗赋是为帝王而作的诗赋，在一定程度上应该同时具备雅与丽的艺术特色，故而应制文学大致典重雅丽。孙明君先生在《颜延之与刘宋宫廷文学》中曾经指出："宫廷文学既与最高统治者的心理相符合，也与作家的歌颂心态相吻合。作为帝王，对宫廷文学有一种心理预期，要求这种文体能够再现皇室气派。作为宫廷文人，一方面要讨好皇帝，一方面也要炫耀自己的才华。两种力量的凑泊必然形成这种词藻华美、错彩镂金、典故繁富、对仗工稳的文体。"②在这样的一种文体中，颜延之成为刘宋应制文学中的大手笔，颜延之"文章之美，冠绝当时"与其在应制文学中的地位有密切的关系。根据《宋书》记载，谢灵运与颜延之文采不相上下，颜延之"文章之美，冠绝当时"，谢灵运则是"文章之美，江

---

① （清）严可均：《全上古三代秦汉三国六朝文》，中华书局 1958 年版，第 1093 页。

② 孙明君：《颜延之与刘宋宫廷文学》，《文学遗产》2012 年第 2 期。

左莫逮",元嘉三年,文帝诛徐羡之等人后,起用了二人,征谢灵运为秘书监,征颜延之为中书侍郎,后又转为太子中庶子。两人虽然同时受到了文帝的赏遇,但发展的道路却大不相同。谢灵运不甘心文帝仅以文义处之,因此多番出游,文学创作也以山林为主。颜延之虽然对朝政也有所不平,但他愿意用自己的文学创作为朝廷歌功颂德,又以自己的才华冠绝当时,因此成为庙堂文学的大手笔。谢灵运之"出水芙蓉"与颜延之的"错彩镂金",与他们创作的题材及场合有不可分割的关系。应制文学应以典实富艳为宗,自然不同于山林文学。从一定程度上来说,文帝相关的文学活动成就了颜延之在文学发展中的地位,也影响了颜延之文学创作的风格。同时,颜延之丰硕的创作成果及典重、雅丽的文学风格也影响了刘宋文学的发展。

第五,文帝对朝廷文学活动的重视,促进了文人对应制文章与个人诗赋作品的认识,为"文笔"之辨的提出创造了契机。文笔之辨是中国文学发展史上的一个重要命题,至刘宋,颜延之首次正式提出"文""笔"的概念,进而引发了齐梁时期刘勰、萧绎关于文笔相对完善的论述。文笔并行,由来已久。汉末魏晋,文、笔的创作皆取得了巨大的成就,却并无文笔之辨的提出。直至刘宋,这一命题才得以提出,并非偶然,这与刘宋帝王对宫廷应制文学创作的重视有密切的关系。自刘宋建朝以来,史官与文人的角色逐渐交汇,多有文人担任史官的角色,而史官也往往具有文人的修养,像谢灵运曾担任秘书监、范晔曾任秘书丞,颜延之也曾于刘裕北伐时为之参起居。在这一情况下,文人一方面要创作奏议、表启及哀策文等公牍文书,另一方面也会创作展示个人情怀的诗赋作品,而朝廷表策文诰的写手往往是极富文坛盛名的文人。武帝时期,"表策文诰"主要出自傅亮,而傅亮"博涉经史,尤善文辞",以文坛领袖自居。元嘉年间,文帝对谢灵运与颜延之都曾加以延揽。最初,文帝十分重视谢灵运,征谢灵运为秘书监,但谢灵运不满其在朝堂中的位置,故而出游山林,多不朝值。颜延之辞采与谢灵运齐名,继傅亮之后成为庙堂的大手笔,这对颜延之的文学创作起到了一定的分化作用。考之颜延之的诗文,一方面,颜延之承袭傅亮公牍文书所开创的传统进行庙堂文学的创作，创作了大量的应制诗及《武帝谥议》《宋文帝元皇后哀策文》等应制式文章。另一方面，颜延之也创作了很多展示自我名士情怀与风度的作品。如《五君咏》，摒除显贵的山涛与王戎，以对竹林七贤的其他五位的吟咏来寄托自己的情怀。再如其《和谢监灵运诗》，云"去国还故里。幽门树蓬藜。采茨葺昔宇。剪棘开旧畦。物谢时既晏。年往志不偕"①，将隐退的生活描写得恬淡安乐，与其错彩镂金的庙堂文学迥然相异，反而与陶渊明的作品甚为相似。同一个文人，而文学创作风貌的差别如此之大，这就大大深化了文人对文与笔的区分。正是基于这种区分，颜延之才会在文帝询问其子文学才能的情况时，作出"竣得臣笔，测得臣文"的回答。

第六，文帝的人才策略，在一定程度上影响了文人，开创了别样的文学局面。首先，文帝虽然重视对文学之士的延揽，但大多以"文义"处之，并没有使文学之士位居权要，这一态度在一定程度上刺激了以文采自负的文人，激发了文人另外一种创作的动力。谢灵运之纵情山水，颜延之的激愤不平皆与此有关。元嘉三年，文帝征谢灵运为"秘书监"，使之整理秘书阁图书，并且"日夕引见，赏遇甚厚"，称谢灵运之诗书为"二宝"。谢灵运在文采上得到了文帝极大的赞赏，但在仕途上却并没有如其所愿，《宋书·谢灵运传》载：

　　既自以名辈，才能应参时政，初被召，便以此自许；既至，文帝惟以文义见接，每侍上宴，谈赏而已。王昙首、王华、殷景仁等，名位素不逾之，并见任遇，灵运意不平，多称疾不朝直。穿池植援，种竹树堇，驱课公役，无复期度。出郭游行或一日百六七十里，经旬不归，既无表闻，又不请急。②

① 逯钦立辑校：《先秦汉魏晋南北朝诗》，中华书局 1998 年版，第 1233 页。
② （梁）沈约：《宋书》，中华书局 1974 年版，第 1772 页。

谢灵运不满文帝"唯以文义见接",因此"多称疾不朝直",游行于山水之间,在山水文学中取得了极大的成就。较之谢灵运,颜延之似乎较为适合宫廷文人的角色,但颜延之也经常意有不平,常犯权要,《宋书·颜延之传》记载:

> 延之好酒疏诞,不能斟酌当世,见刘湛、殷景仁专当要任,意有不平,常云:"天下之务,当与天下共之,岂一人之智所能独了!"辞甚激扬,每犯权要。谓湛曰:"吾名器不升,当由作卿家吏。"湛深恨焉,言于彭城王义康,出为永嘉太守。延之甚怨愤,乃作《五君咏》以述竹林七贤,山涛、王戎以贵显被黜,咏嵇康曰:"鸾翮有时铩,龙性谁能驯。"咏阮籍曰:"物故可不论,途穷能无恸。"咏阮咸曰:"屡荐不入官,一麾乃出守。"咏刘伶曰:"韬精日沉饮,谁知非荒宴。"此四句,盖自序也。①

除却错彩镂金、典重富丽的庙堂文学以外,颜延之也创作了像《五君咏》这样的充满激愤之气的文学作品,其原因也是在朝中没有得到如期的地位。文帝对颜、谢尚且如此,更可推测其对其他文人的态度。考察谢灵运、颜延之所提到的文帝委以重任的人物,便可获知文帝用人的标准。试将王华、王昙首、王弘、殷景仁及刘湛相关的情况胪列如下:

> 王华,文帝进号镇西,王华"转镇西主簿,治中从事史,历职著称"②。
> 王昙首,"沈毅有器度,宰相才也"③。

---

① (梁)沈约:《宋书》,中华书局 1974 年版,第 1893 页。
② 参见《宋书·王华传》。
③ 参见《宋书·王昙首传》。

　　王弘，"博练治体，留心庶事，斟酌时宜，每存优允"①。

　　殷景仁，"景仁学不为文，敏有思致，口不谈义，深达理体；至于国典朝仪，旧章记注，莫不撰录，识者知其有当世之志也。"②

　　刘湛，博涉史传，谙前世旧典，弱年便有宰世情，常自比管夷吾、诸葛亮，不为文章，不喜谈议。③

考察以上人物之文化修养，并非以文学才能见长，而主要是政治才干过人。文帝虽然厚遇文人，但在国家的治理方面依然是多任用富有政治才干的士人，而并非以文学才能为标准。像刘义康，曾深受文帝重用，刘义康在政治方面极富才华，"性好吏职，锐意文案，纠剔是非，莫不精尽"，但却"素无学术，暗于大体"。文帝延揽文学之士，为文士的仕进开辟了道路，但文帝对文士又大多"以文义处之"，在一定程度上引发了文人内心不平之意，从而开创了文人创作的另一种新局面。

　　其次，文帝虽然大力笼络文士，寒门士人也可因才学获文帝赏识，但考其朝政重臣，依然大多为士族，如上文提到文帝重用的王弘、王华及王昙首，为士族名门琅琊王氏。刘义康之乱后，江湛、徐湛之及王僧绰又深受文帝重视，也并非寒门。此外，谢灵运、颜延之辞采冠绝当时，为文帝称赏，两人也非寒门文士，谢灵运身出陈郡谢氏，其门第自不待言，而颜延之则堪为次等士族的代表，并且其妹妹嫁与刘穆之之子，而刘穆之则为刘宋之重臣。要之，文帝既广泛征召文士，为寒门文士提供了进取的机会与希望，又注重门第，在一定程度上造成了寒门士人沉沦下僚、难以出人头地的情况。在这样的用人策略之下，出身低微之文士难免有不平之音。鲍照诗文的"不遇"之悲，与此有脱不了的关系。鲍照与谢灵运、颜延之秉承"元嘉三大家"，又据《南史·颜延之传》记载，颜延之"尝问鲍照

---

①　参见《宋书·王弘传》。

②　参见《宋书·殷景仁传》。

③　参见《宋书·刘湛传》。

己与灵运优劣",可知鲍照之才学堪与谢灵运、颜延之匹敌,但其在当时的地位却远不及颜、谢。沈约《宋书》并没有为其单独列传,《诗品》则称其"才秀人微,取湮当代"。考之史传,元嘉年间,鲍照曾先后入临川王刘义庆、衡阳王刘义季及始兴王刘濬之幕府,并且皆有相关的文学作品传世,元嘉二十四年,鲍照还曾写下了《河清颂》以歌颂文帝功德,但却一直没有得到文帝的重视。鲍照《瓜步山揭文》中"故才之多少,不如势之多少远矣"①可谓其对现实的深切哀叹。另外,其诗歌创作也多有不得重用的不平之气与悲愤之情。《拟行路难》其四,诗云:

> 泻水置平地。各自东西南北流。人生亦有命。安能行叹复坐愁。酌酒以自宽。举杯断绝歌路难。心非木石岂无感。吞声踯躅不敢言。②

又,《拟行路难》其六,诗云:

> 对案不能食。拔剑击柱长叹息。丈夫生世会(乐府作能。注云。一作会。风韵地)。安能蹀躞垂羽翼。弃置罢官去。还家自休息。朝出与亲辞。暮还在亲侧。弄儿床前戏。看妇机中织。自古圣贤尽贫贱。何况我辈孤且直。③

身处元嘉盛世,鲍照看到了仕进的希望,故而多次入刘宋宗王之幕府以期得到重用,并且创作了大量的诗文。虽然鲍照的文采与颜、谢相当,但却并未引起文帝的足够重视,在地位上也很难与颜、谢相较。由此,鲍照文学创作难免多有对现实的愤懑不平及对个人仕途的感伤。

---

① (清)严可均:《全上古三代秦汉三国六朝文》,中华书局 1958 年版,第 2695 页。
② 逯钦立辑校:《先秦汉魏晋南北朝诗》,中华书局 1998 年版,第 1275 页。
③ 逯钦立辑校:《先秦汉魏晋南北朝诗》,中华书局 1998 年版,第 1275 页。

最后，文帝在执政中也表现出了一定的猜忌倾向，登基不到三年，便杀害了徐羡之、傅亮及谢晦三位武帝的顾命大臣，对此史家众说不一。有学者认为徐羡之、傅亮及谢晦合谋杀害了少帝刘义符和刘义真，咎由自取，王鸣盛、王夫之及今人吕思勉等皆持此种观点。而赵翼、祝总斌先生等人则认为，3 位顾命大臣杀害残暴无道之少帝，拥立有为之文帝，"于谋国，非不忠也"。但不管怎样，文帝杀害这 3 人的原因，与其对这 3 人的畏忌之意有不可分割的关系。此后，文帝对檀道济及谢方明的杀害更加证明了这一点。文帝因檀道济与谢方明在对外作战中威名甚重而心生猜疑，因此听信他人构陷，杀害有功之将领，以致在对北魏的作战中无良将可用，接连受挫，自毁刘宋长城。此外，文帝对刘义康的杀害，亦摆脱不了个人病重之时的猜忌心理。文帝执政过程中出现的猜忌，对当时的文学也产生了一定的影响。从消极方面来说，造成了许多文人的碌碌无为，不敢有所作为，如王敬弘、王弘等便多次让官。文帝即位后，傅亮深感境遇之危险，还曾为此作《演慎论》《感物赋》，反映了其在仕途中战战兢兢的艰难。另外，文帝也因猜忌直接杀害文人，造成了刘宋文学发展的缺失，像傅亮、谢晦、范晔等人皆以文采著名当时。从积极方面来说，文帝的猜忌也使得刘义庆等宗室子弟减少在政治中的作为而转向文学。如刘义庆，因"世路艰难"而"不复跨马"与避免文帝的猜忌有直接的关系。而刘义季常年醉酒，多与隐逸名士来往与此亦有不可分割的关系。

第二节　孝武帝、明帝与刘宋后期文学的转变

自文帝元嘉三十年（453）去世至刘宋昇明三年（479）灭亡，还有近 30 年的时间，刘宋历经六帝，其中在位时间较长的主要是孝武帝与明帝。孝武帝在位 11 年，明帝在位 8 年，其他 4 位帝王计 8 年左右，对文学的

发展并无重大举措，孝武帝与明帝是对这一时期文学影响较大的两位帝王。伴随时代的发展，刘宋后期的文学较之元嘉文学已经发生了明显的变化，呈现出了不同的发展气象。历来论者多以"大明、泰始"并举，来论述刘宋后期出现的文学气象。

> 钟嵘《诗品序》：颜延、谢庄，尤为繁密，於时化之。故大明、泰始中，文章殆同书抄。①
>
> 钟嵘《诗品》：大明、泰始中，鲍休美文，殊已动俗。②
>
> 刘勰《文心雕龙·时序》：自宋武爱文，文帝彬雅，秉文之德，孝武多才，英采云构。自明帝以下，文理替矣。③
>
> 裴子野《雕虫论》：宋初迄于元嘉，多为经史。大明之代，实好斯文，高才逸韵，颇谢前哲，波流相尚，滋有笃焉。自是闾阎年少，贵游总角，罔不摈落六艺，吟咏情性，学者以博依为急务，谓章句为专鲁，淫文破典，斐尔为功。④

考察以上论述可知，大明、泰始文学实为刘宋后期文学的代称，其文风较之元嘉文学已经发生了明显的变化，而在这一过程中，孝武帝刘骏与明帝刘彧发挥了重要的作用。又，《南史·王俭传》云："先是宋孝武好文章，天下悉以文采相尚，莫以专经为业。"⑤裴子野《雕虫论·序》云："宋明帝博好文章。才思朗捷，常读书奏，号称七行俱下，每有祯祥，及幸宴集，辄陈诗展义，且以命朝臣，其戎士武夫，则托请不暇，困于课限，或买以应诏焉。于是天下向风，人自藻饰，雕虫之艺，盛于

---

① （梁）钟嵘著，曹旭集注：《诗品集注》，上海古籍出版社 2011 年版，第 228 页。
② （梁）钟嵘著，曹旭集注：《诗品集注》，上海古籍出版社 2011 年版，第 575 页。
③ （梁）刘勰著，詹锳义证：《文心雕龙义证》，上海古籍出版社 1989 年版，第 1714 页。
④ （清）严可均：《全上古三代秦汉三国六朝文》，中华书局 1958 年版，第 3262 页。
⑤ （唐）李延寿：《南史》，中华书局 1975 年版，第 595 页。

时矣。"①《南史·宋孝武帝纪》记载："少机颖，神明爽发，读书七行俱下，才藻甚美，雄决爱武，长于骑射。"②可知"号称七行俱下"者指的是宋孝武帝，《资治通鉴》也载："（孝武帝）文章华美，省读书奏，七行俱下。""博好文章"说的也应是孝武帝，上述《南史·王俭传》已经提到了"孝武好文章"，《宋书·鲍照传》记载："世祖以照为中书舍人。上好为文章，自谓物莫能及，照悟其旨，为文多鄙言累句，当时咸谓照才尽，实不然也。"③故裴子野此处所论"宋明帝"应指刘宋大明时期的帝王，指的是宋孝武帝刘骏而非宋明帝刘彧。要之，孝武帝与明帝特别是孝武帝在刘宋后期文风的转变及发展中发挥了重要的作用。

一、宋孝武帝与宋明帝相关的文学活动

（一）设置专门的文学机构

孝武帝、明帝承接文帝"四学并建"的思想，对文学的独立性有了进一步认识，设置了专门的有关文学的机构。《宋书·孝武帝纪》载："（大明六年八月）乙亥，置清台令"④，《南史·孝武帝纪》云："（大明六年）八月乙丑，置清台令官。"⑤明帝设置了专门的机构清台令，并且任命了专门的官员。何为清台令？《宋书》与《南史》并无明确说明，应该可以推测这一官职并非延续前朝，极有可能为孝武帝首创。许嵩《建康实录》进一步解释了这一官职的由来，云："武帝永初迄于元嘉，多为经史之学，自大明之代，好为辞赋，故置此官，考其清浊。"⑥由许嵩之记载可知，清台

---

① （清）严可均：《全上古三代秦汉三国六朝文》，中华书局 1958 年版，第 3262 页。
② （唐）李延寿：《南史》，中华书局 1975 年版，第 55 页。
③ （梁）沈约：《宋书》，中华书局 1974 年版，第 1480 页。
④ （梁）沈约：《宋书》，中华书局 1974 年版，第 130 页。
⑤ （唐）李延寿：《南史》，中华书局 1975 年版，第 65 页。
⑥ （唐）许嵩撰，张忱石点校：《建康实录》，中华书局 1986 年版，第 484 页。

令是专门考察文学"清浊"而设置的机构。大明之世，文风确乎已经发生了变化，而清台令的出现便是应文风之转折而出现的产物，同时也加剧了文风的这种变化。

明帝时亦有专门的文学机构。《宋书·明帝本纪》载："（泰始六年九月）戊寅，立总明观，征学士以充之。置东观祭酒。"①《南史·明帝纪》又进一步解释了"总明观"的设置情况，云："（泰始六年）九月戊寅，立总明观，征学士以充之。置东观祭酒、访举各一人，举士二十人，分为儒、道、文、史、阴阳五部学，言阴阳者遂无其人。"②总明观设置五部学，分别是儒、道、文、史及阴阳。文学不仅为其中一部之独立的，并且较之文帝时的"四学"，地位已经有了提高。文帝四学之顺序为经学、玄学、史学、文学，文学位列第四。明帝总明观五部学之设置，文学地位已经上升至第三位。可知明帝时，文学地位的进一步提高。

（二）延揽文士

根据《宋书》各本传记载，孝武帝、明帝时期，多有文人因才学而获帝王知遇，试举例如下：

1. 颜延之，在元嘉时期为文帝所重，至大明之世，尤获孝武帝赏识，"世祖登阼，以为金紫光禄大夫，领湘东王师。"③另外，袁淑去世后，孝武帝曾命颜延之为其撰写诏书以褒奖袁淑，既反映下了孝武帝对文士袁淑的欣赏，从中亦可知孝武帝对颜延之的赏识。明帝即位，曾下诏云："延之昔师训朕躬，情契兼款"④，明帝因感怀与颜延之的交情，从而提升其第三子为中书侍郎。

2. 颜竣，字士逊，颜延之之子，颜延之曾自言颜竣"得其笔"。孝武

---

① （梁）沈约：《宋书》，中华书局 1974 年版，第 167 页。
② （唐）李延寿：《南史》，中华书局 1975 年版，第 82 页。
③ （梁）沈约：《宋书》，中华书局 1974 年版，第 1903 页。
④ （梁）沈约：《宋书》，中华书局 1974 年版，第 1904 页。

帝在藩时,颜竣曾出任抚军主簿,"甚被爱遇,竣亦尽心补益",孝武帝即位,"以为侍中,俄迁左卫将军,加散骑常侍,辞常侍,见许。封建城县侯,食邑二千户。"① 孝建元年,又"转吏部尚书,领骁骑将军","任遇既隆,奏无不可"。

3.谢庄,文帝称赞其"蓝田出玉",孝武帝时期重要的御用文人,孝武帝还亲自赠其宝剑。元凶弑立,孝武帝入讨,曾命谢庄修改檄书以宣布刘劭之恶。孝武帝即位,除侍中,孝建元年,迁左卫将军,后又起吏部尚书,孝建三年,坐辞疾多,免官。大明元年,又起为都官尚书。前废帝即位,因谢庄曾为孝武帝宠妃撰写谏文,而被系于左尚方。明帝即位,对其依然厚遇有加:"以庄为散骑常侍、光禄大夫,加金章紫绶,领寻阳王师。顷之,转中书令,常侍、王师如故。寻加金紫光禄大夫,给亲信二十人,本官并如故。"②

4.江智渊,"智渊爱好文雅,词采清赡,世祖深相知待,恩礼冠朝。上燕私甚数,多命群臣五三人游集,智渊常为其首。同侣未及前,辄独蒙引进,智渊每以越众为惭,未尝有喜色。"③

5.沈怀文,在孝武帝时期更受重视,"入为侍中,宠待隆密"。

6.何偃,"元凶弑立,以偃为侍中,掌诏诰",可知其文学才能为世所重,及至孝武帝即位,"任遇无改,除大司马长史,迁侍中,领太子中庶子",后来又"改领骁骑将军,亲遇隆密,有加旧臣","与偃俱在门下,以文义赏会,相得甚欢"④。何偃与颜竣同为孝武帝所厚遇,陪侍左右,以文义赏会,相得甚欢。

7.苏宝生,曾在孝武帝时期成为朝廷的御用文人。董元嗣世祖南中郎典签,孝武帝遣元嗣下都,奉表于劭,后被刘劭所杀。孝武帝即位,"追

---

① 参见《宋书·颜竣传》。

② 参见《宋书·谢庄传》。

③ 参见《宋书·江智渊传》。

④ 参见《宋书·何偃传》。

赠（董元嗣）员外散骑侍郎，使文士苏宝生为之诔焉"①。

8. 鲍照，字明远，文辞赡逸，尝为古乐府，文甚遒丽，"世祖以照为中书舍人"。鲍照作品中多有应制之作。

9. 殷淡，大明世，以文章见知，为当时才士。

10. 汤惠休，本为僧人，善属文，辞采绮艳，孝武帝使之还俗，官至扬州从事史。《宋书·徐湛之传》载："时有沙门释惠休，善属文，辞采绮艳，湛之与之甚厚。世祖命使还俗。本姓汤，位至扬州从事史。"②

11. 韩兰英，因有文采被孝武帝赏入宫，明帝时依然在宫中任职。《南齐书·武穆裴皇后传》载其经历："吴郡韩兰英，妇人有文辞。宋孝武世，献《中兴赋》，被赏入宫。宋明帝世，用为宫中职僚。世祖以为博士，教六宫书学，以其年老多识，呼为'韩公'。"③

12. 王景文，"幼为从叔球所知。美风姿，好言理，少与陈郡谢庄齐名"，太祖甚相钦重。孝武帝即位，"入为御史中丞，秘书监"。明帝践祚，"加领左卫将军。时六军戒严，景文仗士三十人入六门"④。

13. 袁粲，少好学，有清才，"清整有风操，自遇甚厚，常著《妙德先生传》以续嵇康《高士传》以自况"，大明元年"复为侍中，领射声校尉，封兴平县子，食邑五百户"，太宗泰始元年，"转司徒左长史，冠军将军，南东海太守"⑤。

14. 丘灵鞠，少好学，善属文，宋孝武帝时为殷贵妃去世作《挽歌诗》3 首，深受孝武帝欣赏。

15. 檀超，《南齐书·文学·檀超传》记载："孝武闻超有文章，敕还直东宫，除骠骑参军、宁蛮主簿，镇北谘议。"

---

① 参见《宋书·董元嗣传》。
② （梁）沈约：《宋书》，中华书局 1974 年版，第 1847 页。
③ （梁）萧子显：《南齐书》，中华书局 1972 年版，第 392 页。
④ 参见《宋书·王景文传》。
⑤ 参见《宋书·袁粲传》。

16.张绪，根据《南齐书·张绪传》记载，张绪长于《周易》，言精理奥，见宗一时。宋明帝每见绪，辄叹其清淡。转太子中庶子，本州大中正，迁司徒左长史。

考察以上文人为孝武帝赏遇之经历，可知孝武帝、明帝爱才重士，多以才学而赏遇士人，甚至破格将女子提拔入宫任职。孝武帝与明帝对文士的赏遇，激发了文人的创作热情，对刘宋文学的发展起到了促进作用。

（三）孝武帝组织的诗文创作活动

孝武帝之喜好宴集，于裴子野之《雕虫论·序》已可见一斑，"每有祯祥，及幸宴集，辄陈诗展义，且以命朝臣……"。孝武帝延揽文士陪侍左右，以文义赏会，多次举办文人雅集，并且还下诏命文人根据时政进行文学创作活动。

1.孝建元年，八关斋赋诗。自东晋以来，佛教"斋戒"便已较为流行，名士高僧借斋戒常集聚一起，实为文雅之集会。孝武帝即位，曾于中兴寺率群臣举办规模较大的"八关斋"，《宋书·袁粲传》载："孝建元年，世祖率群臣并于中兴寺八关斋。"在此次斋会之中，应有一定的赋诗活动，孝武帝亲自作《斋中望月诗》，谢庄《丞斋应诏诗》亦应作于此时。此外，谢庄还有《八月侍华林曜灵殿八关斋诗》，亦应是于八关斋戒集会时应孝武帝诏命而作。

2.孝建二年，华林都亭曲水联句赋诗。孝武帝率臣游华林都亭，效仿汉武帝柏梁台联句赋诗而作《华林都亭曲水联句效柏梁体诗》。"柏梁体"，大致起源于汉武帝元封三年，汉武帝召集俸禄两千石以上者，联句赋七言诗，一人一句，最终连成一首完整的诗歌。刘勰《文心雕龙·明诗篇》云："孝武爱文，《柏梁》列韵。"盖指此也。孝武帝效仿柏梁体而与藩王及大臣在华林都亭作联句诗，诗歌云：

九宫盛事予疏纩。（帝）三辅务根诚难亮。（扬州刺史江夏王义恭）
策拙，乡惭恩望。（南徐州刺史竟陵王诞）折冲莫效兴民谤。（领军
将军元景）侍禁卫储恩逾量。（太子右率畅）臣谬叨宠九流旷。（吏部
尚书庄）喉唇废职方思让。（侍中偃）明笔直绳天威谅。（御史中丞颜
师伯）①

根据诗歌内容可获知，参与此次聚会赋诗的主要有孝武帝、江夏王刘
义恭、竟陵王刘诞、柳元景、张畅、谢庄、何偃及颜师伯。除却诗歌记载
的人以外，是否还有别人参与，已无从考证。《中古文学史料丛考》通过考
察诗人任职情况考证，确定本次联句赋诗发生于孝建二年，本文从其说。

3.游覆舟山赋诗。自文帝对覆舟山进行改造以后，覆舟山一度成为帝
王召集群臣宴集赋诗的重要场所。孝武帝也曾率领大臣游览覆舟山，并且
进行过赋诗活动。孝武帝自己有《游覆舟山诗》，鲍照有《侍宴覆舟山诗
二首》，题下有注释"敕为柳元景作"。据此推测，柳元景应侍宴孝武帝
游覆舟山，孝武帝敕柳元景作诗，柳元景不得，鲍照代其作诗二首。

4.大明元年，敕谢庄作《瑞雪诗》。《先秦汉魏晋南北朝诗》收录此诗，
题下注："大明元年诏敕作。"②

5.大明二年，普诏群臣为舞马赋。《宋书·谢庄传》载："时河南献
舞马，诏群臣为赋，庄所上其词曰……又使庄作《舞马歌》，令乐府歌
之。"③《南史·谢庄传》也载有此事，云："时河南献舞马，诏群臣为赋，
庄所上甚美。又使庄作舞马歌，令乐府歌之。"④ 又根据《宋书·孝武帝
纪》记载，大明二年，"夏四月壬申，河南国遣使献方物。"可知此事发生
在大明二年，孝武帝诏令群臣为舞马作赋。除却谢庄外，还有多人进行

---

① 逯钦立辑校：《先秦汉魏晋南北朝诗》，中华书局 1998 年版，第 1224 页。
② 逯钦立辑校：《先秦汉魏晋南北朝诗》，中华书局 1998 年版，第 1255 页。
③ （梁）沈约：《宋书》，中华书局 1974 年版，第 2176 页。
④ （唐）李延寿：《南史》，中华书局 1975 年版，第 556 页。

创作。又，《宋书·鲜卑吐谷浑传》记载："世祖大明五年，拾寅遣使献善舞马，四角羊。皇太子、王公以下上《舞马歌》者二十七首。"① 根据曹道衡、刘跃进《南北朝文学编年史》考证，此处"大明"二字为疑衍，应为"世祖五年"，即孝武帝即位五年之时，亦应为大明二年。② 本书从其说，根据此处记载，可获知当时作有《舞马歌》共计 27 首。

　　6.大明四年春正月，"乙亥，（孝武帝）车驾躬耕藉田，大赦天下"，谢庄《侍东耕诗》应为此而作。《南北朝文学编年史》亦将谢庄此诗列入大明四年的范围之内。③ 文帝恢复天子躬耕之礼，元嘉二十一年颜延之侍奉藉田之礼，曾作《侍东耕诗》，当时谢庄应远在江州。故推知谢庄此诗，应为大明四年孝武帝躬耕藉田而作。

　　7.大明五年，命群臣作花雪诗。《宋书·符瑞志下》载：

　　　　大明五年正月戊午元日，花雪降殿庭。时右卫将军谢庄下殿，雪集衣。还白，上以为瑞。于是公卿并作花雪诗。史臣按《诗》云："先集为霰。"《韩诗》曰："霰，英也。"花叶谓之英。《离骚》云："秋菊之落英。"左思云"落英飘飘"是也。然则霰为花雪矣。草木花多五出，花雪独六出。④

大明五年，天降花雪，明帝以之为祥瑞，于是命公卿并作花雪诗，现仅存谢庄《和元日花雪应诏诗》⑤。

　　8.宴饮群臣，逼令沈庆之作诗。《宋书·沈庆之传》载：

① （梁）沈约：《宋书》，中华书局 1974 年版，第 2373 页。
② 曹道衡、刘跃进：《南北朝文学编年史》，人民文学出版社 2000 年版，第 177 页。
③ 曹道衡、刘跃进：《南北朝文学编年史》，人民文学出版社 2000 年版，第 184 页。
④ （梁）沈约：《宋书》，中华书局 1974 年版，第 873 页。
⑤ 逯钦立先生《先秦汉魏晋南北朝诗》收录此诗，记作《和元日雪花应诏诗》，根据《宋书·符瑞志》记载应作"花雪"，又曹道衡、刘跃进《南北朝文学编年史》亦修改此处错误，本文从其说。

> 上尝欢饮，普令群臣赋诗，庆之手不知书，眼不识字，上逼令作诗，庆之曰："臣不知书，请口授师伯。"上即令颜师伯执笔，庆之口授之曰："微命值多幸，得逢时运昌。朽老筋力尽，徒步还南岗。辞荣此圣世，何愧张子房。"上甚悦，众坐称其辞意之美。①

此事发生具体时间已难考证，《宋书·沈庆之传》将此事与大明四年的其他史实记录在一起，时间亦应相去不远。一方面，大明四年，沈庆之已经74岁，与诗中"朽老筋力尽"相符合。另一方面，大明三年沈庆之率众平定了竟陵王刘诞之反，又在大明四年，平定西阳五水蛮之寇乱，战功显赫，深得孝武帝赞誉，曾将太子妃所上之金镂匕箸及杆杓赐予沈庆之，鼓励其欢宴，孝武帝之宴会亦与此时相去不远。另外，沈庆之诗中称"得逢时运昌"与"辞荣此圣世"，亦可推测当时内乱已被平定，与大明四年之时间相吻合。

9.大明六年，宠妃宣贵妃去世，群臣为之赋诗作文。《宋书·始平孝敬王子鸾传》载：

> （大明）六年，丁母忧。追进淑仪为贵妃，班亚皇后，谥曰宣。葬给辒辌车、虎贲、班剑、銮辂九旒、黄屋左纛、前后部羽葆、鼓吹。上自临南掖门，临过丧车，悲不自胜，左右莫不感动。上痛爱不已，拟汉武《李夫人赋》，其词曰……②

殷淑仪本为刘义宣之女，刘义宣谋反失败后，孝武帝密取之，假姓殷氏，宠冠后宫，及其去世，孝武帝痛爱不已，故效汉武帝作《李夫人赋》以寄托哀思。谢庄为之作《殷贵妃哀策文》，深受孝武帝欣赏，《南史·宣贵

---

① （梁）沈约：《宋书》，中华书局1974年版，第2003页。
② （梁）沈约：《宋书》，中华书局1974年版，第2063页。

妃传》记载：

> 谢庄作哀策文奏之，帝卧览读，起坐流涕曰："不谓当今复有此才。都下传写，纸墨为之贵。"①

除谢庄外，还多有文士为之创作诗文，并受到了孝武帝的嗟赏。丘灵鞠，作《挽歌诗》3首。《南史·丘灵鞠传》载：

> 宋孝武殷贵妃亡，灵鞠献挽歌诗三首，云"云横广阶暗，霜深高殿寒"。帝摘句嗟赏。②

又，谢超宗作《殷淑仪诔》，《南史·谢超宗传》记载：

> 好学有文辞，盛得名誉。选补新安王子鸾国常侍。王母殷淑仪卒，超宗作诔奏之，帝大嗟赏，谓谢庄曰："超宗殊有凤毛，灵运复出。"③

另外，还有殷琰《宣贵妃诔》及江智渊《宣贵妃挽歌》。

10.下诏命文士作咏七夕牛女诗。谢庄有《七夕夜咏牛女应制诗》，根据诗歌题目加以判断，诗歌为谢庄应孝武帝之命而作。除此外，还有诸多吟咏七夕的诗歌，孝武帝自身便有《七夕诗二首》，南平王刘铄有《七夕咏牛女诗》，王僧达有《七夕月下诗》，颜测有《七夕联句诗》等。孝武帝亲作，又有文士奉诏而作，诸多诗歌同吟一体，极有可能是在孝武帝的倡导下君臣同题诗作。

---

① （唐）李延寿：《南史》，中华书局1975年版，第324页。
② （唐）李延寿：《南史》，中华书局1975年版，第1762页。
③ （唐）李延寿：《南史》，中华书局1975年版，第542页。

11. 命谢庄之子谢朏作《洞井赞》。根据《南史·谢朏传》记载，谢朏10 岁能够属文，谢庄称其为"真吾家千金"。孝武帝闻其才，意欲考之："宋孝武帝游姑孰，敕庄携朏从驾。诏为洞井赞，于坐奏之。帝曰：'虽小，重也。'"① 对谢朏的文章表现出了一定的欣赏之意。

12. 君臣同题作华林园清暑殿赋。华林园，为刘宋之皇家园林，文帝曾加以扩修，也在此进行过多次文学创作活动。孝武帝于大明年间再次修建华林园，建造了琴堂、芳香堂及灵曜前后殿等。考之严可均《全宋文》，孝武帝、江夏王刘义恭及何尚之存有《华林清暑殿赋》，应为君臣之同题赋作。孝武帝赋中有语云："浮觞无届，展乐有时。惟欢洽矣，含歌受辞。"② 据此可以想见当时欢宴之场景，而三人赋之创作极有可能是当时"含歌受辞"的成果。刘义恭赋的结尾云："至于朱明在运，郁夕嚣晨，寒堂凉结，清观风臻。览兹宇之灵纬，启圣情以寤神。岂宣曲之妄拟，焉甘泉之足陈。"③ 刘义恭之作，充满了对大明之世及孝武帝的歌颂，极为符合应制文学之特色。

13. 下诏命鲍照作《喜雨诗》。逯钦立先生《先秦汉魏晋南北朝诗》收录鲍照《喜雨诗》，题下有注释"奉敕作"，可知为应孝武帝之诏而作。此外，谢庄为孝武帝时期重要的宫廷文人，亦有《喜雨诗》，是否与鲍照一样同为应诏之作，不得而知，考虑其在孝武帝时期的地位，亦不排除此种可能。

14. 与文士交流有关文学作品的看法。《南史·谢庄传》载：

> 庄有口辩，孝武尝问颜延之曰："谢希逸月赋何如？"答曰："美则美矣，但庄始知'隔千里兮共明月'。"帝召庄以延之答语语之，庄应声曰："延之作秋胡诗，始知'生为久离别，没为长不归'。"帝抚

---

① （唐）李延寿：《南史》，中华书局 1975 年版，第 557 页。

② （清）严可均：《全上古三代秦汉三国六朝文》，中华书局 1958 年版，第 2465 页。

③ （清）严可均：《全上古三代秦汉三国六朝文》，中华书局 1958 年版，第 2497 页。

掌竟日。①

孝武帝对颜延之与谢庄之间的互相指摘甚为欣赏，"抚掌竟日"，可知其对诗文品评的提倡与鼓励。

要之，孝武帝所进行的文学活动于刘宋帝王中最为频繁，多种皇家活动的场合都有可能举行赋诗活动，游览之中、宴会之中、出现新的事物、出现祥瑞之兆及面对人生的生离死别皆可用以赋诗作文。

（四）明帝组织的诗文创作活动

明帝颇好文义，亦喜引进文学之士，《宋书·明帝纪》云："才学之士，多蒙引进，参侍文籍，应对左右。于华林园芳堂讲《周易》，常自临听。"②然则揆之史传，并无明帝举办文学雅集的明确记载，揆武帝、文帝及孝武帝皆举办过文学雅集，照理明帝亦应有此活动，但史书并无记载，已经无从考证。明帝时期，组织的相关文学活动主要是文献的整理与乐府歌诗的创作。明帝自制明帝现存诗歌主要是庙堂所用之雅乐曲辞，《宋泰始歌舞》12 曲，为明帝与近臣共同完成，其中有 6 曲确定为明帝所作。

1. 根据《隋书·经籍志》记载，明帝曾经撰写《江左以来文章志》3 卷，专门记录晋室渡江以来所产生的文章，另外还有相关的文学总集共计 100 卷，《赋集》30 卷，《诗集》40 卷及《诗集新撰》30 卷。如此浩繁之卷帙恐非明帝一人可完成，由此推测，明帝之相关的文学成果极有可能是组织文人集体完成的结果，正所谓"参侍文籍"是也。从这些文集的整理来看，明帝重视诗赋的发展，从而对以往的作品加以总结整理，但其展示个人风采的诗赋作品并无留存。

2. 根据《宋书·乐志一》之记载，还可获知明帝曾与近臣虞龢共同作

---

① （唐）李延寿：《南史》，中华书局 1975 年版，第 554 页。

② （梁）沈约：《宋书》，中华书局 1974 年版，第 170 页。

《宋泰始歌舞曲十二首》，虞龢作有《明君大雅》《宋世大雅》等。

3.泰始初，丘灵鞠坐东贼党锢数年。褚渊为吴兴，谓人曰："此郡才士，惟有丘灵鞠及沈勃耳。乃启申之。"明帝使著《大驾南讨纪论》。

4.根据《宋书·后妃传》记载，因刘宋公主，莫不严妒，明帝每疾之，使近臣虞通之撰《妒妇记》。此外，左光禄大夫江湛孙斅当尚世祖女，明帝还使人为斅作表让婚。

（五）孝武帝、明帝对文士的残杀

孝武帝、明帝在历史中皆有残暴之名，孝武帝，史载"世祖严暴异常""上性严暴，睚眦之间，动至罪戮"，明帝则暴虐好杀，《宋书·明帝本纪》载："泰始、泰豫之际，更忍虐好杀，左右失旨忤意，往往有斩剐断截者。"[1]孝武帝、明帝残暴成性，虽然颇喜延揽文士，重视庙堂文学活动，但孝武帝与明帝对名士亦极为残忍，常因文人不合其意或者犯其忌讳而痛下杀手。刘宋后期，多有文人因莫须有的罪名而丧命。

1.江智渊，因不喜调笑而招杀身之祸。《宋书·江智渊传》记载："大明七年，以忧卒，时年四十六。"江智渊虽非孝武帝亲杀，但与孝武帝有密切关系。《宋书》本传载：

> 上每酣宴，辄诟辱群臣，并使自相嘲讦，以为欢笑。智渊素方退，渐不会旨。尝使以王僧朗嘲戏其子景文，智渊正色曰："恐不宜有此戏。"上怒曰："江僧安痴人，痴人自相惜。"智渊伏席流涕，由此恩宠大衰。[2]

江智渊因不愿参与孝武帝宴会中的嘲戏，便恩宠大减。此后，又因为殷贵

---

① （梁）沈约：《宋书》，中华书局 1974 年版，第 170 页。
② （梁）沈约：《宋书》，中华书局 1974 年版，第 1610 页。

妃所议谥号"怀"。不得孝武帝欣赏，再招孝武帝斥责，更为惶恐不安，最终因忧惧而死。《宋书》本传记载：

> 初，上宠姬宣贵妃殷氏卒，使群臣议谥，智渊上议曰"怀"。上以不尽嘉号，甚衔之。后车驾幸南山，乘马至殷氏墓，群臣皆骑从，上以马鞭指墓石柱谓智渊曰："此上不容有怀字！"智渊益惶惧。大明七年，以忧卒，时年四十六。①

2.颜竣、沈怀文及周朗因直言进谏而获罪。颜竣、沈怀文及周朗三人素相友善，其结局也甚为相似。颜竣在孝武帝为藩王时就已经甚被爱遇，至孝武帝即位，在朝中更是任遇隆重，但后来却因直言进谏被孝武帝杀害。《宋书·颜竣传》记载："竣藉藩朝之旧，极陈得失。上自即吉之后，多所兴造，竣谏争恳切，无所回避，上意甚不说，多不见从。"②自此后，颜竣被孝武帝疏远，内心颇怀怨愤，"又言朝事违谬，人主得失"，最终孝武帝使人借竟陵王刘诞谋反之事加以构陷，于狱中赐死颜竣。

沈怀文之死，与颜竣相类，因进谏孝武帝之出游而招致孝武帝不满。《宋书·沈怀文传》载：

> 时游幸无度，太后及六宫常乘副车在后，怀文与王景文每陈不宜亟出。后同从坐松树下，风雨甚骤。景文曰："卿可以言矣。"怀文曰："独言无系，宜相与陈之。"江智渊卧草侧，亦谓言之为善。俄而被召俱入雉场，怀文曰："风雨如此，非圣躬所宜冒。"景文又曰："怀文所启宜从。"智渊未及有言，上方注弩，作色曰："卿欲效颜竣邪？何以恒知人事。"又曰："颜竣小子，恨不得鞭其面！"③

---

① （梁）沈约：《宋书》，中华书局 1974 年版，第 1610 页。
② （梁）沈约：《宋书》，中华书局 1974 年版，第 1964 页。
③ （梁）沈约：《宋书》，中华书局 1974 年版，第 2105 页。

沈怀文与王景文、江智渊一同直谏孝武帝之出游，孝武帝大怒，以颜竣之死加以威胁。后来，沈怀文因宴集中不善饮酒与调戏，而丧失了孝武帝的信任，《宋书》本传云："上每宴集，在坐者咸令沈醉，怀文素不饮酒，又不好戏调，上谓故欲异己。"① 最终，沈怀文被孝武帝收付廷尉，赐死。

周朗之死，则主要是因其上书不合孝武帝之旨。孝武帝"普责百官谠言"，周朗"辞意倜傥"，上书直陈朝政之弊，最终"书奏，忤旨，自解去职"，大明四年，孝武帝"使有司奏其居丧无礼，请加收治"，在传送宁州的路上将其杀害。沈约《宋书》曾论周朗之死："周朗辩博之言，多切治要，而意在摘词，文实忤主。文词之为累，一至此乎！"② 据此可知，周朗之书，多切中治要，但只其行文措辞触犯孝武帝而获罪。

3.王僧达，因狂逆而丧生。王僧达，少好学，善属文，孝武帝即位，"以为尚书右仆射，寻出为使持节、南蛮校尉，加征虏将军"，僧达自负其才，"谓当时莫及"，"一二年间，便望宰相"，及为护军，颇不得志，因此违背孝武帝之安排，再三求请徐州，孝武帝对此甚为不悦。孝建三年，除太常，僧达意尤不悦，自表求解职，文旨抑扬，其辞也多有不逊，屡经狂逆，孝武帝"以其终无悛心，因高阇事陷之"，"于狱赐死"。谢灵运与王僧达皆身出名门，行事也多有相似。谢灵运认为自己"宜参权要"，王僧达认为自己"一二年间，便望宰相"，两人最终都因不如愿而多有狂逆。然则帝王之态度则大不相同，文帝多因"惜才"而不欲怪罪谢灵运，后来"灵运率部众反叛，论正斩刑"，但文帝"爱其才，欲免官而已"，刘义康之固谏，但文帝依然"可降死一等，徙付广州"，可知文帝对文人之宽厚与重视。王僧达之狂逆程度，远不及谢灵运，而孝武帝终不能容忍，于狱赐死。帝王对文士的态度，于此分明可见。

---

① （梁）沈约：《宋书》，中华书局1974年版，第2105页。
② （梁）沈约：《宋书》，中华书局1974年版，第2106页。

4.王景文，因明帝猜忌而被杀。王景文，美风姿，好言理，少与陈郡谢庄齐名。明帝即位，"加领左卫将军。时六军戒严，景文仗士三十人入六门"，可知其在朝中位置。后来，明帝"翦除暴主，又平四方，欲引朝望以佐大业"，下诏封王景文"江安县侯"，食邑八百户，位重一时，但后来因明帝猜忌而被杀。《宋书·王景文传》云：

> 时太子及诸皇子并小，上稍为身后之计，诸将帅吴喜、寿寂之之徒，虑其不能奉幼主，并杀之；而景文外戚贵盛，张永累经军旅，又疑其将来难信，乃自为谣言曰："一士不可亲，弓长射杀人。"一士，王字；弓长，张字也。①

明帝因王景文外戚贵盛，张永累经军旅，便自造谣言加以诬陷。泰豫元年春，明帝疾笃，最终遣使送药赐景文死。

二、宋孝武帝、明帝对刘宋后期文学转变的影响

（一）严苛的政治环境，改变了文人的仕进之风与创作心态

1.权不外假，限制了士人政治才干的发挥，抑制了士人进取的热情。前文已述，文帝对身边具有政治才干者多委以重任，根据《资治通鉴》之统计，文帝曾经先后委任了12名权臣：王华、王昙首、殷景仁、谢纪微、刘湛，次则范晔、沈演之、庾炳之，最后江湛、徐湛之、何尚之及王僧绰。然则孝武帝与明帝时期，具有政治才干之人越来越少。其重要原因就在于帝王对权力的控制，不任大臣。《宋书·恩幸传序》曾评价这一现象："孝建、泰始，主威独运，官置百司，权不外假。"② 又，《宋书·谢庄

---

① （梁）沈约：《宋书》，中华书局 1974 年版，第 2181 页。

② （梁）沈约：《宋书》，中华书局 1974 年版，第 2301 页。

传》云:"上时亲览朝政,常虑权移臣下,以吏部尚书选举所由,欲轻其势力。"① 可知孝武帝设置官职初衷并非为了国家之治理,而是为了个人集权的加强。又,据《宋书·恩幸传》记载,孝武帝"亲览朝政,不任大臣,而腹心耳目,不得无所委寄",因此内外杂事多与戴法兴、巢尚之及戴明宝商议裁定,而法兴、明宝等人则"大通人事,多纳货贿"。明帝时期亦是如此,近臣"佃夫、王道隆、杨运长并执权柄,亚于人主",政风十分混乱,"大通货贿,凡事非重赂不行",由此可想见有志之士沉沦下僚之情形。若有皇帝赏识之才,也大多曲意逢迎帝王之思。如颜师伯,孝武帝对其"亲幸隆密,群臣莫二","上不欲威柄在人,亲览庶务,前后领选者,惟奉行文书,师伯专情独断,奏无不可"。颜师伯何以能够至此?《宋书》本传载"善于附会,大被(孝武帝)知遇",又《南史·颜师伯传》记载,颜师伯与孝武帝玩樗蒱,颜师伯为讨孝武帝欢心,"一输百万"。在此政治境遇中,士人难以再有元嘉时期积极入仕的热情,就算任职也大多碌碌无为,难以有所建树。

2. 孝武帝、明帝狎侮群臣,残杀文士,改变了文人的政治作风与创作心态。《宋书·柳元景传》载:

> 世祖严暴异常,元景虽荷宠遇,恒虑及祸。太宰江夏王义恭及诸大臣,莫不重足屏气,未尝敢私往来。世祖崩,义恭、元景等并相谓曰:"今日始免横死。"义恭与义阳等诸王,元景与颜师伯等,常相驰逐,声乐酣酒,以夜继昼。②

由此记载可知,当时文人"重足屏气",既不敢私相往来引发帝王猜忌,也不敢直陈现实以触犯龙颜。明帝晚年颇好鬼神,因此众多禁忌,有触犯

① (梁)沈约:《宋书》,中华书局 1974 年版,第 2173 页。
② (梁)沈约:《宋书》,中华书局 1974 年版,第 1990 页。

者，则经常"斳刭断截"，由是，"内外常虑犯触，人不自保"。在孝武帝、明帝时期，文人朝不保夕，由此独立之精神及人格之尊严便也难以保证。文人小心翼翼，唯帝王之命是从，其文学创作也大多掩饰个人才情文旨，以迎合帝王喜好为务。周朗，便曾因辞义倜傥而触犯孝武帝。

　　鲍照为了适应形势改变了自己的创作风格。元嘉年间，鲍照曾多发"惊挺之唱"，并且宣泄内心之愤懑，但孝武帝时，鲍照被提拔为中书舍人，但在相关的文学创作中却不敢再逞才使气，反而要隐藏自己的才华。《宋书·鲍照传》记载："上好为文章，自谓物莫能及，照悟其旨，为文多鄙言累句，当时咸谓照才尽，实不然也。"①鲍照改变了自己怀才不遇的激愤之意，反而开始隐藏自己的才华。鲍照能够在孝武帝时期得以存活与此转变应有密切关系。然而，鲍照看到了政治的黑暗，却依然热衷于仕进。受王僧达牵连，鲍照于大明元年（457）被孝武帝贬为秣陵令，后又入荆州刺史临海王刘子顼幕府，最终在刘子勋与刘子顼的叛乱中被乱兵所杀，成为刘宋皇族骨肉相图的牺牲品。

　　与鲍照相类，王僧虔善书法，但在孝武帝时期却不敢显示自己的书法才华，《南史·王僧虔传》记载："孝武欲擅书名，僧虔不敢显迹。大明世，常用拙笔书，以此见容。"②王僧虔与鲍照的情况，如出一辙，孝武帝之猜忌多疑、心胸狭窄于此亦可见一斑。

　　谢庄能够在孝武帝时期不招杀身之祸，亦应与屈从孝武帝有密切关系。沈怀文因个人操守而不愿在宴会上沉醉和调戏，由此招致孝武帝之猜忌。谢庄曾劝沈怀文："卿每与人异，亦何可久。"③可知谢庄为了生存之"可久"而与大多数人一样，投孝武帝之所好，在宴会上沉醉并相互调戏。谢庄继颜延之以后，成为庙堂文学之代表，但颜延之之狂在谢庄身上已经消失殆尽。

　　与鲍照等人隐藏个人才华不同，刘义恭作为宗室亲王要通过对帝王及

① （梁）沈约：《宋书》，中华书局 1974 年版，第 1480 页。

② （唐）李延寿：《南史》，中华书局 1975 年版，第 601 页。

③ （梁）沈约：《宋书》，中华书局 1974 年版，第 2105 页。

时代的赞美来获取帝王的信赖与赏识,《宋书·江夏王刘义恭传》记载:

> 时世祖严暴,义恭虑不见容,乃卑辞曲意,尽礼祗奉,且便辩善附会,俯仰承接,皆有容仪。每有符瑞,辄献上赋颂,陈咏美德。①

刘义恭在孝武帝面前卑辞曲意,多用赞颂之文学创作来保全自己,刘义恭《华林园清暑殿赋》《请封禅表》《华林四瑞桐树甘露赞》,大抵是在此种心态之影响下完成的。

要之,在孝武帝、明帝的严酷政治之下,文人才士不得不卑躬屈膝,在一定程度上,失去了文学创作的独立与自由。谢灵运的激愤、颜延之的狂逆在刘宋后期已经很难看到,王僧达曾试图狂逆,最终却因此而丧命。文人的生存状态较之元嘉时期已经发生了极大的不同,其创作状态亦应随之发生改变。在帝王的猜忌之下,像颜延之《五君咏》那样充满生气的诗歌已经很难再现,而像袁淑那样可以以"九锡"为诙谐之文的自由创作风气业已不复存在。这一时期的文人应制之作,多投帝王之所好,而藏匿个人之锋芒。

(二)推动了文学创作由"多经史"向"好斯文"方向的转变

裴子野《雕虫论》与许嵩《建康实录》皆指出了大明以来文学发展由崇尚经史向崇尚文采的变化。风动于上而波震于下,在这一文风的转变中,孝武帝是主要的推动者。

1. 上有所好,下必甚焉,帝王个人修养及创作的变化推动了文风的转变。根据史书记载,文帝与孝武帝展现出了不同的文化修养风貌,文帝"博涉经史""少览篇籍,颇爱文义",而孝武帝个人之文化倾向则是"孝武爱文""好文章""少机颖,神明爽发,读书七行俱下,才藻甚美",帝

---

① (梁)沈约:《宋书》,中华书局 1974 年版,第 1650 页。

王个人之文化倾向已经由"博涉经史"转变为爱好辞赋文章。文帝与孝武帝之诗歌创作也展现了不同的文学风貌。文帝仅存诗 3 首，诗歌总体来说刚劲有力，充满王者之气，并且多处化用古代英雄的典故，像廉颇、楚庄王、霍去病及贾谊、伊尹等人的事迹在文帝诗歌中都有所体现。孝武帝之创作，分为两个阶段，元嘉年间，孝武帝诗歌与元嘉诗人相类，钟嵘《诗品》称其"雕采织文"，大致指的是孝武帝元嘉年间的诗歌创作，但孝武帝即位后则开始多描写男女情爱，简单直白，与乐府民歌相类。"文帝彬雅，秉文之德，孝武多才，英采云构。自明帝以下，文理替矣"，刘勰评其三人之风格，可谓当矣。另外，《南史》也记载了孝武帝文章之情况，"才藻甚美"。帝王之创作会受到当时文坛之影响，同时也会引领文人特别是应制文人的发展方向。文帝、孝武帝的诗歌展现了不同的风貌，而孝武帝自身在即位前后的创作亦大不相同。帝王的这种转变是推动刘宋后期文风变化的一个重要原因。

2. 文帝、孝武帝对文化士人赏遇标准的改变推动了文风的变化。元嘉年间，庙堂的大手笔为颜延之，颜延之精通经学，曾连挫周续之，表现在文学创作上则是用典繁重，钟嵘《诗品》称其为"经纶文雅才"。清人许学夷《诗源辨体》评价颜、谢诗歌"语既雕刻，而用事繁密，故多有难明者"[1]。孝武帝时期，谢庄继颜延之之后成为庙堂文学的创作者，但考其史传，并无经史造诣的记载。而《宋书·徐爰传》记载："时世祖将即大位，军府造次，不晓朝章。爰素谙其事，既至，莫不喜说，以兼太常丞，撰立仪注。"[2]据此可知，当时孝武帝身边并无通晓朝章之事者，而此时谢庄已为孝武帝所用，"世祖入讨，密送檄书与庄，令加改治宣布"。由此推断，谢庄在经史礼仪方面应无精深之造诣。钟嵘《诗品》评价谢庄诗歌："诗气候清雅，不逮于范袁，然兴属闲长，良无鄙促也。"[3]可知谢庄诗以"气

① （清）许学夷著，杜维沫校点：《诗源辨体》，人民文学版社 1987 年版，第 114 页。
② （梁）沈约：《宋书》，中华书局 1974 年版，第 2307 页。
③ （梁）钟嵘著，曹旭集注：《诗品集注》，上海古籍出版社 2011 年版，第 543 页。

候清雅""兴属闲长"为主要特色，不同于颜延之的典重雅丽。钟嵘曾将两人放在一起加以评论，云："颜延之、谢庄，尤为繁密，于时化之。故大明、泰始中，文章殆同书抄。"①另外，钟嵘还曾论"大明、泰始中，鲍休美文，殊已动俗"②钟嵘两处之评论存有矛盾，与其对谢庄诗歌的评价亦不相符合，学者也多有关注，有学者指出"谢庄"有可能为"谢客"之误。笔者认为，钟嵘此处指的是宫廷应制式文章的创作，此类文书，不得不用经史之典，故同为"繁密"，但颜延之可以将其随意融入文章中，而大明、泰始中因经史修养的缺乏，只是照搬典故而已，故而"殆同书抄"。除谢庄以外，孝武帝对其他文士的赏识也多因文采之艳丽，江智渊"爱好文雅，词采清赡"，鲍照"文辞赡逸，尝为古乐府，文甚遒丽"，汤惠休"辞采绮艳"。要之，文帝与孝武帝所重用文士的标准已经发生了明显的变化，而孝武帝偏重以辞采取士，自然加剧了刘宋后期文学"好斯文"倾向的发展。

3. 孝武帝设置清台令，引领文学的发展方向。根据许嵩《建康实录》的记载，孝武帝设置清台令，是为了考文章辞赋之清浊。清浊之标准，史书并无记载，但由字面之意加以推断，用典繁重、晦涩难懂恐不宜为"清"，似应为"浊"，而色彩明丽、情感鲜明则极有可能为"清"之所指。结合当时文人的创作，大概亦如是。由此，孝武帝设置官方的机构，来引领文学的发展方向，更可知其对刘宋后期文风转变的影响。

（三）推动了刘宋后期"尚谣俗"文化局面的形成

大明以来，刘宋文化呈现出了明显的"俗化"倾向。从音乐上来说，雅乐凋零而俗乐流行。《宋书·乐志一》云："自顷家竞新哇，人尚谣俗，务在噍危，不顾律纪，流宕无涯，未知所极，排斥典正，崇长烦淫。"③

---

① （梁）钟嵘著，曹旭集注：《诗品集注》，上海古籍出版社2011年版，第228页。

② （梁）钟嵘著，曹旭集注：《诗品集注》，上海古籍出版社2011年版，第575页。

③ （梁）沈约：《宋书》，中华书局1974年版，第553页。

《南齐书·萧惠基传》也记载："自宋大明以来，声伎所尚，多郑卫淫俗，雅乐正声鲜有好者。"可见当时俗乐之繁荣。另外，文人的创作也呈现出了俗化的倾向。钟嵘《诗品》称"大明、泰始中，鲍休美文，殊已动俗"。此外，汤惠休因文采被孝武帝赏识，但颜延之则称其诗歌为"巷中歌谣"，并且误人子弟，无益于社会教化。《南史·颜延之传》云："延之每薄汤惠休诗，谓人曰：'惠休制作，委巷中歌谣耳，方当误后生。'"①颜延之将汤惠休诗歌称为"巷中歌谣"，足可见其俗化的程度。其实，除了汤惠休以外，当时文人之拟乐府诗歌，多有人以俗乐入辞，内容直白简单，犹如民歌。此外，文人创作的雅乐曲辞，也带有了俗化的色彩。如谢庄之《宋明堂歌》，改变了传统的四言模式，句式变得较为灵活，较之以前的长篇巨制，体制结构上也已经有了明显的缩减。楚王好细腰，则宫中多饿死。在刘宋"尚谣俗"的文化倾向中，孝武帝与明帝是重要的引领者。

1.朝廷乐府的俗化，带来了俗乐的繁荣。前文已述，孝武帝、明帝皆以俗乐演奏于朝堂之上，而雅乐多有缺失，《宋书·乐志一》记载了当时雅乐凋零的情况，云："情变听改，稍复零落，十数年间，亡者将半。"②朝廷雅乐的缺失及俗乐的流行，是推动俗乐在社会中繁荣与流行的重要力量。

2.孝武帝、明帝个人的文化活动带有粗俗的色彩，推动了文人的俗化。文士宴集，吟咏诗赋，本为文雅之事，但孝武帝却随意侮辱群臣，并命文士相互嘲戏，文学创作成为一种游戏的手段。《宋书·王玄谟传》记载：

> 孝武狎侮群臣，随其状貌，各有比类，多须者谓之羊。颜师伯缺齿，号之曰齴。刘秀之俭吝，呼为老悭。黄门侍郎宗灵秀体肥，拜起不

---

① （唐）李延寿：《南史》，中华书局 1975 年版，第 881 页。
② （梁）沈约：《宋书》，中华书局 1974 年版，第 553 页。

> 便，每至集会，多所赐与，欲其瞻谢倾踣，以为欢笑。又刻木作灵秀父光禄勋叔献像，送其家厅事。柳元景、垣护之并北人，而玄谟独受"老伧"之目。凡所称谓，四方书疏亦如之。尝为玄谟作四时诗曰："董荼供春膳，粟浆充夏飧。飑酱调秋菜，白醝解冬寒。"又宠一昆仑奴子，名曰主。常在左右，令以杖击群臣，自柳元景以下，皆罹其毒。①

孝武帝才思敏捷，但却利用其才华随意侮辱群臣，而孝武帝对群臣的因状比类而取的外号，还要付之于"四方书疏"，可知其对文学创作的影响。除此以外，孝武帝还专门作《四时诗》以调笑王玄谟，诗歌之创作变成了调笑的手段。联系之前沈怀文、江智渊不喜饮酒与调戏而被孝武帝猜忌的情况，可推测当时文人恐怕亦有相互间调戏的文学作品。

此外，孝武帝、明帝个人生活荒淫无度，多重声色享受，也是推动文人创作俗化的原因。根据历史记载，孝武帝与其生母存有不伦之关系，与刘义宣诸女有染，在刘义宣谋逆失败后又娶其女，加以殷姓，成为宠妃。明帝生活也多有荒淫之处，《宋书·后妃·明恭王皇后传》记载：

> 上常宫内大集，而裸妇人观之，以为欢笑。后以扇障面，独无所言。帝怒曰："外舍家寒乞，今共为笑乐，何独不视？"后曰："为乐之事，其方自多。岂有姑姊妹集聚，而裸妇人形体。以此为乐，外舍之为欢适，实与此不同。"帝大怒，遣后令起。②

明帝宴会，竟然以欣赏妇人之裸体为乐，可知其荒唐之程度。由此，刘宋后期文人创作中多有描写男女情爱及女人容貌等的作品。如汤惠休现存诗歌，多关乎男女情爱：

---

① （梁）沈约：《宋书》，中华书局 1974 年版，第 1975 页。
② （梁）沈约：《宋书》，中华书局 1974 年版，第 1295 页。

《怨诗行》：明月照高楼。含君千里光。巷中情思满。断绝孤妾肠。悲风荡帷帐。瑶翠坐自伤。①

《杨花曲》：深堤下生草。高城上入云。春人心生思。思心长为君。②

《白纻歌》：少年窈窕舞君前。容华艳艳将欲然。为君娇凝复迁延。流目送笑不敢言。长袖拂面心自煎。愿君流光及盛年。③

钟嵘《诗品》评价汤惠休："惠休淫靡，情过其才，世遂匹之鲍照，恐商、周矣。"④观鲍照在孝武帝时期的诗歌，典故较之元嘉年间已经明显减少，并且亦多有男女情爱之作，就算是歌颂朝政的作品，也带有儿女之情。如《中兴歌十首》本是为孝武帝平定祸乱、入主建康后所作，但用语活泼易懂，并且出现了像"绮罗""美人""轻扇"等形象：

碧楼含夜月，紫殿争朝光。彩墀散兰麝，风起自生芳。

白日照前窗，玲珑绮罗中。美人掩轻扇，含思歌春风。⑤

此外，鲍照诗歌中还多有表现男女之情的作品，像《采桑歌》，对男女之情的描述已经较为开放，"季春梅始落，女工事蚕作。采桑淇洧间，还戏上宫阁"，诗歌以女工采桑事蚕开篇，运用《诗经》"桑间濮上"之传说，暗示淫风成行，"卫风古愉艳，郑俗旧浮薄。灵愿悲渡湘，宓赋笑瀍洛"，卫、郑多淫声，鲍照再次比喻男女相悦之情，诗歌最终落脚在男女作乐饮酒之事上，"君其且调弦，桂酒妾行酌"，整篇诗歌呈现出了一

---

① 逯钦立辑校：《先秦汉魏晋南北朝诗》，中华书局 1998 年版，第 1243 页。

② 逯钦立辑校：《先秦汉魏晋南北朝诗》，中华书局 1998 年版，第 1244 页。

③ 逯钦立辑校：《先秦汉魏晋南北朝诗》，中华书局 1998 年版，第 1244 页。

④ （梁）钟嵘著，曹旭集注：《诗品集注》，上海古籍出版社 2011 年版，第 560 页。

⑤ 逯钦立辑校：《先秦汉魏晋南北朝诗》，中华书局 1998 年版，第 1271 页。

对有情人的相亲相爱，并且语言直白，与民歌相类。

雅、俗并无固定之界限，大致经过皇室贵族及文人士大夫的创作，俗歌俚曲渐渐会转化为雅文学的一种。魏氏父子就曾将许多民间的俗调转变为文人传唱的雅乐。孝武帝与明帝提倡俗乐民歌，无疑有利于吴声西曲等俗文化的发展，但从另一个角度上来讲，孝武帝、明帝在将雅文学俗化的过程中，未尝不是对雅文学的丰富与补充。这一文学倾向对南朝皇族的文学态度具有重要的影响。

第三节 以宗王为中心的文学集团 及其相关的文学活动

文学集团是文学繁荣发展、文人队伍壮大的结果，同时也是推动文学进一步向前发展的重要力量。近年来，关于文学集团的研究日渐兴盛，有关"文学集团"的界定也层出不穷。何诗海、胡大雷及郭英德等学者都曾对"文学集团"做出过界定。本书所指的文学集团并非严密的文人组织，而是指以刘宋宗王为中心，通过任职安排、笼络延揽或者是文人自发投靠等方式而聚集在一起的文人组织。在刘宋帝王的倡导下，刘宋皇族中的宗王也多有人爱好文义、礼遇文士，再加上帝王重视皇族子弟文化修养的提高，多命文化之士担任宗王的师友与幕僚。由此，刘宋一朝也出现了以宗王为中心的文学集团，并且进行了诸多相关的文学活动。本节略加陈述，以彰显刘宋皇族对文学的影响。

一、以始兴王刘濬为中心的文学集团

刘濬，字休明，为文帝宠妃潘淑妃所生，"将产之夕，有鹏鸟鸣于屋上"，元嘉十三年，年 8 岁被封为始兴王。《宋书·二凶·刘濬传》记载：

"濬少好文籍，姿质端妍。母潘淑妃有盛宠，时六宫无主，潘专总内政。濬人才既美，母又至爱，太祖甚留心。建平王宏、侍中王僧绰、中书侍郎蔡兴宗并以文义往复。"①刘濬个人爱好文籍，又得文帝留心，其身边多有文人围绕，刘濬在《重与沈璞教》中曾描绘当时文人盈门的情形，云："吾远惭楚元，门盈申、白之宾，近愧梁孝，庭列枚、马之客，欣恶交至，谅惟深矣。"②试将曾跟随始兴王刘濬的文人胪列如表6-2所示：

表6-2

文人	相关记载
沈璞	"元嘉十七年，始兴王濬为扬州刺史，宠爱殊异，以为主簿。"（《宋书·自序·沈璞传》）
范晔	"为始兴王濬后军长史，领南下邳太守。及濬为扬州，未亲政事，悉以委晔。"（《宋书·范晔传》）
袁淑	"始兴王征北长史、南东海太守"（《宋书·袁淑传》）
颜延之	"刘湛诛，起延之为始兴王濬后军谘议参军，御史中丞。"（《宋书·颜延之传》）
王僧达	"年未二十，以为始兴王濬后军参军。"（《宋书·王僧达传》）
王僧绰	始兴王文学（《宋书·王僧绰传》）
王景文	"始兴王濬征北后军二府主簿"（《宋书·王景文传》）
谢庄	"初为始兴王濬后军法曹行参军，转太子舍人。"（《宋书·谢庄传》）
殷琰	"始兴王濬后军主簿"（《宋书·殷琰传》）
王微	"始兴王濬后军功曹记室参军"（《宋书·王微传》）
鲍照	"（临川王）薨，始兴王濬又引为侍郎"《鲍照集序》

　　刘濬与文人有诸多交往，不仅与文人赏会文义，而且还命文人进行创作。

　　1.命鲍照创作诗歌。《蒜山被始兴王命作诗》，从诗题上便可看出鲍照是奉始兴王之命而作。另外，《代白纻舞歌词四首》，亦为"奉始兴王命作"，鲍照在诗歌之前的启，清晰记载了诗歌的创作过程：

---

① （梁）沈约：《宋书》，中华书局1974年版，第2436页。

② （梁）沈约：《宋书》，中华书局1974年版，第2461—2462页。

> 侍郎臣鲍照启：被教作《白纻舞歌词》。谨竭庸陋，裁为四曲，附启上呈。识方渍悴，思途猥局，言既无雅，声未能文，不足以宣赞圣旨，抽拔妙实。谨遣简馀，惭随悚盈。谨启。①

2.对文人的创作进行品评指导。沈璞为刘濬极为崇信之臣，《宋书·沈璞传》记载：

> 太祖从容谓始兴王曰："沈璞奉时无纤介之失，在家有孝友之称，学优才赡，文义可观，而沈深守静，不求名誉，甚佳。汝但应委之以事，乃宜引与晤对。"濬既素加赏遇，又敬奉此旨。②

可知沈璞在刘濬身边之位置，史载"（始兴王刘濬）在职八年，神州大治，民无谤讟，璞有力焉"。除了在政事上委任沈璞外，刘濬对其文学创作也甚为关注。《宋书·沈璞传》记载刘濬对沈璞《旧宫赋》创作的关注：

> 璞尝作《旧宫赋》，久而未毕，濬与璞疏曰："卿常有速藻，《旧宫》何其淹耶？想行就尔。"璞因事陈答，辞义可观。③

沈璞《旧宫赋》是否为奉刘濬之命而作，已经不得而知，但刘濬对此甚为关注是肯定的。刘濬听闻沈璞之陈答，甚为欣赏，又作《重于沈璞教》以褒奖沈璞之才及身边的文人，后又为此作《与主簿顾迈、孔道存书》，书云：

> 沈璞淹思逾岁，卿研虑数旬，瑰丽之美，信同在昔。向聊问之，而远答累翰，辞藻艳逸，致慰良多。既欣股肱备此髦楚，还惭予躬无

---

① 逯钦立辑校：《先秦汉魏晋南北朝诗》，中华书局1998年版，第1272页。
② （梁）沈约：《宋书》，中华书局1974年版，第2461页。
③ （梁）沈约：《宋书》，中华书局1974年版，第2461页。

德而称。复裁少字，宣志于璞，聊因尺纸，使卿等具知厥心。①

刘濬对沈璞之作深表欣赏，"辞藻艳逸，致慰良多"，同时也因为身边有如此人才而感到欣慰，"既欣股肱备此髦楚，还惭予躬无德而称"。观刘濬对沈璞创作之关注及其为此而作的书、教，可知刘濬个人极富文化修养，关注文人的创作，对才华之士深表欣赏，而这也是刘濬能够延揽众多文士在其幕府的重要原因。

二、以庐陵王刘义真为中心的文学集团

庐陵王刘义真，为刘裕次子，聪明爱文义，但轻动无德业，与谢灵运、颜延之及释慧琳相交甚厚。《宋书·庐陵王刘义真传》载："与陈郡谢灵运、琅邪颜延之、慧琳道人并周旋异常，云得志之日，以灵运、延之为宰相，慧琳为西豫州都督。"②又，徐羡之等作为武帝的顾命大臣嫌刘义真与谢灵运、颜延之等"昵狎过甚"，而使范晏戒之，但刘义真一意孤行，依然交游甚欢。刘义真最后被徐羡之等人废杀，与此亦有一定的关系。庐陵王刘义真组成的这一文人集团，在刘宋宗王文学集团中应较具分量。谢灵运、颜延之辞采冠绝当时，两人并称于刘宋文坛，慧琳则以才学见知于文帝，曾为"黑衣宰相"，可见其文化水平。

就现存的诗文来说，谢灵运《庐陵王墓下作诗》《庐陵王诔》为悼念庐陵王的重要作品。《庐陵王墓下作诗》云：

　　眷言怀君子，沉痛切中肠。道消结愤懑，运开申悲凉。神期恒若存，德音初不忘。徂谢易永久，松柏森已行。延州协心许，楚老惜兰

---

① （梁）沈约：《宋书》，中华书局 1974 年版，第 2462 页。

② （梁）沈约：《宋书》，中华书局 1974 年版，第 1635—1636 页。

芳。解剑竟何及，抚坟徒自伤。平生疑若人，通蔽互相妨。理感心情恻，定非识所将。①

诗歌充满了对庐陵王刘义真的悼念之情，《庐陵王诔》与此情相类，序言云："事非淮南，而痛深於中雾。迹非任城，而暴甚于仰毒。托体皇极，衔怨至尽。岂惟有识伤慨，故亦率土凄心。盖出閤己之悲，以陈酸切之事云尔。"诔文大致追述了庐陵王一生主要的功业，与其他诔文创作思路相近。谢灵运对庐陵王刘义真之追念，大概主要是出于庐陵王对其的赏识，许之以"宰相"之位，谢灵运自期能够占据权要，但却一直被文帝"仅以文义处之"，想来对庐陵王的赏识应更加怀念。

三、以彭城王刘义康为中心的文学集团

刘义康为刘裕第四子，"素无术学，暗于大体"，慧琳曾责怪其"恨公不读数百卷书"，可知刘义康读书不多，文学修养并不深厚。但刘义康"性好吏职，锐意文案"，曾深得文帝信任，"凡所陈奏，入无不可，方伯以下，并委义康授用"，由此刘义康"朝野辐凑，势倾天下"，身边也集聚了一定的文人。此外，由于文帝的重视，刘义康身边人士的安排，文帝也多加留意。文帝曾命谢述代曜为彭城王刘义康骠骑长史，并作书云："今以谢述代曜。其才应详练，著于历职，故以佐汝。汝始亲庶务，而任重事殷，宜寄怀群贤，以尽弼谐之美，想自得之，不俟吾言也。"②文帝对刘义康寄予厚望，在用人上也谆谆教诲，而文帝个人又极富学识，喜用文人，对刘义康应有一定的影响。由此，刘义康身边亦围绕了不少的文人，试胪列如表6-3所示：

---

① 逯钦立辑校：《先秦汉魏晋南北朝诗》，中华书局1998年版，第1173页。
② （梁）沈约：《宋书》，中华书局1974年版，第1496页。

表 6-3

文人	相关任职（根据《宋书》各本传记载）
范晔	彭城王义康冠军参军、右军参军
谢综	义康大将军记室参军
顾琛	为彭城王义康所请，补司徒录事参军，山阴令，复为司徒录事
谢惠连	徒彭城王义康法曹参军
蔡兴宗	彭城王义康司徒行参军
袁淑	彭城王义康司徒祭酒

除以上《宋书》记载的文人外，根据《诗品》记载，区惠恭亦曾任职于彭城王处，"及大将军修北第，差充作长"，并且创作的《双枕诗》还受到了刘义康的赏赐。《诗品》"宋监典事区惠恭"条记载：

> 惠恭本胡人，为颜师伯幹。颜为诗笔，辄偷定之。后造《独乐赋》，语侵给主，被斥。及大将军修北第，差充作长。时谢惠连兼记室参军，惠恭时往共安陵嘲调。末作《双枕诗》以示谢。谢曰："君诚能，恐人未重。且可以为谢法曹造。"遗大将军。见之赏叹，以锦二端赐谢。谢辞曰："此诗，公作长所制，请以锦赐之。"①

区惠恭地位不高，作《双枕诗》以示谢惠连，受到谢惠连赏识而呈给了刘义康，刘义康"见之赏叹"，赐以锦二端。由此可见，刘义康虽不善文事，但对文人的创作依然有所赏赐与鼓励，对其身边文士的创作应有一定的积极意义。除此以外，刘义康得古冢而改葬，曾命谢惠连作祭文，《宋书·谢惠连传》记载："是时义康治东府城，城堑中得古冢，为之改葬，使惠连为祭文，留信待成，其文甚美。"② 由是可见，谢惠连《祭古冢文》为奉刘义康之命所作。

---

① （梁）钟嵘著，曹旭集注：《诗品集注》，上海古籍出版社 2011 年版，第 553 页。

② （梁）沈约：《宋书》，中华书局 1974 年版，第 1525 页。

四、以建平王刘景素为中心的文学集团

刘景素为建平宣简王刘宏之子，刘宏"少而闲素，笃好文籍"，深受文帝宠爱，曾为之"立第于鸡笼山，尽山水之美"，刘劭巫蛊事泄后，文帝曾属意刘宏继任大统。孝武帝即位，刘宏任尚书左仆射，"为人谦俭周慎，礼贤接士，明晓政事"，深得孝武帝信仗。及其去世，孝武帝亲自为其撰写墓志铭及序。刘景素为刘宏之子，多受其父之影响，《宋书》载景素"少爱文义，有父风"。刘宋末期，因内部相图，"诸子尽殂，众孙唯景素为长，建安王休祐诸子并废徙，无在朝者"，由此刘景素形成了规模较大的文学集团。《宋书》本传云："景素好文章书籍，招集才义之士，倾身礼接，以收名誉。由是朝野翕然，莫不属意焉。"① 由此可知，刘宋末年建平王刘景素形成的文学集团闻名朝野，江淹便是其中一位重要的文人。揆之相关的文献记载，江淹文学创作与建平王刘景素存有密切的关系。

江淹，字文通，济阳考城人，其《自序传》云："幼传家业，六岁能属诗，十三而孤，邈过庭之训，长遂博览群书，不事章句之学，颇留精于文章，所诵咏者，盖二十万言，而爱奇尚异，深沈有远识，常慕司马长卿、梁伯鸾之徒，然未能悉行也。"② 又，《自序传》记载："弱冠，以五经授宋始安王刘子真，略传大义。"③ 始安王刘子真，为孝武帝第十一子。由此可知，江淹极富文化修养，在当时应该得到了孝武帝的重视，故而能为始安王刘子真之师。大明八年（464），孝武帝驾崩，前废帝刘子业即位，始安王刘子真相继被任命为丹阳尹和南兖州刺史，江淹为始安王作《始安王拜征虏将军丹阳尹章》与《始安王拜征虏将军南兖州刺史章》。前废帝残暴无道，为始安王刘子真所作之文，除却赞美刘宋皇室以外，还极力代刘子真表达对前废帝的感激之情，两文结尾分别是"不胜荷佩之情""不

---

① （梁）沈约：《宋书》，中华书局1974年版，第1861页。
② （清）严可均：《全上古三代秦汉三国六朝文》，中华书局1958年版，第3177页。
③ （清）严可均：《全上古三代秦汉三国六朝文》，中华书局1958年版，第3177页。

胜荒震屏营之情"。前废帝在位不到一年，被近臣杀害，宋明帝刘彧即位，对孝武帝之子大肆屠杀。泰始二年（466）十月，刘子真仅10岁便被赐死。历经刘子真之死，江淹对刘宋皇族内部之自相残杀应有较为深切的认识，"而宋末多阻，宗室有忧生之难"（《自序传》），便是江淹对宗室相图认识的反映。然而，江淹认识到了宗室的忧生之难，却在始安王去世后，再度入建平王刘景素之幕府。又，《自序传》云："始安之薨也，建平王刘景素闻风而悦，待以布衣之礼。"①刘景素招揽文义之士，又闻江淹之文采，故而将其延揽至自己幕府中。自此，江淹多有文学创作与刘景素存有密切的关系。

1.江淹多次上书与建平王。

首先，江淹刚入幕府，便曾上书建平王，作《到主簿日笺诣右军建平王》，文云："淹乃庸人，素非奇士，既惭邹鲁儒生之德，又谢燕赵侠客之节，徒以结发卫次，暂闻仁义，常欲永辞冠剑，弋钓亩壑，而身轻恩重，猥奉末光，枉白璧之惠，降黑貂之私，恩兹感激，未能自反……"②江淹自谦个人并无突出才华而获建平王重用，深表感激。

其次，江淹曾狱中上书建平王而获出。江淹入刘景素幕府不久，便因罪入狱，《南史·江淹传》载："淹随景素在南兖州。广陵令郭彦文得罪，辞连淹，言受金，淹被系狱。"③江淹因"受金"之罪入狱，为证自己清白，江淹在狱中作《诣建平王上书》，文章声情并茂，言辞甚为恳切，原文云：

> 伏愿大王暂停左右，少加怜察。下官本蓬户桑枢之人，布衣韦带之士，退不饰诗书以惊愚，进不买名声于天下。日者，谬得升降承明之阙，出入金华之殿，何尝不局影凝严，侧身扃禁者乎？窃慕大王之义，复为门下之宾，备鸣盗浅术之馀，豫三五贱伎之末；大王惠以

① （清）严可均：《全上古三代秦汉三国六朝文》，中华书局1958年版，第3178页。
② （清）严可均：《全上古三代秦汉三国六朝文》，中华书局1958年版，第3170页。
③ （唐）李延寿：《南史》，中华书局1975年版，第1447页。

恩光，顾以颜色，实佩荆卿黄金之赐，窃感豫让国士之分矣。常欲结缨伏剑，少谢万一，剖心摩踵，以报所天；不图小人固陋，坐贻谤缺，迹坠昭宪，身限幽固，履影吊心，酸鼻痛骨。①

刘景素深为文章打动，《南史·江淹传》载"景素览书，即日出之"。②又，江淹《自序传》云："然少年尝倜傥不俗，或为世士所嫉，遂诬淹以受金者，将及抵罪，乃上书见意而免焉。"③

第三，江淹作书与建平王辞别。江淹被建平王贬谪为吴兴令时，还曾作《被黜为吴兴令辞笺诣建平王》，文末云：

昔河济荆吴，必获陪从，京辅关毂，长奉帷席，德音在耳，话言如昨，淹乃梁昌，自投东极，晨鸟不飞，迁骨何日，一辞城濠，旦夕就远，白云在天，山川间之，眷然西顾，涕下若屑。④

建平王意欲谋逆，江淹多次进谏，最终触怒建平王，被贬谪为吴兴令，江淹作书于建平王，既回顾了以前相伴建平王左右的情景，又表达了自此分别的伤感，"眷然西顾，涕下若屑"。想来江淹此书，应有争取建平王谅解之意，但最终并无实际成效，江淹并未因此改变被贬谪的命运。

2. 建平王之公牍文书，多为江淹所作。考之江淹的文章，多有代建平王所作之文书，试将相关的作品胪列如下：

《为宋建平王聘隐逸教》
《建平王散五刑教》

① （清）严可均：《全上古三代秦汉三国六朝文》，中华书局1958年版，第3168页。
② （唐）李延寿：《南史》，中华书局1975年版，第1449页。
③ （清）严可均：《全上古三代秦汉三国六朝文》，中华书局1958年版，第3178页。
④ （清）严可均：《全上古三代秦汉三国六朝文》，中华书局1958年版，第3169页。

《建平王拜右卫将军、荆州刺史章》

《建平王庆少帝登祚章》

《建平王庆王太后正位章》

《建平王庆江皇后正位章》

《建平王让右将军、荆州刺史表》

《建平王庆明帝疾和礼上表》

《建平王庆安城王拜对表》

《建平王之南徐州刺史辞阙表》

《建平王谢赐石砚等启》

《建平王谢玉环刀等启》

《建平王庆改号启》

《建平王让镇南徐州刺史启》

《宋建平王太妃周氏行状》①

据此可推知，江淹在刘景素幕府时，刘景素相关的公牍文书大多出自江淹之手，这既说明了江淹当时在幕府中的地位，同时也进一步丰富了江淹的文学创作。

3.江淹作《效阮公诗十五首》讽谏刘景素。《南史·江淹传》载：

少帝即位，多失德，景素专据上流，咸劝因此举事。淹每从容进谏，景素不纳。及镇京口，淹为镇军参军，领南东海郡丞。景素与腹心日夜谋议，淹知祸机将发，乃赠诗十五首以讽焉。②

刘宋末年，因后废帝无德，刘景素甚得民望，因而多有谋反称帝之

---

① 根据严可均《全上古三代秦汉三国六朝文》加以统计。

② （唐）李延寿：《南史》，中华书局1975年版，第1449页。

意，江淹对此甚为反对，作《效阮公十五诗》[1]以委婉表达个人的见解，主要就是效仿阮籍言语隐晦、意旨遥深的诗歌创作手法，对建平王谋反之事隐晦讽谏。江淹字里行间多有劝谏之意，像"天命谁能见。人踪信可疑"，"变化未有极。恍惚谁能精"，江淹以天命难定，来告诫建平王不要轻举妄动。而"性命有定理，祸福不可禁。唯见云际鹄，江海自追寻"，则有告诫刘景素安于现状，不要自取祸患之意。另外，江淹对于刘景素身边谋议叛逆之士，甚为不满，在诗歌中也隐约透露出此意，"谁谓人道广，忧慨自相寻。宁知霜雪后，独见松竹心"及"岂与异乡士，瑜瑕论浅深"，皆说明了人心难测，意在劝诫刘景素不要轻易听信他人之言。

4.建平王刘景素贬谪江淹为吴兴令，在一定程度上成就了江淹的文学创作。《南史·江淹传》载："会东海太守陆澄丁艰，淹自谓郡丞应行郡事，景素用司马柳世隆。淹固求之，景素大怒，言于选部，黜为建安吴兴令。"[2]江淹作诗歌以讽谏，并未起到作用，反而触怒了建平王，被贬为吴兴令。江淹《自序传》也记载了这一事件，并且描绘了吴兴一带的风光，"有碧水丹山，珍木灵草，皆淹平生所至爱"。江淹山中无事，多放浪山水之间，"专与道书为偶"，又"颇著文章自娱"，由此产生了诸多为后世称颂的作品，像江淹最为著名的《恨赋》《别赋》就是这个时期的作品。除此以外，《去故乡赋》《倡妇自悲赋》《草木颂十五首》《山中楚辞五首》等作品也都产生于这一时期。及至齐梁时期，江淹官运亨通，创作水平却大为退减，史书有"江郎才尽"之说。

五、以临川王刘义庆为中心的文学集团

刘义庆，本为长沙景王刘道怜之子，因刘道规无子，过继于临川烈武

---

[1] 所引诗句，皆来自逯钦立辑校的《先秦汉魏晋南北朝诗》。

[2] （唐）李延寿：《南史》，中华书局1975年版，第1449页。

王刘道规，年十三，袭封南郡公，永初元年，袭封临川王。刘义庆为刘宋皇族中文学修养较为突出者，《宋书》本传载其"为性简素，寡嗜欲，爱好文义，文词虽不多，然足为宗室之表"①，又，刘义庆为武帝刘裕所赏识，称其为"吾家丰城"，视为刘宋皇族的根基，可知其在刘宋皇族中的地位，堪称表率。在刘宋宗王形成的文学集团中，以刘义庆为中心所形成的文学集团最具有代表性，文学成果也最为丰硕，对文学之影响也最为深远。观之刘濬、刘义康、刘义真及刘景素所形成的文学集团，政治色彩较为浓重，文学集团的目的也并非以文学创作为务。刘义庆之文学集团则不然，《宋书·刘义庆传》记载：

> 少善骑乘，及长以世路艰难，不复跨马。招聚文学之士，近远必至。太尉袁淑，文冠当时；义庆在江州，请为卫军咨议参军。其余吴郡陆展、东海何长瑜、鲍照等，并为辞章之美，引为佐史国臣。②

刘义庆为人谨小慎微，元嘉八年，"太白星犯右执法"，刘义庆借口害怕灾祸而祈求离开京城。及长，则感慨"世路艰难"，不复跨马，放弃对政治权势的追求，开始招聚文学之士，以求文学之功。在这一情形下所形成的文学集团，政治色彩较为淡化。文学目的较为明确，而所延揽的文人也大多有心为文，在当时极富盛名，像袁淑，"文冠当时"，鲍照"文辞赡丽"，位列"元嘉三大家"。此外，刘义庆所延揽的文学之士，"远近必至"，可知笼络范围之广泛及集团规模之大。除了《宋书》所载之4人，据曹道衡、沈玉成先生《中古文学史料丛考》考证，刘义庆文学集团还有张畅、何偃、萧思话及盛弘之。有关这4人，本文从其说，但是除了这些人以外，

---

① （梁）沈约：《宋书》，中华书局1974年版，第1477页。
② （梁）沈约：《宋书》，中华书局1974年版，第1477页。

申恬与王僧达亦应为集团成员。试将相关文人的情况胪列如表6-4：所示

表6-4

文人	文学才能	任职情况
袁淑	"博涉多通。好属文，辞采遒艳，纵横有才辩。"（《宋书·袁淑传》）	卫军谘议参军
陆展	文辞之美（《宋书·刘义庆传》）	《宋书·刘义庆传》："其余吴郡陆展……"
何长瑜	为谢灵运四友之一，被谢灵运称赞为"当今仲宣"。（《宋书·何长瑜传》）	国侍郎 平西记室参军
鲍照	文辞赡逸，尝为古乐府，文甚遒丽	国侍郎
张畅	"后劲之秀""东南之秀，蚤树风范"（《宋书·张畅传》）	卫军从事中郎
何偃	士族名士	平西府主簿
萧思话	"涉猎书传，颇能隶书，解音锋，镀号马。"（《宋书·萧思话传》）	平西长史
盛弘之	不确	国侍郎
申恬	不确	平西中兵参军
王僧达	少好学，善属文	娶刘义庆之女

考察上表可知，刘义庆幕府之文人集团，以文学才能为延揽标准，范围十分广泛，士族名士、隐逸名士及寒门士人等都可以凭借才学投奔之刘义庆门下。除此以外，刘义庆晚年颇好佛法，任南兖州刺史时，多与僧人来往密切。如天竺高僧僧伽达，"元嘉十八年夏，受临川康王请，于广陵结居。"另外，刘义庆曾度人出家，释道儒，"遇宋临川王义庆镇南兖，儒以事闻之，王赞成厥志，为启度出家"。

因幕府中文人比较庞杂，刘义庆在广泛延揽文人的同时，对文人作风要求也甚为严格，《宋书·谢灵运传》载：

临川王义庆招集文士，长瑜自国侍郎至平西记室参军。尝于江陵

寄书与宗人何勖，以韵语序义庆州府僚佐云："陆展染鬓发，欲以媚侧室。青青不解久，星星行复出。"如此者五六句，而轻薄少年遂演而广之，凡厥人士，并为题目，皆加剧言苦句，其文流行。义庆大怒，白太祖除为广州所统曾城令。①

何长瑜被谢灵运赞为"当今仲宣"才华横溢，但因其作诗轻薄，刘义庆大怒，除其为曾城令。

（一）刘义庆文学集团相关的文学活动

1.在罗含故居兴建楼台。罗含为东晋著名文人，桓温曾称其为"江左之秀"，谢尚也曾赞其为"湘中之琳琅"。罗含为桓温州别驾时，曾经"以廨舍喧扰，于城西池小洲上立茅屋，伐木为材，织苇为席而居，布衣蔬食，晏如也"②。刘义庆为荆州刺史，曾在罗含故地修建了栖霞楼、清暑台及一柱观。《初学记》辑佚盛弘之《荆州记》，有文曰："城西百余步，有栖霞楼，宋临川康王置。"盛弘之为刘义庆门下文人，其记载应较为符合当时情形。又，《太平御览》也曾记载"城西百余步有栖霞楼，临川王营置，清暑游焉，罗君章居之，因名罗公洲"。除此以外，根据《舆地纪胜》记载，清暑台，"宋临川王义庆在镇修"，又，"宋临川王义庆在镇，于罗公洲立观甚大，而惟一柱。"③另外，《世说新语》中也多有关于罗含故事的记载。由此可知，以刘义庆为首的文人集团对罗含甚为欣赏，所以在其居住过的地方再建楼台。此外，罗含为桓温幕僚时，著有《湘中记》，记载了湖南各地的名胜古迹与民风民俗。刘义庆门下盛弘之《荆州记》的撰写，极有可能受其影响，如《荆州记》中多以"□□地有□□物"的句式记载各地，而《湘中记》也多有这一句式。

① （梁）沈约：《宋书》，中华书局1974年版，第1775页。
② （唐）房玄龄等：《晋书》，中华书局1974年版，第2403页。
③ （宋）王象之：《舆地纪胜》，中华书局1992年版，第2207页。

2. 率领文人游览庐山，鲍照作诗文予以歌颂。自晋以来，庐山为佛教之名山，高僧慧远曾居于庐山 30 余年。除却远公弟子随其居住庐山，还有文人也"弃世遗荣，依远游止"。根据《高僧传·释慧远传》记载，彭城刘遗民、豫章雷次宗、雁门周续之、新蔡毕颖之、南阳宗炳、张莱民、张季硕等人皆曾追随慧远来到庐山。谢灵运《远法师诔》曾云："庐山之巅，俯传灵鹫之旨。洋洋乎，未曾闻也。"[①] 可见庐山在当时的文化地位。刘义庆任江州刺史时，庐山恰好在其辖内，应该率领文人登临过此山。鲍照《从登香炉峰》，应该可以确定为跟随刘义庆登临香炉峰时所作，诗歌结尾云："惭无献赋才，洗污奉毫帛"，据此亦可判断鲍照此诗应为进献临川王刘义庆之作。另外，鲍照还有《登庐山诗二首》大约亦应作于此时。慧远还曾于香炉峰立台刻画万佛影像，鲍照《佛影颂》应为登临香炉峰观看万佛台所作。刘义庆门下文人甚众，应该还有其他相关的诗文创作，但由于文献散佚，仅存鲍照诗文。

3. 建凌烟楼，命鲍照作《凌烟楼铭》。鲍照文《凌烟楼铭》明确记载"宋临川王起"。鲍照铭文序云："臣闻凭飙荐响，唱微效长，垂波鉴景，功少致深。是以冰台筑乎魏邑，凤阁起于汉京，皆所以赞生通志，感悦幽情者也。"[②] 鲍照将临川王所造之凌烟楼比之以汉代之凤阁、魏氏之冰台，可知凌烟楼建造的主要目的便是提供文人宴集及诗文唱和的场所。铭文结尾对刘义庆建造此楼大力赞叹，云："我王结驾，藻思神居。宜此万春，修灵所扶。"[③]

4. 命鲍照作《野鹅赋》。鲍照《野鹅赋》序明确记载："有献野鹅于临川王，世子愍其樊萦，命为之赋。"[④] 可知鲍照辞赋为应刘义庆之命而作。野鹅并非珍禽异兽，鲍照赋开篇云："集陈之隼，以自远而称神；栖汉之

① （清）严可均：《全上古三代秦汉三国六朝文》，中华书局 1958 年版，第 2619 页。
② （清）严可均：《全上古三代秦汉三国六朝文》，中华书局 1958 年版，第 2695 页。
③ （清）严可均：《全上古三代秦汉三国六朝文》，中华书局 1958 年版，第 2695 页。
④ （清）严可均：《全上古三代秦汉三国六朝文》，中华书局 1958 年版，第 2689 页。

雀，乃出幽而见珍。此琐禽其何取？"① 鲍照将野鹅称为"琐禽"，貌似无甚可取，但通篇却描绘了野鹅作为琐禽的独到之处。借对野鹅的描绘，鲍照赞颂了刘义庆的仁者情怀："闻宿世之高贤，泽无微而不均，育草木而明义，全殒卵而来凤，放乳□而感麟。"② 将刘义庆比之为"宿世高贤"，其对野鹅的珍爱之情，与历代高贤"泽无微而不均，育草木而明义，爱禽鸟而昭仁"之举如出一辙。此外，鲍照还通过辞赋，表达了对万物生命的感慨："虽陋生于万物，若沙漠之一尘，苟全躯而毕命，庶魂报以自申。"③ 个体生于万物之中，如同沙漠之一类尘埃，但每一个个体应保全生命，发挥生命的价值。鲍照的这一感慨既是对自己的感伤，同时也极有可能是对刘义庆为感世路艰难而进行文学事业的另一种写照。

5. 编纂书籍。观之刘宋一朝的文学集团，刘义庆之文学集团最为引人注目，对书籍的编纂成果也最为丰硕，对后世影响也最为深远。《隋书·经籍志》多有文集记载为刘义庆所作，然卷轶浩繁，刘义庆一人恐难完成，极有可能出于门人之手。刘义庆任荆州刺史 8 年，"为西土所安。撰《徐州先贤传》10 卷，奏上之。又拟班固《典引》为《典叙》，以述皇代之美。"④ 可知在荆州 8 年的时间里，刘义庆已经开始着力于书籍的编纂，并取得了一定的成绩。根据《隋书·经籍志》记载，刘义庆文学集团之著述共计 249 卷：《宋临川王义庆集》8 卷；《江左名士传》1 卷；《宣验记》13 卷；《幽明录》20 卷；《世说新语》8 卷；《徐州先贤传赞》9 卷；《集林》181 卷。除此以外还有《典叙》，卷数不明，因散佚，现已无从查起。

（二）刘义庆文学集团的影响

1. 集中代表了刘宋皇族文化修养的提升，在一定程度上改变了刘宋皇

---

① （清）严可均：《全上古三代秦汉三国六朝文》，中华书局 1958 年版，第 2689 页。

② （清）严可均：《全上古三代秦汉三国六朝文》，中华书局 1958 年版，第 2689 页。

③ （清）严可均：《全上古三代秦汉三国六朝文》，中华书局 1958 年版，第 2689 页。

④ （梁）沈约：《宋书》，中华书局 1974 年版，第 1477 页。

族的文化形象。刘宋皇族起自武力集团，第一代人主要是刘裕、刘道怜及刘道规 3 人，在文学才能方面，并无声名显著者，反而多受后世指责。刘义庆出生于晋元兴二年（403），本为刘道怜第二子，后因刘道规无子而过继给刘道规。刘义庆是刘宋皇族成员中最早以文学才华而负盛名者，刘裕称其为"吾家丰城"，视之为刘宋皇族未来之寄托，《宋书》也称其为"宗室之表"。因此，从这一角度上来说，刘义庆为最早改善刘宋皇族文化修养的代表。元嘉年间，刘义庆感"世路艰难"，不复跨马，转而招集文学之士，进行大量的文学创作活动，并且产生了丰富的文学成果，对当时的文人及文学创作产生了深远的影响，成为刘宋文坛中不可或缺的一员，从而改变了刘宋皇族的文化形象与文化地位，在一定程度上代表了武力集团向文化世家转变的方向。

2. 推动了刘宋"四学"的发展。有关《世说新语》编撰的时间，学界仍存争议，萧艾先生认为在元嘉十五年前后，文帝并建四学之际。[①] 杨勇、范子烨先生则认为《世说新语》应编撰于元嘉十六年以后，刘义庆担任江州刺史之际。根据考证，《世说新语》并非成于一人之手，也并非成于一时，但其开始编撰的时间，本文从萧艾、杨勇及范子烨先生之观点，应该是在文帝兴建四学之后。《世说新语》一书，兼具儒学、玄学、文学及史学价值，在一定程度上来说是与"四学"遥相呼应的产物，推动了刘宋四学的发展。从学者对《世说新语》思想内容的研究来看，儒、玄、文及史的思想倾向皆可从书中找到大量的证据，由此亦可知此书思想之丰富。就儒学方面来看，《世说新语》上卷分为德行、言语、政事与文学，恰好源自孔门之四科，另外像管宁、华歆等人的故事亦体现了儒家的思想观点，可知此书对儒学思想的阐发。从玄学来看，《世说新语》记载了诸多玄学名士的事迹，对玄学风流多有欣赏，鲁迅先生称之为"玄学风流的教

---

① 萧艾：《〈世说〉作者、著书年代及其他》，载于《〈世说〉探幽》，湖南出版社 1992 年版。

科书"。从史学来看,《世说新语》丰富了正史对人物的记载,后世多有人以此来撰写史书。唐代刘知幾就曾指出,皇族撰写晋史,"多取此书"。从文学方面来看,《世说新语》单列《文学》一篇,收录故事104则,并且专门论述了诗赋创作的相关情况,可知此书在编纂过程中对文学的重视。另外,《世说新语》行文颇具文学特色,在塑造人物形象与语言描写方面皆取得了极大的文学成就。鲁迅先生曾经高度称赞《世说新语》玄远冷峻的语言与高简瑰奇的艺术手法。胡应麟《少室山房笔丛》称《世说新语》为"古今绝唱",历来少有。有关《世说新语》思想倾向的研究,前人研究颇夥,本文不再详述。然则,《世说新语》一书涵盖经、史、文、玄四个方面的思想内容,却是不容否认的事实。这与文帝"四学并建"之间应存有一定的联系。《世说新语》的完成,离不开当时四学并建风气的影响,在一定程度上来说,是呼应文帝"四学并建"的产物,同时它的出现又在一定程度上推动了元嘉年间四学的发展。除了四学以外,刘宋统治者对佛教也多有倡导,刘义庆晚年也颇好佛法,其文学集团创作的文学成果对佛教也有鲜明的体现,《宣验记》与《幽明录》曾被鲁迅先生称为"释氏辅教之书",特别是《宣验记》,对佛教的因果轮回、佛法灵验等故事多有记载。由此可知,刘义庆文学集团的创作活动深受当时文化风气的影响,而其作为皇族代表,在文学创作活动中所展现的思想倾向对当时社会思想文化的发展又具有重要的意义与价值。

3.作为皇室贵族,招揽文士进行小说的编纂活动,提高了小说的文学地位,推动了小说的发展。"小说"一词,最早源于《庄子》,"饰小说以干县令,其于大达亦远","小说"一词最初指的便是与"大达"相去甚远的琐屑言论。"小说"一词的含义,与后来"小说"作为一种文学样式的发展情况也甚为相似。桓谭《新论》称小说是"丛残小语",班固《汉书·艺文志》记载小说为"街谈巷语,道听途说者之所造也",并援引孔子之语,认为小说虽有可观之处,但难以致远,"君子弗为"。在很长一段时间里,"小说"一直处于"小道"的范畴中。刘义庆为皇室成员,但却招集文学之士，创作了丰富的与小说相关的文学成果，提高了"小说"的文学地位，也推动了"小说"的雅化。在刘义庆之前，根据《隋书·经籍志》记载，魏文帝曹丕也曾进行过与编纂小说相关的文学活动，《隋书·经籍志》云："《列异传》三卷，魏文帝撰。"《列异传》3卷，极有可能为曹丕招揽文士编纂《皇览》之余的文学成果。编纂《皇览》，需要查阅大量的文献材料，有些不宜入《皇览》的材料，极有可能集成为另一种书，由此便诞生了《列异传》。曹丕贵为天子，却成就了《列异传》，这对小说的发展具有重要的意义。但曹丕《列异传》的创作，与古代天子派遣稗官采集街谈巷语以观风俗的目的大致相类，《列异传》在创作手法上也依然停留在史传杂记的手法上，并无明显的"有意创作"的艺术特色。继曹丕之后，刘义庆再次以皇室贵族之身份招揽文士进行小说的创作活动，并且取得了巨大的成绩，对小说地位的提高无疑具有深刻的影响。此外，刘义庆对小说的创作，较之曹丕已经有了较大的发展。从创作数量上来说，曹丕仅有《列异传》3卷，而刘义庆文学集团则有《宣验记》13卷、《幽明录》20卷、《世说新语》8卷，数量较为丰富。从创作的题材上来讲，曹丕《列异传》属于志怪小说的门类，大约只是由不适合入《皇览》的带有神幻色彩材料编纂而成。刘义庆门下文人对小说的编纂已经带有了有意创作的特色。《世说新语》为志人之小说，并非因这些人物不登大雅之堂才为之作传，反而有众多身负盛名的大人物如谢安、桓温等都在《世说新语》中有所记载。《世说新语》分门别类刻画出了众多的人物形象，行文也颇具文学色彩，不可能是在无意的情况下完成的，应是文人的"有意为之"。宁稼雨先生《〈世说新语〉是志人小说观念成就的标志》一文，称《世说新语》是"志人小说观念成熟的标志"，认为《世说新语》已经"从诸子、史传、志怪中解放出来"，明确了"以人为中心"的创作手法，对中国志人小说的发展及唐传奇的繁荣具有重要的影响①。《幽明录》《宣验

---

① 宁稼雨：《〈世说新语〉是志人小说观念成就的标志》，《天津师大学报》1988年第5期。

记》的创作，也大多带有了"有意"创作的特点，王恒展先生曾经撰有文章《已始"有意为小说"——〈幽明录〉散论》，从《幽明录》中小说的篇幅、人物形象的塑造及诗化特色分析，认为《幽明录》是"有意为小说"的开端①。要之，刘义庆作为皇室贵族却招揽文士，"有意"创作小说，对提高小说地位、推动小说发展具有重要的作用。

---

① 王恒展：《已始"有意为小说"——〈幽明录〉散论》，《蒲松龄研究》2002 年第 4 期。

第七章　刘宋皇族自身的文学创作

诏令之文为刘宋皇族文章创作的大宗。诏书直接体现帝王的个人意图与治理国家的策略，在思想内容方面具有丰富的价值。刘宋帝王发布的有关崇尚节约、招揽贤才、兴教劝学的诏令数量较多，对当时文化的影响也较为突出。书信之文既可反映一个人内心的真情实感，又可显现出一个人的文采气度。武帝文化修养不高，现存书牍文极有可能出自文臣之手。文帝即位，既为刘宋一朝之帝王，又为刘宋皇族之一家之主。文帝写给皇室子弟的书信，充分体现了这一身份特征，既有对国家事务的安排，对诸位兄弟委以重任，又多具训诫之意，充分体现了其为国为家的良苦用心，《诫江夏王义恭书》为这方面书信的典型代表，读来令人动容。孝武帝的书牍文，主要是回答大臣的奏请或者安排相关事宜，内容较为简单，但从中亦可看出政风的改变。明帝大肆残杀手足，但在残杀后却作书于皇室子弟表达对手足之情的珍视。明帝的书牍文多为粉饰个人行为的文化工具。宗王的书牍文，主要是有关政治事务的安排与内部自相残杀时的声讨。刘宋皇族仅限孝武帝刘骏、江夏王刘义恭及临川王刘义庆存有辞赋。孝武帝悼亡赋情真意切，刘义庆咏物小赋，托物喻人，多寄托个人的生命情怀，刘义恭赋则颂圣之味浓重。刘宋皇族的诗歌创作以文帝、孝武帝及南平王刘铄最具代表性，文帝诗绝似魏调，孝武帝诗雕采织文，情才繁密，刘铄诗颇臻古意。刘宋皇族自身文学风貌的形成，离不开时代文风的影响，但另一方面，他们的文学风貌又会引领社会文风的改变与发展。

第一节　刘宋皇族的诏令

诏令，为君王告知臣子或者是昭告天下的文书。有关此类文书的文字记载，最早可见于《尚书》。上古三代，诏令大抵被称为"命、诰、誓"。秦始皇建朝，"诏书""制诏"之名逐渐开始流行。根据褚斌杰先生《中国古代文体概论》考证，诏令一类的文书在中国的历史文献中属于大宗，真正有文学价值的诏令并不多见，只有一些历史上有所作为的君王才颁布了一些文学价值较高的诏令①。然则，诏书直接体现了帝王的个人意图与治理国家的策略，在思想内容方面具有丰富的价值，这一点是不容否认的，也是研究文学发展过程中不可忽视的。根据《宋书》各本纪对刘宋帝王事迹的记载与严可均《全上古三代秦汉三国六朝文》对各类诏书的收集，刘宋帝王发布的有关崇尚节约、招揽贤才、兴教劝学的诏令数量较多，对当时文化的影响也较为突出，本书选此三类加以论述。

一、崇尚节约的诏令

"见素抱朴，少私寡欲"，自老子起便对"抱朴守素"之德甚为提倡。老子《道德经》曾经提出"三宝"，云："我有三宝，持而保之：一曰慈，二曰俭，三曰不敢为天下先。慈故能勇，俭故能广，不敢为天下先，故能成器长。""俭"，是老子的"一宝"，其重要的意蕴便是克制私欲，抱朴守素。此外，老子还强调"治人事天，莫若啬"，啬，意通俭，统治者治理国家也要做到俭朴。大抵来讲，豪族尚奢侈，贫门贵节俭。贫门出身的皇族大多会力倡节俭，像刘邦、曹操、朱元璋等人皆是如此。刘裕家门亦甚为贫贱，《宋书·武帝本纪》云："高祖家贫，尝负刁逵社钱三万，经时

---

① 褚斌杰：《中国古代文体概论》，北京大学出版 1990 年版，第 448 页。

无以还。"① 又，《宋书·徐湛之传》云："初，高祖微时，贫陋过甚，尝自往新洲伐荻，有纳布衫袄等衣，皆敬皇后手自作。"② 此外，《南史》曾记载刘裕"微时躬耕于丹徒"，而《魏书》曾载刘裕"恒以卖履为业"。凡此种种，都可知刘裕家门之贫贱。刘裕深知生活之艰难，显贵后的生活也是俭素过人，并且对皇族内部的生活也严加限制，将其贫贱时所穿的旧衣与躬耕时所用的农具，也都留于后代而加以警示。刘裕的俭素之德，历来被世人所传颂，并且被沈约视为能够"光有天下"的重要原因。史传对武帝刘裕"崇尚节俭"之举多有记载。沈约在《宋书·武帝纪》中专门对此有过论述：

> 上清简寡欲，严整有法度，未尝视珠玉舆马之饰，后庭无纨绮丝竹之音。宁州尝献虎魄枕，光色甚丽。时将北征，以虎魄治金创，上大悦，命捣碎分付诸将。平关中，得姚兴从女，有盛宠，以之废事。谢晦谏，即时遣出。财帛皆在外府，内无私藏。宋台既建，有司奏东西堂施局脚床、银涂钉，上不许；使用直脚床，钉用铁。诸主出适，遣送不过二十万，无锦绣金玉。内外奉禁，莫不节俭。性尤简易，常着连齿木履，好出神虎门逍遥，左右从者不过十余人。时徐羡之住西州，尝幸羡之，便步出西掖门；羽仪络绎追随，已出西明门矣。诸子旦问起居，入阁，脱公服，止著裙帽，如家人之礼。孝武大明中，坏上所居阴室，于其处起玉烛殿，与群臣观之。床头有土鄣，壁上挂葛灯笼、麻绳拂。侍中袁顗盛称上俭素之德。孝武不答，独曰："田舍公得此，以为过矣。"故能光有天下，克成大业者焉。③

沈约此论，大致呈现出了刘裕的"节俭过人"。从个人的生活用品来

---

① （梁）沈约：《宋书》，中华书局 1974 年版，第 10 页。

② （梁）沈约：《宋书》，中华书局 1974 年版，第 1844 页。

③ （梁）沈约：《宋书》，中华书局 1974 年版，第 60 页。

看，刘裕"常着连齿木履"，所用的床也是"直脚床，钉用铁"，并且还下令"断金涂银""禁丧事用铜钉"①，家中居室的摆设是"床头有土鄣，壁上挂葛灯笼、麻绳拂"，刘裕所用之物与一般平民百姓并无二致，甚至还要清苦，以至于其孙孝武帝刘骏会觉得"田舍公得此，以为过矣"。较之门阀士族以往奢华浮靡的生活方式，刘裕的生活方式也比较清简，"未尝视珠玉舆马之饰，后庭无纨绮丝竹之音"，不用珠玉之饰，也并无丝竹之音的享受，所得宝物"虎魄枕"也不据为己有，而是将其捣碎分付诸将以治金创。作为封建王朝的最高统治者，刘裕的"俭素之德"，颇为值得肯定。沈约认为刘裕能够据此"光有天下，克成大业"，宋人周敦颐称刘裕是"以俭德先天下"。

除却个人生活的节俭以外，刘裕执政后禁止官员进献奢侈华丽之物，《南史·武帝纪》记载：

> 广州尝献入筒细布，一端八丈，帝恶其精丽劳人，即付有司弹太守，以布还之，并制岭南禁作此布。帝素有热病，并患金创，末年尤剧，坐卧常须冷物，后有人献石床，寝之，极以为佳，乃叹曰："木床且费，而况石邪。"即令毁之。②

刘裕认为精丽华美之细布过于劳人，下令对进献细布的广州太守加以弹劾，并且禁止再做此布。对于进献的石床，刘裕虽然"寝之，极以为佳"，但终因其过于奢侈浪费而毁之。

刘裕在家族子弟及妃嫔的生活中也倡导节俭之风，要求比较严格。公主出嫁，"遣送不过二十万，无锦绣金玉"，而诸位皇子日常饮食"食不过五盏盘"③，妃嫔的生活也甚为俭朴，"张妃房惟碧绡蚊帱，三斋佄席，五

---

① （梁）沈约：《宋书》，中华书局 1974 年版，第 56 页。
② （唐）李延寿：《南史》，中华书局 1975 年版，第 28 页。
③ （梁）沈约：《宋书》，中华书局 1974 年版，第 1640 页。

盏磐桃花米饭。"①此外，刘裕还想通过家门贫贱的经历来告诫子孙生活的不易，从而将节俭的传统传承下去。《宋书·徐湛之传》记载：

> 初，高祖微时，贫陋过甚，尝自往新洲伐荻，有纳布衫袄等衣，皆敬皇后手自作。高祖既贵，以此衣付公主，曰："后世若有骄奢不节者，可以此衣示之。"②

刘裕临终前交付长公主教训皇子的重任，将自己"贫陋过甚"时所穿的敬皇后亲自制作的衣服留给后代，目的就是诫令子孙"骄奢不节"。另，《南史·宋高祖武皇帝纪》记载：

> 微时躬耕于丹徒，及受命，耨耜之具颇有存者，皆命藏之，以留于后。及文帝幸旧宫，见而问焉，左右以实对，文帝色惭。有近侍进曰："大舜躬耕历山，伯禹亲事土木，陛下不睹列圣之遗物，何以知稼穑之艰难，何以知先帝之至德乎。"③

除了衣服，刘裕还将躬耕时的农具留予后代，让子孙知道"稼穑之艰难"，从而保持俭朴之传统。刘裕"俭正率下"，当其在世时刘宋皇族形成了"内外奉禁，莫不节俭"的家族门风。

此外，刘裕还下发了《除淫祠诏》，在全社会提倡节俭、避免浪费，诏书云：

> 淫祠惑民费财，前典所绝，可并下在所除诸房庙。其先贤及以勋

---

① （唐）李延寿：《南史》，中华书局 1975 年版，第 1171 页。
② （梁）沈约：《宋书》，中华书局 1974 年版，第 1844 页。
③ （唐）李延寿：《南史》，中华书局 1975 年版，第 28 页。

德立祠者，不在此例。①

刘裕禁止"淫祠"的一个重要原因就是"淫祠惑民费财"，可知刘裕个人对节约的厉行，也体现在了国家的治理之中。

在武帝刘裕对"崇尚节约"的开创之下，刘宋后来之帝王多有相关诏令的下发，根据严可均《全宋文》统计，胪列如表7-1所示：

表 7-1

帝王	诏书	时间
文帝	节俭诏	元嘉八年三月
孝武帝	节省诏	元嘉三十年六月
孝武帝	饬治诏	元嘉三十年七月
孝武帝	省贡赋诏	大明二年闰月
明帝	节省诏	泰始元年十二月
明帝	崇简约诏	泰始二年十一月
后废帝	禁侈费诏	元徽二年五月
后废帝	敦素约诏	元徽三年闰月 ②

宋文帝秉承父亲遗风，性尚俭素，对子女、后宫妃嫔要求也比较严格。《宋书·文帝袁皇后传》记载："上待后恩礼甚笃，袁氏贫薄，后每就上求钱帛以赡与之，上性节俭，所得不过三五万、三五十匹。"③文帝虽然对皇后恩礼甚笃，但在钱帛的赐予方面依然有所限制，不肯奢侈无度。另外，据《资治通鉴》记载："(文帝元嘉二十二年)九月，癸酉，上饯衡阳王义季于武账冈。上将行，敕诸子且勿食，至会所设馔；同昕，不至，有饥色，上乃谓曰：'汝曹少长丰佚，不见百姓艰难。今使汝曹识有饥苦，知以节俭御

① （清）严可均：《全上古三代秦汉三国六朝文》，中华书局1958年版，第2444页。
② 表格内容参见严可均《全上古三代秦汉三国六朝文》。
③ （梁）沈约：《宋书》，中华书局1974年版，第1283页。

物耳.'"① 文帝对子女的要求与武帝刘裕如出一辙，皆要求子女知民事艰难，能够厉行节约。江夏王刘义恭是与文帝感情甚为笃厚的兄弟，但因江夏王生活奢侈无度，元嘉六年，文帝作《诫江夏王义恭书》对刘义恭的日常用度做出规定："一月日自用不可过三十万，若能省此益美"②。元嘉八年，文帝下《节俭诏》，要求朝廷内外务令节俭："自倾军役殷兴，国用增广，资储不给，百度尚繁。宜存简约，以应事实。内外可通共详思，务令节俭。"③

文帝以后，孝武帝、明帝及后废帝也都颁发过"崇尚节俭"的诏书。孝武帝刘骏，元嘉三十年，六月丁巳，下《节省诏》：

> 兴王立训，务弘治节，辅臣佐时，勤献政要，仰惟圣规，每存兹道。猥以眇躬，属承景业，阐扬遗泽，无废厥心。夫量入为出，邦有恒典；而经给之宜，多违常度。兵役糜耗，府藏散减，外内众供，未加损约，非所以聿遵先旨，敬奉遗图。自今诸可薄己厚民、去烦从简者，悉宜施行，以称朕意。④

又，元嘉三十年，七月辛酉，下《饬治诏》：

> 百姓劳弊，徭赋尚繁，言念未义，宜崇约损。凡用非军国，宜悉停功。可省细作并尚方，雕文靡巧，金银涂饰，事不关实，严为之禁。供御服膳，减除游侈。⑤

又，大明二年，闰月庚子，下《省贡赋诏》：

---

① （宋）司马光：《资治通鉴》，中华书局1982年版，第3913—3914页。
② （清）严可均：《全上古三代秦汉三国六朝文》，中华书局1958年版，第2453页。
③ （梁）沈约：《宋书》，中华书局1974年版，第80页。
④ （梁）沈约：《宋书》，中华书局1974年版，第112页。
⑤ （梁）沈约：《宋书》，中华书局1974年版，第112页。

庶简约之风，有孚于品性；惠敏之训，无漏于幽仄。①

明帝刘彧，泰始元年，冬十二月丙子，下《节省诏》：

皇室多故，糜费滋广，且久岁不登，公私歉弊。方刻意从俭，弘
济时艰，政道未孚，慨愧兼积。大官供膳，可详所减撤，尚方御府雕
文篆刻无益之物，一皆蠲省，务存简约，以称朕心。②

又，泰始二年，十一月壬辰，下《崇简约诏》：

治崇简易，化疾繁侈，远关隆替，明著轨迹者也。朕拯斯坠运，
属此屯极，仍之以凋耗，因之以师旅，而识昧前王，务艰昔代。俾夫
旧赋既繁，为费弥广，鉴寐万务，每思弘革。方欲缓徭优调，爱民
为先，有司详加宽惠，更立科品。其方物职贡，各顺土宜，出献纳
贡，敬依时令。凡诸蠹俗妨民之事，趣末违本之业，雕绘靡丽，奇器
异技，并严加裁断，务归要实。左右尚方御府诸署，供御制造，咸存
俭约。③

后废帝，元徽二年，五月戊戌，下《禁侈费诏》：

顷国赋多骞，公储罕给。近治戎虽浅，而军费已多，廪藏虚罄，
难用驭远。宜矫革淫长，务在节俭。其供奉服御，悉就减撤，雕文靡
丽，废而勿修。凡诸游费，一皆禁断，外可详为科格。④

---

① （梁）沈约：《宋书》，中华书局 1974 年版，第 122 页。
② （梁）沈约：《宋书》，中华书局 1974 年版，第 155 页。
③ （梁）沈约：《宋书》，中华书局 1974 年版，第 158—159 页。
④ （梁）沈约：《宋书》，中华书局 1974 年版，第 182 页。

又，元徽三年，闰月戊戌，下《敦素约诏》：

> 顷民俗滋弊，国度未殷，岁时屡骞，编户不给。且边虞尚警，徭费弥繁，永言夕惕，寝兴增疲。思弘丰耗之制，以惇约素之风，庶俾蓄拯民，以康治道。大官珍膳，御府丽服，诸所供拟，一皆减撤，可详为其格，务从简衷。①

孝武帝、明帝及后废帝皆有崇尚俭素、厉行节约的诏书下发，对朝廷的各种用度、皇室子弟的生活均起到了一定规约之效。但是我们也应该看到，他们的诏书与他们个人的生活已经极不相称。自孝武帝开始，刘宋诸位帝王的个人生活大多骄纵奢侈、穷奢极欲，他们只是在用诏书的形式，强调"节约"在治国理政方面的作用与效用，但其个人的生活则不在其要求的范围之内。孝武帝面对刘裕的生活用具时认为"田舍公得此，以为过矣"，自己的生活作风与祖父截然不同。《宋书·良吏传序》载其生活："及世祖承统，制度奢广，犬马余菽粟，土木衣绨绣，追陋前规，更造正光、玉烛、紫极诸殿。雕栾绮节，珠窗网户，嬖女幸臣，赐倾府藏，竭四海不供其欲，单民命未快其心。"②其生活之奢侈可见一斑。明帝较孝武帝之奢侈有过之而无不及，《宋书·明帝纪》云："时经略淮、泗，军旅不息，荒弊积久，府藏空竭。内外百官，并日料禄俸；而上奢费过度，务为雕侈。每所造制，必为正御三十副，御次、副又各三十，须一物辄造九十枚，天下骚然，民不堪命。"③社会荒弊不堪，民不聊生，但作为帝王的宋明帝依然"奢费过度"，生活用具"务为雕侈"。前废帝、后废帝为丧国亡家之主，穷凶极暴，以杀人为乐，更遑论其俭素之德了。由此，刘宋后世帝王虽然在国家的治理中推崇"节俭"，但与武帝、文帝自身厉行节约而加以倡导，明显

① （梁）沈约：《宋书》，中华书局 1974 年版，第 184 页。
② （梁）沈约：《宋书》，中华书局 1974 年版，第 2261 页。
③ （梁）沈约：《宋书》，中华书局 1974 年版，第 170 页。

不同。其身正，不令则行；其身不正，虽令不从。统治者如果仅仅是从治理的角度去提倡节约，而自己不践行，那俭素之德便很难得到真正的推崇。自文帝以后，伴随着刘宋皇族生活的腐化，皇族子弟的奢侈浮靡之气日益严重，自宋武帝提倡的节约风气仅在个别子弟当中得到了传承，而大多数人生活则奢侈无度。江夏王刘义恭"骄奢不节"，《宋书》本传载其"性嗜不恒，日时移变，自始至终，屡迁第宅。与人游款，意好亦多不终。而奢侈无度，不爱财宝，左右亲幸者，一日乞与，或至一二百万；小有忤意，辄追夺之。大明时，资供丰厚，而用常不足，赊市百姓物，无钱可还，民有通辞求钱者，辄题后作'原'字"①。如长沙景王刘道怜，"贪纵过甚，畜聚财货，常若不足，去镇之日，府库为之空虚"。老子在《道德经》中曾说如果社会"朝甚除，田甚芜，仓甚虚"，而统治者只顾个人的"服文采，带利剑，厌饮食，财货有馀"，那就只是"盗夸"，而非"道"了。

崇尚节俭，经常是用来检验统治者是否为明君的一个重要标准。大致来讲，穷奢极欲之主，很难成为明君，大多沦为荒主。对刘宋皇族来讲亦是如此。武帝、文帝不仅倡导节约，个人生活也厉行节约，同时也是刘宋一代有为之君。武帝廓清内外战乱，建立南朝版图最大的一个朝代，文帝励精图治，开创了"元嘉之治"的繁荣气象。大致来讲，刘宋王朝前34年，社会稳定，国力日渐兴盛，处于不断上升的过程中，在元嘉年间达到极盛。从孝武帝开始，刘宋帝王虽然对节约有明确的诏令，但只是将"节俭"视为治国理家的政治策略，自身的个人生活并没有受其影响，反而是穷奢极欲。与此相随，刘宋则呈中衰之势。皇族成员大多追求个人的生活享受，穷奢极欲的现象颇为常见，这在一定程度上加剧了刘宋的灭亡。沈约在《宋书》中曾经评价刘裕的俭素之德是其能够"光有天下，克成大业"的重要因素，反言之，刘宋皇族自孝武帝以来骄纵奢侈风气的形成则是刘宋皇族自取灭亡的重要征兆了。

---

① （梁）沈约：《宋书》，中华书局 1974 年版，第 1651 页。

二、招揽贤才的诏令

晋宋鼎革，不仅仅是王朝易姓，更有深层次辅政之臣的变化。从政治形态上来说，是皇权政治再度取代了门阀政治；从执政者的身份来说，则是北府兵出身的武力集团取代了以文化风流著称的门阀士族。由此，刘宋建朝在用人制度等方面不得不发生一系列的变化。对于刘宋政权之建构，武力集团、门阀士族及寒门士人皆发挥了各自的作用。武力集团对刘宋建朝的作用，不容置疑，刘裕本身起自北府兵武力集团，当时与其共同举事的檀凭之、孟昶、刘穆之及刘毅等人，门第身份与刘裕相当，皆非当时高门。就门阀士族而言，士族子弟通晓朝政，富有执政经验，在社会文化方面又占据一流的地位，对刘宋新政权的建构具有其他阶级难以取代的作用，刘宋皇族不得不笼络当时的高门士族。就寒门士人来讲，在皇族制衡士族、平衡皇族内部权力分配的过程中，也具有重要的作用。另外，东晋一朝，玄风独振，士人大多以门第平流进取，风流相尚，罕以物务关怀，居官也大多无官官之事。刘宋王朝想要再度复兴皇权，也需要依靠寒门士人的力量。刘宋王朝的兴建与发展，需要各个阶层的力量协同完成，因此打破东晋的用人格局，广纳贤才是刘宋建朝后在用人方面的一项重大举措。刘宋历代帝王也都有相关的诏书下发，在当时发挥了重要的作用。试将刘宋帝王招揽贤才的相关诏书胪列如表7-2所示：

表7-2

帝王	诏书	时间
武帝	下徐广诏	永初元年
武帝	敕裴松之	义熙十二年冬
武帝	下书辟宗炳等	具体时间不可考
文帝	诏征戴颙宗炳	元嘉二年
文帝	求贤诏	元嘉十二年
文帝	下雷次宗诏	元嘉二十五年

续表

帝王	诏书	时间
孝武帝	下王素等诏	具体时间不可考
孝武帝	重农举才诏	孝建元年四月
孝武帝	赠张敷侍中诏	具体时间不可考
孝武帝	赠王微秘书监诏	具体时间不可考
前废帝	求才诏	景和元年八月
明帝	求贤才诏	泰始二年十一月
明帝	搜括隐逸诏	泰始五年九月
后废帝	广荐举诏	泰豫元年六月
顺帝	求贤才诏	昇明元年九月

由以上胪列诏书可知，刘宋历代帝王都曾下发招揽人才的诏书。这类诏书，大致强调人物的品行操守和学识能力，表现出了以经学为主的评价人物标准，与东晋时期的品鉴人物的标准相比发生了明显变化。文帝《求贤诏》、前废帝《求才诏》、明帝《求贤才诏》及后废帝《广荐举诏》，皆为昭告天下以延揽人才的诏书，在诏书中都明确提出了人才的标准，经学色彩较为浓重，举例如下：

文帝《求贤诏》：夫举尔所知，宣尼之笃训，贡士任官，先代之成准。便可宣敕内外，各有荐举。[1]

前废帝《求才诏》：可甄访郡国，招聘闾部，其有孝性忠节，幽居遁栖，信诚义行，廉正表俗，文敏博识，干事治民，务加旌举，随才引擢。[2]

明帝《求贤才诏》：王公卿尹，群僚庶官，其有嘉谋直献，匡俗济时，咸切事陈奏，无或依隐。若乃林泽贞栖，丘园耿洁，博洽古

---

① （清）严可均：《全上古三代秦汉三国六朝文》，中华书局1958年版，第2455页。

② （清）严可均：《全上古三代秦汉三国六朝文》，中华书局1958年版，第2477页。

今，敦崇孝让，四方在任，可明书搜扬，具即以闻，随就褒立。①

后废帝《广荐举诏》：其有孝友闻族，义让光闾，或匿名屠钓，隐身耕牧，足以整厉浇风，扶益淳化者，凡厥一善，咸无遗逸。②

根据以上诏书内容，可知刘宋帝王在征求贤才时对儒家人格的强调。文帝强调"宣尼之笃训"，前废帝强调"信诚义行，廉正表俗，文敏博识，干事治民"，明帝强调"敦崇孝让"，而后废帝则强调"孝友闻族，义让光闾"，皆为儒家倡导的人格操守。刘宋建立的是皇权独尊的政治局面，所需要的臣子除却个人的学识才能以外，还需要明白君尊臣卑之道理，不复是门阀政治格局下臣强君弱的局面。

从专门征召个人的诏书来看，刘宋帝王着重强调个人的学识才华，对经史之士与隐逸名士皆有所延揽。武帝北伐后秦，为禅晋建宋的最后准备，同时也为刘宋建立笼络可用之才，而经史之才甚为刘裕所重。刘裕之《敕裴松之》便是其当时笼络经史人才的集中体现。裴松之"学通《论语》《毛诗》，博览坟籍，立身简素"，刘裕北伐之际领司州刺史，命裴松之为州主簿，攻克洛阳后，又敕裴松之为太子洗马，称裴松之为"廊庙之才"。裴松之历仕武帝、文帝两个时期，在朝廷的文化活动中发挥了重要作用。徐广家世好学，百家之术，无所不览。义熙初年，高祖就已经对徐广青睐有加，使徐广撰车服仪注，并除镇军咨议参军，领记室。刘宋建朝，永初元年，刘裕便作《下徐广诏》，称赞徐广"学优行谨，历位恭肃，可中散大夫"。宗炳，"妙善琴书，精于言理"，为当时著名的隐逸名士，刘裕诛刘毅，辟宗炳为主簿，不起，刘裕开府，又下书辟宗炳、周续之，并不就。以刘裕为开端，刘宋皇室多有人延揽宗炳。刘裕受禅，再次征宗炳为太子舍人；元嘉初年，文帝又征宗炳为通直郎，

---

① （清）严可均：《全上古三代秦汉三国六朝文》，中华书局 1958 年版，第 2480 页。
② （清）严可均：《全上古三代秦汉三国六朝文》，中华书局 1958 年版，第 2491 页。

建立东宫，又征其为太子中舍人，并不应。另外，临川王刘义庆爱好文义，还曾辟宗炳为"祭酒，主簿"，并不就，衡阳王刘义季也与其交情笃厚。刘裕《下书辟宗炳等》，虽是为了征召宗炳与周续之而发，但却对天下文士表明了延揽之意，刘裕开篇称"吾忝大宠，思延贤彦"，表现出了求才若渴之情，接着又称自己身边人才短缺，急需人才辅佐，"《兔置》潜处，《考盘》未臻，侧席丘园，良增虚伫"。刘裕以武力起家，在取得政权后对文人志士延揽有加，充分表现出了其治国理政之才能。另外值得注意的是，刘裕取代门阀士族掌握政权，对经学之士如裴松之、徐广及周续之等人的延揽，在用人方面显示出了重视经史人才的倾向，改变了以往门阀政治格局下的用人标准。

文帝即位，在用人标准上基本承袭了刘裕的做法。戴颙、宗炳二人，武帝皆有过延揽，皆不起。元嘉二年，便作《诏征戴颙宗炳》，称两人"托丘园，自求衡荜，恬静之操，久而不渝"，征颙为国子博士，宗炳为通直散骑侍郎，皆不就。文帝"四学并建"，对当时的经学名士雷次宗分外重视。元嘉十五年，文帝兴建四学，征次宗至京师并领经学，又开馆于鸡笼山，聚徒教授，有学生百余人。久之，雷次宗返回庐山，元嘉二十五年，文帝再次下发诏书征召雷次宗进京，称赞雷次宗"笃尚希古，经行明修，自绝招命，守志隐约"，故而加以升引，以旌退素，升雷次宗为"散骑侍郎"，并为其筑室于钟山西岩之下，足见其对雷次宗的识重。

从孝武帝对个人的征召来看，与武帝、文帝时期的政策已经发生了一定的改变。就现存的诏书来看，孝武帝下诏的 3 人皆为门阀士族子弟。王素、王微出自琅琊王氏，张敷出自吴郡张氏。另外，在诏书中，孝武帝对个人的风度与文化才能较为重视，对儒家提倡的人格虽有提及，但似乎已经不是重点，由此亦可看出用人政策的变化。试举例如下：

《下王素等诏》：琅邪王素、会稽朱百年，并廉约贞远，与物无竞，自足皋亩，志在不移，宜加褒引，以光难进，并可太子舍人。①

　　《赠张敷侍中诏》：司徒故左长史张敷，贞心简立，幼树风规，居哀毁灭，孝道淳至。宜在追甄，於以报美。②

　　《赠王微秘书监诏》：微凄志贞深，文行惇洽。生自华宗，身安隐素。足以贲兹丘园，惇是薄俗。③

　　从对王素、朱百年、张敷及王微的赞誉来看，孝武帝对文士的才华依然较为重视，但是对儒家人格标准的标榜已经不同于以前了。这一点在明帝的《搜括隐逸诏》中也有所体现，诏书有文云："其有贞栖隐约，息事衡樊，凿坏遗荣，负钓辞聘，志恬江海，行高尘俗者，在所精加搜括，时以名闻。"④由孝武帝、明帝对士人人格的赞誉可知，刘宋后期的用人政策已经发生了改变。一方面，自孝武帝开始，重用寒人来制衡皇族内部的各种权势关系，寒族士人大多任典签等职，成为帝王的耳目以监视地方各宗王。就当时的情况来看，寒族士人在朝政中占据了较为重要的地位。孝武帝对门阀士族士人的征召，大致是为了平衡各种关系，表明其对文人一视同仁的态度。另一方面，孝武帝、明帝时期主权独运，独揽朝政大权，文人任职大多也只是浏览文书而已。因此，孝武帝、明帝不需要在诏书中再对儒家提倡的治国理政的才能多加提倡。

三、兴教劝学的诏令

　　经学礼教是维护统治者、伸张皇权的重要文化工具，刘宋建朝，为复兴皇权政治，改变门阀士族掌控的门阀政治的格局，再度崇经重儒，兴办

---

① （清）严可均：《全上古三代秦汉三国六朝文》，中华书局 1958 年版，第 2466 页。
② （清）严可均：《全上古三代秦汉三国六朝文》，中华书局 1958 年版，第 2466 页。
③ （清）严可均：《全上古三代秦汉三国六朝文》，中华书局 1958 年版，第 2466 页。
④ （清）严可均：《全上古三代秦汉三国六朝文》，中华书局 1958 年版，第 2482 页。

经学教育。永初三年，武帝刘裕便曾下发诏书称"古之建国，教学为先，弘风训世，莫尚于此"，但刘裕当年驾崩，其兴办国学的愿望并没有达成。此后，文帝"四学并建"，孝武帝、明帝等人也曾力图兴建庠序、重经劝学，为此也下发过多种诏书。试将相关的诏书胪列如表7-3所示：

表 7-3

帝王	诏书	时间
文帝	劝学诏	元嘉十九年正月
文帝	崇孔圣诏	元嘉十九年十二月
文帝	嘉奖师儒诏	元嘉二十三年十月
孝武帝	建仲尼庙诏	孝建元年十月
孝武帝	兴学诏	大明五年八月

刘宋学术文化的发展，在元嘉年间最为繁荣，这与文帝大力弘儒倡学有密切的关系。文帝在位时间较长，在社会文化建设方面成就也最为突出。《南史·宋文帝本纪》云"于时政平讼理，朝野悦睦，自江左之政，所未有也"①，并且江左风俗，于斯为美，后世再谈江左政化，多称颂元嘉。元嘉十五年，文帝兴建"四学"，元嘉十九年，兴建国学教育机构，接着又下发《劝学诏》，诏书云：

> 夫所因者本，圣哲之远教，本立化成，教学之为贵。故诏以三德，崇以四术，用能纳诸义方，致之轨度。盛王圣世，咸必由之。永初受命，宪章弘远，将陶钧庶品，混一殊风，有诏典司，大启庠序，而频遭屯夷，未及修建。永瞻前猷，思敷鸿烈。今方隅乂宁，戎夏慕响，广训胄子，实维时务。便可式遵成规，阐扬景业。②

---

① （唐）李延寿：《南史》，中华书局 1975 年版，第 54 页。
② （清）严可均：《全上古三代秦汉三国六朝文》，中华书局 1958 年版，第 2456 页。

文帝开篇指明了教育的重要性，认为社会"本立化成"的根本便在于圣哲之远教。接着，文帝又从追思武帝兴建国学的宏愿入手，提出现在是兴建国学的大好时机，"今方隅乂宁，戎夏慕响"，从而"广训胄子，实维时务"。兴办学校后，文帝"感事思人，意有慨然"，于同年十二月又下发《崇孔圣诏》，对孔子庙的打扫修理等方面的事情做出了安排，诏书云：

> 于先庙地，特为营造，依旧给祠置令，四时飨祀。阙里往经寇乱，黉校残毁，并下鲁郡修复学舍，采召生徒。昔之贤哲及一介之善，犹或卫其丘垄，禁其刍牧，况尼父德表生民，功被百代，而坟茔荒芜，荆棘弗翦。可蠲墓侧数户以掌洒埽。鲁郡上民孔景等五户，居近孔子墓侧，蠲其课役，供给洒埽，井种松柏六百株。①

文帝这一诏书，提高了孔子的地位，同时也就提高了教育及经学的地位，再次体现了崇儒重经文化倾向。兴建庠序之教四载后，文帝于元嘉二十三年十月对教学成果进行了考察，因成果可喜，所以下发了《嘉奖师儒诏》。文帝在诏书中称赞了当时策试的场景"近亲策试，睹济济之美，缅想洙泗，永怀在昔"，并且"诸生答问，多可采览"，因此文帝下令奖赏，"教授之官，并宜沾赉。赐帛各有差"。

元嘉二十七年，文帝兴办的国子学因战争而被迫停止，经学也逐渐呈衰退之势。孝武帝即位，有意弘扬经学，于孝建元年十月，下发《建仲尼庙诏》，云：

> 仲尼体天降德，维周兴汉，经纬三极，冠冕百王。爰自前代，咸加褒述。典司失人，用阙宗祀。先朝远存遗范，有诏缮立，世故妨

---

① （清）严可均：《全上古三代秦汉三国六朝文》，中华书局1958年版，第2456页。

道，事未克就。国难频深，忠勇奋厉，实凭圣义，大教所敦。永惟兼怀，无忘待旦。可开建庙制，同诸侯之礼。详择爽垲，厚给祭秩。①

孝武帝盛赞孔子"体天降德，维周兴汉，经纬三极，冠冕百王"，理应受到祭祀。另外，孝武帝还看到了儒学经义在社会中所发挥的作用，"国难频深，忠勇奋厉，实凭圣义，大教所敦"，因此下诏，孔子之庙"开建庙制，同诸侯之礼"。大明五年，孝武帝想要再次兴建国子学，下发《兴学诏》，提出"来岁可修葺庠序，旋延国胄"，然而事情终未获实行。孝武帝虽然在一定程度上表现出了崇儒的倾向，但终究没有挽回经学在刘宋后期的衰退。

第二节　刘宋皇族的书牍文

明代吴讷《文章辨体》指出，"臣僚敷奏、朋旧往复"皆可称之为"书"。褚斌杰先生在《中国古代文体概论》中称，"古代臣下向皇帝陈言进词所写的公文与亲朋间往来的私人信件，均称为'书'。"② 本书对刘宋皇族"书牍"的选取，主要指的是帝王与宗王所写的书信。书信是人际间沟通交流的重要工具，产生的时间也较为久远。刘勰《文心雕龙·书记》云："三代政暇，文翰颇疏。春秋聘繁，书介弥盛。"③ 可知，自春秋以来书信开始大量出现，历代也多有书牍文之名篇出现，像司马迁《报任安书》、杨恽《报孙会宗书》、杨雄《答刘歆书》及嵇康《与山巨源绝交书》等皆为千古传诵的名篇。刘勰《文心雕龙·书记》论述"书"的文学特征："详总书体，本在尽言，言所以散郁陶，托风采，故宜条畅以任气，

---

① （清）严可均：《全上古三代秦汉三国六朝文》，中华书局1958年版，第2456页。

② 褚斌杰：《中国古代文体概论》，北京大学出版社1990年版，第387页。

③ （梁）刘勰著，詹锳义证：《文心雕龙义证》，上海古籍出版社1989年版，第920页。

优柔以怿怀；文明从容，亦心声之献酬也。"① 简言之，书信之文既可反映一个人内心的真情实感，又可显现出一个人的文采气度。试将刘宋皇族相关的书信类文章胪列如表7-4所示：②

表 7-4

帝王	书信
武帝	与臧焘书
武帝	与韩延之书
武帝	与骠骑道怜书
文帝	与彭城王义康书
文帝	诫江夏王义恭书
文帝	又诫（江夏王刘义恭）
文帝	与江夏王义恭书
文帝	与长沙王义欣书
文帝	与衡阳王义季书
文帝	与彭城王义康书
文帝	又与江夏王义恭书
文帝	赐始兴王濬书
文帝	答何承天
文帝	答江夏王义恭
文帝	答衡阳王义季
文帝	诘让太子劭
孝武帝	赐沈庆之
孝武帝	戒薛安都
孝武帝	戒沈庆之
孝武帝	答刘怀珍
孝武帝	答子业
明帝	与始安王休仁书

---

① （梁）刘勰著，詹锳义证：《文心雕龙义证》，上海古籍出版社1989年版，第933页。
② 表格内容根据严可均《全上古三代秦汉三国六朝文》加以统计。

帝王	书信
明帝	与巴陵王休若书
明帝	与桂阳王休范书
明帝	宣旨永嘉王子仁
江夏王刘义恭	与朱脩之书
江夏王刘义恭	与王玄谟书
江夏王刘义恭	与南郡王刘义宣书
南郡王刘义宣	与张镜书论儒释
刘劭	答诘让
刘劭	下臧敦等书
始兴王刘濬	与沈璞疏
始兴王刘濬	重与沈璞教
始兴王刘濬	与沈璞书
始兴王刘濬	答太子劭书
始兴王刘濬	与孝武书
始兴王刘濬	与元凶劭书
晋平王刘休祐	与殷琰书
桂阳王刘休范	与袁粲褚渊刘秉书
寻阳王刘子房	与吴喜书

根据以上表格所胪列之文章，对刘宋皇族之书牍文略加探讨。

一、武帝的书牍文

武帝个人文化修养不高，根据《宋书·傅亮传》记载，武帝之"表策文诰，皆亮辞也"。从武帝现存的书牍文来看，是否为傅亮所作，已无从得知。然而，根据书信的文采和内容来判断，《与臧焘书》《与韩延之书》，涉及国家事务的安排，措辞用句较富文采，极有可能出自文臣之手，《与骠骑道怜书》，内容较为简单，共计5句话，主要表达了武帝得知谢景仁去世后

311

悲痛难抑的心情，极有可能出自武帝之手。谢景仁身出名门陈郡阳夏谢氏，在武帝为桓修抚军中兵参军时，便已经对武帝较为看重。根据《宋书·谢景仁传》记载，谢景仁曾留武帝与之共食，"食未办，而景仁为玄所召"，桓玄性促急，"俄顷之间，骑诏续至"，高祖屡求去，而谢景仁不许，"竟安坐饱食，然后应召"。武帝对此事甚"感之"，掌权后对谢景仁"雅相重"，并且"申以婚姻"。庐陵王刘义真之妃，便是谢景仁之女。谢景仁去世，武帝亲临，哭之甚恸，在《与骠骑道怜书》中也表达个人沉痛的追悼之情。书信中并无过多文辞的修饰，直抒胸臆而情感比较强烈，书信云：

> 谢景仁殒逝，悲痛摧割，不能自胜。汝闻问怅愕，亦不可堪。其器体淹中，情寄实重，方欲与之共康时务，一旦至此，痛惜兼深。往矣奈何！当复奈何！ ①

臧焘，"少好学，善《三礼》，贫约自立，操行为乡里所称"，武帝义旗建后，以臧焘为太学博士。刘裕镇守京口之时，感慨当时经学衰败的情形，因此作书与臧焘，想要再次弘扬经学礼教，书信句式整饬，以四言为主，如描绘当时经学衰败的情形："顷学尚废弛，后进颓业，衡门之内，清风辍响"，全为四言，在用词上也较为文雅典重，如"荆玉含宝，要俟开莹，幽兰怀馨，事资扇发，独习寡悟，义著周典"，四言排比，甚为雅丽。

武帝《与韩延之书》，对韩延之极尽威逼利诱之能事。司马休之为荆州刺史，得江汉人心，又为宗室之重，是刘裕称帝的一大障碍。司马文思为司马休之之侄子，在京师"招集轻侠"，刘裕趁机挑起事端，"执文思送还休之，令自为其所"。义熙十一年，刘裕又收休之子文宝、兄子文祖，并于狱赐死，接着发起战事，率众西讨司马休之。韩延之为司马休之府录

---

① （清）严可均：《全上古三代秦汉三国六朝文》，中华书局1958年版，第2448页。

事参军，有干用才能。武帝讨伐司马休之前，"密使与之（韩延之）书"，对其加以笼络。书信首先以武帝送还司马文思之事来说明，此次讨伐实在是因为司马休之父子"天地之不容"。接着，又表明此次讨伐的对象仅限于司马休之父子，与他人无关，书信云："吾受命西讨，止其父子而已。彼土侨旧，为所驱逼，一无所问。"① 接着还解释了刘裕此前杀害郗僧施、谢邵、任集之等人的原因是这些人"交构积岁，专为刘毅谋主"，既对韩延之等人有一定的震慑之用，又粉饰了残杀大臣的事实。书信最后又指明此次讨伐正是韩延之等人"归身之日"，对其加以延揽："卿等诸人，一时逼迫，本无纤衅。吾处怀期物，自有由来。今在近路，正是诸人归身之日。"② 然而，韩延之坚持为司马休之效劳，并没有为武帝所动，武帝并没有改变看法，还对其加以称赞"事人当如此"。

二、文帝的书牍文

武帝去世后，刘义符、刘义真相继为徐羡之等人所杀，文帝即位，既为刘宋一朝之帝王，又为刘宋皇族之一家之主。沈约在《宋书·明帝纪》中曾对刘宋帝王有过评价，称文帝"经国之义虽弘，而隆家之道不足"，就文帝对刘义康的重用、对太子刘劭的信任来看，此言颇有道理，然而就文帝对诸位弟兄的书信来看，则不然。文帝在对皇室子弟的书信中，既有国家事务的安排，对诸位兄弟委以重任，又多具训诫之意，对皇室子弟的个人成长加以规劝教育，充分体现了其作为一家之主的良苦用心，读来多有令人动情之处。武帝共有 7 子，刘义符和刘义真被杀害后文帝即位，文帝为武帝第三子，即位后对刘义康、刘义恭、刘义宣及刘义季皆曾写过书信加以规劝，对刘宋皇室之发展可谓费尽心力。文帝《诫江夏王义恭书》

---

① （清）严可均：《全上古三代秦汉三国六朝文》，中华书局 1958 年版，第 2448 页。

② （清）严可均：《全上古三代秦汉三国六朝文》，中华书局 1958 年版，第 2448 页。

是这方面书信的典型代表，书信不废巨细，从 10 个方面对江夏王加以训诫。文帝诛杀徐羡之、傅亮及谢晦后，为强化皇权，重用皇室子弟。刘义康为武帝第四子，文帝命其在朝中辅佐政务，在地方则对刘义恭委以重任。元嘉六年，改授刘义恭"散骑常侍、都督荆、湘、雍、益、梁、宁南北秦八州诸军事、荆州刺史，持节、将军如故"，及刘义恭出镇，文帝作书信加以训导，全文长达千余字。书信首先指出刘宋皇室子弟所面临的责任："天下艰难，家国事重，虽曰守成，实亦未易。隆替安危，在吾曹耳，岂可不感寻王业，大惧负荷。"[1] 在此情形之下，文帝规劝刘义恭应"深自砥砺，思而后行"，不要让自己"动相规诲"。江夏王刘义恭，为武帝第五子，涉猎文义，但骄奢不节，文帝书信也指出了刘义恭的这一缺点："汝神意爽悟，有日新之美，而进德修业，未有可称。"[2] 针对刘义恭的这一缺点，文帝陈列了 10 个方面，训诫刘义恭，书信云：

> 礼贤下士，圣人垂训；骄侈矜尚，先哲所去。豁达大度，汉祖之德；猜忌褊急，魏武之累。《汉书》称卫青云："大将军遇士大夫以礼，与小人有恩。"西门、安于，矫性齐美；关羽、张飞，任偏同弊。行己举事，深宜鉴此。
>
> 若事异今日，嗣子幼蒙，司徒便当周公之事，汝不可不尽祗顺之理。苟有所怀，密自书陈。若形迹之间，深宜慎护。至于尔时安危，天下决汝二人耳，勿忘吾言。
>
> 今既进袁太妃供给，计足充诸用，此外一不须复有求取，近亦具白此意。唯脱应大餉致，而当时遇有所乏，汝自可少多供奉耳。汝一月日自用不可过三十万，若能省此，益美。
>
> 西楚殷旷，常宜早起，接对宾侣，勿使留滞。判急务讫，然后可

---

① （清）严可均：《全上古三代秦汉三国六朝文》，中华书局 1958 年版，第 2462 页。
② （清）严可均：《全上古三代秦汉三国六朝文》，中华书局 1958 年版，第 2462 页。

入问讯，既睹颜色，审起居，便应即出，不须久停，以废庶事也。下日及夜，自有余闲。

府舍住止，园池堂观，略所谙究，计当无须改作。司徒亦云尔。若脱于左右之宜，须小小回易，当以始至一治为限，不须纷纭，日求新异。

凡审狱多决，当时难可逆虑，此实为难，汝复不习，殊当未有次第。讯前一二日，取讯簿密与刘湛辈共详，大不同也。至讯日，虚怀博尽，慎无以喜怒加人。能择善者而从之，美自归己。不可专意自决，以矜独断之明也。万一如此，必有大咎，非唯讯狱，君子用心，自不应尔。刑狱不可壅滞，一月可再讯。

凡事皆应慎密，亦宜豫敕左右，人有至诚，所陈不可漏泄，以负忠信之款也。古人言"君不密则失臣，臣不密则失身"。或相谮构，勿轻信受，每有此事，当善察之。

名器深宜慎惜，不可妄以假人。昵近爵赐，尤应裁量。吾于左右虽为少恩，如闻外论，不以为非也。以贵陵物物不服，以威加人人不厌，此易达事耳。

声乐嬉游，不宜令过，樗蒲渔猎，一切勿为。供用奉身，皆有节度；奇服异器，不宜兴长。汝嫔侍左右，已有数人，既始至西，未可匆匆复有所纳。①

文帝从礼贤下士、辅佐太子、生活节俭、接对宾侣、府舍住止、审狱判决、与人交往、慎惜名器、对人事的态度及声乐嬉游等十数事阐释了自己的看法，对刘义恭提出了训诫。虽然是为了规劝刘义恭，但文帝这一书信也颇能显示出文帝个人的执政风范。叶适《习学记言序目》曾借此书信及文帝写给孔熙先的诏书评价文帝云：

① （清）严可均：《全上古三代秦汉三国六朝文》，中华书局1958年版，第2462—2463页。

此亦他人主所不能，宜其致元嘉之治也。佳流谓时之名胜，然未必有干用之实，正人主励精者所简薄，而帝能亲接之，盖加于人一等也。①

《资治通鉴》亦援引文帝此书，胡三省称"详观宋文帝此书"，则可知元嘉之治，"良有以也"。文帝在此书之后，又撰写一书加以补充，又诫之云：

宜数引见佐史，非唯臣主自应相见。不数，则彼我不亲。不亲则无因得尽人；人不尽，复何由知其众事。广引视听，既益开博，于言事者，又差有地也。②

文帝对刘义康、刘义宣及刘义季也都有过劝诫，并非限于书信，有的则是以诏书的形式下发。元嘉二年，文帝《与彭城王义康书》劝诫刘义康云："汝始亲庶务，而任重事殷。宜寄怀群贤，以尽弼谐之美，想自得之，不俟吾言也。"③

刘义宣在刘裕诸子中，才能不高，在出镇荆州刺史时，文帝先下诏书加以劝诫。荆州"上流形胜，地广兵强"，为刘宋诸镇之要地，武帝遗诏命诸子居之。文帝自荆州刺史即位，后授予刘义康，刘义康入相，则授予刘义恭，刘义恭之后又授予刘义庆。刘义庆之后，应授予刘义宣，但文帝认为刘义宣"人才素短，不堪居上流"，元嘉十六年，则以刘义季代替刘义宣出镇荆州。元嘉二十一年，在会稽公主的言说之下，文帝以刘义宣"都督荆、雍、益、梁、宁、南北秦七州诸军事、车骑将军、荆州刺史、持节、常侍如故"，先赐以手诏加以训诫，诏书有文云：

---

① 叶适：《习学记言序目》，中华书局 1977 年版，第 450 页。
② （清）严可均：《全上古三代秦汉三国六朝文》，中华书局 1958 年版，第 2463 页。
③ （清）严可均：《全上古三代秦汉三国六朝文》，中华书局 1958 年版，第 2462 页。

　　汝与护年时一辈，各有其美，物议亦互有少劣。若今向事脱一减之者，既于西夏交有巨碍，迁代之讥，必归责于吾矣。复当为护怨，非但一诮而已也。如此则公私俱损，为不可不先共善详。此事亦易勉耳，无为使人动生评论也。①

文帝告诫刘义宣不可破坏刘义季在荆州已经取得的政绩，做事情不要招致他人非议，否则"公私俱损"。

　　衡阳王刘义季素嗜酒，刘义康去世后，刘义季"为长夜之饮，略少醒日"。文帝先后两次下诏书加以劝责。元嘉二十年，文帝作《报衡阳王义季诏》，诏书云：

　　谁能无过，改之为贵耳。此非唯伤事业，亦自损性命，世中比比，皆汝所谙。近长沙兄弟，皆缘此致故。将军苏徽，耽酒成疾，旦夕待尽，吾试禁断，并给药膳，至今能立。此自是可节之物，但嗜者不能立志裁割耳。晋元帝人主，尚能感王导之谏，终身不复饮酒。汝既有美尚，加以吾意殷勤，何至不能慨然深自勉厉，乃复须严相割裁，坐诸纭纭，然后少止者。幸可不至此，一门无此酣法，汝于何得之？临书叹塞。②

文帝对义季循循善诱，言辞甚为恳切。首先以古人"过而能改，善莫大焉"的道理劝诫刘义季要迷途知返，接着又指出嗜酒的危害，"非唯伤事业，亦自损性命"，希望刘义季能够"立志裁割"。文帝还以晋元帝"感王导之谏"，而不复饮酒的经历劝诫刘义季，希望刘义季能在自己的劝说下"深自勉厉"，"严相割裁"。诏书最后，文帝又以一家之主的身份做出

---

① （清）严可均：《全上古三代秦汉三国六朝文》，中华书局 1958 年版，第 2458 页。
② （清）严可均：《全上古三代秦汉三国六朝文》，中华书局 1958 年版，第 2456 页。

深切的哀叹，"一门无此酗法，汝于何得之？临书叹塞"。刘义季虽奉此旨，但却酗纵如初，终以成疾。文帝又为此下诏，诏书云：

> 汝饮积食少，而素赢多风，常虑至此，今果委顿。纵不能以家国为怀，近不复顾性命之重，可叹可恨，岂复一条。本望能以理自厉，未欲相苦耳。今遣孙道胤就杨佛等令晨夕视汝，并进止汤食，可开怀虚受，慎勿隐避。吾饱尝见人断酒，无它慊吸，盖是当时甘嗜罔己之意耳。今者忧怛，政在性命，未暇及美业，复何为吾煎毒至此邪。[①]

文帝得知刘义季因饮酒成疾，痛心疾首，言语中情义甚为恳切，既责备刘义季"不以家国为怀""不顾性命之忧"，又表达了自己的担心焦虑。

除此以外，文帝应该也曾作书与刘义庆，《宋书·刘义庆传》载："太祖与义庆书，常加意斟酌。"文帝个人文化修养较之父辈已经有了明显的提升，在书信的写作中也开始着意文辞的修饰。观之文帝对诸兄弟的书信，大致以训诫为主，一方面作为君王责令诸兄弟担当皇室子弟的使命与责任，另一方面又以兄长的身份对诸位兄弟苦口婆心加以劝导，情意拳拳。言辞恳切，情谊真挚，是文帝书信令人动容之处。

三、孝武帝的书牍文

就现存的孝武帝书牍文来看，内容大多较为简单，主要是为了回答大臣的奏请或者安排相关事宜，从中亦可看出政风的改变。如孝武帝《赐沈庆之》文，沈庆之曾经一度"优游无事，尽意欢愉"，但孝武帝对其行事作风较为赞赏，将太子妃献上的金镂匕箸及杅杓赐予沈庆之，并

---

① （清）严可均：《全上古三代秦汉三国六朝文》，中华书局 1958 年版，第 2458 页。

且作书云："卿辛勤匪殊，欢宴宜等，且觞酌之赐，宜以大夫为先也。"①
孝武帝个人追求宴集享乐，也提倡大臣欢宴享乐，与文帝的作风发生了
明显的改变。徐湛之为会稽长公主之子，家中产业丰厚，"室宇园池，贵
游莫及。伎乐之妙，冠绝一时"，文帝"嫌其侈纵，每以为言"。文帝压
制朝中大臣的奢侈享乐之风，而孝武帝则明确提倡。孝武帝《戒薛安都》
主要是安排了薛安都在战争中的进程。《宋书·薛安都传》记载："大明元
年，虏向无盐，东平太守刘胡出战失利。二月，遣安都领马军北讨，东
阳太守沈法系水军向彭城，并受徐州刺史申坦节度。"②孝武帝于是作书与
薛安都，命其"贼若可及，便尽力殄之。若度已回，可过河耀威而反"③。
孝武帝《戒沈庆之》也是作于沈庆之指挥战争的过程中。大明三年，竟
陵王刘诞据广陵谋反，沈庆之率军攻城，身先士卒，孝武帝于是作书告
诫沈庆之身为统任，应当"处分有方"，无须令自己"身受矢石"，"脱有
伤挫，为损不少"。

　　孝武帝为文帝第三子，并不为文帝宠爱。刘劭巫蛊事泄以后，文帝
与朝政大臣选定的继承人选并不包括孝武帝。《宋书·徐湛之江湛王僧绰
传》记载了当时的情况："湛之欲立随王诞，江湛欲立南平王铄，太祖欲
立建平王宏，议久不决。"④孝武帝不为物情所向，登基后多有宗王叛乱。
因此孝武帝在宗室内部骨肉相图，并且任用长史、典签等官职来监视宗王
镇守地方的情况，既丧失了手足同胞的情谊，也无须书信之往来。孝武帝
仅《答子业》与文帝的书信略有相似，也是为了训诫子业的行事作风。前
废帝刘子业"幼而狷急"，并不为孝武帝所赏，在东宫每为世祖所责。孝
武帝西巡，前废帝启参承起居，书迹不谨，孝武帝诘让之，前废帝启事陈
谢，孝武帝又作书回答："书不长进，此是一条耳。闻汝素都懈怠，狷戾

---

①　(梁) 沈约:《宋书》，中华书局 1974 年版，第 2003 页。
②　(梁) 沈约:《宋书》，中华书局 1974 年版，第 2218 页。
③　(梁) 沈约:《宋书》，中华书局 1974 年版，第 2218 页。
④　(梁) 沈约:《宋书》，中华书局 1974 年版，第 1851 页。

日甚，何以顽固乃尔邪！"①通过此书，虽然能看到孝武帝对前废帝学业的关心，但其教育过于粗暴简单，言语间透露的都是对前废帝的责备与不满，失去了文帝循循善诱、煞费苦心的色彩。这也是前废帝即位后，想要挖掘孝武帝坟墓的一大缘由。

四、明帝的书牍文

明帝以前废帝叔父的身份即位，其帝位的获得多有"名不正言不顺"之嫌，遭到了孝武帝诸子的反对。为确保个人皇位的正统性，明帝登基后对孝武帝诸子痛加杀手，孝武帝14子几乎被其残害至尽。泰始元年，明帝遣主书赵扶公宣旨于子仁，大有文过饰非之意。书云：

> 汝一家门户不建，几覆社稷。天未亡宋，景命集我。上流迷愚相扇，四海同恶，若非我修德御天下，三祖基业，一朝坠地，汝辈便应沦于异族之手。我昔兄弟近二十人，零落相继，存者无几。唯司徒年长，令德作辅，皇家门户所凭，唯我与司徒二人而已，尚未能厌百姓奸心，余诸王亦未堪赞治。我惟有太子一人，司徒世子，年又幼弱，桂阳、巴陵并未有继体，正赖汝辈兄弟，相倚为强，庶使天下不敢窥觎王室。汝辈始十余岁，裁知俯仰，当今诸舍细弱，殆不免人轻陵。若非我为主，刘氏不办今日。汝诸兄弟冲眇，为群凶所逼误，遂与百姓还图骨肉，于汝在心，不得无愧。即日四海就宁，恩化方始，方今处汝湘州。汝年渐长，足知善恶，当每思刻厉，奉朝廷为心，爵秩自然与年俱进。我垂犹子之情，著于万物；汝亦当知好，忆我敕旨。②

---

① （梁）沈约：《宋书》，中华书局1974年版，第147—148页。
② （清）严可均：《全上古三代秦汉三国六朝文》，中华书局1958年版，第2489页。

　　首先，明帝利用此书表明了个人匡扶刘宋皇族的功劳，继承帝位理所应当。明帝称孝武帝一门"门户不建，几覆社稷"，而"天未亡宋，景命集我"，并且"若非我为主，刘氏不办今日"。接着，明帝阐释了文帝剩余诸子的情况，需要孝武帝诸子"相倚为强"，因此安排刘子仁为湘州刺史。然则，实际的结果是，此书宣布不久，在司徒刘休仁的建议下，刘子仁尚没来得及拜湘州刺史，便被赐死，时年 10 岁。根据现实来看明帝的书牍，大致是利用文章彰显个人的仁德，借以收买人心，掩饰个人残杀手足的行为。

　　除却残杀孝武帝诸子，明帝晚年虑子嗣年幼，皇位转移，因此对自己的兄弟也多有杀害，并且通过文章粉饰真相。如泰始七年，《报巴陵王休若》就是明帝为粉饰残杀刘休祐真相而作。晋平王休祐，为文帝第十三子，"狠戾强梁，前后忤上非一"，明帝"积不能平"，同时又考虑到其"将来难制"，便打算除掉休祐。泰始七年，明帝与刘休祐一起于岩山射雉，有一雉不肯入场，明帝命休祐射杀，务必得雉而归，趁机派遣寿寂之等诸将追之并加以杀害。杀害休祐后，明帝作书给巴陵王休若，告知其休祐的死亡，云："吾与骠骑南山射雉，骠骑马惊，与直阁夏文秀马相蹄，文秀堕地，骠骑失鞚，马惊触松树，堕地落砚中，时顿闷，不识人，故驰报弟。"[①] 明帝将休祐的死，归结为马惊所致，遮掩了其残杀兄弟的真相。同样，《与桂阳王休范书》则是孝武帝为掩饰残杀休若的行为而作。巴陵王刘休若，为文帝十九子，明帝"以休若和善，能谐缉物情，虑将来倾幼主"，于是欲遣使杀之。杀害休若后，明帝作书与休范，给休若的死蒙上了一更神秘的色彩，称休若"从来心迹，殊有可嫌"，并且"广召弓马健儿"，意图不轨。另外，明帝《罪始安王休仁诏》《与诸方镇及诸大臣诏》也是掩人耳目的诏书。始安王休仁，为文帝第十二子，"年与太宗邻亚，俱好文籍，素相爱友"，并且在前废帝时期，两人"同经危难"，赖休仁帮助，明帝方得保全性命。就太宗即位来讲，休仁也发挥了重要的作

---

① （清）严可均：《全上古三代秦汉三国六朝文》，中华书局 1958 年版，第 2489 页。

用,《宋书·休仁传》记载:"太宗克定祸难,殒帝于华林园。休仁即日推崇太宗,便执臣礼。"①可知刘休仁对明帝的支持与帮助。休仁因对明帝辅佐之功,多为物情所向,明帝忌惮之,于是遣人赍药赐死。杀害休仁后,明帝虑人情有同异,于是下诏,称休仁"惭恩惧罪,遽自引决",而自己则"追寻悲痛,情不自胜"。当时驻守方镇的绝大数为皇室子弟,明帝考虑到会惊动藩镇的人情,又专门给诸方镇及诸大臣作诏解释此事,依然是罗列刘休仁的罪过,而表达自己痛念之情。

明帝的书牍文及相类的诏文,行文表面多有对手足之情的珍视之意,然则实际上则多为明帝粉饰个人行为的工具。明帝即位后残杀孝武帝诸子,晚年又因猜忌残杀自己的亲兄弟,文帝诸子也几乎被残杀殆尽。明帝大肆屠杀皇族子弟,却在屠杀后作文于天下,罗列被杀者的罪名,并且表达自己的仁德之怀与痛念之情。文章仅仅是明帝掩人耳目的工具而已,明帝的文章与其个人的真实行为相去甚远或者说是背道而驰,根本不相符合。

五、宗王的书牍文

观之刘宋宗王的奏疏,以江夏王刘义恭数量最为丰富。一方面,江夏王刘义恭为武帝第五子,历仕文帝、孝武帝两个时期,在职时间较为长久,并且皆担任要职,故而多有公牍文书的往来。另一方面,孝武帝严暴,刘义恭虑不见容,于是卑辞曲意,尽礼祇奉,每有符瑞,辄献上赋颂,对孝武帝多有歌颂,借以表现忠心,求得生存。刘劭肆逆,刘义恭"进位太保,进督会州诸军事,服侍中服,又领大宗师",但暗地里却相助于孝武帝。《宋书·江夏王刘义恭传》记载:

> 劭闻世祖已次近路,欲悉力逆之,决战中道。义恭虑世祖船乘陋

---

① (梁) 沈约:《宋书》,中华书局 1974 年版,第 1972 页。

小，劲豕突中流，容能为患，乃进说曰："割弃南岸，栅断石头，此先朝旧法；以逸待劳，不忧不破也。"劭从之。①

刘义恭假意进谏刘劭，暗地里却帮助孝武帝，并且后来又投奔孝武帝，上表劝孝武帝即位。孝武帝即位，刘义恭权倾一朝，"世祖立太子，东宫文案，使先经义恭"，可知刘义恭当时之地位。孝建元年，南郡王刘义宣与臧质、鲁爽等人谋反，刘义恭"加黄钺，白直百人入六门"，并作《与南郡王刘义宣书》，谴责刘义宣之谋逆，书信首先谴责刘义宣不应该起兵造反，云：

项闻之道路云，二鲁背叛，致之有由，谓不然之言，绝于智者之耳。忽见来表，将兴晋阳之甲，惊愕骇惋，未譬所由。若主幼臣强，政移冢宰，或时昏下纵，在上畏逼，然后贤藩忠构，睹难赴机。未闻圣主御世，百辟顺轨，称兵于言兴之初，扶危于既安之日。以此取济，窃为大弟忧之。②

刘义恭认为刘义宣并无造反之理由与时机，接下来又盛赞孝武帝功德及其对刘义宣的优厚待遇，云：

昔岁二凶构逆，四海同奋。弟协宣忠孝，奉戴明主，元功盛德，既已昭著；皇朝钦嘉，又亦优渥。丞相位极人臣，江左罕授，一门两王，举世希有。表倍推诚，彰于见事，出纳之宜，唯意所欲。衰升进益，方省后命，一旦弃之，可谓愚也。③

---

① （梁）沈约：《宋书》，中华书局 1974 年版，第 1645 页。
② （清）严可均：《全上古三代秦汉三国六朝文》，中华书局 1958 年版，第 2502 页。
③ （清）严可均：《全上古三代秦汉三国六朝文》，中华书局 1958 年版，第 2502 页。

刘义恭在书信最后，希望刘义宣能够"不远而悟"，放弃谋反。刘义宣一意
孤行，最终兵败，与五姜俱入狱。刘义恭又作书与碌修之，安排处置刘义宣
的相关事宜，书信称刘义宣"自绝于天，理无容受"，应该"专行大戮，以
纾国难"，为了保全皇族颜面，刘义恭书信末尾云："但加诸斧钺，有伤圣仁，
示以弘恩，使自为所，上全天德，下一洪宪。"① 平定刘义宣之乱，刘义恭堪
称有功之臣，但是却在战后，上表孝武帝省录尚书，后来又与竟陵王刘诞一
起奏请严章服，陈列九事加以生易。在这背后的重要原因就是，孝武帝认为
义宣乱逆，主要是由于宗王势力过于强盛，打算削弱王侯。刘义恭洞察孝武
帝心思，故而投其所好。由此亦可看出刘义恭在孝武帝时期谨言慎行的处
境，文章创作在很大程度上是刘义恭讨好孝武帝、表明忠心的手段。

刘濬"少好文籍，姿质端妍"，也多有书信文留存。刘濬为文帝宠妃
潘淑妃所生，较得文帝宠爱。文帝留心刘濬之成长，根据《宋书·沈璞
传》记载，文帝对沈璞欣赏，称其"学优才赡，文义可观"，因此派遣其
辅佐刘濬。沈璞在刘濬府中，也深得刘濬赏遇。刘濬《与沈璞疏》《重与
沈璞教》《与主簿顾迈、孔道存书》皆是刘濬询问沈璞《旧宫赋》创作情
况并褒奖其文才的文章。沈璞较富文采，作《旧宫赋》久而未成，刘濬
作《与沈璞疏》加以询问，云："卿常有速藻，《旧宫》何其淹耶？想行就
尔。"② 沈璞作成，刘濬又作《重与沈璞教》称赞沈璞"下笔成章""逸才
赡藻"。又，作书与顾迈、孔道存表达对沈璞的欣赏之情。由此书牍文可
知，刘濬对幕府中文士的重视及对文学创作的倡导。

刘濬与刘劭关系紧密，两人共同参与巫蛊之事。《宋书·始兴王刘濬
传》记载：

> 初，元皇后性忌，以潘氏见幸，遂以恚恨致崩，故劭深疾潘氏及

---

① （清）严可均：《全上古三代秦汉三国六朝文》，中华书局 1958 年版，第 2502 页。
② （梁）沈约：《宋书》，中华书局 1974 年版，第 2461 页。

濬。濬虑将来受祸，乃曲意事劭，劭与之遂善。多有过失，屡为上所诘让，忧惧，乃与劭共为巫蛊。①

元皇后因嫉恨潘淑妃得宠而致崩，刘劭为此深疾潘淑妃与刘濬。刘濬为防止将来受害，便多为刘劭所用，两人共为巫蛊之事。另外，"鹦鹉、陈天兴及宁州所献黄门庆国并预巫蛊事"。刘劭以陈天兴补队主，后为文帝发觉，加以诘让。当时鹦鹉已经嫁给刘濬府中的沈怀远，刘劭恐为文帝发现，于是驰书告濬与临贺公主，云："上若问嫁处，当言未有定所。"②三人串通一气，共同欺瞒文帝。刘濬《答太子劭书》，便是收到刘劭书信后，对这一事情的商讨。刘劭与刘濬一同构逆弑父之事，在书疏往来中亦可见一斑。《宋书·元凶传》载：

> 凡劭、濬相与书疏类如此，所言皆为名号，谓上为"彼人"，或以为"其人"；以太尉江夏王义恭为"佞人"。③

从两人在书疏中称文帝为"彼人"或者是"其人"，称江夏王为"佞人"，可知两人的大不敬之心。刘濬《与孝武书》与《与元凶劭书》作于孝武帝讨伐刘劭之际。孝武帝率众讨伐刘劭，刘劭命朝士助理文书，使刘濬作书讨伐孝武帝，并使南平王刘铄作祝文，罪状孝武帝。刘濬《与孝武书》，痛斥孝武帝"信惑奸邪，忘兹恩友，此之不义，人鬼同疾"，并且壮大刘劭势力以震慑孝武帝，云："今水步诸军悉已备办，上亲御六师，太保又乘钺临统，吾与乌羊，相寻即道。所以淹霆缓电者，犹冀弟迷而知返尔。"④《与元凶书》，则是作于刘劭将败之际，刘濬帮刘劭营潜逃计，劝刘劭入海之作也。

---

① （梁）沈约：《宋书》，中华书局 1974 年版，第 2436 页。
② （梁）沈约：《宋书》，中华书局 1974 年版，第 2425 页。
③ （梁）沈约：《宋书》，中华书局 1974 年版，第 2425 页。
④ （梁）沈约：《宋书》，中华书局 1974 年版，第 2438 页。

第三节　刘宋皇族的辞赋创作

南朝以来，辞赋之风渐趋衰落。王琳《六朝辞赋史》指出，南朝是"中古赋史上赋风加剧衰落与新变的时期"①。赋风衰落一重要表现就是数量的减少，这在刘宋皇族的文学创作中亦有一定的体现。在刘宋皇族的文章创作中，辞赋的数量较少，仅为9篇。除却受到当时文风的影响外，刘宋皇族的辞赋数量较少与这一家族的文化修养也有一定的关系。较之一般的公牍文书，辞赋创作的文学性较强，所需创作者的文化修养也相对要高一些。刘宋皇族的文化修养虽然在一定程度上得到了明显的提升，但文化修养的改善不可能与政治权势的获得一样直接，在60年内不可能得到彻底改观，有的皇室子弟并不具备创作辞赋的能力与才华。就现存的辞赋来看，刘宋皇族仅限孝武帝刘骏、江夏王刘义恭与临川王刘义庆存有辞赋，3人文化修养较高，堪为刘宋皇族子弟的表率。试将3人相关的辞赋作品胪列如表7-5所示：

表7-5

作者（3人）	辞赋（9篇）
孝武帝	华林清暑殿赋
孝武帝	伤宣贵妃拟汉武帝李夫人赋
临川王刘义庆	箜篌赋
临川王刘义庆	鹤赋
临川王刘义庆	山鸡赋
江夏王刘义恭	感春赋
江夏王刘义恭	华林清暑殿赋
江夏王刘义恭	桐树赋
江夏王刘义恭	白马赋

---

① 王琳：《六朝辞赋史》，世界图书出版西安有限公司2014年版，第234页。

除却以上所胪列辞赋，萧绎《金楼子·说蕃》中还提到建平王刘铄曾作有《水仙赋》，"时人以为不减《洛神赋》"，但可惜原文已散佚，无从考察。本节仅就刘宋皇族现存的辞赋，略加论述。

一、孝武帝的辞赋创作

孝武帝才思敏捷，《文心雕龙》称赞其"孝武多才，英才云构"，现存赋两篇。孝武帝登基后，颇喜组织文学活动，并多次在宴集中命文士进行诗赋创作。《华林清暑殿赋》，便应为孝武帝与大臣游览华林园清暑殿时的同题唱和之作，江夏王刘义恭与何尚之皆有《华林清暑殿赋》。另外，孝武帝赋中有语云："浮觞无届，展乐有时。惟欢洽矣，含歌受辞。"[1]由此亦可推知当时文人欢宴一殿，"含歌受辞"的情景。孝武帝《华林清暑殿赋》首先采用四言排比之句，描绘天气之炎热以凸显清暑殿的可贵，云："若夫瑶榭未清，琼室流炎。熏风夕烈，炽景晨严。高峦废驾，游衢辍骖。"[2]下一句则笔锋一转，称"思延寒于夏堂"并非仅能在书籍中看到，在现实的清暑殿中亦可实现。辞赋接下来便是对清暑殿周边环境与宫殿构造的描绘，赋云：

> 伊凉燠之可变，粤在今之犹昔。密眄林梁，侧眺池□，起北阜而置悬河，沿西原而殿清暑。编茅树基，采橡成宇。转流环堂，浮清浃室。辟西榥而鉴斜月，高东轩而望初日。粤乃炎精待戒，青祇将毕。濯禊在辰，光风明密。婉祥鳞于石沼，仪瑞羽于林术。[3]

辞赋最终又以骚体赋之"兮"字句式作歌，云："山怀风兮谷吐泉，清潭

① （清）严可均：《全上古三代秦汉三国六朝文》，中华书局1958年版，第2465页。
② （清）严可均：《全上古三代秦汉三国六朝文》，中华书局1958年版，第2465页。
③ （清）严可均：《全上古三代秦汉三国六朝文》，中华书局1958年版，第2465页。

遽兮远气宣；符深情兮应遥心，促千里兮测云天。"① 全赋对仗工整，多用四六之句，最后歌辞颇有诗化之意境，大致描写出了酷暑之中令人向往的一处避暑胜地。

孝武帝《伤宣贵妃拟汉武帝李夫人赋》，是一篇较为出色的悼亡之作。宣贵妃，即殷淑仪，去世后追进为贵妃，并且班亚皇后，谥曰宣。孝武帝个人生活较为淫乱，与刘义宣诸女有染，并且与生母路太后亦有不甚明了的关系，然则对殷淑仪却依然是情根深种。殷淑仪去世后，史载孝武帝"悲不自胜""痛爱不已"，见汉武帝《李夫人赋》，便"凄其有怀"，故而效仿汉武帝，作赋以表达殷淑仪去世后的悲痛之情，赋云：

> 巡灵周之残册，略鸿汉之遗纂。吊新宫之奄映，嗟璧台之芜践。赋流波之谣思，诏河济以崇典。虽媛德之有载，竟滞悲其何遣。访物运之荣落，讯云霞之舒卷。念桂枝之秋賣，惜瑶华之春翦。桂枝折兮沿岁倾，瑶华碎兮思联情。彤殿闭兮素尘积，翠所芜兮紫苔生。宝罗暍兮春幌垂，珍簟空兮夏帏局。秋台恻兮碧烟凝，冬宫冽兮朱火清。流律有终，深心无歇。徒倚云日，裴回风月。思玉步于凤墀，想金声于鸾阙。竭方池而飞伤，损园渊而流咽。端鬖朝之晨罢，泛輂路之晚清。輤南陆，晔闾阖，辒北津，警承明。面缟馆之酸素，造松帐之葱青。俯众胤而恻兴，抚嫠女而悲生。虽哀终其已切，将何慰于尔灵。存飞荣于景路，没申藻于服车。垂葆旒于昭术，竦鸾剑于清都。朝有俪于征准，礼无替于粹图。网瑶光之密陛，宫虚梁之余阴。俟玉羊之晨照，正金鸡之夕临。升云礜以引思，铸鸿钟以节音。文七星于霜野，旗二耀于寒林。中云枝之天秀，寓坎泉之曾岑。屈封嬴之自古，申反周乎在今。遣双灵兮达孝思，附孤魂兮展慈心。伊鞠报之必至，谅显晦之同深。予弃西楚之齐化，略东门之遥襜。沦涟两拍之伤，奄

---

① （清）严可均：《全上古三代秦汉三国六朝文》，中华书局 1958 年版，第 2465 页。

抑七萃之箴。①

通览此赋，情深言切，皆为沉重的哀悼之思。一切景语皆情语，因殷淑仪去世，宫殿四时变幻的景致皆是哀思的寄托，宫殿的每一个角落都有对殷淑仪的留恋，然而斯人已去，将昔日的欢愉与今日的萧索相对照，更令人哀婉不绝。就帝王的创作来说，如此深情的悼亡之赋实属难得。能够在赋中将情感表达得如此淋漓尽致、哀婉动人，亦是孝武帝之"英采云构"的重要体现。

二、临川王刘义庆的辞赋创作

临川王刘义庆现存赋 3 篇，篇制短小，皆为咏物之作。《箜篌赋》为吟咏乐器的赋作。自汉代王褒《洞箫赋》、马融《长笛赋》以来，乐器也多成为咏物赋的吟咏对象。嵇康《琴赋》，借对琴的描绘表现了个人崇尚隐逸、高蹈不仕的情怀。《世说新语》多有对嵇康事迹的记载，《箜篌赋》亦有可能在嵇康《琴赋》的影响下而作，赋云：

> 侯牵化而始造，鲁幸奇而后珍，名启端于雅引，器荷重于吴君。等齐歌以无譬，似秦筝而非群。②

刘义庆在赋中描写了箜篌的来源与发展的过程，最后则将箜篌与齐歌、秦筝相较，认为箜篌虽"等齐歌"却无譬，"似秦筝"但却无群，在一定程度上也表现了刘义庆不愿与世俗同流的心态。

《鹤赋》与《山鸡赋》为吟诵禽类动物的赋作。鹤为中国文化中之

---

① （清）严可均：《全上古三代秦汉三国六朝文》，中华书局 1958 年版，第 2465—2466 页。
② （清）严可均：《全上古三代秦汉三国六朝文》，中华书局 1958 年版，第 2496 页。

"仙禽"，多用以象征高雅的君子与超尘脱俗的人格。曹植便曾有《白鹤赋》来寄托个人的身世遭遇。另外，鲍照曾为刘义庆门下文人，作有《舞鹤赋》，是否为奉刘义庆之命而作或与刘义庆为同题之作，已很难考知。相较曹植的《白鹤赋》与鲍照的《舞鹤赋》，刘义庆的《鹤赋》比较简单，仅有六句话，主要描绘了鹤的外在形体特征，赋云：

> 其状也，绀络颈而成饰，赪点首以表仪，羽凝素而雪映，尾舒玄而参差，趾象蚪以振步，形亚凤以擅奇。①

赋描写了白鹤的颈部、头部、羽毛、尾巴、爪子及相关的形态，凸显了白鹤的外表之美，堪与凤凰相媲美。较之白鹤的高洁优雅，山鸡似乎不登大雅之堂，然而刘义庆对此类"琐禽"却颇有文学兴致。有人曾献给刘义庆野鹅，而刘义庆便借此命鲍照作赋以歌咏。鲍照通过《野鹅赋》表达了"虽陋生于万物，若沙漠之一尘，苟全躯而毕命，庶魂报以自申"的生命感慨，此亦应为刘义庆关注琐禽的心理写照。刘义庆为人谨小慎微，虽受武帝称许、得文帝赏识，但是他却感到"世路艰难"，转而"不复跨马"。刘义庆的这种处境与鲍照所表达的生命情绪有一定的相通之处，这恐怕也是刘义庆关注"琐禽"的原因之一。《山鸡赋》描写了山鸡美丽的形体，最后两句则为个人的感叹，赋云：

> 形凤婉而鹄跱，羽夋蔚而绚晖，临渌湍而映藻，傍青崖而妍飞，不隐耀而贻累，倏见屈于虞机。②

赋的前四句描写了山鸡不同寻常的优雅形体与美丽的羽毛，后两句则感

---

① （清）严可均：《全上古三代秦汉三国六朝文》，中华书局 1958 年版，第 2496 页。
② （清）严可均：《全上古三代秦汉三国六朝文》，中华书局 1958 年版，第 2497 页。

叹山鸡正是因为不能"隐耀"而招致祸端，最终见屈于虞机之中，表达了一种韬光养晦、全身远祸的心理状态。联系刘义庆"不复跨马"的现实境遇，此亦为刘义庆真实心态的写照。

刘义庆咏物之赋，继承了魏晋咏物赋"托物喻人"的创作手法，在引用筌篿、白鹤及山鸡的过程中，也流露出了个人的生命态度。此外，刘义庆的 3 首咏物赋，体制短小，几乎全篇通用六言，呈现出了明显的骈化倾向。

三、江夏王刘义恭的辞赋创作

江夏王刘义恭现存赋 4 篇，《白马赋》与《华林清暑殿赋》极有可能为朝廷集会时文人同题唱和之作，《桐树赋》大致是为赞颂大明祥瑞之作，与孝武帝《孤桐赞》同题，是否为两人唱和之作已经无从得知，《感春赋》主要描写了春天到来后万物复苏的场景，似乎为刘义恭有感而发之作，并无人与之同作。

刘义恭《白马赋》有语云："伊赭白之为俊，超绝世而称骥"，可知描写的也是赭白龙马，与颜延之《赭白马赋》为同题之作。据颜延之《赭白马赋》序言中记载，元嘉十八年，文帝因为赭白龙马"毙于内栈"而大动恻隐，"乃诏陪侍，奉述中旨"，刘义恭《白马赋》大致应作于此时。赭白龙马，被视为"畴德瑞圣之符"，刘义恭也借此机会盛赞文帝功德，赋开篇云：

> 惟皇有造，日灵有秘，丽气擒精，底爱覃粹。八埏稽首以宾庭，九荒敛衽而纳赞，众车垂德以服箱，龙马宅仁而受辔。①

接下来，刘义恭主要描写了赭白龙马名字的来源与形体特征，云：

---

① （清）严可均：《全上古三代秦汉三国六朝文》，中华书局 1958 年版，第 2497 页。

是以周称逾轮，汉则天驷，体自乾维，衍生坎位。伊赭白之为俊，超绝世而称骥。尔其为状也，竦身轻足，高颡露精，气猛声烈，步远视明，著献西宛，表德东京，价倾函夏，观竭都城。饰金钅□之倏烁，扬玉銮之珑玲。发鸣镝于悬月，驱永埒于修垌。施四介以作好，耀二矛之重英。举旧闲而未俦，考前迅而较名。①

刘义恭《华林清暑殿赋》，是与孝武帝的唱和之作，除却描绘清暑殿的场景外，对孝武帝的也予以歌颂，赋结尾云：

览兹宇之灵纬，启圣情以窬神。岂宣曲之妄拟，焉甘泉之足陈。②

《桐树赋》，应为刘义恭歌颂大明祥瑞之兆的赋作。甘露，为"王者德至大"的象征，和气盛则降。《宋书·符瑞志》载："孝武帝大明元年四月癸卯，甘露降华林园桐树。"③甘露降于华林园桐树之上，堪为祥瑞，刘义恭《桐树赋》极有可能为此而作，赋云：

伊梧桐之灵材，蔚竦林而擢秀，玄根通彻于幽泉，密叶垂蔼而增茂。挺修干，荫朝阳，招飞鸾，鸣凤皇。甘露洒液于其茎，清风流薄乎其枝，丹霞赫奕于其上，白水浸润乎其陂。④

梧桐为凤凰的栖息之树，自古以来便有一种吉祥之意。刘义恭赋首先描写了梧桐作为灵树的树干、玄根及密叶，并且称其可以"招飞鸾，鸣凤皇"。接着，刘义恭则陈列了甘露、清风、丹霞及白水对梧桐的滋养，可视为对

---

① （清）严可均：《全上古三代秦汉三国六朝文》，中华书局 1958 年版，第 2497—2498 页。
② （清）严可均：《全上古三代秦汉三国六朝文》，中华书局 1958 年版，第 2497 页。
③ （梁）沈约：《宋书》，中华书局 1974 年版，第 821 页。
④ （清）严可均：《全上古三代秦汉三国六朝文》，中华书局 1958 年版，第 2497 页。

大明朝政的赞颂。

《宋书·江夏王刘义恭传》记载，刘义恭为在孝武帝的"严暴"之下生存，不得不"卑辞曲意""尽礼祗奉"，每有符瑞，便献上赋颂。刘义恭《白马赋》、《华林清暑殿赋》及《桐树赋》，堪为此类赋颂的代表。《白马赋》虽不是为了孝武帝而作，但其颂圣之心与其他两篇赋如出一辙。

与其他三篇赋不同，刘义恭《感春赋》并无明显的歌颂圣德之意，主要是为感春华物候而作，赋云：

> 听时禽之哢音，信关关以嘤嘤，悲阳鸿之赴翔，怜春燕之入楹。天晻暧而流云，日阴翳而沦精，风淑穆而吹兰，雨蒙蒙而洗茎，草承泽而擢秀，花顺气而飞馨。[①]

赋首先描写了春天到来后，飞禽叫声的改变与往来之迁徙，接着描写春天的天气变化，最后四句则从春风、春雨、春草及春花四个颇具代表性的方面描绘了春天的到来。全赋通篇用六言，对仗也十分工整，体现出了明显的骈化倾向。另外，辞赋在音韵方面也较为协调，"嘤""楹""精""茎"及最后的"馨"，六字共同入韵，在一定程度上体现了辞赋诗化的倾向。

王琳《六朝辞赋史》指出，南朝赋风新变的倾向主要表现为骈赋的定型与诗化的加剧。[②] 概而言之，刘宋皇族的辞赋创作符合南朝赋风的这一发展倾向。以咏物为主，篇制较为短小，语言骈俪化倾向明显，多用四六之句，并且对仗工整。在音韵方面，刘义恭辞赋做出了明显的改进，通篇押韵，呈现出了明显的诗化色彩。

---

① （清）严可均：《全上古三代秦汉三国六朝文》，中华书局 1958 年版，第 2497 页。

② 王琳：《六朝辞赋史》，世界图书出版西安有限公司 2014 年版，第 235 页。

第四节　刘宋皇族的诗歌创作

刘宋诗歌逐渐从东晋玄言笼罩中解脱出来，恢复了魏晋诗歌的艺术传统，沈德潜称之为"诗运一转关也"。刘宋皇族的诗歌创作，大致与当时的诗风一致，文帝刘义隆的诗歌颇似魏调，孝武帝诗歌雕采文织，再现文采华茂的诗歌创作特征，而刘铄的创作则"颇臻古意"。观之刘宋皇族的诗歌创作，根据逯钦立《先秦汉魏晋南北朝诗》加以统计，存诗者仅为5人，分别是宋文帝刘义隆、江夏王刘义恭、临川王刘义庆、孝武帝刘骏及南平王刘铄。然而刘义庆诗歌仅存两首，刘义恭诗歌又多为残篇，故本节主要对文帝诗、孝武帝诗及南平王刘铄诗加以论述。

一、近似魏调的文帝诗

文帝"博涉经史，善隶书"，元嘉二十四年文帝思弘经略北伐而普诏群臣，诏书开篇便描绘了文帝个人的文化修养："少览篇籍，颇爱文义，游玄玩采，未能息卷。"《隋书·经籍志》载"宋文帝集七卷，梁十卷，亡"。除却料理国事与家事的诏书外，文帝现存还有3首诗歌。

《元嘉七年以滑台战守弥时遂至陷没乃作诗》作于元嘉七年，文帝因"滑台战守弥时，遂至陷没"而作诗以寄托情感，诗歌开篇表达了因滑台失守而产生的悲愤之情："逆虏乱疆场，边将婴寇仇。坚城效贞节，攻战无暂休。覆沈不可拾，离机难复收。"接着，文帝又连用廉颇暮年请缨、楚庄王一鸣惊人及霍去病的典故表达对战死沙场将士的追悼，同时也鼓舞现存将士之士气："忠臣表年暮，贞柯见严秋。楚庄投袂起。终然报强仇。去病辞高馆。卒获舒国忧。"诗歌铿锵有力，虽有悲愤之情，但无意气消沉之感，"抚剑怀感激，志气若云浮"颇似曹植之语，充满豪情，"愿想凌扶摇，弭旆拂中州"则表达了要统一中原的愿望。

《北伐诗》大致作于元嘉二十三年，拓跋焘亲自率众攻吴，并且"破略太原，得四千余口，牛六千余头。寻又寇兖、青、冀三州，遂及清东，杀略甚众"，① 文帝意欲反击，经略北伐，普诏群臣，"思总群谋，扫清逋逆"，同时也以《北伐诗》表明自己的心迹，鼓舞将士。诗歌开篇便运用了季父、辛生之典故，认为北伐时机已经成熟，"季父鉴祸先，辛生识机始。崇替非无徵，兴废要有以"，崇替有征，兴废有以，现在已经是一统中原的良好时机。"驳驷安局步。骐骥志千里。梁傅畜义心。伊相抱深耻。赏契将谁寄。要之二三子。无令齐晋朝。取愧邹鲁士"，文帝又接连用贾谊、伊尹及邹鲁士的典故，号召士人通过北伐建功立业。

以上两首诗皆与北伐有一定的关系，诗歌刚劲有力，甚有王者之气，在措辞用句上则颇见曹植风采，再现了建安诗歌之风骨气象，诚如陈祚明所评"正以质畅，近魏调耳"。

此外，《登景阳楼》一诗，具体的时间已经无从考证，大致作于元嘉二十三年后，文帝修建了景阳山、景阳楼后，与文人一同登临景阳楼以赏景之作，诗中主要描写了登楼所见之春景，从诗歌用语中可见当时文人颜延之、谢灵运等游览作品的影响，像"芳兰媚紫茎，极望周天险""交渠纷绮错，列植发华英"等语极似当时文人对山水景物的描写。

二、雕文织采的孝武帝诗

孝武帝颇具文才，《南史》载其"读书七行俱下，才藻甚美"，对当时的文学创作产生了深刻的影响。刘勰《文心雕龙》云："孝武多才，英采云构"，钟嵘《诗品》则评价孝武帝诗歌"雕文织采，过为精密"。根据《隋书·经籍志》记载，孝武帝集31卷，仅次于明帝，数量较多。文帝在位时间最长，仅存文集10卷，武帝则存集20卷，由此可知孝武帝时期文学

① 逯钦立辑校：《先秦汉魏晋南北朝诗》，中华书局1998年版，第1136页。

创作之盛。根据逯钦立先生《先秦汉魏晋南北朝诗》统计，孝武帝为刘宋皇族中存诗最多者，共计 26 首，根据诗歌题材，胪列如表 7-6 所示。

表 7-6

男女爱情（11 首）	《丁督护歌》6 首、《自君之出矣》、《七夕诗》2 首、《夜听妓诗》、《离合诗》
游览山水（5 首）	《游覆舟山诗》《登作乐山诗》《登鲁山诗》《济曲阿后湖诗》《之江州诗》
咏史（1 首）	《咏史诗》
咏物（3 首）	《初秋诗》《秋夜诗》《斋中望月诗》
兄弟亲情（3 首）	《与庐陵王绍别诗》《幸中兴堂饯江夏王诗》《拜衡阳文王义季墓诗》
北伐（1 首）	《北伐诗》
宴会（2 首）	《四时诗》《华林都亭曲水联句产柏梁体诗》[1]

从题材上来说，描写男女情爱的诗作数量最多，占了近一半。其中游览之作《登作乐山诗》《登鲁山诗》《济曲阿后湖诗》，描写兄弟之情的《与庐陵王绍别诗》《拜衡阳文王义季墓诗》及歌颂北伐的《北伐诗》皆作于元嘉时期。可知孝武帝在文帝的管制之下，不敢放肆描写男女情爱，以皇室宗王而自居，也没有过多地模仿民俗乐府的曲调。游览诗的写作，与谢灵运相类，像"宵登毗陵路，旦过云阳郓。平湖旷津济，菰渚迭明芜。和风翼归采，夕氛晦山□。惊澜翻鱼藻，□霞照桑榆""层峰亘天维。旷渚绵地络""修路轸孤鹜，竦石顿飞辕"[2] 等诗句与谢灵运描写山水之诗几乎相当，钟嵘《诗品》称孝武帝诗歌"雕文织采，过于精密"盖谓此类诗歌也。

孝武帝即位，则开始模拟乐府民歌，大肆描写男女情爱，这大致是其成为君王后，生活荒淫、贪图享乐的反映。《丁督护歌》和《自君之出矣》为拟乐府之作，其本事就是男女之情爱。孝武帝延续了《丁督护歌》写情

---

① 表格内容根据逯钦立《先秦汉魏晋南北朝诗》统计。

② 有关孝武帝诗句的引用，皆来自《先秦汉魏晋南北朝诗》所收录的宋孝武帝刘骏诗。

的本质，但却改变了方式，以丁督护从征后妻子的相思之情为描写对象，
"督护北征去。前锋无不平。朱门垂高盖。永世扬功名"，写丁督护为扬
功名而北征，"只有泪可出，无复情可吐"，则描写其妻子的相思之情。《自
君之出矣》，根据郭茂倩《乐府诗集》记载，属于杂曲歌辞，本源自徐干
《室思》第三章："自君之出矣，明镜暗不治。思君如流水，无有穷已时。"
孝武帝诗歌承接本事，描写更为直白简单，"自君之出矣，金翠暗无精。
思君如日月，回迁昼夜生"①，孝武帝以日月之往复比喻女子相思之情不分
日夜，永无休时。

从诗歌样式上来说，孝武帝用到了乐府体、柏梁体、离骚体及传统的
古体五言诗，其中乐府体占据主流，共有 10 首。而对男女情爱的描写则
从内容上占据了较大的比重。

三、颇臻古意的刘铄诗

南平王刘铄，字休玄，为文帝第四子，元凶谋逆，曾使刘铄造策文
以陈列孝武帝罪状，孝武帝即位，"以药内食中毒杀之（刘铄）"，时年仅
23 岁。《南史·南平王刘铄传》记载："（刘铄）少好学，有文才，未弱冠，
拟古三十余首，时人以为亚迹陆机。"②萧绎《金楼子·说蕃》曾经评价刘
铄之文才，称其《水仙赋》不及《洛神赋》，而《拟古诗》则胜于陆机。③
由此记载可推知，刘铄颇有诗才，尤以拟古之作为胜，堪与陆机相较。陈
祚明《采菽堂古诗选》对刘铄拟古诗评价也较高，称其《拟行行重行行
诗》"颇臻古调"，而其《拟明月何皎皎》则"古调浏亮，晋以后人不易
复得"。沈德潜《古诗源》亦曾关注刘铄拟古诗歌，观点与陈祚明相类，
评其《拟行行重行行诗》"颇臻古意"。根据《南史》记载，刘铄有拟古

① 逯钦立辑校：《先秦汉魏晋南北朝诗》，中华书局 1998 年版，第 2219 页。
② （唐）李延寿：《南史》，中华书局 1975 年版，第 400 页。
③ （南朝梁）萧绎：《金楼子·说蕃》，中华书局 2011 年版，第 654 页。

诗 30 余首，但根据逯钦立先生《先秦汉魏晋南北朝诗》辑录，刘铄现共存诗歌仅为 10 首，试将相关作品胪列如表 7-7 所示：

表 7-7

类别（四类）	诗歌（10 首）
乐府诗	三妇艳诗
乐府诗	白纻曲
拟古诗	拟行行重行行诗
拟古诗	拟明月何皎皎诗
拟古诗	拟孟冬寒气至诗
拟古诗	拟青青河边草诗
拟古诗	代收泪就长路诗
五言古体诗	过历山湛长史草堂诗
五言古体诗	七夕咏牛女诗
歌诗	歌诗①

根据现存的诗歌来看，刘铄乐府诗两首，拟古诗五首，五言古体诗两首及歌诗一首。其中以拟古诗数量最多，所取得的文学成就也较高。

刘铄现存拟古诗五首，有四首是刘铄模拟《古诗十九首》而作，其中要以《拟行行重行行诗》最为引人注目。《古诗十九首》中的《行行重行行》，主要是以思妇的口吻表达了对远离在外行人的思念，诗云：

行行重行行，与君生别离。相去万余里，各在天一涯。道路阻且长，会面安可知？胡马依北风，越鸟巢南枝。相去日已远，衣带日已缓。浮云蔽白日，游子不顾反。思君令人老，岁月忽已晚。弃捐勿复道，努力加餐饭。②

① 表格内容根据逯钦立《先秦汉魏晋南北朝诗》统计。
② 逯钦立辑校：《先秦汉魏晋南北朝诗》，中华书局 1998 年版，第 329 页。

刘铄《拟行行重行行诗》在原诗的基础上有了一定的改进，诗云：

> 眇眇陵长道，遥遥行远之。回车背京里，挥手从此辞。堂上流尘生，庭中绿草滋。寒螀翔水曲，秋兔依山基。芳年有华月，佳人无还期。日夕凉风起。对酒长相思。悲发江南调，忧委子衿诗。卧看明镜晦，坐见轻纨缁。泪容不可饰，幽镜难复治。愿垂薄暮景，照妾桑榆时。①

原诗共 16 句，80 个字，刘铄拟诗则 20 句，100 个字。刘铄虽然没有改变原诗表达相思的主题，但在篇幅内容上则有了一定的丰富与完善。其次，从诗歌的风格来看，原诗语言直白，直接描绘内心的情感，而刘铄拟诗则增加了文人的色彩。像原诗有语"道路阻且长，会面安可知"，表达了思妇因路途遥远不得相见的思念之苦，语言甚为简单明了。刘铄拟诗在表达这一意思时，则云："寒螀翔水曲，秋兔依山基。芳年有华月，佳人无还期。"②对路途遥远的描写，对行人不归的思念都已经有了明显的加工。原诗用"思君令人老，岁月忽已晚"，描写思妇因为思念而心生美人迟暮之感，而刘铄拟诗则称"泪容不可饰，幽镜难复治"，语言多加雕琢，文人化色彩明显增强。此外，原诗对于诗歌对仗并没有过多的追求，仅"胡马依北风，越鸟巢南枝"对仗较为工整，但刘铄拟诗几乎通篇运用对偶。由此亦可看出，南朝诗歌的发展趋势。刘铄另外 3 首拟《古诗十九首》的诗歌，大多保留了原诗的创作主题与篇章结构，只是在措辞用语上加以雕琢，使得诗歌逐渐摆脱了民歌般直白的风格，开始向注重辞采的方向发展。

刘铄《代收泪就长路诗》，诗题源自曹植诗歌《赠白马王彪》。220

---

① 逯钦立辑校：《先秦汉魏晋南北朝诗》，中华书局 1998 年版，第 1214 页。
② 逯钦立辑校：《先秦汉魏晋南北朝诗》，中华书局 1998 年版，第 1214 页。

年，曹丕登基后，对曹植及诸位兄弟多有猜忌与提防。223 年，曹植、曹彰与曹彪三兄弟共同参加曹丕主持的朝会，任城王曹彰无故暴毙，而曹植与曹彪的交往相会又多受曹丕限制与监管。曹植悲愤难抑，故作此诗赠予曹彪，诗歌表达了曹植对手足相残的悲愤，也流露出对个人身世处境的忧惧，诗歌末尾云："收泪即长路，援笔从此辞。"刘铄《代收泪就长路诗》便源自曹植这一句诗歌。考察刘铄的身世遭遇，可知与曹植多有相类之处。刘铄素来不推事孝武帝，又曾经为刘劭所用，归顺孝武帝较晚，因此在孝武帝即位后心怀忧惧，《南史》本传载其"每于眠中蹶起坐，与人语亦多谬僻"，并且称自己"我自觉无复魂守"，《代收泪就长路诗》大致表达了刘铄这种忧惧难安的心境，诗云：

> 牵缪高陵曲，挥袂广川渍。黄尘昏白日，悲风起浮云。萧条万里别，契阔三秋分。时往从朝露，年来惊夕氲。徘徊去芳节，依迟从远军。①

诗歌大致作于刘铄进位"司空，领兵置佐"之际，领军在外，但内心却身怀苦闷，"黄尘昏白日，悲风起浮云。萧条万里别，契阔三秋分"，诗歌虽然并没有直接描写内心的忧惧的真实情感，但意象悲凉，基调萧条，弥漫着浓郁的哀愁。

要之，刘宋皇族的诗歌创作以拟古诗与乐府诗最为兴盛，诗歌对辞采、对仗及韵律等方面的注意与加工，改变了东晋谈玄论道、平淡寡味的诗歌风气。刘宋皇族诗歌风貌的形成，离不开当时诗风的影响，但贵为皇室子弟，他们的诗歌创作则又会引领南朝诗风的继续发展。

---

① 逯钦立辑校：《先秦汉魏晋南北朝诗》，中华书局 1998 年版，第 1215 页。

参考文献

古代文献

经部

［清］阮元校刻：《十三经注疏》，中华书局 1980 年版。

史部

［汉］班固撰：《汉书》，中华书局 1962 年版。

［南朝宋］范晔撰：《后汉书》，中华书局 1965 年版。

［西晋］陈寿撰，［南朝宋］裴松之注：《三国志》，中华书局 1959 年版。

［唐］房玄龄等撰：《晋书》，中华书局 1974 年版。

［南朝梁］沈约撰：《宋书》，中华书局 1974 年版。

［南朝梁］萧子显撰：《南齐书》，中华书局 1972 年版。

［北齐］魏收撰：《魏书》，中华书局 1974 年版。

［唐］姚思廉撰：《梁书》，中华书局 1973 年版。

［唐］姚思廉撰：《陈书》，中华书局 1972 年版。

［唐］李百药撰：《北齐书》，中华书局 1972 年版。

［唐］令狐德棻等撰：《周书》，中华书局 1971 年版。

［唐］李延寿撰：《南史》，中华书局 1975 年版。

［唐］李延寿撰：《北史》，中华书局 1974 年版。

［唐］魏征撰：《隋书》，中华书局 1973 年版。

［后晋］刘昫等撰：《旧唐书》，中华书局 1975 年版。

［北宋］欧阳修、宋祁等撰：《新唐书》，中华书局 1975 年版。

［南宋］叶适：《习学记言序目》，中华书局 1977 年版。

［唐］许嵩撰，张忱石校：《建康实录》，中华书局 1986 年版。

［北宋］司马光著：《资治通鉴》，中华书局 1989 年版。

［清］王鸣盛撰：《十七史商榷》，中国书店 1987 年版。

［清］赵翼撰，王树民校正：《廿二史札记》中华书局 1984 年版。

［清］钱大昕撰：《廿二史考异》，商务印书馆 1937 年版。

［清］章学诚撰，叶瑛校注：《文史通义》，中华书局 1985 年版。

［清］朱铭盘撰：《南朝宋会要》，上海古籍出版社 1984 年版。

［清］王夫之撰：《读通鉴论》，中华书局 1976 年版。

聂崇岐撰：《补宋书艺文志》，中华书局 1955 年版，二十五史补编本。

陈述撰：《补南齐书艺文志》，中华书局 1955 年版，二十五史补编本。

徐崇撰：《补南北史艺文志》，中华书局 1955 年版，二十五史补编本。

姚振宗撰：《隋书经籍志考证》，中华书局 1955 年版，二十五史补编本。

苏晋仁，萧炼子校注：《宋书乐志校注》，齐鲁书社 1982 年版。

子部

［南朝宋］刘义庆撰，［南朝梁］刘孝标注，徐震堮校笺：《世说新语校笺》，中华书局 1983 年版。

［南朝梁］释慧皎撰，汤用彤校注：《高僧传》，中华书局 1992 年版。

［南朝梁］释僧佑，［唐］释道宣撰：《弘明集·广弘明集》，上海古籍出版社影印宋碛砂版大藏经 1991 年版。

［南朝梁］释僧祐撰，苏晋仁、萧錬子点校：《出三藏记集》，中华书局 1995 年版。

［唐］释道宣撰，郭绍林点校：《续高僧传》，中华书局 2014 年版。

［唐］欧阳询撰，汪绍楹校：《艺文类聚》，上海古籍出版社 1982 年版。

［唐］徐坚等撰：《初学记》，中华书局 1962 年版。

［宋］张君房辑：李永晟点校，《云笈七签》，中华书局 2003 年版。

［宋］李昉等撰：《太平御览》，中华书局影印上海涵芬楼影印宋本 1960 年版。

［清］何焯撰，崔高维点校：《义门读书记》，中华书局 1987 年版。

［清］马国翰撰：《玉函山房辑佚书》，上海古籍出版社 1990 年版。

集部

［南朝梁］萧统编，［唐］李善注：《文选》，中华书局 1977 年版。

［唐］许敬宗编，罗国威整理：《日藏弘仁本文馆词林校证》，中华书局 2001 年版。

［宋］郭茂倩：《乐府诗集》，中华书局 1979 年版。

［明］张溥著，殷孟伦注：《汉魏六朝百三家集题辞注》，中华书局 2007 年版。

［清］许梿评选，黎经诰笺注：《六朝文絜笺注》，上海古籍出版社 1982 年版。

［清］李兆洛：《骈体文钞》，中州古籍出版社 1990 年版。

［清］严可均辑：《全上古三代秦汉三国六朝文》，中华书局 1958 年版。

逯钦立辑校：《先秦汉魏晋南北朝诗》，中华书局 1983 年版。

高步瀛选注：《南北朝文举要》，中华书局 1998 年版。

赵幼文校注：《曹植集校注》，人民文学出版社 1984 年版。

俞绍初辑校：《建安七子集》，中华书局 2005 年版。

顾绍柏校注：《谢灵运集校注》，中州古籍出版社 1987 年版。

俞绍初，张亚新校注：《江淹集校注》，中州古籍出版社 1994 年版。

钱振伦集注，钱仲联增补：《鲍参军集注》，上海古籍出版社 1980 年版。

[南朝梁] 刘勰撰，范文澜注：《文心雕龙注》，人民文学出版社 1958 年版。

[南朝梁] 刘勰撰，詹锳义证：《文心雕龙义证》，上海古籍出版社 1988 年版。

[南朝梁] 钟嵘著，陈延杰注：《诗品注》，人民文学出版社 1961 年版。

王水照主编：《历代文话》，复旦大学出版社 2007 年版。

丁福保辑：《历代诗话续编》，中华书局 1983 年版。

现代文献

C

曹道衡、刘跃进：《先秦两汉文学史料学》，中华书局 2005 年版。

曹道衡、沈玉成：《中古文学史料丛考》，中华书局 2003 年版。

曹道衡、沈玉成：《中国文学家大辞典·先秦汉魏晋南北朝卷》，中华书局 1996 年版。

曹道衡、傅刚：《萧统评传》，南京大学出版社 2007 年版。

曹道衡、刘跃进：《南北朝文学编年史》，人民文学出版社 2000 年版。

曹道衡、沈玉成：《南北朝文学史》，人民文学出版社 1991 年版。

曹道衡：《兰陵萧氏与南朝文学》，中华书局 2004 年版。

陈桥生：《刘宋诗歌研究》，中华书局 2007 年版。

陈寅恪：《金明馆丛稿初刊》，上海古籍出版社 1980 年版。

陈寅恪：《金明馆丛稿二编》，上海古籍出版社 1980 年版。

程章灿：《世族与六朝文学》，黑龙江教育出版社 1998 年版。

褚斌杰：《中国古代文体概论》，北京大学出版社 1990 年版。

D

丁福林：《东晋南朝的谢氏文学集团》，黑龙江教育出版社 1998 年版。

杜志强：《兰陵萧氏家族及其文学研究》，巴蜀书社 2008 年版。

F

方立天：《魏晋南北朝佛教》，中国人民大学出版社 2006 年版。

傅刚：《昭明文选研究》，中国社会科学出版社 2000 年版。

G

高敏：《魏晋南北朝史发微》，中华书局 2005 年版。
葛晓音：《八代诗史》，中华书局 2007 年版。

H

胡阿祥：《魏晋本土文学地理研究》，南京大学出版社 2001 年版。
胡大雷：《中古文学集团》，广西师范大学出版社 1996 年版。

L

李伯齐、王琳：《齐鲁文化通史·魏晋南北朝卷》，中华书局 2004 年版。
李士彪：《魏晋南北朝文体学》，上海古籍出版社 2004 年版。
李文初：《汉魏六朝文学研究》，广东人民出版社 2000 年版。
李泽厚：《中国美学史》，安徽文艺出版社 1999 年版。
林大志：《四萧研究》，中华书局 2007 年版。
刘汝霖：《东晋南北朝学术编年》，上海书店出版社 1992 年版。
刘跃进：《门阀士族与永明文学》，三联书店 1996 年版。
刘跃进：《中古文学文献学》，江苏古籍出版社 1997 年版。
罗宗强：《魏晋南北朝文学思想史》，中华书局 1996 年版。

M

毛汉光：《中国中古社会论》，上海书店出版社 2002 年版。
毛汉光：《中国中古政治史论》，上海书店出版社 2002 年版。

Q

钱穆：《中国学术思想史论丛》，安徽教育出版社 2004 年版。
钱志熙：《魏晋诗歌艺术原论》，北京大学出版社 1993 年版。
钱锺书：《管锥编》，中华书局 1979 年版。

S

孙昌武：《佛教与中国文学》，上海人民出版社 2007 年版。

T

谭家健：《六朝文章新论》，北京燕山出版社 2002 年版。

唐长孺：《魏晋南北朝史论丛》，生活·读书·新知三联书店 1955 年版。

唐长孺：《魏晋南北朝史论拾遗》，中华书局 1983 年版。

唐长孺：《魏晋南北朝隋唐史三论》，武汉大学出版社 1992 年版。

唐燮军：《六朝吴兴沈氏及其家族文化研究》，文津出版社 2006 年版。

田余庆：《东晋门阀政治》，北京大学出版社 1989 年版。

汤用彤：《汉魏晋南北朝佛教史》，武汉大学出版社 2008 年版。

W

王国良：《魏晋南北朝志怪小说研究》，文史哲出版社 1981 年版。

王琳：《六朝辞赋史》，世界图书出版西安有限公司 2014 年版。

王琳：《齐鲁文人与六朝文风》，齐鲁书社 2008 年版。

王伊同：《五朝门第》，中文大学出版社 1978 年版。

王运熙、杨明：《魏晋南北朝文学批评史》，上海古籍出版社 1989 年版。

王运熙：《乐府诗述论》，上海古籍出版社 2006 年版。

王志民，张富祥：《齐鲁文化通史·远古至西周卷》，中华书局 2004 年版。

王志清：《晋宋乐府诗研究》，河北大学出版社 2007 年版。

王仲荦：《魏晋南北朝史》，上海人民出版社 1979 年版。

吴正岚：《六朝江东士族的家学门风》，南京大学出版社 2003 年版。

X

萧华荣：《簪缨世家》，生活·读书·新知三联书店 1995 年版。

Y

余英时：《士与中国文化》，上海人民出版社 2003 年版。

虞云国等：《中国文化史年表》，上海辞书出版社 1990 年版。

Z

张明非：《帝王文化与中国文学》，广西师范大学出版社 2004 年版。

张忱石：《南朝五史人名索引》，中华书局 1985 年版。

张亚军：《南朝四史与南朝文学研究》，中国社会科学出版社 2007 年版。

周一良：《魏晋南北朝史论集》，北京大学出版社 2010 年版。

周一良：《魏晋南北朝史札记》，中华书局 1985 年版。